Der Verfasser beim Studium der Wandbilder und Inschriften in Medinet Habu.

INHALT

Einleitung

In den letzten Jahrzehnten des 13. Jhdts. v. Chr. wurden alle Küsten und Inseln des Mittelmeeres von einer Wanderwelle überflutet, die für die Geschichte Europas und des Mittelmeerraumes von Bedeutung war.

Da man in früheren Zeiten den Umfang dieser Wanderbewegung nicht erkennen konnte und nur von einzelnen Völkerschaften, die sich an dieser Wanderung beteiligten, wußte, nannte man sie „dorische", „ägäische" oder „illyrische" Wanderung. Seit aber altägyptische Texte und zahlreiche Funde aus jener Zeit den ganzen Umfang dieser Wanderbewegung erkennen ließen[1], nennt man sie heute die „Große Wanderung".

Über die geschichtliche Bedeutung der Großen Wanderung herrscht allgemeine Übereinstimmung. W. Weber nennt die Zeit der Großen Wanderung „das Zeitalter einer Weltrevolution, für deren Umfang und Größe es in der älteren Geschichte kein Gegenbeispiel gibt . . ., eine ältere Welt wird zerschlagen, aus ihren Trümmern steigt eine neue Welt auf"[2]. Fr. Schachermeyr spricht von der „weltgeschichtlichen Bedeutung" der Großen Wanderung[3]. L. Bachhofer bezeichnet sie als „eine Sturmflut, die das Schicksal der Welt bestimmt hat"[4]. J. Wiesner sagt von der Zeit der Großen Wanderung, daß sie „von schwerwiegender Bedeutung für den Verlauf der Mittelmeergeschichte war, denn in ihr fallen die grundlegenden Entscheidungen für die antike Geschichte bis zur Völkerwanderung. Die neue Epoche wird von einem Ereignis größten Ausmaßes eingeleitet: die Große Wanderung, deren Teil die dorische Wanderung ist"[5]. An anderer Stelle schreibt J. Wiesner, daß die Große Wanderung „umfassende Umwälzungen, aus denen eine neue Welt geboren wurde", mit sich gebracht habe[6]. A. Lesky nennt die Ereignisse aus der Zeit der Großen Wanderung „Vorgänge, die zu den folgenschwersten in der Geschichte der Menschheit gehören"[7]. Ähnlich urteilt auch W. Kimmig über die Große Wanderung: „sie hat die Welt aus ihren Angeln gehoben, die in ihrer alten Form nicht wieder erstehen sollte"[8].

Aber so groß die Übereinstimmung über die weltgeschichtliche Bedeutung der Großen Wanderung auch ist, so groß sind die Meinungsverschiedenheiten über die Herkunft der Völkerschaften, die sich an ihr beteiligten, vor allem auch über die Herkunft des führenden Stammes der ersten Wellen dieser Wanderung, der Philister. Ebenso groß sind auch die Meinungsverschiedenheiten über die Ursachen, die die Große Wanderung auslösten.

Diese Fragen lassen sich heute mit Hilfe der schriftlichen Nachrichten, die wir vor allem aus Ägypten haben, und mit Hilfe eines umfangreichen archäologischen Fundmaterials beantworten.

1. Die ältesten Nachrichten über die Philister

Die ältesten Nachrichten über die Philister und über die mit ihnen verbündeten Völkerschaften sind uns in den Inschriften und Wandbildern des Palasttempels Ramses III. (1200—1168 v. Chr.) erhalten. Dieser Palasttempel hieß ursprünglich „Tempel des großen No-Amun von Theben", er wird heute Medinet Habu genannt. Wie alle anderen Pharaonen, so mußte auch Ramses III. bei seinem Regierungsantritt zwei Bauten beginnen: einen Tempel und eine Grabanlage für sich selbst. Die Arbeiten an diesen Bauten wurden dann beim Tod des Königs eingestellt. Vom Tempel des No-Amun schreibt der hervorragende Ägyptologe J. H. Breasted: „Auf der Westseite von Theben, an der Stelle, die heute Medinet Habu heißt, begann er (Ramses III.) den Bau eines großartigen und herrlichen Amontempels, der, von Jahr zu Jahr wachsend, zu einer riesigen Urkunde der Kriegstaten des Königs wurde, die noch der heutige Besucher bewundern kann. Hier erscheinen die Horden der Nord- und Seevölker im Kampf gegen die Scherdensöldner des Ramses. Die erste Seeschlacht auf dem Salzwasser, von der die Geschichte erzählt, ist hier dargestellt, und in diesen Reliefs können wir die Rüstung und Kleidung, die Waffen und Kriegsschiffe jener nördlichen Völker studieren, mit deren Auftreten Europa zum erstenmal angreifend auf der Bühne der Weltgeschichte erscheint"[1].

Heute sind etwa 10.000 qm von diesen Inschriften und Wandbildern noch erkennbar. Der deutsche Ägyptologe Fr. Bilabel bezeichnet sie als „die interessantesten historischen Dokumente, welche uns überkommen sind"[2] und nennt sie „Texte von höchstem historischen Wert"[3]. Dieser Meinung ist u. a. auch A. Strobel, der die Inschriften und Wandbilder von Medinet Habu „eine Quelle von höchstem Gewicht"[4] nennt. Außer diesen Texten und Wandbildern von Medinet Habu ist uns aus jener Zeit der „Papyrus Harris" erhalten. Es handelt sich um eine 39 m lange Papyrusrolle, auf der „eine Art Regierungsbericht Ramses III." aufgezeichnet ist[5]. Breasted nennt diesen Papyrus „die umfangreichste Urkunde, die uns aus dem alten Orient erhalten ist" und „einen außergewöhnlichen Bericht"[6]. A. Strobel urteilt über den Papyrus Harris: „eine wertvolle Urkunde . . ., die die Inschriften von Medinet Habu in willkommener Weise ergänzt, zumal auch die einzelnen Kriegszüge (Ramses III.) übersichtlich aufgeführt sind"[7].

In beiden Urkunden werden die Philister und die mit ihnen verbündeten Völkerschaften wiederholt genannt. Diese Texte enthalten auch Angaben über die Heimat der Philister und über die Ursachen, die sie und die anderen genannten Völkerschaften zur Großen Wanderung gezwungen haben.

Aus dem letzten Drittel des 13. Jahrhunderts sind uns noch andere Papyri erhalten, die in diese Zeit datiert werden müssen, weil sie inhaltlich und oft auch wörtlich mit den Texten, die Ramses III. hinterlassen

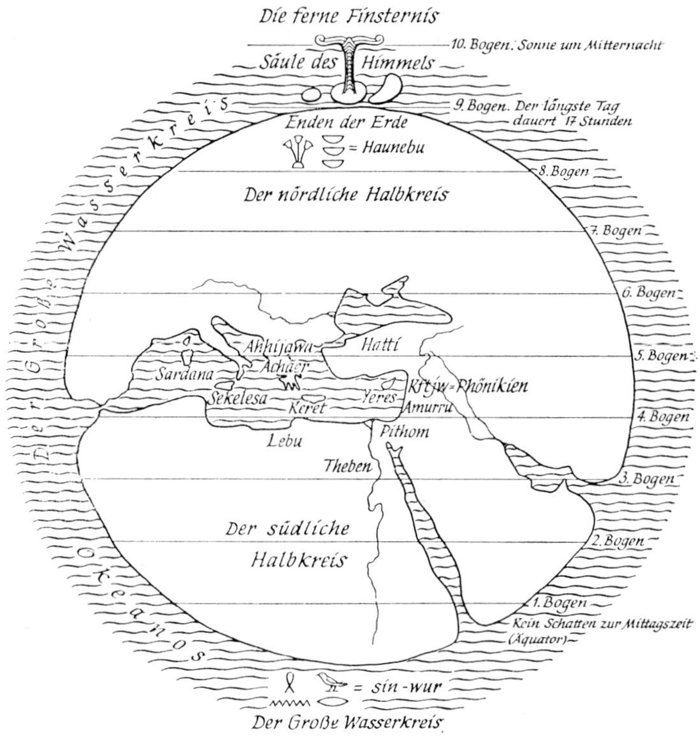

Abb. 1
Ungefähres Weltbild der Ägypter um 1200 v. Chr. Um den „Erdkreis" fließt der „Große Wasserkreis" (= sin wur, griech. okeanos). Der Erdkreis ist im „Neun Bogen" geteilt, daher kann der ganze bewohnte Erdkreis auch „alle neun Bogen" heißen. Der neunte Bogen liegt an den „Enden der Erde im fernsten Norden". Die Griechen nannten die „Himmelssäule" „stele boreios" = Nordsäule, den Himmelsträger „Atlas". Die antiken Völker glaubten, daß die Himmelsstütze unter dem Polarstern als dem einzig festen Punkt unter dem sich drehenden Himmelsgewölbe steht.
Obige Darstellung der „Himmelssäule" stammt von einem Schmuckkasten aus Elfenbein aus dem Grabe Tut-Ench-Amons (um 1350 v. Chr.). Haunebu = eine Bezeichnung für die Nordmeervölker.

hat, übereinstimmen. Hierher gehört z.B. der Papyrus Ipuwer, der in Memphis gefunden und 1828 vom Museum in Leiden (Niederlande) erworben wurde. Dort wird er unter der Katalognummer „344 Leiden" aufbewahrt. Er enthält ein Klagelied über die schweren Naturkatastrophen, die Ägypten heimgesucht haben.

Aus derselben Zeit stammt auch der Papyrus „Die Weissagung des Neferrehu", der ebenfalls die schweren Naturkatastrophen und die politischen Wirren, die sie in Ägypten auslösten, beschreibt. Dieser Papyrus stammt aus der 20. Dynastie (1200–1090 v. Chr.). Nach einer in Ägypten häufig geübten literarischen Mode gibt sich sein Verfasser als ein Seher aus, der in längt vergangenen Zeiten zukünftige Ereignisse richtig vorausgesagt habe. Tatsächlich nennt er aber z.B. die Libyer, die mit diesem Namen zuerst seit 1227 v. Chr. erscheinen, auch nennt er den Pharao „Ameni, Sohn einer Frau aus Nubien und gebürtig aus Oberägypten", womit der Pharao Amen Meses gemeint ist, der tatsächlich Sohn einer Nubierin und in Oberägypten gebürtig war und der während der Wirren, die die Katastrophenzeit zwischen 1220 und 1200 v. Chr. auslöste, eine Gegenregierung gegen den Pharao Siptah (etwa 1210 v. Chr.) ausrief. Es handelt sich bei diesem Papyrus um ein „vaticinium post eventu", d. h. um eine „Weissagung", die erst nach dem angeblich vorausgesagten Ereignis verfaßt wurde. Dieser Papyrus wird heute in Leningrad unter der Katalognummer „Eremitage 1116 b" aufbewahrt.

Abb. 2
Medinet Habu,
Tempel Ramses III., 2. Hof
Ramses III. führt gefangene Krieger der Nordmeervölker vor seinen Gott No-Amun (Foto: Spanuth).

Abb. 3: Medinet Habu, Säulenreliefs im 2. Hof, vorn rechts der Verfasser (Foto Spanuth).

Abb. 4: Medinet Habu, 2. Hof links, Ramses III. führt Gefangene der Nordmeervölker vor den Gott No-Amun von Theben (Foto Spanuth).

Die beiden eben genannten Papyri hat A. Erman übersetzt[8]. Zu diesen Papyrustexten gehören auch die Inschriften auf einem Sarkophag, der bei El-Arisch, an der Grenze zwischen Ägypten und Palästina, gefunden wurde. Auch diese Inschriften schildern Ereignisse aus dem letzten Drittel des 13. Jhdts. v. Chr. Der teilweise zerstörte Text wurde zuerst von F. L. Griffith 1890, später vom französischen Ägyptologen G. Goyon 1936, übersetzt.

Ausführliche Nachrichten über die Philister und über die Naturkatastrophen des 13. Jhdts. v. Chr. enthalten die Bücher des Alten Testamentes, die uns über die eben genannten ägyptischen Texte hinaus wertvolle Angaben über die Philister überliefern.

Auch das „eschatologische Schema", d.h. das Schema über die Lehre vom Weltende, das im Alten Testament und in alten jüdischen Überlieferungen erhalten ist, gibt uns Nachrichten aus jener Zeit. Die schweren Naturkatastrophen, die seit etwa der Mitte des 13. Jhdts. v. Chr. den ganzen Erdkreis heimsuchten, wurden von den Völkern als Weltuntergang empfunden. Diejenigen nun, die diese Katastrophen überlebten, glaubten: „So wie es damals geschah, wird es sich am Ende der Tage wiederholen"[9]. So wurde in zahlreichen Völkern ein „eschatologisches Schema" überliefert, das erstaunlich gleichartig ist und die Gelehrten vermuten ließ, daß ein Volk von einem anderen Volk dieses „eschatologische Schema" übernommen habe. So nahm man z.B. an, daß die jüdischen Propheten dieses Schema von den Ägyptern und die germanischen Völker ihr eschatologisches Schema (Ragnarök) von den jüdischen Propheten übernommen hätten.

Aber es läßt sich überzeugend nachweisen, daß das nicht der Fall ist[10]. Die erstaunlichen Übereinstimmungen der vielen eschatologischen Schemata sind nicht entstanden, weil ein Volk dieses Schema von einem anderen Volk übernommen hätte, sondern weil alle Völker den Ablauf der weltweiten Katastrophen in gleicher Weise erlebten und im Gedächtnis behielten. Diese Überlieferungen wurden von Geschlecht zu Geschlecht häufig mit feststehenden Formeln weitergegeben und immer neu aktiviert, wenn – wie das bei den Katastrophen im 13. Jhdt. v. Chr. der Fall war – ein Riesenkomet am Himmel auftauchte und die Völker mit Schrecken erfüllte. Dann glaubte man, daß das ganze Schema der Naturkatastrophen nun ablaufen und den endgültigen Weltuntergang zur Folge haben würde.

Es ist in unseren Tagen die Vermutung aufgetaucht, daß jener Riesenkomet, der etwa um 1220 v. Chr. alle Völker mit Schrecken erfüllte, der Komet Halley sei, der nach den Berechnungen der Astronomen damals in Erdnähe kam[11]. Dieser Komet kehrt alle 76 Jahre wieder. Zuletzt erschien er im Jahre 1910 und hat auch damals in vielen Völkern eine hysterische Weltuntergangsstimmung ausgelöst[12].

Es ist möglich, daß diese Vermutung richtig ist. Natürlich kann aber auch ein anderer Riesenkomet im 13. Jhdt. v. Chr. in Erdnähe gekommen sein. So hat z. B. der russisch-amerikanische Naturwissenschaftler I. Velikovsky angenommen, daß sich damals ein Riesenkomet aus dem Planeten Jupiter gelöst hätte, der dann in eine gefährliche, die Bahnen von Erde und Mars kreuzende Sonnenumlaufbahn geraten wäre und dadurch die schweren Naturkatastrophen ausgelöst hätte. Dieser Riesenkomet sei dann unter dem Namen „Venus“ zu einem Planeten geworden. Velikovsky behauptet, daß kein Volk der Welt diesen so gut sichtbaren Planeten Venus vor dem 13. Jhdt. v. Chr. gekannt oder erwähnt hätte und daß in vielen Überlieferungen von der „Geburt der Venus“ erzählt werde. Auf jeden Fall berichten viele Völker vom Erscheinen eines Riesenkometen und den furchtbaren Folgen, die sein Erscheinen ausgelöst hätte. Die weltweiten Zerstörungen aller älteren Bauten und Siedlungen bestätigen die schweren Naturkatastrophen des 13. Jhdts. eindrucksvoll[13].

2. Die Philister und ihre Verbündeten

„Vorwärts nach Ägypten! Unsere Pläne gelingen!", das sind die ersten Worte, die wir in den Texten von Medinet Habu von den Philistern erfahren. Sie waren nach allem, was wir aus den Texten aus der Zeit Ramses III. und aus dem Alten Testament erfahren, das führende Volk einer großen Völkerkoalition, die um 1200 v. Chr. von Palästina, vom Mittelmeer und von Libyen her gegen Ägypten vorstieß, „um die fruchtbaren Marschen Ägyptens als ihr Land einzunehmen"[1].

Auf den Inschriften von Medinet Habu heißt es u.a.: „Die Völker vom Ozean im fernen Norden haben auf ihren Inseln eine Verschwörung gemacht. Sie hatten den Plan, ihre Hände auf alle Länder bis zum Erdrand zu legen. Kein Land hielt vor ihren Waffen stand. Von Hatti an, Kode, Karkemisch, Yereth und Yeres wurden vernichtet (cutoff) zu gleicher Zeit. Sie schlugen ihr Feldlager an einem Ort in Amurru auf. Sie kamen, indem ein Feuer vor ihnen her bereitet war und sagten: „Vorwärts nach Ägypten!" Verbündet waren die Peleset, Sakar, Denen, Sekeles und Wasasa. Ihre Herzen waren voller Vertrauen und zuversichtlich sagten sie: „Unsere Pläne gelingen!"[2]

Die in diesem Text genannten Namen bedeuten: Hatti = Hethiterreich, Kode = südöstliche Teile Kleinasiens und Nordsyrien, Karkemisch = heute Dscherablus am Euphrat, Yeret ist vielleicht Kreta, Yeres ist wohl Zypern, Amurru = Amoriterland = Palästina.

Die Namen der verschiedenen Völkerschaften, die in diesem Text genannt werden, können nicht alle identifiziert werden. Einstimmig ist die Forschung der Meinung, daß die Peleset mit den Philistern identisch sind, die wir auch aus dem Alten Testament kennen. Aufs engste mit ihnen verwandt und auf den Wandbildern von Medinet Habu auch immer mit der gleichen Tracht, den gleichen Streitwagen, Schiffstypen, Rundschildern, Schwertern und Kopfbedeckungen abgebildet, sind die Sakar und die Denen. Ihre Heimat läßt sich erst bestimmen, wenn man zuvor die Heimat der so eng mit ihnen verwandten Philister bestimmt hat. Die Sekeles und die Wasasa lassen sich nur schwer identifizieren. Doch nehmen einige Forscher an, daß die Sekeles mit dem von den Römern „Siculi" benannten Volksstamm identisch seien, der ursprünglich in Gallia Cisalpina (= Po-Ebene), in Latium (Landschaft südlich des Tiberflusses), in Lukanien (Unteritalien) und vor allem auf der nach ihnen benannten Insel Sizilien beheimatet war.

Die Wasasa sind nach Meinung von Prof. Dr. E. Biollay, der viele Jahre in Ägypten tätig war, mit den Bewohnern der Insel Korsika identisch, sie werden auch als „Wasasa des Meeres" genannt, was auf eine Insel als Heimat hinweist, auch hieß die Hauptstadt Korsikas, heute Bastia, ursprünglich Basasa oder auch Wasasa.

Die Philister siedelten sich nach den verlorenen Schlachten gegen Ramses III. in Palästina und hier vor allem an der Westküste an. Die

Sakar ließen sich im Libanongebiet nieder. Aus dem „Papyrus Wen-Amun“, der etwa um 1100 v. Chr. entstanden ist, erfahren wir zahlreiche interessante Einzelheiten über die Sakar und ihr Königreich am Fuß des Libanon. Die Denen ließen sich auf Zypern nieder und haben dort vor allem in Enkomi = Alasia auf den Ruinen der durch die Naturkatastrophen zerstörten Stadt eine blühende Siedlung errichtet, wo sie in zahlreichen Schmelzöfen das Kupfererz Zyperns schmolzen und weiterverarbeiteten.

Während diese Völkerkoalition von Osten und vom Mittelmeer her gegen Ägypten vorstieß, drangen von Westen unter dem Befehl der „Völker von den Inseln im Ozean, die im Norden liegen“ (Übersetzung W. Helck), die Lebu = Libyer, Tursa = Tyrrhener und die „Sardana und Wasasa des Meeres“ gegen Ägypten vor. Die Sardana sind sehr wahrscheinlich mit den Sarden oder Sardiniern identisch. Schachermeyr sagt: „Man könnte aus dieser Stelle („Sardana und Wasasa des Meeres“) herauslesen, daß die Heimat der Wasasa nicht weit von jener der Sardana, also mehr schon in den westlichen Teilen des Mittelmeeres gelegen war“[3]. Da in den Texten aus der Zeit Ramses III. wiederholt gesagt wird, daß die Philister und die mit ihnen verwandten und verbündeten Sakar und Denen nach den Texten von Medinet Habu „von den Inseln im sin wur (= Ozean), die im Norden liegen“, kamen, hat man sie häufig entweder als „Seevölker“ oder als „Nordvölker“ oder als „Nord- und Seevölker“ bezeichnet. Damit hat man viele Verwirrungen angerichtet. Diese Übersetzungen legten es nahe, an zwei verschiedene Völker, an Nordvölker und an Seevölker, zu denken, außerdem wurden durch diese Übersetzungen die Nordmeervölker mit den „Seevölkern“, den lúka, turusa, aqjawasa usw., verwechselt, die im Mittelmeerraum beheimatet waren und etwa dreißig Jahre vor den Nordmeervölkern zur Zeit des Pharao Merenptah Ägypten angriffen und von ihm im 5. Jahr seiner Regierung besiegt wurden. Um diese Verwirrungen und Verwechslungen zu vermeiden, werden wir die Völker „von den Inseln im Ozean, die im Norden liegen“, „Nordmeervölker“ nennen, die lúka, tursa, aqjawasa, die uns im Zusammenhang mit den Philistern nicht interessieren, da sie dreißig Jahre vor den Philistern auftraten, aber „Seevölker“.

Ramses III. hat die große Gefahr, die seinem Land durch die Nordmeervölker drohte, frühzeitig erkannt. Er ordnete die Generalmobilmachung an. Er berichtet: „Ich befestigte meine Grenzen nach Zahi und stellte vor sie die Fürsten, die Kommandanten der Garnisonen und die Streitwagenkämpfer. Ich ließ die Flußmündungen mit Kriegsschiffen, Mns-schiffen und Br-schiffen (also Schiffen aller Art) wie mit einem Wall schützen. Die Schiffe waren wohlbemannt und vom Bug bis zum Heck mit tapferen Kriegern besetzt“[4]. Er gab den Befehl: „Gebt Waffen heraus, schafft Hilfstruppen herbei, um die Elenden zu vernichten“[5]. Stolz sagt er von seinem Heer: „Die Soldaten waren die besten Truppen Ägyptens, sie waren wie Löwen, die auf dem Gebirge brüllen. Die Wagentruppen waren alle tüchtige Kämpfer, Helden und Streiter, die ihr Handwerk verstanden. Ihre Gespanne bebten am ganzen Leibe, bereit, die Feinde zu vernichten“[6].

Das oben erwähnte Zahi wird mit Syrien[7] (A. Strobel) oder mit Palästina (Breasted) identifiziert. Strobel hat die Ansicht vertreten, daß Ramses III. die Nordgrenze Syriens befestigt und dort die Nordmeervölker, „die zu Lande kamen", besiegt habe. Strobel hat daher die Meinung vertreten, daß Ramses III. nach dem Sieg über die Nordmeervölker in ungeschmälertem Besitz von Syrien und Palästina geblieben wäre[8], und dann den besiegten Philistern ihre Siedlungsgebiete in Palästina und den besiegten Sakar im Libanongebiet zugewiesen hätte. Strobel meint, daß die Ansiedlung dieser Völkerstämme „die Planung und Organisation der ägyptischen Herrschaft voraussetzt"[9]. Er schreibt: „Es kann weder von einem Zusammenbruch ägyptischer Herrschaft in Palästina um 1200 v. Chr. gesprochen werden, noch von einem Vorstoß der Seevölker durch Syrien hinunter nach Palästina"[10]. Gegen diese Annahme Strobels spricht, daß Ramses III. nach den Kämpfen mit den Nordmeervölkern keinen Feldzug nach Syrien mehr unternommen hat[11], was er sicherlich getan hätte, denn Palästina und Syrien waren Jahrhunderte ägyptische Provinzen gewesen und waren wegen der Handelswege nach dem Zweistromland, die durch diese Länder führten, von großer Bedeutung für Ägypten. Gegen Strobels Annahme spricht auch, daß z.B. im Papyrus Anastasi von der neugegründeten Residenz Ramses II., „Piramses", d. h. „Haus Ramses", gesagt wird: „Seine Majestät hat sich eine Burg gebaut, sie liegt an der Grenze von

Abb. 5
Mobilmachung. Medinet Habu (Foto Spanuth).

Ägypten und Zahi"[12]. Da Piramses unweit der pelusischen Nilmündung lag, macht diese Stelle deutlich, daß „die Grenze von Ägypten und Zahi" in der Nähe der Nilmündung zu suchen ist. R. Stadelmann schreibt daher sicherlich mit Recht: „daß die Seevölker unmittelbar vor den Grenzen Ägyptens gestanden haben und die See- und Landschlacht direkt am pelusischen Nilarm stattgefunden haben"[13].

Es sprechen auch noch andere Gründe gegen die Hypothese Strobels, daß die Herrschaft Ägyptens auch nach den siegreichen Schlachten gegen die Nordmeervölker in Syrien und Palästina noch fortbestand. Die ägyptischen Tempel und Kasernen, die in Syrien und Palästina seit Jahrhunderten bestanden, wurden durch die schweren Naturkatastrophen des 13. Jhdts. v. Chr. zerstört und nicht wieder aufgebaut. So bestand z. B. in Tell Jaffa, „wahrscheinlich ein Hauptversorgungszentrum der ägyptischen Militärmacht auf dem Wege hinauf in die syrischen Provinzen"[14], ein großes steinernes Tor mit den Würdetiteln Ramses II. Es ist wahrscheinlich als Triumphtor für den Sieg Ramses II. über die Hethiter in der Schlacht bei Kades (1288 v. Chr.) errichtet worden.

Das Tor war durch einen heftigen Brand zerstört worden, der das Mauerwerk bis zu einer Tiefe von 1,50 m durchglüht hatte[15]. Die Philister, die diese Stadt um 1200 v. Chr. besetzten, „haben sich wenig um die Autorität Ägyptens gekümmert" und haben die Steine mit den Würdetiteln Ramses II. wahllos beim Wiederaufbau eines neuen Tores verwendet. Das wäre unter ägyptischer Oberhoheit unmöglich gewesen. Auch die Angaben des Alten Testamentes sprechen gegen Strobels Hypothese, daß Palästina und Syrien fest in der Hand der ägyptischen Macht geblieben wären. Der Auszug Israels aus Ägypten ist durch dieselben Naturkatastrophen ermöglicht worden, die auch die Nordmeervölker auf die Große Wanderung gezwungen haben. Als das Volk Israel nun „aus dem Lande Gosen" (= Nildeltagebiet) aufbrach, um in die alte Heimat zurückzuwandern, standen die Nordmeervölker schon an den Grenzen Ägyptens nach Zahi, also in der Nähe der Nilmündungen, und versuchten mit Waffengewalt „die fruchtbaren Marschen Ägyptens als Land einzunehmen". Daher konnte das Volk Israel nicht auf dem alten Karawanenweg, „der der nächste gewesen wäre", in die alte Heimat zurückwandern, sondern mußte einen Umweg machen, auf dem die Philister nicht zu erwarten waren. Es heißt daher in 2. Mose 13,17: „Als aber der Pharao das Volk Israel hatte ziehen lassen, führte Gott sie nicht auf der Straße durch der Philister Land, die die nächste gewesen wäre; denn Gott gedachte, es möchte das Volk reuen, wenn sie den Streit (zwischen Ägyptern und den Nordmeervölkern) sähen und sie möchten wieder nach Ägypten umkehren. Darum führte er das Volk um auf die Straße durch die Wüste am Schilfmeer". Dieser Umweg führte nicht, wie man häufig lesen kann, durch das Rote Meer, welches wegen des hohen Salzgehaltes kein Schilfmeer (jam suf) ist, sondern er führte durch die Wüste auf die etwa 110 km lange Nehrung, die den Sirbonissee (heute Sebchat-berdawil) vom Mittelmeer trennt. Dieser Sirbonissee ist tatsächlich ein „Schilfmeer".

Diese Lokalisierung des Umweges, den Israel nehmen mußte, wird bestätigt durch die Angabe in 2. Mose 14,9: „Da setzten die Ägypter nach und erreichten sie, wie sie am Meere lagerten ... bei Pihachiroth in der Nähe von Baal Zephon“. Wo dieses Pihachiroth lag, wird in 2. Mose 14,2 gesagt: „Pihachiroth zwischen Migdol und dem Meer, bei Baal Zephon“. Migdol liegt in der Nähe des Mittelmeeres unweit des westlichen Anfangs jener Nehrung, die den Sirbonissee vom Mittelmeer trennt. Das Heiligtum Baal-Zephon lag auf einem niedrigen Hügel, bei dem jetzt nicht mehr bewohnten Ort Mahammadije, dem Ansatzpunkt der 110 km langen Nehrung.

Das Volk Israel konnte keinen sichereren Weg wählen, denn auf dieser schmalen Nehrung war es nach beiden Seiten durch das Mittelmeer und den Sirbonissee vor Angriffen geschützt. Philister waren auf dieser Nehrung nicht zu erwarten, denn sie war von Palästina, von wo die Nordmeervölker heranzogen, durch einen schmalen Wasserarm getrennt. Die obenerwähnte Stelle im Alten Testament zeigt, daß das „Philisterland“ unmittelbar an das „Land Gosen“ (= Nildelta) grenzte, daß die Philister zum Zeitpunkt des Auszuges Israels aus Ägypten in der Nähe der Nilmündungen standen und die ägyptische Herrschaft in Syrien und Palästina zerschlagen hatten.

Eine Auswanderung Israels aus der ägyptischen Knechtschaft nach Palästina wäre sinnlos gewesen, wenn in Palästina „die Planung und Ordnung der ägyptischen Herrschaft“ (Strobel) noch bestanden hätte. In diesem Fall wäre Israel ja unter der drückenden Herrschaft Ägyptens geblieben. Die Rückkehr in die alte Heimat Palästina hatte für das Volk Israel nur dann einen Sinn, wenn dort die ägyptische Herrschaft beendet war.

Es gehört zum historischen Verdienst der Philister, daß sie die Herrschaft Ägyptens in Syrien und Palästina zerschlagen haben und so dem Volk Israel die Rückkehr in die alte Heimat ermöglichten. So ist aus vielen Gründen der Feststellung des Ägyptologen A. Scharff zuzustimmen, der die Landschlacht zwischen den Ägyptern und den Philistern in die Nähe der Nilmündungen verlegt und schreibt: „Das Land (Ägypten) hatte auch keine Stoßkraft mehr zur Wiedergewinnung Palästinas, und die eben noch besiegten Philister und Sakar konnten sich, von Ägypten völlig unbehelligt, im Küstenland Palästinas und Syriens ansiedeln“[16].

3. Die Siege Ramses III. über die Philister

Im 8. Jahr der Regierung Ramses III. (1195 v. Chr.) erfolgte der erste Großangriff der Nordmeervölker gegen Ägypten, dem später noch andere folgen sollten. Wenn Ramses III. von einem „Plan" und von einer „Verschwörung" der Nordmeervölker spricht, dann klingt das für uns heutige Menschen recht unwahrscheinlich, und der Ägyptologe E. Otto hat von einer „lächerlichen Vorstellung Spanuths, der von einem vorgefaßten Plan der Nord- und Seevölker schreibt"[1], gesprochen. Nun behauptet Ramses III. ja dasselbe. Eine überholte Vorstellung hält die Nordmeervölker der altägyptischen Texte für „raubende und plündernde Scharen" und für „Vollbarbaren, deren Abstand gegenüber den ostmittelmeerischen Kulturen ein so großer war, daß sie mit ihnen nichts anzufangen wußten, als zu rauben und zu zerstören"[2]. Raubenden und plündernden Vollbarbaren kann man natürlich keinen wohldurchdach-

Abb. 6
Ausschnitt aus dem Relief von der Landschlacht zwischen den Nordmeervölkern und den Ägyptern, 1195 v. Chr.
Aus „Earlier Historical Records of Ramses III." The University of Chicago Press.

ten Plan zutrauen. Und doch zeigt die Tatsache, daß die große Völkerkoalition unter der Führung der Philister an ein und demselben Tag gegen die Ost- und Westgrenze Ägyptens und in die Nilmündungen vorstieß, daß diesem Angriff ein wohldurchdachter Plan zugrundegelegen haben muß. Strobel schreibt zu dieser Frage: „Darüber hinaus fällt vor allem das planvolle Vorgehen der Eindringlinge auf, die von Osten und Westen her zu Lande, von Norden her aber zur See die Eroberung des fruchtbaren Nillandes anstrebten"[3] oder: „Es war in Wahrheit das Resultat eines wahrscheinlich von langer Hand vorbereiteten militärischen Zusammengehens"[4], auch spricht Strobel von einer „mit allem Einsatz wohlüberlegt geplanten Eroberung Ägyptens"[5].

Es war also kein wilder, ungeordneter Ansturm „raubender und plündernder Scharen", der von den Philistern und den mit ihnen verbündeten Völkerschaften um 1200 v. Chr. Ägypten drohte, sondern ein geradezu generalstabsmäßig geplanter, wohlorganisierter Angriff einer starken Militärmacht.

Es kam zu einer Schlacht von welthistorischer Bedeutung. Unter Einsatz aller ägyptischen Krieger und zahlreicher Hilfstruppen, unter denen „Matoi"-Neger und auch Sardana waren, und wahrscheinlich auch

durch besonderes Schlachtenglück begünstigt, gelang es Ramses III. den überaus gefährlichen Angriff abzuwehren. Ramses III. selbst kämpfte bei seinen Elitetruppen an den Ufern des Nils, der Kronprinz, später Ramses IV., kämpfte an der Grenze nach Zahi, ein General kommandierte die Truppen an der ägyptischen Westgrenze. „Hunderttausende" von Feinden wurden angeblich erschlagen oder gefangengenommen. Die Kriegsschiffe der Nordmeervölker, die in die Nilmündungen eingedrungen waren, „wurden von einem Wall von Erz empfangen"[6], „sie wurden von den Truppen mit Speeren umzingelt, an Land gezogen und eingeschlossen", ihre Besatzung „wurde am Strande niedergeschlagen, geschlachtet und zu Leichenhaufen gemacht, vom Heck zum Bug ihrer Schiffe". Viele feindliche Schiffe wurden von den Ägyptern zum Kentern gebracht, die ins Wasser gestürzten Invasionstruppen mit Pfeilen oder Lanzen getötet. Das alles wird auf dem großartigen Relief von Medinet-Habu von der Schlacht in der Nilmündung eindrucksvoll dargestellt.

Abb. 7
Seeschlacht zwischen den Nordmeervölkern und den Ägyptern, 1195 v. Chr.. Aus „Earlier Historical Records of Ramses III." The University of Chicago Press.

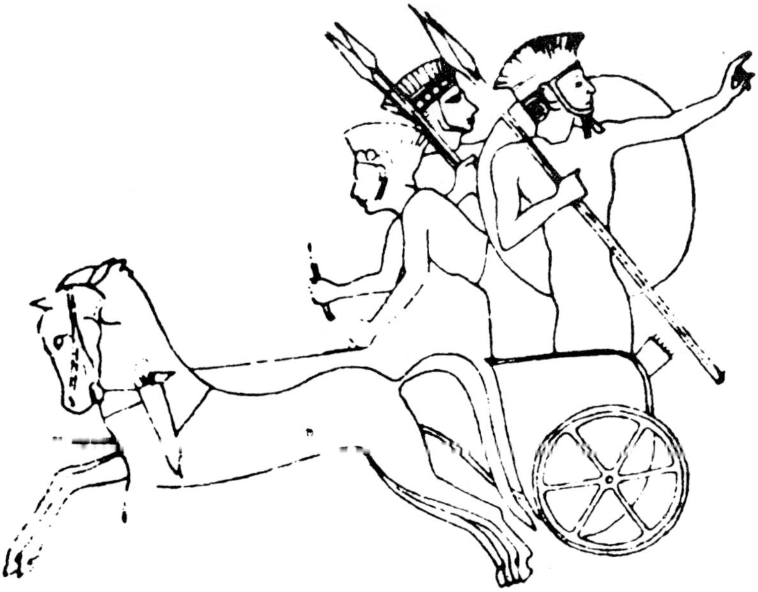

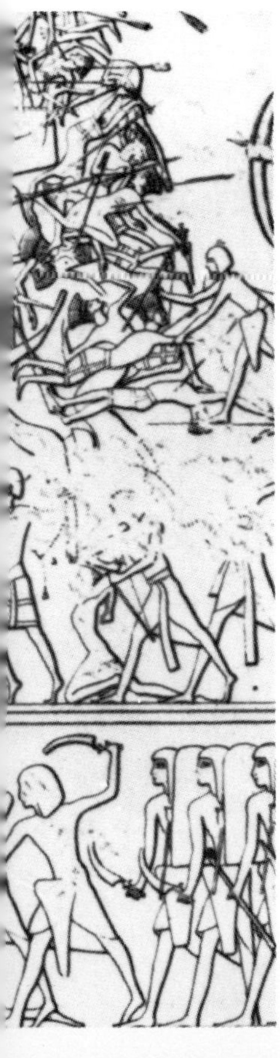

Abb. 8
Streitwagen der Philister.

Abb. 9
Wagen von der Felszeichnung im Grab von Kivik (Schonen).

Abb. 10
Wagen von Florenz.

Die Nordmeervölker, die auf dem Landweg von Kleinasien-Syrien und Palästina her bis an die ägyptische Grenze vorgestoßen waren, führten auf schweren Ochsenkarren ihre Frauen und Kinder mit sich. Dieser Ochsenkarrentreck wurde von ägyptischen Kriegern umzingelt, und die Begleitmannschaft mit Frauen und Kindern getötet oder in die Gefangenschaft geführt[7].

Die Tatsache, daß die Nordmeervölker Frauen und Kinder mit sich führten, zeigt, daß es sich hier nicht um einen Kriegszug raubender und plündernder Barbaren handelte, sondern um eine Völkerwanderung landsuchender Stämme, die „durch das Bedürfnis der Münder"[8], also durch Hunger, aus ihrer Heimat vertrieben worden waren. Auf dem Wandbild vom Ochsentreck ist auch dargestellt, daß Streitwagen der Philister versuchten, den überfallenen Ochsentreck zu befreien. Die Streitwagen waren zweirädrige leichte und schnelle Fahrzeuge, die von zwei Pferden gezogen wurden. Der Rosselenker stand auf dem Wagen, hinter ihm standen zwei Krieger mit je zwei Speeren und je einem Rundschild. Sie sprangen in der Nähe des Feindes vom Wagen und kämpften zu Fuß weiter. Im Grab Ramses III. wurde ein Streitwagen dieser Art, sehr wahrscheinlich ein Beutestück aus einer der Schlachten, die Ramses III. gegen die Nordmeervölker führen mußte, gefunden. Dieser Wagen steht heute im Museum in Florenz. Schwantes schreibt über die Holzarten, die für diesen Streitwagen verwendet wurden: „Die Deichsel und die Achsen sind aus dem Holz der Steineiche, andere Teile aus Eschen- oder Hainbuchenholz gefertigt, und die Speichen sind mit der Radnabe mit Hilfe von Birkenbast befestigt"[9]. Streitwagen haben die Philister auch in späterer Zeit in großer Zahl eingesetzt. So heißt es z.B. etwa 150 Jahre nach der Besitznahme Palästinas durch die Philister: „Da versammelten sich die Philister zu streiten mit Israel, 30.000 Streitwagen, 6.000 Reiter und sonstiges Volk, so zahlreich wie der Sand am Meere"[10].

Streitwagen und Reiter wurden auch nach dem „eschatologischen Schema" von den Nordmeervölkern eingesetzt. Dieses „eschatologische Schema" überliefert die Ereignisse um 1200 v. Chr. und nennt die Nordmeervölker „Völker von den Enden der Erde in der fernen Mitternacht"[11]. Der bekannte Ägyptologe W. Wreszinski hat die Vermutung ausgesprochen, daß Ramses III. vor allem den Angriff der Flotte der Nordmeervölker für besonders bedrohlich gehalten habe[12], darum habe er persönlich den Befehl über die ägyptischen Truppen, die an den Ufern des Nils aufmarschiert waren, übernommen. Diese Vermutung Wreszinskis scheint berechtigt zu sein. Von der Kriegsflotte der Nordmeervölker drohte die größte Gefahr. Wenn diese Flotte ungehindert nilaufwärts hätte segeln können, dann hätte sie die Städte und Vorratslager, die am Nil lagen, besetzen und die lebenswichtigen Verbindungen zwischen den beiden Nilufern unterbrechen können. Darum hat Ramses III. schon frühzeitig „die Flußmündungen mit Kriegsschiffen, Mns-schiffen und Br-schiffen wie mit einem Wall" schützen lassen. Der Pharao berichtet über die Flotte der Nordmeervölker: „Die aber in die Nilmündungen eindrangen, wurden wie die Vögel im Netz gefangen und zu Brei gemacht"[13].

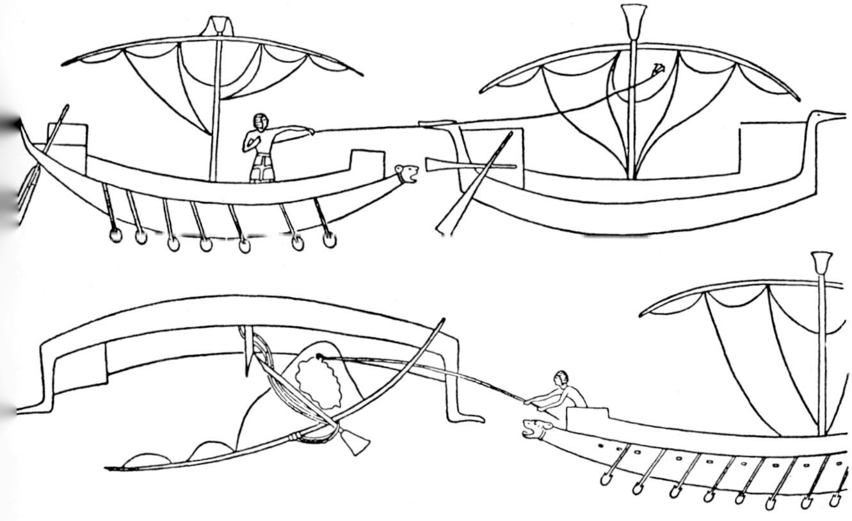

Abb. 11
So wurden die Schiffe der Nordmeervölker zum Kentern gebracht. Aus „Earlier Historical Records of Ramses III." The University of Chicago Press.

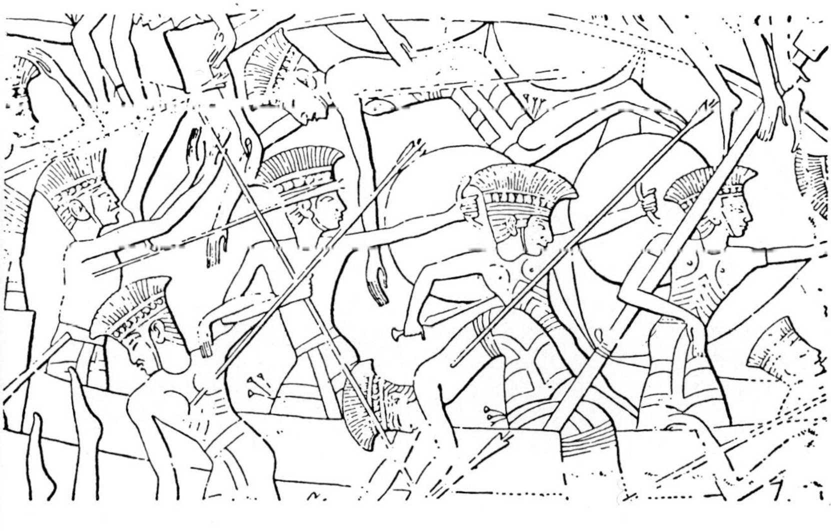

Abb. 12
Nordleute in der Schlacht. Ein nordischer Krieger ist verwundet über Bord gefallen und wird von seinem Kameraden festgehalten. Aus „Earlier Historical Records of Ramses III." The University of Chicago Press.

Was Ramses III. mit diesen Worten meint, lassen uns die Wandbilder von Medinet Habu erkennen. Die Kriegsflotte der Nordmeervölker lief unter Segel in die Nilmündungen ein. Statt der Ruderknechte und Riemen hatte man die Schiffe mit Kriegern und Waffen besetzt. Da der Wind an der Küste Ägyptens vormittags fast immer von Norden weht, um dann gegen Mittag abzuflauen und nachmittags von Süden zu wehen, war die Flotte der Nordmeervölker vormittags vor dem Wind in die Nilmündungen eingelaufen. Als nun in der Mittagszeit der Nordwind abflaute, mußte die Besatzung die Segel „aufgeien", d. h. an der oberen Rahe festmachen. Die Schiffe machten nun keine Fahrt mehr und trieben manövrierunfähig im Nilstrom. Das Ruder (Steuerruder), das die Schiffe der Nordmeervölker achtern an Steuerbord hatten, war nun ohne Wirkung und daher unbesetzt. Da bekamen die ägyptischen Kriegsschiffe den Befehl zum Angriff. Die ägyptischen Kriegsschiffe wurden durch eine ganze Anzahl von Ruderknechten in Fahrt gehalten, das Steuerruder achtern an Backbord war besetzt. Aus sicherer Entfernung überschütteten die ägyptischen Bogenschützen die Schiffe der Nordmeervölker mit einem Hagel von Pfeilen. Da keiner der Nordmeerkrieger Pfeil und Bogen führte, waren sie dem Pfeilhagel wehrlos ausgesetzt. Wenn die meisten Krieger auf den feindlichen Schiffen tot oder verwundet waren, dann wurden die ägyptischen Schiffe herangerudert und ein Ägypter warf einen Enterhaken in das aufgegeite Segel der Feinde und brachte das Schiff zum Kentern. Die Mannschaft fiel in den Strom und wurde von Bogenschützen und Lanzenträgern getötet.

Ergreifende Szenen vom todesmutigen Kampf der Nordmeerkrieger haben die ägyptischen Künstler in den Reliefs von Medinet Habu festgehalten. Auf einem Schiff der Nordmeervölker, auf dem die meisten Krieger verwundet oder gefallen sind, kämpfen wenige Männer den

Abb. 13
Abgeschlagene Hände der Philister werden auf Haufen geworfen und gezählt. Medinet Habu (Foto: Spanuth).

aussichtslosen Kampf weiter. Sie versuchen mit dem Schild und mit dem Schwert die ägyptischen Pfeile abzuwehren. Auf einem anderen Schiff hält ein Krieger der Nordmeervölker seinen verwundeten und über Bord gestürzten Kameraden mit dem abgewinkelten rechten Arm fest und hält mit der Linken den schützenden Schild über ihn. Wieder auf einem anderen Schiff versuchen die Nordmeerkrieger, selbst vom Tode bedroht, die im Wasser treibenden Verwundeten zu bergen. Ähnliche Szenen von Kameradschaft und Kampfesmut der Nordmeerkrieger sind auch auf dem großen Relief von der Landschlacht abgebildet. Zweifellos hat Otto Eissfeldt recht, wenn er feststellt: „Die ägyptischen Darstellungen der Kämpfe Ramses III. gegen die Philister schildern eindringlich den todverachtenden Kampfesmut der Philister und lassen sogar noch die Gefangenen und schmählich gefesselten Krieger in edlem und hoheitsvollem Stolz dahinschreiten"[14].

Den gefallenen oder verwundeten Feinden wurden die Hände abgeschlagen, auf Haufen geworfen und gezählt. Während von der Schlacht an der Westgrenze Ägyptens die Zahl der abgeschlagenen Hände mit 12.535 und 12.532 und der abgeschlagenen Phalli mit 12.535 und 12.680 angegeben wurde, wurden die Zahlen der abgeschlagenen Hände und Phalli in der Schlacht an der Grenze von Zahi-Palästina nicht angegeben.

Es heißt dort nur, daß „Hände und Phalli ohne Zahl" abgeschlagen wurden[15], es ist von einem „Gedränge der Feinde wie die Heuschrecken", von „Hunderttausenden", ja sogar von „Millionen" von Feinden die Rede, die dort besiegt worden seien[16]. „Zahlreich wie der Sand am Meer" soll die Zahl der Gefangenen gewesen sein[17]. Sicherlich sind das Übertreibungen, die den Ruhm des Pharao erhöhen sollten. Wir können aber annehmen, daß die Zahl der gefallenen Nordmeerkrieger

Abb. 14
Gefangene und gefesselte Krieger der Nordmeervölker werden abgeführt. Medinet Habu, 2. Hof (Foto Spanuth).

an der Ostfront Ägyptens größer war als an der Westfront und daß darum die unbestimmten Ausdrücke über die Zahl der Gefangenen und Toten gewählt wurden.

Ein großes, gut erhaltenes Relief schildert uns das weitere Schicksal der Gefangenen. Sie wurden zu zweit oder zu dritt aneinander gefesselt und in die Gefangenenlager abgeführt. Dort mußten sie sich in Reih und Glied auf den Boden setzen und auf ihre Vernehmung warten. Einzeln wurden sie vor die ägyptischen Offiziere, die an ihrem langen Schurz erkenntlich sind, geführt und erhielten zuerst „den großen Namen seiner Majestät eingebrannt“[18]. Dann wurden sie vor die Vernehmungsoffiziere geführt und eingehend vernommen. Zahlreiche Schreiber zeichneten die Aussagen der gefangenen Nordmeerkrieger auf. Deswegen heißt es in den Texten von Medinet Habu häufig: „Sie sagen . . .“, dann folgen Aussagen der Gefangenen.

Es taucht natürlich die Frage auf, in welcher Sprache sich die ägyptischen Vernehmungsoffiziere mit den Nordmeerkriegern verständigen konnten. Einige sicherlich nicht aus der ägyptischen Sprache stammende Namen und Worte, wie z. B. der Sammelname für die verschiedenen Völkerschaften der Nordmeerkrieger: „Haunebu“, sowie die Völkerschaftsnamen Peleset, Sakar, Denen, legen die Vermutung nahe, daß einige ägyptische Vernehmungsoffiziere die indogermanische Sprache der Nordmeervölker verstehen konnten. Das wäre nicht verwunderlich. Denn schon seit Jahrhunderten kamen „vom großen Wasserkreis im Norden“, also vom Nordmeer, Bernsteinschätze nach Ägypten, und umgekehrt erscheinen in vielen nordischen Gräbern der Bronzezeit ägyptische Glasperlen. Das sind Beweise, daß es zwischen Ägypten und Nordeuropa schon lange vor dem 13. Jhdt. v. Chr. Handelsbeziehungen gab, die natürlich sprachliche Verständigungsmöglichkeiten voraussetzten. Es ist auch zu bedenken, daß z.B. die in Hattusa ausgegrabenen Schrifttafeln „in nicht weniger als acht Sprachen abgefaßt sind“[19]. Die Hethiter mit ihrer indogermanischen Sprache konnten sich, wie z. B. der erhaltene Briefwechsel zwischen dem Hethiterkönig Suppiluliuma II. und dem Pharao Merenptah (etwa 1230 – 1200 v. Chr.) zeigt, ohne Schwierigkeiten mit den Ägyptern verständigen. So wird es wohl auch einigen ägyptischen Dolmetschern möglich gewesen sein, die Aussagen der gefangenen Nordmeerkrieger zu verstehen.

Ramses III. hat, wie er in den Texten von Medinet Habu behauptet,

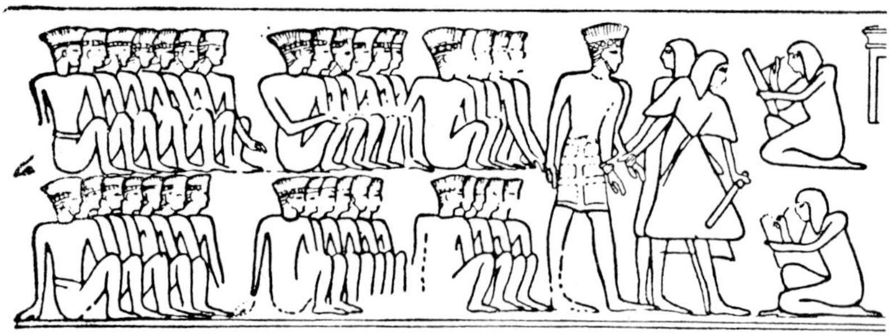

Abb. 15
Gefangene Nordleute im Lager beim Verhör. Aus „Earlier Historical Records of Ramses III.“ The University of Chicago Press.

Abb. 16
Gefangene Nordleute werden mit dem Namen des Pharao gebrannt.

Abb. 17
Ägyptische Schreiber.

Abb. 18
Ramses III. tötet einen König der Nordmeervölker (Medinet Habu, 1. Hof, Säule an der Südseite).

die zehn Könige und Fürsten der Nordmeervölker gefangengenommen und im Triumphzug mitgeführt[20] und, wie die Wandbilder zeigen, auch selbst erschlagen.

Der Sieg Ramses III. schien zwar vollständig zu sein, aber es war in Wahrheit ein „Pyrrhussieg"[21]. Noch mehrere Male mußte er gegen die Nordmeervölker zu Felde ziehen, um sich ihrer zu erwehren. Ägypten hat in diesen Kämpfen schwere Blutopfer bringen müssen. Noch unter Ramses II., dem Großen, stand es auf dem Höhepunkt seiner Macht, nunmehr verfiel es „in eine Periode des Hinsiechens", ja „in eine Periode stumpfer Stagnation"[22]. Es konnte Syrien und Palästina, die bis dahin ägyptische Provinzen waren, den Philistern und Sakar nicht mehr entreißen. Es ist daher nicht verwunderlich, daß keine der ehemals ägyptischen Städte in Palästina nach ihrer Besetzung durch die Philister, auch nicht die Provinzhauptstädte Gaza und Askalon, in der Folgezeit mehr bezeugt werden, weder in den Verwaltungsurkunden noch in den Städtelisten Ramses III. in Theben[23]. Auch wird schon unter Ramses III. kein „Vorsteher der nördlichen Fremdländer" mehr erwähnt[24]. Träger dieses Titels waren die ägyptischen Kommissare der drei syrisch-palästinensischen Provinzen. Das sind deutliche Beweise, daß Ramses III. nicht mehr im Besitz von Syrien und Palästina war und daß hier die Philister und Sakar herrschten.

4. Ausrüstung und Bewaffnung der Philister

Für die Beantwortung der Frage, wo wir die Heimat der Nordmeervölker zu suchen haben, ist eine Betrachtung der Ausrüstung und Bewaffnung der Nordmeervölker von besonderer Wichtigkeit. Mit der naturalistischen Darstellungskunst der ägyptischen Künstler jener Zeit wurden die Schiffe, Streitwagen, Helme, Strahlenkronen, Schwerter, Schilde und viele andere Einzelheiten, die den Nordmeervölkern eigen waren, in den Stein gehauen.

Die Schiffe

Die Schiffe der Nordmeervölker haben an Bug und Heck einen steil aufragenden Steven, der mit einem Schwanenkopf geschmückt ist. Das Steuerruder befindet sich achtern an Steuerbord, die Segel werden im Gegensatz zu der damals im Mittelmeergebiet üblichen Methode ohne untere Rahe („Baum") gesetzt und können mit Hilfe besonderer Taue („Gordings") an der oberen Rahe festgemacht werden („aufgegeit werden"). Dadurch ist es möglich, von Deck aus schnell die Segel zu setzen und zu bergen. Ein hohes Setzbord verhindert das Überkommen schwerer Seen und schützt gleichzeitig die dahintersitzende Mannschaft. Der Mast kann umgelegt werden, er trägt am Top einen korbähnlichen Mars – vom Binnenländer „Mastkorb" genannt – als Auslug. Das alles sind Konstruktionseigenheiten, die es bis dahin im Mittelmeerraum nicht gab. R. Herbig stellt fest[1]: „Ihre (der Nordmeervölker) Seeschiffe unterscheiden sich grundlegend von den ägyptischen Löwenbarken. Die senkrechten Vorder- und Achtersteven erinnern von vornherein an nordische Schiffstypen allerdings sehr viel späterer Zeit: an die Wikingerdrachen" . . . Weder an die minoisch-ägyptische noch an die kykladische Schiffsform läßt sich also die der Philister unmittelbar anschließen" . . . „Letztere stellen somit, im ganzen gesehen und mit allen in der Frühzeit des ägäischen Kreises verglichen eine Fremderscheinung im östlichen Mittelmeer dar, etwas von anderswo Hereingebrachtes".

Auch der anerkannte Fachmann für das vorgeschichtliche Seewesen und den antiken Schiffbau A. Köster, spricht von einem „grundsätzlichen Unterschied, der die Schiffe der „Nordvölker" durchaus von allen anderen uns bekannten Schiffstypen, die im 2. Jahrtausend im Mittelmeer benutzt wurden, trennt"[2].

Aber nicht nur die Schiffsformen, sondern auch die Weise, die Segel zu setzen, ohne den Baum und nur mit einer oberen Rahe, kam erst mit den Nordmeervölkern ins Mittelmeergebiet. A. Köster schreibt zu dieser Frage: „Am frühesten beobachten wir diese Weise, das Segel aufzugeien, wie der Seemann sagt, bei den „Nordvölkern", von denen die Ägypter sie alsbald für ihre Kriegsschiffe übernehmen"[3].

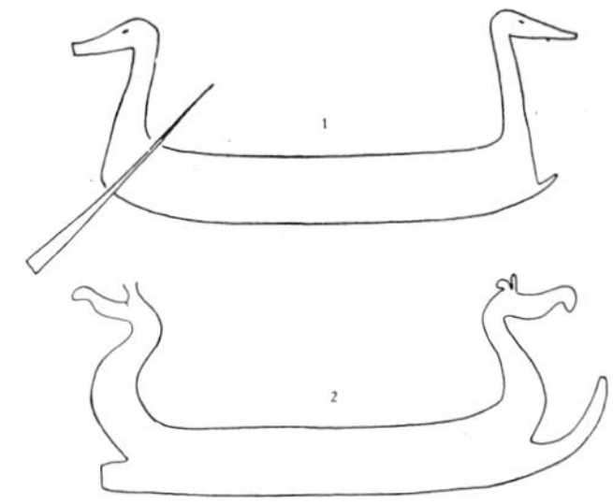

Abb. 19
Schiffe der Nordmeervölker aus der Zeit um 1200 v. Chr.
1. Schiff der Nord-Seevölker (Medinet Habu)
2. Schiff von Brandskogen (schwedische Felszeichnung).

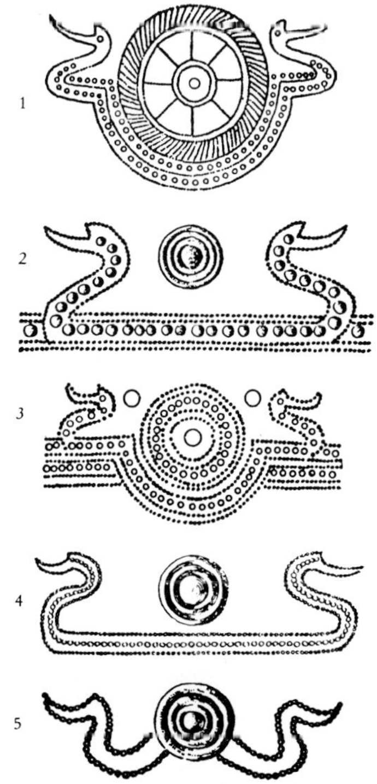

Abb. 20
Germanische Schiffe der Bronzezeit, steiler Steven an Bug und Heck mit Schwanenköpfen wie die Schiffe der Nordmeervölker-Atlanter auf den Wandbildern von Medinet Habu.
Fundorte: 1. Siem, Amt Olborg, Dänemark; 2. Rossin, Kreis Anklam; 3. Granzin, Kreis Parchim; 4. Prenzlawitz, Kreis Graudenz; 5. Corneto, Italien.

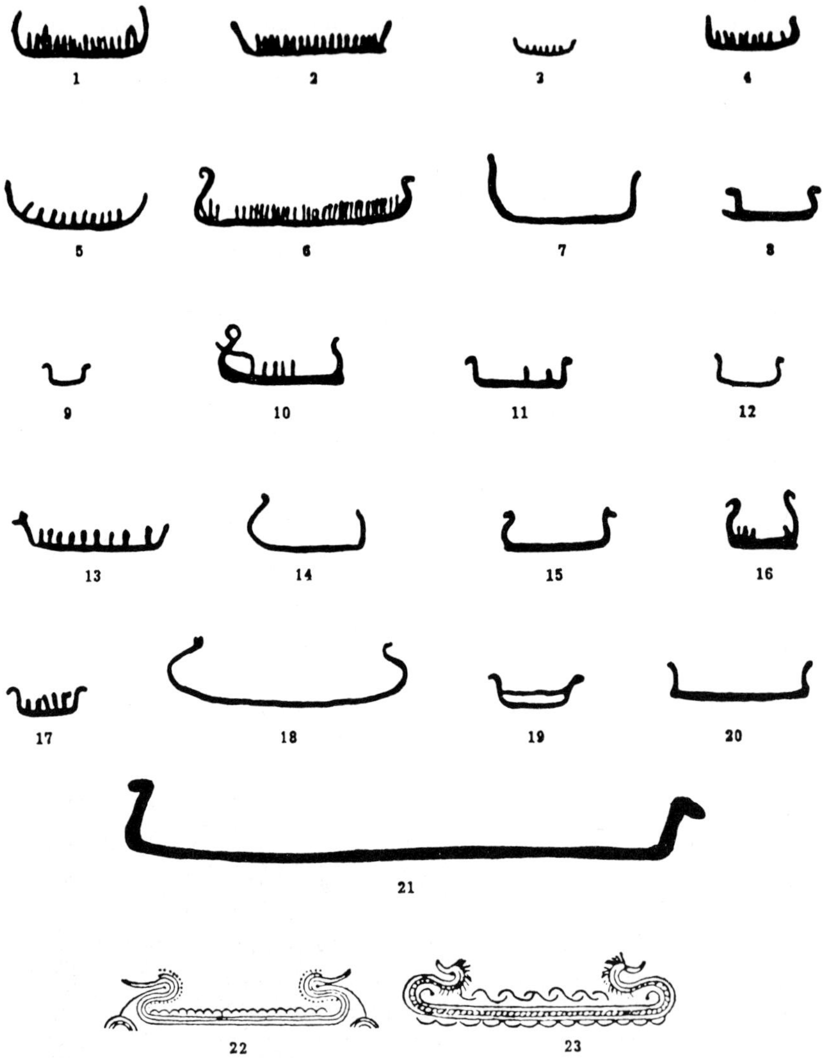

Abb. 21
Schiffe von nordischen Felszeichnungen 1-21 oder Rasiermessern (22, 23), die symmetrisch sind und zum Teil große Ähnlichkeit mit den Schiffen der Nord- und Seevölker der ägyptischen Reliefs zeigen.
1-20 aus: Baltzer, Schwedische Felszeichnungen, Folkwang Verlag. 21 aus: Almgren, Nordische Felszeichnungen, Verlag Moritz Dieserweg. 22 aus: Rasiermesser Nustrupfeld, Nordschleswig. 23 aus: Rasiermesser Aestrup, Dänemark, beide aus: Sprockhoff, Nordische Bronzezeit und frühes Griechentum, 1954.

So zeigen die Schiffsformen und die Weise, die Segel zu setzen, daß die Nordmeervölker nicht aus dem Mittelmeerraum stammen können, wo beides bis zu ihrem Auftreten unbekannt war.

Daß die Philister und die Sakar von Haus aus mit der Seeschiffahrt vertraut waren, zeigt die Tatsache, daß sie an der hafenarmen und gefährlichen Küste Palästinas und Libanons zehn Häfen errichteten und bald das östliche Mittelmeer beherrschten, das deswegen „Philistermeer"[4] genannt wurde.

Die Häfen der Philister waren Gaza, Askalon, Asdod, Jamnia, Joppe. die der Sakar Dor, Akko, Tyrus, Sidon und Byblos[5]. Die Phönizier, die in früherer Zeit als die seebeherrschende Macht im östlichen Mittelmeer galten, haben den Schiffbau und die Seefahrt erst von den Nordmeervölkern gelernt. Dimitri Baramki, der Kurator des archäologischen Museums in Beirut, hat festgestellt, daß den Kanaanäern, den Vorfahren der Phönizier, die im 12. Jhdt. v.Chr. aus dem Inneren Arabiens an die syrische Küste wanderten, „jener Fundus an nautischem und technischem Wissen, ohne den Hochseeschiffahrt nun einmal nicht möglich ist, vollkommen fehlte". Dieses Wissen „haben erst die geheimnisvollen Invasoren mitgebracht, die um 1200 v. Chr. in die Länder des Nahen Ostens einfielen, die Seevölker"[6]. Baramki meint, „die Seevölker (= unsere Nordmeervölker) hätten sich später mit den Kanaanäern zusammengetan und sich von ihnen absorbieren lassen. Durch diesen Verschmelzungsprozeß aber, in den die ersten ihre maritimen Fähigkeiten einbrachten, sei die phönizische Nation entstanden"[7]. Diese Feststellung hält Baramki für einen „Schluß von zwingender Logik" und betont, daß viele seiner Fachkollegen ihm zustimmen oder entsprechende Theorien selbst entwickelt hätten.

Schon lange vor Baramkis Feststellungen hat der französische Archäologe J.-G. Février eine Studie über den Schiffbau und die Seefahrt der Phönizier veröffentlicht. Er hat nachgewiesen, daß um 1200 v. Chr. an der syrischen Küste „ein völlig rätselhafter Umschwung im Schiffbau"

Abb. 22
Ein ägyptisches Kriegsschiff im Angriff auf ein Schiff der Nordmeervölker aus dem Seeschlachtrelief von Medinet Habu. Aus „Earlier Historical Records of Ramses III." The University of Chicago Press).

beginnt und sagt: „Tonmodelle und bildliche Darstellungen des neuen Schiffstyps an der syrischen Küste erinnern an die Wikingerschiffe späterer Zeit“[8].

Es kann demnach nicht zweifelhaft sein, daß die Nordmeervölker mit ihren maritimen Fähigkeiten nicht aus dem Binnenland kamen, wo sie diese Fähigkeiten nicht hätten entwickeln können.

Von den **Streitwagen** der Nordmeervölker, vor allem der Philister, war schon oben (S. 18) die Rede. Einige Holzarten, die für die Konstruktion des heute in Florenz befindlichen Streitwagens verwendet wurden, wie z.B. Esche und Birke, kommen nicht im Mittelmeerraum vor. Dieser Wagen kann daher genau wie die Schiffe der Nordmeervölker nicht aus dem Mittelmeerraum stammen.

Die schweren **Ochsenkarren** mit den Vollscheibenrädern, auf denen die Nordmeervölker ihre Frauen und Kinder, ihr Hab und Gut mit sich führten, hält A. Strobel für „orientalisch“[9]. Aber solche Karren mit Vollscheibenrädern hat es z. B. auch im nordeuropäischen Raum gegeben, wie bronzezeitliche Felszeichnungen in Skandinavien und der Fund eines hölzernen Vollscheibenrades in einem Torfmoor bei Tindbaek, Dänemark[10], beweisen.

Die Zugtiere, die diese Karren ziehen, sind Buckelochsen kleinasiatischer Herkunft. Das ist kein Beweis für die Herkunft der Nordmeervölker aus Kleinasien. Zu allen Zeiten haben wandernde Völker oder Kriegsheere das Schlacht- und Zugvieh aus den eroberten Ländern entnommen. So würde z. B. kein denkender Mensch aus der Tatsache,

Abb. 23
Das phönizische Küstenland

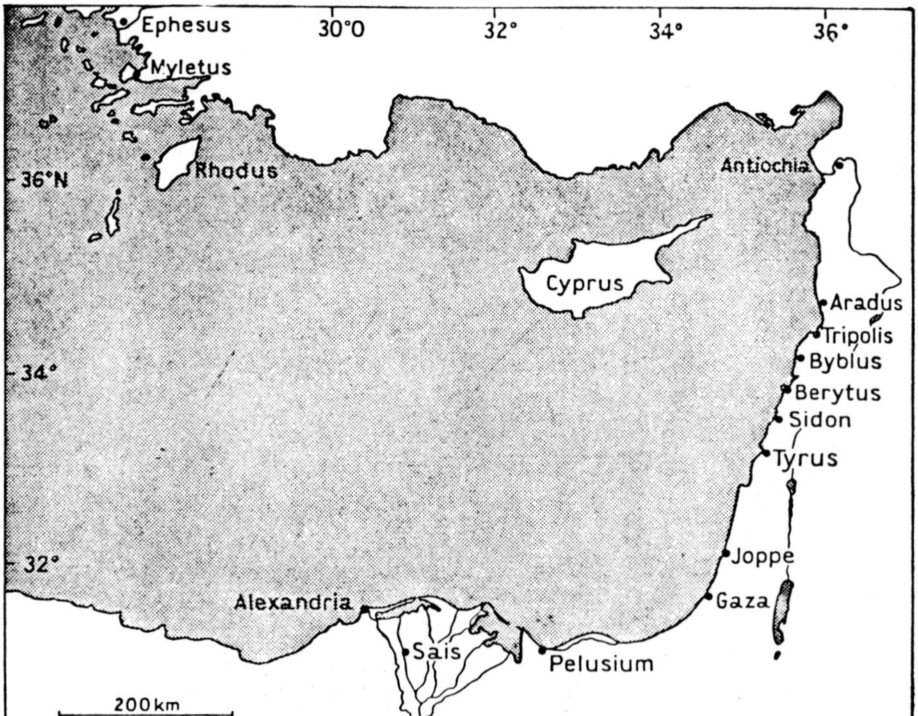

daß im letzten Weltkrieg deutsche Einheiten mit russischen Panjepferden und im Kaukasusgebiet sogar mit Dromedaren ihre Wagen bespannten, den Schluß ziehen, daß diese Einheiten ihre Heimat in Rußland hätten. Die Nordmeervölker waren seit dem Ausbruch der schweren Naturkatastrophen, die sie zur Auswanderung gezwungen haben, etwa 20–30 Jahre unterwegs. Die Zugtiere aus ihrer Heimat konnten nicht mehr am Leben sein. Die Nordmeervölker mußten ihr Zug- und Schlachtvieh aus den eroberten Ländern nehmen.

Abb. 24
Tonmodell eines phönizischen Schiffes, gefunden auf einem phönizischen Friedhof in Akhziv.

Die Waffen

Wenn wir nun die Bewaffnung der Nordmeervölker auf den Wandbildern von Medinet Habu betrachten, dann fällt besonders auf, daß die Krieger dieser Völker niemals Pfeil und Bogen führen. Das ist deswegen auffallend, weil in jener Zeit alle Völker um das östliche Mittelmeer Pfeil und Bogen als Hauptwaffe einsetzten. Zahlreiche Ägypter führen in den Schlachten gegen die Nordmeervölker Pfeil und Bogen, Ramses III. bedient sich selbst dieser Waffe. Die Hethiter zogen mit biegsamen, leistungsfähigen Bogen in die Schlacht[11]. Auf dem großartigen Relief, das Ramses II., der Große, von der Schlacht von Kades hinterlassen hat, sieht man, daß auch die hethitischen Streitwagenfahrer mit Pfeil und Bogen vom Wagen aus kämpften. Von den minoischen Kretern sind Listen von Waffen auf Linear-B-Täfelchen enthalten, von denen z. B.ein Täfelchen vermerkt, daß zwei Posten von 6010 und 2530 Pfeilen für die Bogenschützen bereitgestellt wurden[12]. Auch die mykenischen Achäer kämpften mit Vorliebe mit Pfeil und Bogen, wie die homerischen Epen an vielen Stellen bezeugen. Es ist auffallend, daß nach dem Durchzug der Nordmeervölker durch Griechenland um 1200 v. Chr. und nach der Rückkehr eines Teiles dieser Völker nach den verlorenen Schlachten gegen die Ägypter, die in der griechischen Sage als „Rückkehr der Herakliden“ überliefert wird, Pfeil und Bogen nicht mehr verwendet werden.

Die Dorer, die mit den Philistern stammes- und blutsverwandt waren[13], haben Pfeil und Bogen als „feige Waffen“ verachtet. Euripides läßt einen Spartaner sagen: „Des Feiglings Waffen sind feige Pfeile, seine Kunst ist die Flucht. Denn Mannesmut hat noch keiner bewiesen als Bogenschütze“[14]. In der geometrischen Kunst, das war die Kunst, die

Abb. 25
Wagentreck der Nordmeervölker mit Frauen und Kindern wird von ägyptischen Söldnern und Hilfstruppen (Sardana) überfallen. Aus: Wreszinski, Atlas zur altägyptischen Kulturgeschichte, J. C. Hinrichs Verlag, Gotha

Abb. **26**
Hethiter mit Pfeil und Bogen

Abb. 27
Ägypter mit Pfeil und Bogen

nach der Einwanderung der Nordmeervölker in Griechenland aufblühte, „fehlen Belege für Bogenschießen"[15]. Sp. Marinatos, der bekannte griechische Archäologe, meint, daß die Dorer den Gebrauch von Pfeil und Bogen erst von den Joniern gelernt hätten[16]. In diesem Zusammenhang sei an Roland, einen Ritter Karls des Großen, erinnert, der, als er bei Roncesvalles durch Pfeile der Sarazenen tödlich verwundet wurde (778 n. Chr.), ausrief: „Verflucht sei der Feigling, der Waffen erfand, die aus der Ferne töten!"[17]

Auf den Wandbildern von Medinet Habu ist deutlich zu erkennen, daß die Krieger der Nordmeervölker Schwerter führen, die sie zum Hieb und stich verwenden. Diese Schwerter sind so genau dargestellt, daß man sie als **„Griffzungenschwerter"** erkennen kann. Daneben führen einige Krieger dieser Völker einen mykenischen Rapier, der nur als Stichschwert zu verwenden war. Daß in den Händen der Nordmeervölker mykenische oder minoische Rapiere auftauchen, ist nicht verwunderlich, denn diese Völker waren ja durch Griechenland und über Kreta und Zypern nach Vorderasien gekommen und hatten sicherlich Beutewaffen aus diesen Gebieten in Gebrauch. Die Griffzungenschwerter unterscheiden sich aber durch den Ansatz der Klinge am Griff und durch den Knauf, vor allem aber auch dadurch, daß sie auch zum Hieb verwendet werden konnten, von den mykenischen Rapieren. Griffzungenschwerter wurden, offenbar als Beutewaffen aus den Schlachten mit den Nordmeervölkern, in Ägypten gefunden. Max Burchardt hat 1912 fünf Griffzungenschwerter aus ägyptischen Funden veröffentlicht[18], eines dieser Schwerter trägt die Kartusche Sethos II., der kurz vor Ramses III. etwa fünf Jahre in Ägypten regierte.

Auch auf den Anmarschwegen der Nordmeervölker wurden Griffzungenschwerter gefunden: in Hama am Orontes wurde ein Urnenfriedhof ausgegraben, „der spätestens um 1200 v. Chr. entstanden und bis in die zweite Hälfte des 8. Jhdts. v. Chr. belegt wurde"[19]. P. J. Riis, der diesen Urnenfriedhof ausgegraben hat, teilt die Gräber in vier Stufen ein. Aus der ersten Stufe wurden drei bronzene und ein eisernes Griffzungenschwert geborgen. Das eiserne Griffzungenschwert aus der Zeit

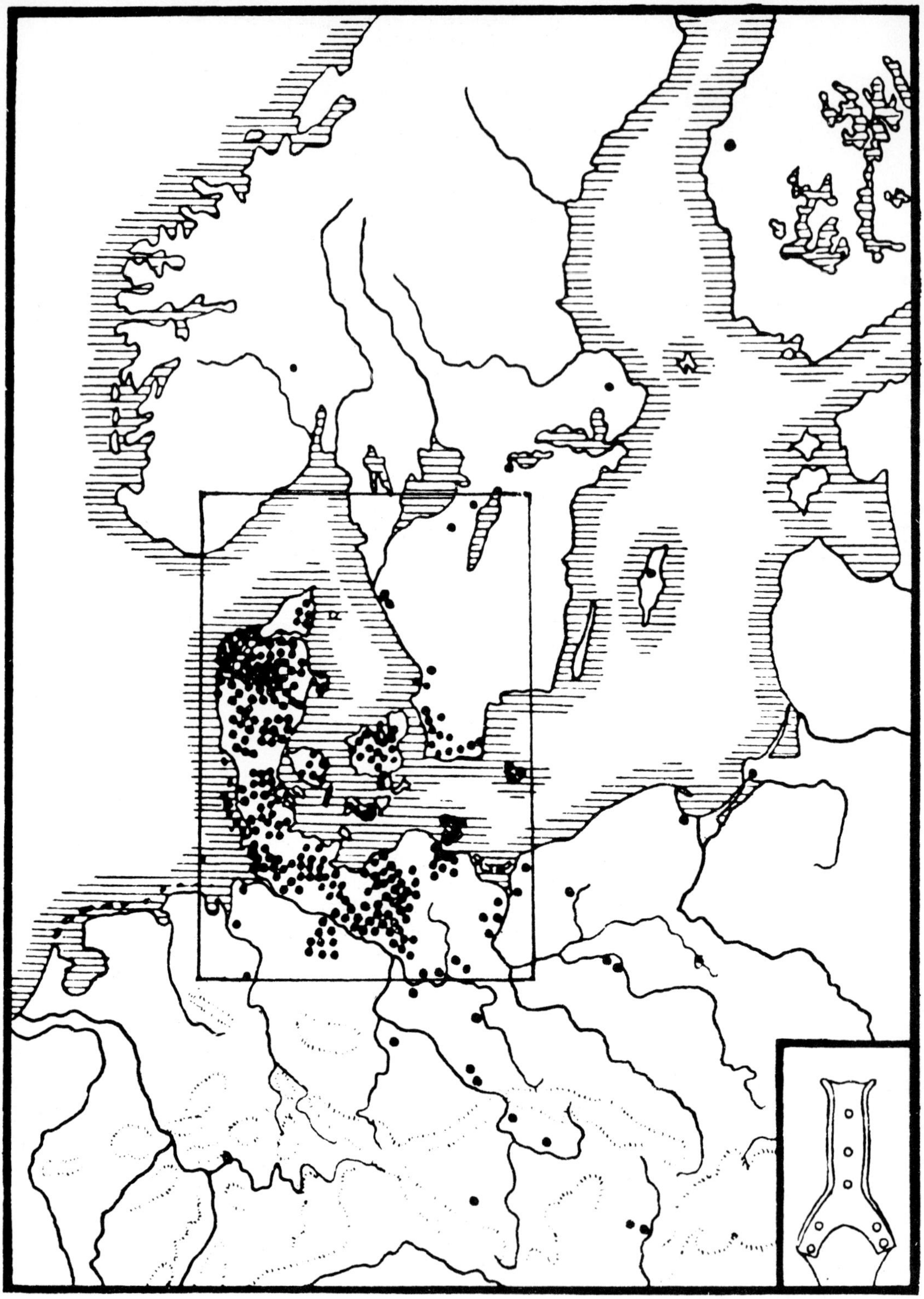

Abb. 28
Verbreitung des gemeingermanischen Griffzungenschwertes. Um etwa 1200 v. Chr.
Aus: Sprockhoff, Die germanischen Griffzungenschwerter, Berlin 1931. Die nachträglich eingezeichnete Fläche von 3000 mal 2000 Stadien umfaßt genau das germanische Siedlungsgebiet um 1200 v. Chr. (Krit. 108a).

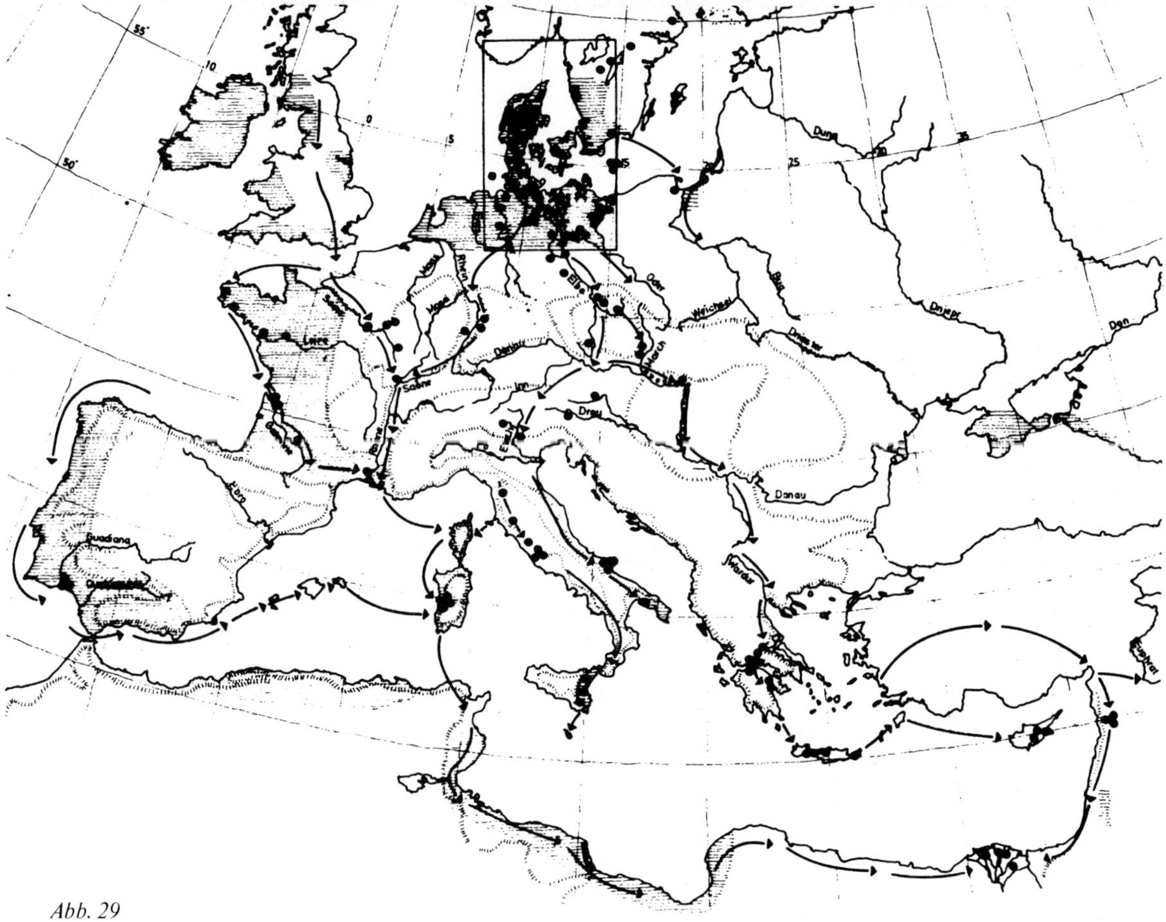

Abb. 29
Wanderwege der Atlanter. Die Fundorte der germanischen Griffzungenschwerter werden durch Punkte dargestellt. Dabei blieben die zahlreichen Fundpunkte in England unberücksichtigt, da dem Verfasser z. Zt. keine genauen Ortsangaben zugänglich waren. Die große Anzahl der Megalithbauten läßt eine genaue Einzeichnung der Fundorte nicht zu, daher sind nur die Gebiete, in denen sich solche Angaben befinden, durch Schraffur gekennzeichnet. Die verschiedenen Wanderwege der Atlanter sind durch Pfeile dargestellt.

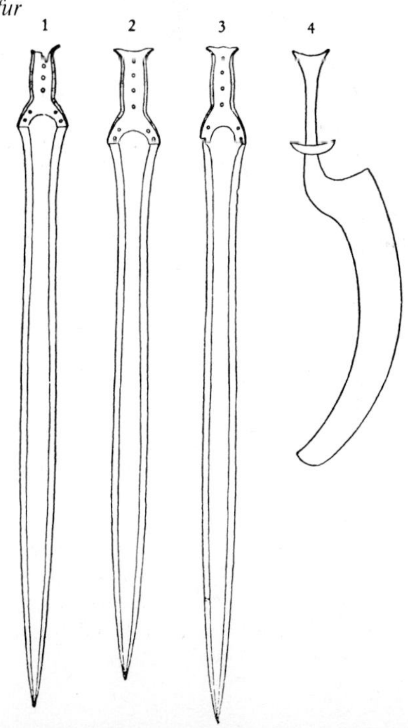

Abb. 30
Nordische Griffzungenschwerter.
1 aus Schleswig-Holstein,
2 aus Mykene Griechenland, 3 aus Bubastis (Ägypten).

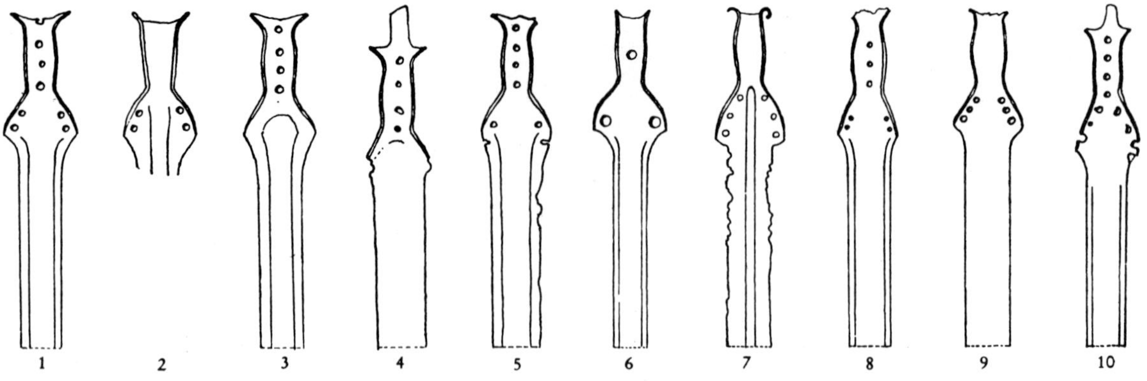

Abb. 31
Nordische Griffzungenschwerter von 1 Hoilandsvandert, Dänemark; 2 Rügen; 3 Mykene; 4 Ägypten; 5 Beneditto in Perillis; 6 Annenheim; 7 Leober (Steiermark); 8 Fucinio (Italien); 9 bei Fucinio (Italien); 10 Beneditto in Perillis (Italien)

Abb. 32
Germanische Griffzungenschwerter aus Frankreich:
1 aus der Seine bei Mantes-la-Jolie;
2 aus der Seine bei Paris;
3 aus der Seine bei Bligny;
4 vom Issy-les-Moulineaux;
5 aus Saint-Nazaire (Loiremündung)
6 aus dem Hafen von Penhouet bei Saint-Nazaire (Loiremündung)
7 von Meilhansur Garonne (Atlantikküste)
8 von La Réole an der Gironde-mündung

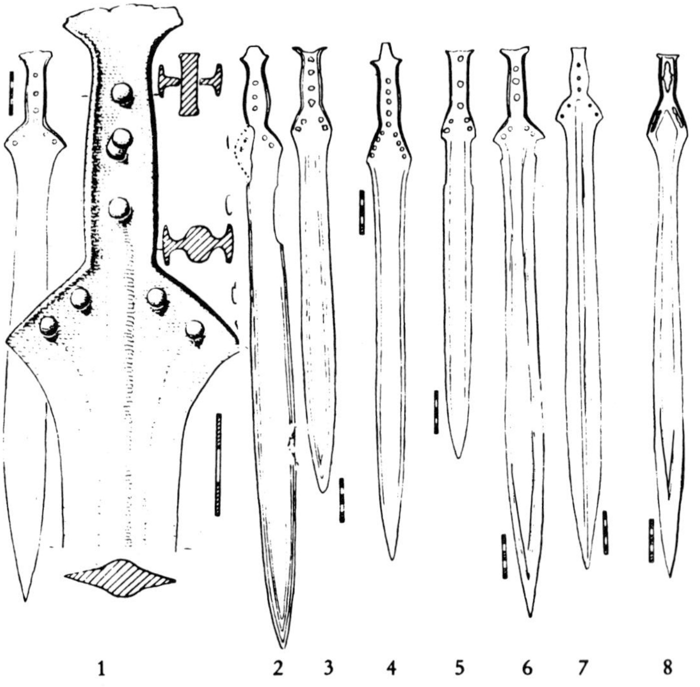

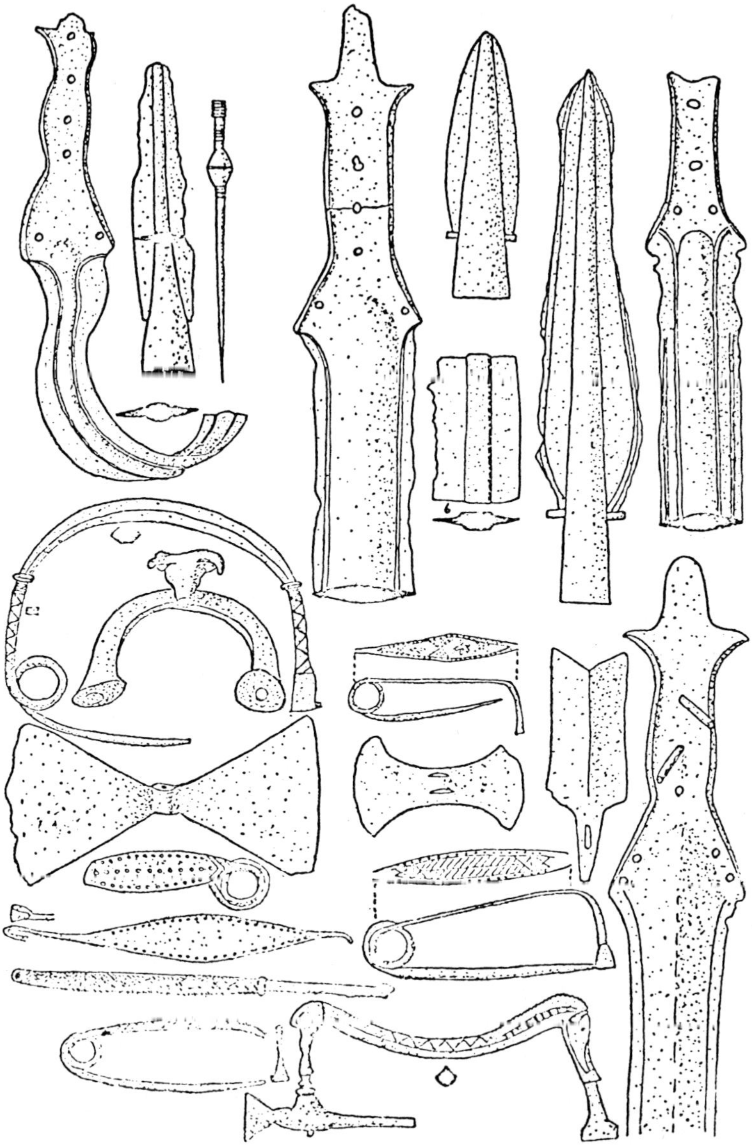

Abb. 33
Griffzungenschwerter und Bronzen von Kreta (1200—950 v. Chr.) aus: Milojčić, Einige europäische „Fremdlinge" auf Kreta, in: Jahrbuch des Röm.-German. Zentralmuseums in Mainz, 1955.

Abb. 34
Die Kartusche (Siegel) des Pharao Sethos II. auf einem germanischen Griffzungenschwert aus Helgoländer Kupfer (Foto: Spanuth)

um 1200 v. Chr. beweist, daß die Nordmeervölker, die diesen Urnenfriedhof anlegten, schon in dieser Zeit die Technik der Herstellung von Eisenwaffen beherrschten. Diese Tatsache wird auch durch die Wandbilder von Medinet Habu bestätigt, auf denen Farbreste erkennen lassen, daß einige Einheiten der Nordmeervölker Griffzungenschwerter aus Eisen führten, die durch ihre blaue Farbe von den mit roter Farbe gekennzeichneten Griffzungenschwertern aus Bronze unterschieden werden[20]. Bei Megiddo, am Fuß des Karmelgebirges, wurde ein Griffzungendolch aus Bronze gefunden[21], mit dem auch einige Krieger der Nordmeervölker auf den Wandbildern von Medinet Habu bewaffnet sind.

Auf Zypern wurden in gut datierbaren Schichten vier Griffzungenschwerter gefunden[22], die aus der Zeit der Besetzung Zyperns durch die Nordmeervölker stammen, wovon ja auch die Texte von Medinet Habu berichten.

An der Küste Kleinasiens bei Bodrum und im Inneren Kleinasiens kam je ein Griffzungenschwert ans Tageslicht. Weitere Funde dieser Waffe stammen aus Kos-Langada (Dodekanes), Naxos (Kykladen), Myrsine auf Paros (Kykladen), Moulina auf Kreta (4 Griffzungenschwerter aus Gräbern). In Mykene wurden drei, in Tiryns zwei, in Anthea (Landschaft Achaja an der Nordküste der Peloponnes in der Nähe von Patras) eins und in der Nähe bei Khalandritsa-Kallithea zwei Schwerter dieses Typs gefunden. In Phokis und Orchomenos (Boiotien) kam je ein Griffzungenschwert ans Tageslicht, auf Ithaka wurden zwei Bruchstücke eines Schwertes dieses Typs gefunden[23]. Im ganzen wurden im Raum zwischen dem griechischen Festland und den Grenzen Ägyptens bisher 26 Exemplare dieses Typs gefunden, die H. W. Catling, dem wir diese Zusammenstellung verdanken, „Cut- and Thrust Swords“ nennt. Es ist verwirrend, daß verschiedene Ausgräber ein und dieselbe Waffe, das Griffzungenschwert, mit verschiedenen Bezeichnungen belegt haben. Catling bezeichnet diese Waffe auch als „Naue Typ II“, J. D. Cowen als „Typus Nenzingen“, Jan Bouzek als „Catling I“. Bei allen diesen Autoren wird dieses Schwert auch „Sprockhoff IIa“ genannt, nach E. Sprockhoff, „dem besten Kenner dieser Schwerter“[24], von dessen Studie über diesen Schwertertyp der englische Archäologe J. D. Cowen sagt[25], daß die Arbeiten über diese Waffe „in Sprockhoffs klassischer Arbeit in so maßgebender Form ihren Höhepunkt finden“. Wir werden diesen Schwertertyp, der eine kennzeichnende Waffe der Nordmeervölker war, nachfolgend als „Sprockhoff IIa“ bezeichnen.

Diese Waffe stammt mit Sicherheit nicht aus Kleinasien oder aus dem minoischen oder mykenischen Raum. In diesen Ländern erscheint sie erst ziemlich genau um 1200 v. Chr. und immer nach der Zerstörung der dortigen, bis dahin blühenden Kulturen. Nirgendwo ist diese Waffe oder andere Bronzegegenstände, die man auf die Nordmeervölker zurückführen könnte, in den Zerstörungshorizonten der vielen Städte und Siedlungen im ganzen Mittelmeergebiet gefunden worden, sie lagen immer über den Brand- und Zerstörungshorizonten oder in etwas jüngeren Gräbern. Mit anderen Worten: die Griffzungenschwerter vom Typus „Sprockhoff IIa“ sind erst unmittelbar nach der Zerstörung der Paläste, Städte und Siedlungen durch Erdbeben und ungeheure Brand-

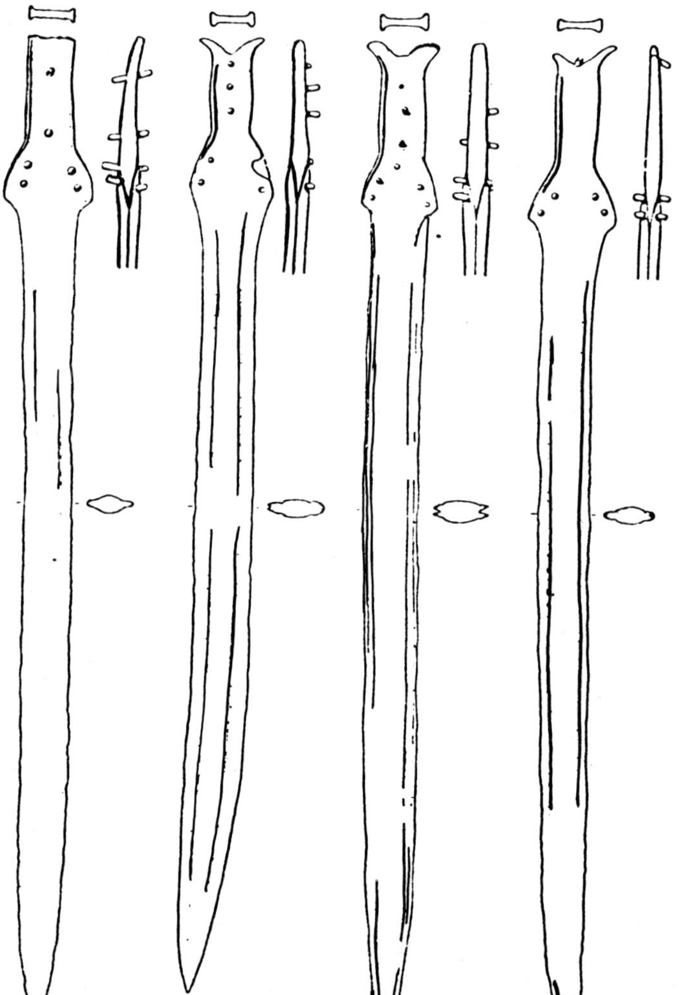

Abb. 35
Griffzungenschwerter aus Zypern, Alasia. Bouzek, 1971, 434

katastrophen nach Griechenland, Kreta, Kleinasien, Zypern, Syrien und Ägypten gekommen.

Neben den Griffzungenschwertern sind auch die Rundschilde, mit denen die Nordmeervölker auf den Wandbildern von Medinet Habu sich schützen, für die Frage nach ihrer Herkunft bedeutsam. Auf den Wandbildern von Medinet Habu führen die Krieger der Nordmeervölker entweder einen großen oder einen kleinen Rundschild. Rundschilde waren damals im Mittelmeergebiet nicht in Gebrauch. Die Ägypter schützten sich mit einem rechteckigen, länglichen Schild[26], die Hethiter führten einen abgerundeten, rechteckigen Schild, mit dem die hethitischen Truppen z. B. auch auf dem großartigen Relief von der Schlacht bei Kades abgebildet sind. Die Achäer hatten in der mykenischen Zeit einen großen „Turmschild", der den Mann vom Kopf bis zu den Füßen schützte, sie hatten auch einen großen 8förmigen Schild, der sicherlich

Abb. 40
Mykenische Krieger von der „Kriegervase“ aus dem „Haus der Kriegervase“ in Mykene. (Photo: Spanuth).

Abb. 41
Kopf einer Bronzestatuette eines „Seevölkerkriegers“ aus Sardinien. (Foto: Sibylle von Reden, Laren).

Abb. 42
Krieger der Nordmeervölker mit Strahlenkrone.
Aus: Earlier Hist. Records of Ramses III.
The University of Chicago Press.

keinen Fall der Tatbestand des Federkopfschmuckes geleugnet werden sollte"[34].

Das ist eine überaus merkwürdige „Beweisführung" für Strobels Deutung der „Strahlenkrone". Die Nordmeervölker waren, wie die Wandbilder von Medinet Habu zeigen und im Alten Testament von den Philistern wiederholt betont wird, unbeschnitten[35], sie waren im Gegensatz zu den zwei bärtigen Gefangenen glattrasiert, was auch auf den Wandbildern von Medinet Habu deutlich zu erkennen ist; die merkwürdige Haube, die diese beiden Gefangenen tragen, hat nichts mit dem Stirnband oder Stirnreif der Philister zu tun, aus dem die Roßhaarbüschel aufragen; aus einer nicht vorhandenen, angeblich geraubten „Federkopfzier" auf einen „Federkopfschmuck" zu schließen, ist kein Meisterwerk der Beweisführung.

Tatsächlich bestehen die „Strahlenkronen" der Nordmeervölker weder aus Schilfblättern noch aus Federn, sondern auch dicht zusammengestellten Roßhaarbüscheln.

Was schon Herbig richtig beobachtet hat, daß dieser Kopfschutz „an bürstenartig dicht gestelltes Roßhaar erinnert", haben A. Fichtel und H. Vinke bestätigt. A. Fichtel schreibt, daß die Meinung, es handle sich hier um Büschel aus Menschenhaaren nicht richtig ist, „denn Menschenhaare sind viel zu weich, um so hochaufragende Haarbüschel zu bilden, es handelt sich vielmehr um Büschel aus Roßhaaren"[36]. H. Vinke ist derselben Ansicht und schreibt: „Die ‚Strahlen' sind nicht die Haare des Kriegers . . . Bei diesen Darstellungen sind die ‚Strahlen' zu dichten Bündeln zusammengefaßt und von einer Länge, die gut ein Drittel der Kopflänge ausmacht. Lockeres menschliches Kopfhaar ist nicht derartig aufzutürmen. Schließlich ist durch menschliches Kopfhaar auch kein Kopfschutz gegeben. Zu beachten ist, daß ein Teil der Nordmeervölker einen sehr soliden Kopfschutz (Hörnerhelm) trägt." Vinke kommt dann zu dem Schluß, daß es sich bei diesen ‚Strahlen' nur um Bündel von Roßhaaren handeln könne, die steif genug sind, um zu hochaufragenden Büscheln zusammengefaßt zu werden und außerdem einen guten Kopfschutz bilden: „Schlägt man mit der Hand in die Borstenreihen einer Roßhaarbürste, so ist man überrascht, wie kräftig, aber dennoch elastisch der Schlag von den Borsten aufgefangen wird"[37]. A. Fichtel hat festgestellt, daß sich für diese hochaufragenden Roßhaarbüschel der ‚Strahlenkrone' der Nordmeervölker vor allem die Stehmähne jener Pferderasse geeignet sei, die mit der Großen Wanderung zum erstenmal in die Mittelmeerländer gekommen ist. Während Fresken aus mykenischer Zeit immer das langmähnige „kilikische Pferd" darstellen, wird auf geometrischen Vasen – und diese Stilform ist unter dem Einfluß der Nordmeervölker entstanden – das Stehmähnenpferd abgebildet. Die Stehmähnen dieser Pferderasse sind nach A. Fichtel „auch in natürlicher Halsbiegung aufgesetzt"[38].

Aus Gräbern im Philistergebiet sind Terrakotten ans Tageslicht gekommen, die diese „Strahlenkrone" tragen[39]. In Enkomi auf Zypern, wo viele Hinterlassenschaften der Nordmeervölker geborgen wurden,

Abb. 43
Semitische Krieger mit Haube, keine Strahlenkrone.
Aus: Strobel, Der spätbronzezeitliche Seevölkersturm.

wurde eine elfenbeinerne Spieldose aus dem 12. Jhdt. v. Chr. gefunden, auf der ein „Jagdhelfer" mit derselben „Strahlenkrone", wie ihn die Philister trugen, dargestellt ist[40]. Die enge Verwandtschaft zwischen Doriern und Philistern beweist auch ein spartanischer Krieger, der die „Strahlenkrone" auf seinem Helm trägt[41]. Auch auf dieser Statuette sind die Roßhaarbüschel der „Strahlenkrone" deutlich zu erkennen.

An eine besondere Eigenart der Philister sei hier erinnert. Wie die Überlieferung vom Zweikampf des Philisters Goliath gegen den Knaben David zeigt, forderten die Philister einen Kämpfer aus dem Heere Israels auf, durch einen Zweikampf über Sieg und Niederlage des ganzen Heeres und über den Besitz des Landes zu entscheiden. Goliath stand auf und rief zu dem Heer Israels: „Erwählet einen unter euch, der zu mir herabkomme. Vermag er wider mich zu streiten und schlägt er mich, so wollen wir eure Knechte sein; vermag ich aber wider ihn, so sollt ihr unsere Knechte sein, daß ihr uns dienet"[42]. Goliath war ausgerüstet mit einem „ehernen Helm, einem schuppichten Panzer, ehernen Beinschienen an seinen Schenkeln und einem ehernen Schild, mit einem Spieß, der eine eiserne Spitze hatte und einem Schwert". Das ist dieselbe Bewaffnung, die auch die Philister und andere Nordmeervölker auf den Wandbildern von Medinet Habu tragen. Über die Beinschienen und „schuppichten Panzer" der Nordmeervölker wird noch zu reden sein, sie wurden auf dem langen Wanderweg dieser Völker gefunden, bronzene Beinschienen z. B. auch zusammen mit einem Griffzungenschwert in einem Grabhügel von Kallithea (siehe oben S. 36). In diesem Zusammenhang ist aber wichtig, daß der Vorkämpfer der Philister durch einen Zweikampf über Sieg oder Niederlage des ganzen Heeres und über Herrschaft oder Knechtschaft im Land entscheiden lassen will. Das ist ein Vorschlag, den wir bei keinem

Abb. 44
Jagdhelfer von Enkomi/Zypern.
Aus: Strobel, Der spätbronzezeitliche Seevölkersturm.

Abb. 45
Fjordpferd (Foto: Spanuth).

Abb. 46
Spartanischer Krieger mit Strahlenkrone. Aus: Bowra, 1975

anderen Volk, wohl aber bei den Nordmeervölkern antreffen, dafür gibt es andere Beispiele: Als die Nordmeerkrieger bei Patras über den Golf von Korinth übergesetzt waren, stellte sich ihnen das peloponnesische Heer unter Führung des Königs Echemos von Tegea entgegen. Da machte Hyllos, der Anführer der Nordmeerkrieger, dem König Echemos folgenden Vorschlag: „Man solle doch nicht Heer gegen Heer den Entscheidungskampf kämpfen lassen, sondern den tapfersten Mann des peloponnesischen Heeres erwählen und ihm (Hyllos) selber zum Zweikampf auf gewisse Bedingungen entgegenstellen. Die Peloponneser erklärten sich damit einverstanden und man traf folgendes Abkommen: wenn Hyllos den peloponnesischen Führer besiege, sollten die Herakliden (wie die Nordmeervölker auch genannt wurden) das Land erhalten, wenn er aber besiegt würde, sollten die Herakliden wieder abziehen, ihr Heer wegführen und innerhalb von hundert Jahren keinen neuen Versuch zur Wiedergewinnung der Peloponnes machen". Herodot, von dem dieser Bericht stammt,[43] berichtet dann, daß Hyllos von Echemos im Zweikampf getötet wurde, daß sich das überlegene Heer der Herakliden = Nordmeervölker an die vor dem Zweikampf getroffene Abmachung hielt und weiterzog und erst nach hundert Jahren zurückkehrte und die Peloponnes besetzte.

Vieles spricht für die Glaubwürdigkeit dieses Berichtes. Die Tegeaten haben vor der Schlacht bei Platäa (479 v. Chr.) an diesen Sieg des Königs Echemos von Tegea über Hyllos erinnert und erklärt: „Stets haben uns sämtliche Bundesgenossen den Ehrenplatz in der Schlachtreihe eingeräumt, so oft die Peloponnesier gemeinsam ins Feld zogen, in alter und in neuer Zeit. Damals, bei dem Zweikampf des Königs Echemos gegen Hyllos, war es, wo wir uns diese Ehre erkämpft haben". Auch diese Mitteilung verdanken wir Herodot[44], dem „Vater der Geschichtsschreibung".

Die Tradition, daß „sämtliche Bundesgenossen in alter und neuer Zeit" den Tegeaten den Ehrenplatz in der Schlachtreihe einräumten, kann nicht aus einer Phantasiegeschichte, sondern nur aus einem historischen Ereignis entstanden sein.

Außerdem hat die archäologische Forschung die Glaubwürdigkeit einiger Angaben erwiesen. Die Nordmeervölker sind um 1200 v. Chr. nicht über die Landenge von Korinth, wo die Peloponnesier eine mächtige Sperrmauer errichtet hatten[45], sondern bei Patras über den Golf von Korinth in die Peloponneshalbinsel eingedrungen, aber sie sind dann, ohne das Land zu besetzen, weitergezogen und erst nach hundert Jahren (aus Vorderasien) zurückgekehrt und haben das Land unter die drei Urenkel des Hyllos verteilt: Temenos erhielt als Ältester Argos, Kresphontes Messenien, Aristodemos Lakonien mit der Hauptstadt Sparta[46].

Ganz ähnlich verhielt sich das Heer der Nordmeervölker auch im Kampf um Athen. Die Athener hatten, als sie die Völkerschaften der Großen Wanderung langsam aus Südosteuropa vordringen sahen, gegen Ende des 13. Jhdts. v. Chr. auf der Akropolis eine mächtige zyklopische Mauer erbaut, von der noch heute Teile zu sehen sind. Die Bevölkerung Athens flüchtete beim Herannahen der Nordmeervölker auf die Akropolis und räumte die Stadt. Als die Nordmeervölker = Herakliden = Dorier am Fuß des Akropolisfelsens standen, machte einer ihrer Anführer mit Namen Xanthos (d. h. „der Blonde") dem damaligen König von Athen mit Namen Thymoitas, einem Abkömmling des berühmten Königs Theseus, den Vorschlag, einen Zweikampf mit ihm um den Besitz der Stadt Athen und der Landschaft Attika zu machen. König Thymoitas weigerte sich aber, zu kämpfen. An seiner Stelle übernahm Melanthos von Pylos, ein aus Pylos geflüchteter Nachfahre des Nestor von Pylos, den Zweikampf. Er tötete den Xanthos und die Belagerer zogen, wie vor dem Zweikampf verabredet war, kampflos ab. Die Athener hätten, so weiß die Überlieferung[47], den feigen König Thymoitas abgesetzt und den Pylier Melanthos mit der Königswürde belohnt.

Auch diese Überlieferung scheint zuverlässig zu sein. Die Mitteilung, daß der eigene König der Athener, Nachfahre des hochberühmten Theseus, zu feige gewesen sei, den Zweikampf mit Xanthos zu führen, daß er abgesetzt und an seine Stelle Melanthos aus Pylos zum König gemacht worden sei, kann kaum eine freie Erfindung sein. Die archäologische Forschung hat nachgewiesen, daß die Akropolis von Athen um 1200 v. Chr. belagert, aber nicht eingenommen worden sei[48], und daß um diese Zeit Flüchtlinge aus Pylos in Athen an die Macht kamen und dort Verfassungsänderungen einführten, die den dortigen Königen den göttlichen Charakter nahmen.[49] Auch in Athen und Attika überlebte die mykenische Kultur noch etwa hundert Jahre.

Wir haben also mit der Überlieferung, daß die Nordmeervölker = Philister einen Zweikampf über den Besitz eines Landes oder einer Stadt anboten und sich dann nach dem verlorenen Zweikampf ihrer Vorkämpfer an die vorher getroffenen Abmachungen hielten und trotz

Abb. 47
Akropolis, Athen. Vorn die im Atlantisbericht Platons (Krit. 112 b) erwähnte erste Mauer (Photo: Spanuth).

überlegener Heeresmacht abzogen, wahrscheinlich eine nur ihnen eigene Auffassung von diesem Zweikampf vorliegen: sie hielten den Zweikampf für ein Gottesurteil, dem sie sich willig unterwarfen.

Bemerkenswert ist auch, was wir im Alten Testament von der Heeresverfassung der Philister erfahren. Das Heer war in Hundertschaften und Tausendschaften gegliedert, die von „seranim“ angeführt wurden. Dieses Ordnungsprinzip des Heeres kennen wir weder von den Ägyptern, noch von den Hethitern oder den mykenischen Achäern, sie ist wie die Schiffe und die Waffen der Nordmeervölker eine Fremderscheinung im östlichen Mittelmeer, etwas von anderswo Hereingebrachtes[50].

David hat diese Heeresorganisation beim Philisterfürsten Achis beobachtet, als er dort vor König Saul Schutz und Zuflucht suchte,[51] und hat später dann, als er König wurde, die Organisation seines Heeres in Hundertschaften und Tausendschaften eingeführt.

Aus dem Alten Testament erfahren wir auch, daß die Philister eine geregelte Schlachtordnung hatten, daß sie feste Lager anlegten und in eroberten Gebieten größere oder kleinere Besatzungen legten. Ihre kriegerischen Fähigkeiten waren so groß, daß schon Ramses III. gefangene Philister zu „chariotdrivers, charioteers, sunshade-bearers“ machte und ihnen am Hof eine Sonderstellung gab[52]. Ganz ähnlich verhielt sich auch David, der, als er König geworden war, Kreti und Plethi, d. h. Kreter und Philister, als Palastwache einstellte[53].

Auffallend ist auch, daß die Philister, soweit wir aus den Quellen urteilen können, niemals fremde Söldner in ihre Dienste stellten. Immer hat ihr Heerbann aus dem Aufgebot der eigenen Volkszugehörigen bestanden. Fremde Söldner werden nie erwähnt, obwohl das damals in allen Staaten um das östliche Mittelmeer üblich war und die Philister selbst als Söldner in fremden Heeren dienten.

5. Die Philister und das Eisen

Eine wichtige Hilfe zur Lösung der Frage nach der Heimat und nach dem Kulturzustand der Philister ist die Tatsache, daß sie die ersten Eisenwaffen, die ersten Eisenschmelzöfen und die im Vergleich zur Kupfer- oder Bronzetechnik überaus schwierige Eisentechnik nach Griechenland, Syrien und Palästina gebracht haben.

Zwar ist in älteren Arbeiten den Hethitern die Benutzung des Eisens als Nutzmetall zugeschrieben worden. Diese Meinung ist indes stark erschüttert worden, zumal auch durch die Untersuchungen K. Bittels in Bogazkoy, der alten Hethiterhauptstadt Hattusa, die gegen Ende des 13. Jhdts. v. Chr. vernichtet wurde, keine Eisenwaffen oder andere Gegenstände aus Eisen ans Tageslicht kamen. Auch in späteren Zeiten war das Eisen im Hethiterreich ein kostbarer Artikel, Waffen aus Eisen sind bei den Hattikriegen nicht vorgekommen[1].

Die Behauptung, die Hethiter hätten schon im 16. Jhdt. v. Chr. Eisen gekannt, beruht auf einem Text aus Kültepe, in dem das hethitische Wort „amatum" mit Eisen übersetzt wurde. Allerdings ist diese Übersetzung umstritten. Selbst wenn sie richtig ist, geht aus diesem Text hervor, daß das „amatum" = Eisen? fünfmal teurer als Gold und vierzigmal teurer als Silber war. Es war jahrhundertelang äußerster Luxus und wurde zum Schmuck, aber nicht für Kriegswaffen verwendet[2].

Aus dem 13. Jhdt. v. Chr., und zwar nach dem großen Friedensvertrag zwischen Ägypten und Hatti, ist ein Brief des „Großkönigs" (Hattusil?) erhalten, der an Ramses III. schreibt: „Was das amatum betrifft, weswegen du an mich geschrieben hast, so ist amatum in Kizwadna in meinem verschlossenen Magazin nicht vorhanden. Amatum zu machen, war jetzt eine ungünstige Zeit, doch habe ich geschrieben, amatum zu machen. Bis jetzt hat man es noch nicht bereitet. Wenn man es bereitet hat, werde ich es dir schicken. Jetzt schicke ich dir aber eine amatum-Dolchklinge"[3]. Da das „amatum" auch „vom Himmel gefallenes amatum" genannt wird, handelt es sich wahrscheinlich um Meteoreisen, von dem diese hethitischen Texte reden.

Eisen als Gebrauchsgegenstand, sei es nun für Waffen oder andere Gegenstände des täglichen Gebrauches, erscheint erst mit den Nordmeervölkern in Griechenland, Kleinasien, Syrien und Palästina.

W. Witter, ehemals Hüttendirektor und Fachmann auf dem Gebiet der vorgeschichtlichen Metallurgie, hat in eingehenden Arbeiten: „Die Philister und das Eisen" (1941) und „Über die Herkunft des Eisens" (1942) die Fragen, die uns in diesem Zusammenhang interessieren, behandelt. Witter stellt fest, daß zuerst die Nordmeervölker die Eisentechnik in die Länder um das östliche Mittelmeergebiet gebracht haben. Er weist die Meinung zurück, daß die Nordmeervölker die Eisentechnik während der Großen Wanderung von irgendeinem noch unbekannten Volk gelernt haben könnten. Witter stellt fest: „Auf der Wanderung selbst konnten die Nordleute die Eisengewinnung nicht kennenlernen, einerseits weil die Völker auf dem Wanderweg die Herstellung des Eisens zu jenem Zeitpunkt noch nicht kannten, andererseits konnte

Abb. 48
Ein revolutionärer Schmelzofen. Der unten gezeigte Schmelzofen war um 1200 v. Chr. in Timna (Sinai) in Gebrauch.

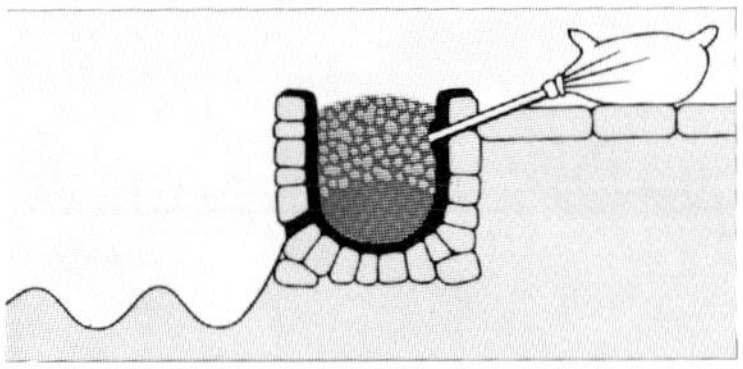

Der aus Steinen erbaute und mit Ton ausgekleidete Schmelzofen stand am Rand einer Bodenvertiefung. An der Rückseite wurde mit einem Blasebalg Luft durch eine Öffnung zugeführt. Die Füllung bestand aus einem Gemisch von Malachiterz (grün) und Holzkohle.

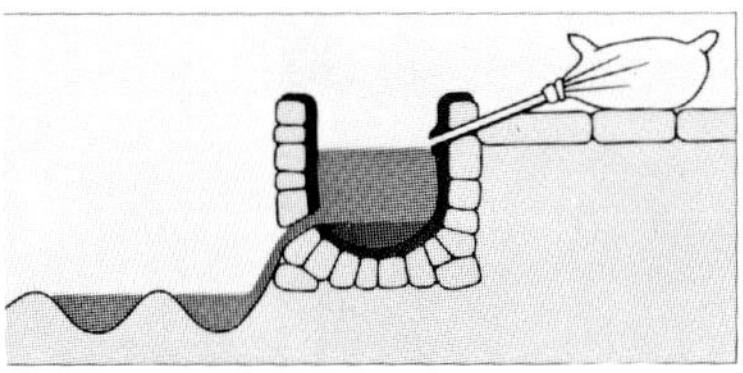

Wenn die Hitze des Schmelzofens 1100°C erreichte, setzte sich das geschmolzene Kupfer (rot) am Boden ab, und die leichtere Schlacke (braun) blieb im Ofen. Jetzt öffneten die Schmiede das Loch an der Vorderseite des Ofens, um die Schlacke abzustechen.

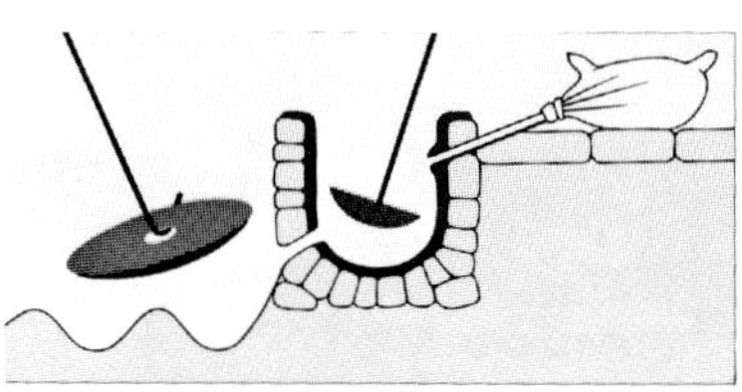

Wenn man die gesamte Schlacke in eine eigens zu diesem Zweck gegrabene Mulde geleert hatte, ließ man sie abkühlen und entfernte sie dann mit einem Haken. Das erhärtete Kupfer wurde mit einem langen Stab aus dem Schmelzofen gehoben. W. Witter hat denselben Schmelzofen für die Bronzezeit Mitteleuropas nachgewiesen. Aus: Edey, Die Entdeckung des Metalls. Time-Life.

ein auf der Wanderung begriffenes Volk, das steten kriegerischen Auseinandersetzungen ausgesetzt war, unmöglich die Metallurgie des Eisens beherrschen lernen und die notwendigen Erfahrungen in der Bearbeitung des Eisens zu Waffen oder Werkzeugen sammeln“[4]. Witter stellt fest: „Eine so schwierige Aufgabe, wie die erste Entwicklung der Eisentechnik gewesen ist, konnte nur von Menschen in Angriff genommen werden, die mit der Erzeugung von Kupfer und Bronze und deren Bearbeitung vertraut waren. Darüber ist gar nicht zu streiten“[5]. . . „Das stimmt auch mit dem Urteil namhafter Forscher überein, nach denen die Entwicklung der Eisentechnik mehrere Jahrhunderte in Anspruch genommen hat“ . . . „Wenigstens ein Teil der Nordvölker muß also die Eisentechnik vor Antritt der Großen Wanderung beherrscht haben“[6]. „Sicher ist nur, daß man von Syrien-Palästina aus rückwärts den Treck der Philister verfolgen muß, um die Frage, wo sie die Eisentechnik erworben haben, beantworten zu können“[7].

Verfolgen wir den Treck der Philister von Palästina aus zurück: An zahlreichen Stellen Palästinas wurden Eisenwaffen oder Eisengeräte zusammen mit Philisterkeramik oder anderen sicher den Philistern zuzuweisenden Gegenständen gefunden. Dazu gehören Schwerter, Dolche, Pflugscharen u. a. Die lange Liste dieser Eisenfunde im Philisterland ist in der angegebenen Literatur nachzulesen[8]. Witter, der die Literatur über diese Frage vor 1942 anführt, stellt zusammenfassend fest: „Die Philister sind also die Träger der Eisentechnik. Die Wissenschaft des Spatens hat für diese Tatsache den Beweis erbracht“[9]. Unter diesen Eisenfunden sind zahlreiche Funde, die sich zweifelsfrei in die Zeit zwischen 1200 und 1160 v. Chr. datieren lassen[10]. Flinders Petrie fand in einem Hügel bei Gerar, 16 km von Gaza entfernt, den ältesten Eisenschmelzofen der Welt zusammen mit landwirtschaftlichen Geräten. Dieser Eisenschmelzofen wird in die Zeit um 1165 v. Chr. datiert[11]. Wie aus der Stelle im 1. Buch Samuelis 17,7 hervorgeht, „besaßen die Philister Eisenwaffen und ein Monopol auf den Eisenhandel, wie uns die Angaben 1. Sam. 13, 19-21, bestätigen. Dieses Monopol ist erst von König David gebrochen worden (um 1000 v. Chr.). Aus dem genannten Text geht aber auch hervor, daß die Philister die Stahlerzeugung gekannt haben müssen, die sie aber geheim hielten“[12].

Die Stelle, auf die sich W. Witter hier bezieht, lautet: „Es ward aber kein Schmied im ganzen Lande Israel gefunden – denn die Philister gedachten, die Hebräer möchten Schwert und Spieß machen – und ganz Israel mußte hinabziehen zu den Philistern, wenn jemand eine Pflugschar, Haue, Beil oder Sense hatte, sie zu schärfen. Und die Schneiden an den Sensen und Hauen und Gabeln und Beilen waren abgearbeitet und die Stachel stumpf geworden“.

Über die Eisenschwerter, die im Urnenfriedhof von Hama am Orontes gefunden wurden, war schon oben die Rede (S. 31). Daß dort außerdem auch Griffzungenschwerter aus Bronze ans Tageslicht kamen, ist nicht verwunderlich, denn in den ersten zwei Jahrhunderten nach ihrer Einwanderung in Palästina haben die Philister Bronze und Eisen verarbeitet. Auf Zypern, das reiche Kupfererzlagerstätten hat, haben die Nordmeervölker vor allem in Enkomi „als Händler und Metallurgen eine eifrige Betriebsamkeit entfaltete“[13] und naturgemäß vor allem das zyprische Kupfererz verarbeitet. Die Funde aber beweisen, daß sie auch Eisen verarbeitet haben. Schachermeyr meint, daß die neuen Herren auf Zypern „mit den wohl gleichfalls unter neu eingerichtete Herrschaften gekommenen ostanatolischen Minengebieten in besten Beziehungen standen und von dort Eisen in größeren Mengen bezogen haben“[14]. Aber auch auf Zypern gibt es Eisenerzlagerstätten.

In Ugarit-Ras Schamra „gab es bis zum Einbruch der Nordvölker kein Eisen, hier hat die Eisenzeit kurz vor 1200 v. Chr. begonnen“[15].

Cl. F.-A. Schaeffer, der in Ugarit Ausgrabungen unternommen hat, sagt von den Nordmeervölkern: „Sie kamen vom griechischen Kontinent und von den Inseln. Diese Welle der wandernden Völker brandete an die Küsten von Kleinasien und von Syrien-Palästina. Sie kam bis an die Grenze Ägyptens. Die Überlegenheit ihrer Bewaffnung mit Eisen, ihre Stärke und physische Ausdauer machten sie zu einem furchtbaren Gegner, sie nahmen auch Ugarit ein“[16].

Auch in Karkemisch am Euphrat, das nach den Angaben der Inschriften von Medinet Habu von den Nordmeervölkern besetzt wurde, tauchen Eisensachen erst seit dem Einbruch der Nordmeervölker auf. G. A. Wainwright, der hier Ausgrabungen durchgeführt hat, urteilt[17]: „In Karkemisch am Euphrat in Nordsyrien geht die Bronzezeit mit der Zerstörung dieser Stadt durch die das Eisen benutzenden Eroberer Ende des 13. Jhdts. v. Chr. zu Ende“.

Von den Gebieten östlich des Euphrat sagt Witter: „Wir können mit Sicherheit sagen, daß keins der im Osten der mesopotamischen Ebene wohnenden Gebirgsvölker das Eisen zu jener Zeit schon gekannt hat“[18].

Daß die Hethiter die Eisenherstellung vielleicht schon gekannt haben, aber das Eisen für fünfmal teurer als das Gold hielten und keine Waffen oder Werkzeuge aus Eisen herstellten, haben wir oben schon gehört. Darum hat ein Grabhügel von Alaca Hüjük, in dem man Eisenstücke gefunden hat, einige Verwirrung angerichtet. In diesem Grabhügel aus dem 16. Jhdt. v. Chr. wurde unter dem reichausgestatteten hethitischen Grab ein Untergrab mit Eisenstücken gefunden. Das hat die Meinung bestärkt, daß die Hethiter die Eisenkenntnis schon in so früher Zeit gehabt hätten.

Aber eine genaue Untersuchung des Inventars dieses Untergrabes hat gezeigt, daß außer einem Griffzungenschwert aus Bronze, einem Siegel des 13. Jhdts. v. Chr., Tutuli, einer zweigliedrigen Fibel aus jener Zeit und jenen Eisenstücken kein älteres hethitisches Material in ihm lag. Das zeigt, daß das Untergrab nachträglich in der Zeit der Großen Wanderung in den großen Grabhügel unter das ältere hethitische Grab eingegraben wurden[19]. Das ist ein Vorgang, der nicht selten beobachtet wurde.

G. E. Wright, der als langjähriger Ausgräber im Vorderen Orient einen umfassenden Überblick über das Auftreten der frühesten Eisengeräte hat, schreibt: „Im ganzen Nahen Osten gibt es nur ein Land, wo selbst innerhalb des älteren Teiles der Eisenzeit genügend stratigraphische Bodenforschung durchgeführt worden ist, um uns zu berechtigen, mit Gewißheit von einer absoluten (nicht relativen) Datierung über das früheste Eisen zu sprechen, und dieses Land ist das Philisterland“[20]. Ähnlich liegen die Dinge auch in Griechenland.

G. Karo hat die Schachtgräber aus mykenischer Zeit „die hervorragendste Waffensammlung der Zeit, ja des ganzen Altertums" genannt[21]. In keinem dieser Schachtgräber hat sich eine Waffe oder ein Schmuckgegenstand aus Eisen gefunden. Vl. Milojčić stellt fest: „Das Vorkommen eiserner Schwerter oder Messer (ist) vor der submykenischen Zeit in der Ägäis unbekannt"[22]. Sicher aber ist, daß die Dorier oder Herakliden, wie die Nordmeervölker auch genannt wurden, die um 1200 v. Chr. durch Griechenland zogen, auch Eisenwaffen hatten[23]. Ridgeway, der gerade über die Frage, wann die ersten Eisensachen in Griechenland erscheinen, eingehende Studien unternommen hat, stellt fest: „. . . daß die Dorier das Eisen hatten, darüber kann kein Zweifel sein"[24]. In der Periode, die die Archäologen LH III C nennen, und das ist die Zeit des Durchzuges der Nordmeervölker durch Griechenland um 1200 v. Chr., findet die Verbreitung des Eisens im ägäischen Raum statt[25]. Im 11. Jhdt. v. Chr. ist dann in Griechenland der Übergang zur reinen Eisenzeit vollzogen[26].

Abb. 49
Philisterdolch 12. Jhdt. v. Chr. Der Dolch hat einen Griff aus Bronze und eine Klinge aus Eisen. Mit dem zweizackigen Speerende (links) konnte ein Speer in den Boden gerammt werden.
Aus: Völker, Herrscher und Propheten. Verlag Das Beste, Stuttgart.

Der amerikanische Metallurge Prof. Dr. Lyle Borst von der Ingenieurschule in New York University hat aufgrund von Untersuchungen mit in Sparta von Archäologen ausgegrabenen Metallteilen festgestellt, daß die Spartaner sogar schon über Stahl verfügten, wie die Philister (siehe oben S. 48). Prof. Borst erklärte dem wissenschaftlichen Mitarbeiter der „New York Times", „daß die Proben aus einem sehr hochwertigen Qualitätsstahl mit nur geringfügigen Unreinheiten bestehen. Der spartanische Stahl sei gerillt und habe einen Kohlenstoffgehalt von 0,2 bis 0,8 %. Die Proben aus Sparta waren aus Stahl hergestellt und nicht aus Eisen"[27].

Auf der Apenninenhalbinsel tauchen die ersten Eisensachen in der Zeit der Großen Wanderung auf. Der französische Fachmann auf dem Gebiet der vorgeschichtlichen Metallurgie, Jean R. Maréchal, schreibt aufgrund seiner Untersuchungen: „Die ersten nach Italien und Griechenland gebrachten Gegenstände aus Eisen zeigen eine bereits hochentwickelte Technik. Es ist wahrscheinlich, daß diese Technik einen einzigen Ursprung hatte und daß sie während des Großen Krieges (Maréchal meint die Große Wanderung) überliefert worden ist“[28].

Schachermeyr, der die Dorier und die anderen an der Großen Wanderung beteiligten Nordmeervölker für raubende und plündernde Barbaren hält, „deren Abstand gegenüber den ostmittelmeerischen Kulturen ein so großer war, daß sie zuerst mit ihnen nichts anzufangen wußten, als zu rauben, zu zerstören“[29], traut den Doriern, deren Heimat er im Inneren der Balkanhalbinsel sucht, nicht zu, daß sie über die Eisentechnik verfügten. Schachermeyr schreibt daher: „Ein weiterer wissenschaftlicher Mythus ist, daß die Dorier das Eisen nach Griechenland gebracht hätten. Ich habe an anderer Stelle bereits ausführlicher dargelegt, daß in der Zeit von 1200 v. Chr. nach Ausweis der Funde im Inneren der Balkanhalbinsel die Gewinnung und Verwertung von Eisen noch viel weniger bekannt war als in dem damals ebenfalls noch bronzezeitlichen Griechenland. Die Rückständigkeit jener Gebiete geht so weit, daß dort sorgar die kyprolithische Kultur bis tief in das zweite Jahrtausend gedauert hat“[30]. Daß die Dorier das Eisen nach Griechenland gebracht haben, ist seit dieser Äußerung Schachermeyrs 1929 durch viele Ausgrabungsfunde zweifelsfrei nachgewiesen worden. Es ist auch sicher, daß diese Völker nicht aus dem „Inneren der Balkanhalbinsel“ kamen. Ob sie wirklich „raubende und plündernde Scharen“ waren, die nur „rauben und zerstören“ konnten, wird noch zu untersuchen sein.

6. Die Keramik der Philister

In allen von den Philistern oder ihren Bundesgenossen, den Sakar und den Denen, seit etwa 1200 v. Chr. besetzten Gebieten, von Zypern und Hama im Norden bis Tell el Fara, südlich von Gaza, im Süden, von den Küstenebenen zwischen Gaza und Dor im Westen und bis in die Gebiete unmittelbar östlich des Jordantales bei Tell es Sadiye und Tell Der Alla wurde eine Keramik gefunden, die bis dahin in diesen Gebieten fremd war und zweifellos von den Philistern ins Land gebracht wurde[1]. Sie wird daher als „Philisterkeramik“ bezeichnet. Philisterkeramik ist sogar auch aus den Anfängen des 12. Jhdts. v. Chr. in Unterägypten und auf Kreta gefunden worden[2], auch hier ist sie eine Neuerscheinung.

An vielen Stellen, vor allem in der Nähe der Mittelmeerküste, liegt über der Katastrophenschicht und unter der Schicht mit Philisterkeramik eine Keramik, die B. Hrouda, der die genauesten stratigraphischen Untersuchungen in diesem Gebiet vorgenommen hat, als Keramik der Phase „SM C 1a“ bezeichnet.

Hrouda stellt ausdrücklich fest, daß diese Gefäße „nicht etwa eine Frühphase der Philisterware darstellen, sondern sie gehören zu einer ganz anderen Gattung, haben also mit letzterer nichts zu tun. Durch ihre Bemalung, Ranken mit Voluten, besteht zwar ebenfalls eine Beziehung zu spätmykenischen Gefäßen, aber nicht zu denen des Typus SM III C 1b (close style), sondern zu denen der älteren Phase SM III C 1a. Aufgrund dieser falschen Zuordnung rückte natürlich zwangsläufig die Datierung der Philister-Ware und damit der Ansatz für das erste Auftreten der Philister nach oben, und zwar soweit hoch, daß ihre Landnahme in Palästina vor dem 8. Regierungsjahr Ramses' III. hätte erfolgt sein müssen. Deutlich spiegelt sich der Unterschied zwischen beiden Keramikgattungen auch im Grabungsbefund Palästinas wieder, d. h. die eigentliche Philisterware taucht zu einem späteren Zeitpunkt auf als die „SM III C Ia-Ware“[3].

Diese von der eigentlichen Philisterware streng zu trennenden spätmykenischen Ware ist etwa 30 Jahre älter als die Philisterware und gehört jenen Völkern zu, gegen die der Pharao Merenptah Kämpfe zu bestehen hatte. Sie werden in der Literatur auch „Seevölker“ genannt. Der Pharao Merenptah nennt als Teilnehmer an diesem Vorstoß gegen Ägypten die lúka, turusa, aqjawasa, sakarusa, sardana[4]. Es handelt sich um eine Völkerwelle aus dem Mittelmeerraum, also nicht um die von den Philistern 30 Jahre später angeführte Völkerwanderung der Nordmeervölker. Nur die beiden zuletzt genannten Völkerstämme beteiligten sich bei beiden Vorstößen gegen Ägypten[5].

Die Philisterkeramik hat viel Verwirrung angerichtet, denn sie zeigt in der Technik der Herstellung der Gefäße und in deren Formen nahe Verwandtschaft mit submykenischen Gefäßen aus dem ägäischen Raum[6]. Diese Tatsache hat viele Autoren veranlaßt, im ägäischen Raum die Heimat der Philister zu suchen. A. Jirku schreibt[7]: „Die Philister brachten aus ihrer ägäischen Heimat auch eine eigenartige, charakteristische Keramik mit . . .“ A. Strobel, der sich mit großem Nachdruck für die Heimat der Philister und der anderen Nordmeervölker im ägäisch-westkleinasiatischen Raum einsetzt[8], meint, daß über diese „spätmykenische Ware“ die Herkunft der Philister aus dem ägägischen Raum „greifbar wird“[9], oder daß diese Gefäße „doch auch über die bevölkerungsmäßige Abhängigkeit oder gar über die ägäisch-mykenische Herkunft ihrer Besitzer Aufschluß geben“[10].

Freilich hat schon A. Jirku, indem er seine eben zitierte Meinung abschwächte, geschrieben: „Die philistäische Keramik verrät deutlich ägäische Einflüsse, ist aber mit keiner keramischen Form der Ägäis identisch. Die illyrischen Philister wurden bei ihrem Durchzug durch die Ägäis in dieser Hinsicht beeinflußt“[11]. Unrichtig ist in diesem Satz, daß Jirku von „illyrischen“ Philistern spricht. Illyrier sind erst dreihundert Jahre nach den Nordmeervölkern in Griechenland nachweisbar[12]. Richtig ist, daß die Philister bei ihrem Durchzug durch die Ägäis in der Herstellung ihrer Keramik beeinflußt wurden.

Während die **Technik** der Herstellung und die Formen der Philisterkeramik ägäische Einflüsse zeigen, sind die **Motive** auf den Philistergefäßen völlig von jenen aus dem ägägischen Raum verschieden. Es handelt sich auf der Philisterkeramik um folgende Motive: Schwäne, Volutenbäume oder Himmelssäulen, Spiralen, Kreise, Zick-Zack-Linien und andere geometrische Muster.

Diese Motive gibt es auf mykenischen Vasen nicht. Strobel irrt sich, wenn er von den Schwänen, die so häufig auf der Philisterkeramik abgebildet sind, schreibt, daß sie „den Beweis dafür liefern, daß das für die sogenannte Philisterkeramik typische Motiv aus dem mykenisch-ägäisch-westkleinasiatischen Kulturbereich abgeleitet werden muß“[13].

Tatsächlich gibt es keine Schwäne auf der Keramik dieses Kulturbereiches.

In mykenischer Zeit war nicht der Schwan, sondern die Taube das heilige Tier der Gottheit. Schachermeyr stellt fest, daß „die Taube der großen Göttin heilig war“[14]. In einem Schachtgrab von Mykene wurde das Modell eines Tempels aus Goldblech gefunden, auf dessen Kulthörnern des Daches zwei Tauben abgebildet sind. In einem anderen Grab in Mykene fand man die Darstellung einer nackten Frau mit einer Taube auf dem Kopf. Webster sagt zu dieser Darstellung: „Zu dieser Zeit stellte der Künstler die Göttin schon anthropomorph dar, drückte jedoch zugleich aus, daß sie als Taube erscheint“[15]. Es gab sogar eine Taubengöttin Peleia in mykenischer Zeit[16], die nicht nur dargestellt, sondern auch auf den Linear B-Täfelchen genannt wird, auf denen Apollon, dem der Schwan heilig ist, niemals erscheint. Auf dem „Sängerfresko“ von Pylos schwebt neben dem Harfenspieler die heilige Taube. Erwähnt sei auch der „Schrein der Taubengöttin in Knossos“, der seinen Namen von den Tauben hat, die auf einem Terrakottamodell des Schreines auf den Säulen sitzen. Webster sagt von diesen Tauben, sie seien „die Epiphanie der Göttin“. Auf dem berühmten Schrein von Hagia Triada sitzen Tauben auf den Doppeläxten als „göttliche Epiphanien“[17]. Homer nennt die Göttin Hera „den Tauben ähnlich“[18] und beschreibt den goldenen Becher des Nestor von Pylos so:

Abb. 50
Schwäne auf Philisterkeramik.
Aus: Tr. Dothan, 1967

Abb. 51
Mattbemalte Schnabelkanne (Taube) aus Mykene.
Aus: Buschor, 1921.

Abb. 52
Kreta. Becher Nestors.
Aus: Time-Life, Die verlorene Welt der Ägäis, v. A. Edey

„Es waren der Henkel vier am Becher, ein Paar mit goldenen pickenden Tauben rings um jeden“[19].

Viele andere Beweise könnten dafür angeführt werden, daß in mykenischer Zeit die Taube als das heilige Tier oder als Symbol oder als Epiphanie der Gottheit galt. Niemals werden aber auf mykenischen Gefäßen oder Wandfriesen Schwäne abgebildet oder Schwäne als Symbol der Gottheit verehrt.

Das ist erst der Fall, seit um 1200 v. Chr. die Völker, die sich an der Großen Wanderung beteiligten, Griechenland und den ägäischen Raum erreichten. Mit ihnen kam die Verehrung Apollons, dem der Schwan heilig ist, nach Griechenland und wird von da an im ägäischen Raum, auf Zypern und in Palästina auf der Philisterkeramik oft abgebildet.

Strobel versucht, seine Meinung, daß die vielen Schwanendarstellungen auf der Philisterkeramik etwas über die Herkunft aus dem ägäisch-mykenisch-westkleinasiatischen Raum aussagen, mit dem Hinweis auf ein Gefäß zu untermauern, das in Form einer doppelköpfigen Ente

Abb. 53
Doppelköpfige Ente aus Ton.
Aus: Strobel, Der spätbronzezeitliche Seevölkersturm.

gebildet wurde. Dieses Gefäß stammt aus einer Schicht des 15. Jhdts. v. Chr. und wurde in Boghazköy unter der Brandschicht des 13. Jhdts. v. Chr. gefunden[20]. Es kann nicht als Vorbild für die Schwanenbilder der Philisterkeramik gedient haben, denn hier sind deutlich Enten abgebildet, die durch ihren kurzen Hals kenntlich gemacht sind, während auf den Philistergefäßen Schwäne abgebildet sind, die lange, oft stark gebogene Hälse haben. Außerdem ist das Gefäß aus Hattusa etwa 250 Jahre älter als die Philisterkeramik und lag unter der mächtigen Aschenschicht, die vor dem Durchzug der Philister-Nordmeervölker entstanden ist[21]. Das Gefäß wurde auch nicht im westkleinasiatischen sondern im nordostkleinasiatischen Raum gefunden.

Ganz verfehlt ist auch Strobels Hinweis auf Schwanenbilder auf melischen Gefäßen, die einen Beweis für die Herkunft der Philister aus dem ägäischen Raum abgeben sollen[22].

Die melischen Gefäße stammen nicht aus mykenischer Zeit, also nicht aus der Zeit vor der Großen Wanderung, sondern aus dem

Abb. 54
Philisterkrug mit Schwanenbildern.
Aus: M. Avi-Yohah, Geschichte des Heiligen Landes, 1969.

Abb. 55
Amphora von Melos, 7. Jhdt. v. Chr., von rechts nach links: Artemis, Apollon, Arge, Opis. (aus E. Buschor, 1921, Abb. 53).

7. Jhdt. v. Chr., also aus einer Zeit, in der seit etwa 400 Jahren ein Teil der Nordmeervölker nach den verlorenen Schlachten an der ägyptischen Grenze in den ägäischen Raum zurückgekehrt und dort ansässig geworden waren („Rückkehr der Herakliden"). In den nun dorischen Gebieten, wozu u. a. auch Melos gehört, haben sie viele Elemente ihrer Kultur hinterlassen. Dazu gehören z. B. auch die Schwanenbilder auf den melischen Gefäßen. Eine melische Amphora hätte Strobel zeigen können, woher die Schwäne auf der Philisterkeramik und den melischen Gefäßen ursprünglich stammen. Auf dieser melischen Amphora, die heute im Nationalmuseum in Athen steht[23], sind unter einer Anzahl von Schwänen Apollon und Artemis dargestellt, wie sie von den Hyperboreern nach Griechenland kommen. Genau derselbe Mythus, Ankunft Apollons und seiner Schwester Artemis von den Hyperboreern, ist auch auf einer Amphora aus der Zeit um 1200 v. Chr., die in Zypern gefunden wurde, dargestellt. Auch auf dieser Amphora und auf ähnlichen aus Grabfunden von Enkomi-Alasia, Zypern, sind Schwäne abgebildet[24], die heiligen Tiere des hyperboreischen Apollon.

Den Mythus von Apollon, der von Schwänen getragen oder von einem Schwanenwagen gezogen im Frühjahr von den Hyperboreern nach Griechenland kommt, gab es in mykenischer Zeit noch nicht. Auf den Linear B-Täfelchen werden viele Götter genannt, darunter auch später ganz unbekannte. Apollon, dessen Verehrung Philister und Dorier verbreiteten, kommt auf diesen mehreren tausend Täfelchen aus mykenischer Zeit, die bisher gefunden wurden, nicht vor[25]. „Apollon ist erst von den einwandernden Dorern nach Griechenland mitgebracht worden"[26]. Wenn der Schwan so häufig auf frühgeometrischer Keramik Griechenlands und auf der verwandten Philisterkeramik erscheint, dann ist das ein zusätzlicher Beweis für die Verwandtschaft der Dorier und

Abb. 56
Volutenbäume auf Philisterkeramik. Aus: Hrouda, Die Einwanderung der Philister in Palästina, 1964, und Dothan, The Philistines and their material culture, 1967.

Philister, nicht aber ein Beweis für die Herkunft der Philister aus Griechenland, wohin ja auch die Dorier erst durch die Große Wanderung kamen.

Auf der Philisterkeramik ist häufig auch ein „Volutenbaum", d. h. eine Himmelsstütze, abgebildet. Eine der besten Darstellungen befindet sich auf einem Philisternapf, der aus der Zeit zwischen 1168 und 1160 v. Chr. stammen muß, weil in ihm ein Skarabäus Ramses IV. lag, der in diesen Jahren regierte. Diese „Volutenbäume" oder Himmelsstützen sind auch auf den oben erwähnten Amphoren von Zypern und Melos abgebildet, sie finden sich ebenfalls wie auch die Schwanendarstellungen auf frühgeometrischen Vasen.

Die geometrischen Muster auf der Philisterkeramik gleichen den geometrischen Mustern des Dipylonstiles, der nach Dipylon, dem Nordtor von Athen, genannt wurde, wo zahlreiche Tongefäße gefunden wurden.

Dieser Stil setzt sich nach Abschluß der „dorischen Wanderung", d. h. nach der „Rückkehr der Herakliden" um etwa 1100 v. Chr., in ganz Griechenland durch. Das ist nicht verwunderlich, bestand doch zwischen Philistern und Doriern alte Stammes- und Blutsverwandtschaft.

Sehr viel erstaunlicher ist es für viele Forscher, daß die Philisterkeramik in der Technik der Herstellung und in den Formen der Gefäße mykenische Einflüsse zeigt, wenn man der Meinung ist, daß die Nordmeervölker, bzw. ihr führender Stamm, die Philister, eine wilde Horde raubender und plündernder Vollbarbaren gewesen seien, deren Abstand zu den ostmittelmeerischen Kulturen ein so großer war, daß sie mit ihnen nichts anzufangen wußten, als sie zu zerstören und niederzubrennen. Aber es wird immer deutlicher, daß dieses Urteil falsch ist. Vielen Forschern ist aufgefallen, daß die Nordmeervölker die einheimischen Töpfer in den von ihnen durchwanderten oder besetzten Gebieten weiter arbeiten ließen[27]. Sicherlich hat es auf ihrer langen Wanderung Kämpfe gegeben und die Nordmeervölker haben versucht, entweder durch das Gottesurteil des Zweikampfes oder durch Waffengewalt Widerstand zu beseitigen, der sich ihnen entgegenstellte. Wenn sie aber ein Gebiet durchwanderten oder besetzten, dann haben sie die Bevölkerung nicht umgebracht, sondern in ihren Dienst gestellt. O. Spengler hat zu dieser Frage folgendermaßen Stellung genommen: „Es ist selbstverständlich, daß die unterworfene Bevölkerung ihre Töpfe in gleicher Art weiterformte, gleichviel welche Herren in Mykene saßen. Auch die Normannen in England, die Wikinger und Kreuzfahrer haben keine Töpfe gebrannt, sondern die eingesessenen Leute gezwungen, das zu tun"[28]. Die Nordmeervölker haben aus dem ägäischen Raum auch Bevölkerungsteile und sicherlich auch Töpfer, die für sie arbeiteten, mitgenommen. So ist es zu erklären, daß in den von den Philistern besetzten Gebieten Palästinas Kreter saßen, wie wir aus mehreren Stellen des Alten Testaments wissen. So heißt es z. B. in Zeph. 2,5: „Wehe euch, die ihr den Streifen am Meer (= die Küste Palästinas) bewohnt, du Volk der Kreter! Über euch ergeht das Wort des Herren: Kanaan, Land der Philister, ich will dich verderben!" Daß das ganze Küstenland Palästinas in der Hand der Philister war, zeigen nicht nur die Ausgrabungen, die immer wieder Beweise philistäischer Besiedlung ans Tageslicht brachten, sondern auch mehrere Stellen im Alten Testament, darunter z. B. auch Dtn. 2,23: „Die Kaphthoriter (wie hier die Philister auch genannt werden) zogen aus Kaphthor und vertilgten die Avviter, die in den Dörfern wohnten bis gen Gaza und wohnten an ihrer Statt daselbst". Die Kreter wohnten also an der Küste des Philisterlandes und zwar nicht als Sklaven, sondern als freie Krieger, denn David hatte eine Leibwache aus Kretern und Philistern (2. Sa. 8,18; 15,18). Aus diesen Stellen des Alten Testamentes ist wiederholt der Fehlschluß gezogen worden, daß die Philister auf Kreta ihre Heimat gehabt hätten und die „i kaphthor" = Insel Kaphthor, von der die Philister der Überrest waren (Jeremia 47,4), mit der Insel Kreta identisch sei[29]. Daß das ein Irrtum ist, werden wir noch sehen. Die Kreter können nicht mit den Philistern identisch sein, denn beide Namen werden jedesmal, wenn sie erwähnt werden, durch ein „und" getrennt. Wohl aber ist sicher, daß die Philister mit ihrer Flotte über Kreta und Zypern an die Küste Palästinas kamen und Kreter mitnahmen. So ist es zu erklären, daß die Philisterkeramik in der Technik ihrer Herstellung sich der Technik der mykenischen Ware anschließt (Töpferscheibe, heller Grund und die je nach Brennung rötlich-bräunliche Bemalung, häufig auch die Formen der mykenischen Ware[30]), daß aber die Motive „barbarisch und europäisch bronzezeitlich" sind[31], weil den Herren der mitgenommenen mykenischen Töpfer diese Motive aus ihrer alten Heimat vertraut waren. Daß diese Motive auf der Philisterkeramik in „krassem Gegensatz" zu jenen auf der mykenischen Keramik stehen[32], ist oft betont worden[33].

7. Waren die Philister Barbaren?

Die Philister stehen bei den Archäologen in einem außerordentlich schlechten Ruf. Das Urteil des Wiener Archäologen Fr. Schachermeyr haben wir oben (Kap. 4, Anm. 2) gehört. Andere Archäologen haben nicht milder geurteilt. G. Childe nennt die Nordmeervölker „barbarische Horden"[1], auch G. Kahl-Furthmann spricht von „Einfällen barbarischer Horden", unter denen die Philister „das Furchtbarste" gewesen seien[2]. E. Vietta schreibt: „Um das Weltjahr 1200 v. Chr. fluten wilde Horden, die Herakliden, über Hellas hin und schlagen mit neuen Panzerwaffen alles nieder, was Widerstand versucht. Die Dorer-Herakliden kannten das Eisen"[3]. C. W. Ceram meint: „So waren die Dorier nur Plünderer, die zerstörten"[4]. R. Nitsche urteilt: „Die Dorier überfluteten das Land . . . und ließen Südosteuropa in einen Zustand völliger Barbarei zurückfallen . . . die dorische Flut hat verheerend gehaust"[5]. L. Deuel nennt die Nordmeervölker „geheimnisvolle Plünderscharen der Seevölker"[6]. Mit ähnlichen Urteilen könnte man viele Zeilen füllen.

Die archäologischen Forschungen scheinen diese harten Urteile zu bestätigen, denn überall, wohin die Nordmeervölker kamen, findet man Spuren schrecklicher Verwüstungen und ungeheurer Brände. In der zweiten Hälfte des 13. Jhdts. v. Chr. sinken alle Siedlungen in Ungarn, Makedonien, Bulgarien, Griechenland und auf den Inseln im östlichen Mittelmeer in Schutt und Asche. Es ist die „déstruction finale" für alle Kulturen in diesem Raum. Desborough hat eine eingehende Untersuchung über die Folgen dieser Vernichtungskatastrophen für Griechenland angestellt und nachgewiesen, daß von folgenden Städten und Siedlungen, die in der ersten Hälfte des 13. Jhdts. v. Chr. blühten und reich bevölkert waren, nach der Katastrophe, zerstört und nur schwach wiederbesiedelt, übrigblieben: in Messenien und Triphylien von 150 nur 14, in Lakonien von 30 nur 7, in der Argolis und Achaia von 44 nur 14, in Boiotien von 19 nur 5, in Attika von 24 nur 12. Die Bevölkerungszahl der ersten Hälfte es 13. Jhdts. v. Chr. war diesen eingehenden Untersuchungen zufolge nach den Katastrophen auf ein Hundertstel (!) zusammengeschrumpft[7]. Diese Zahlen geben uns einen Eindruck vom Ausmaß des Unglücks, das Griechenland getroffen hat. Alle mykenischen Paläste, die wir aus den Epen Homers kennen, wurden zerstört. Das „goldreiche Mykene"[8], von wo zu Beginn des 13. Jhdts. v. Chr. Agamemnon mit zahlreichen anderen achäischen Fürsten nach Troja aufgebrochen war, lag am Ende dieses Jahrhunderts wie alle anderen mykenischen Paläste in Trümmern.

Nicht anders war es auf Kreta und den Inseln in der Ägäis. Homer, der ja die Zeit um 1300 v. Chr. oder kurz danach besingt, spricht vom „hundertburgigen Kreta" und zählt zahlreiche „reichbevölkerte Städte" auf[9]. Alle diese hundert Burgen und alle „reichbevölkerten Städte" waren nach den Katastrophen zerstört und die Bevölkerung ebenso dezimiert wie auf dem griechischen Festland. Die Katastrophen brachen herein, als man – wie die Linear B-Täfelchen von Pylos auf der Peloponneshalbinsel und Knossos, dem Königspalast auf Kreta, beweisen –

als man umfassende Rüstungsmaßnahmen gegen die von Norden her erwarteten Nordmeervölker traf, also im letzten Drittel des 13. Jhdts. v. Chr. Alle Paläste und Siedlungen wurden „von furchtbaren, von Feuersbrünsten begleiteten Zerstörungen vernichtet[10]. „Waagerechte Rauch- und Brandstreifen an den Fensterhöhlen von Knossos zeugen heute noch von diesem Feuersturm“[11].

In Kleinasien, Syrien und Palästina findet sich, wo immer Ausgrabungen stattfinden, derselbe Katastrophenhorizont. J. Wiesner stellt fest: „Von Troja VIIa bis nach Palästina läßt sich eine wahre Kette vernichtender Zerstörungen nachweisen“[12]. Auch G. Kehnscherper schreibt: „Hier sei nur auf den ungeheuren Umfang der Katastrophe aufmerksam gemacht, die von Troja bis Jericho, von Boghazköy (= Hattusa) bis Megiddo und Byblos alle Städte vernichtet“[13]. Keine Siedlung, auch wenn sie noch so klein war, keine Stadt und kein Palast, auch wenn sie noch so groß und mauerumwehrt waren wie z. B. die Stadt und die Burg von Ugarit[14], entgingen der Zerstörung. Schachermeyr spricht von „einer Katastrophe, die eine der furchtbarsten der Weltgeschichte war“[15].

Überall wurden Beweise verheerender Feuersbrünste gefunden. Man müßte die Namen aller Städte oder Siedlungen, von denen Ausgrabungsberichte vorliegen, anführen, wenn man die Schutt- und Brandschichten aufzählen sollte, die man an allen Orten des Vorderen Orients gefunden hat.

Hier sei nur statt vieler ähnlicher Ausgrabungsberichte, derjenige von Hattusa, der Hauptstadt des Hethiterreiches, zitiert. K. Bittel und R. Naumann schreiben: „Die Stadt ist in einer großen Katastrophe zugrunde gegangen. Wo immer wir den Spaten ansetzten, auf Büyükkale wie am Tempel I, in den Wohnvierteln wie am fünften Tempel, an den Mauern wie in Yazilikaya, fanden wir untrügliche Zeugen einer verheerenden Feuersbrunst, die alles Brennbare verzehrt, Lehmziegel zu roter harter und schlackiger Masse durchglüht, Kalksteine gesprengt oder zersplittert hat. Manchmal gewann man den Eindruck, das in den Bauten zufällig Vorhandene hätte nicht zur Erzeugung solcher Flammen, solcher Hitze ausreichen können, als waren vielmehr noch brennbare Materialien absichtlich zugefügt worden, um die Gewalt des Feuers zu erhöhen. Einzelne lokale Schadenfeuer können unmöglich die Ursache einer solchen völligen Vernichtung gewesen sein. Hier war zweifellos menschlicher Wahn am Werke, dem nichts, kein Haus, kein Tempel, keine Hütte entging und der dort, wo das Feuer nicht selbst den Weg fand, alles beitrug, um das Werk des Unterganges zu vollenden . . . Aber das Verderben scheint nicht minder auch die Bewohner betroffen zu haben, denn nirgends fand sich die Spur eines noch so bescheidenen Wiederaufbauversuches an hethitischen Bauwerken nach der Katastrophe. Die Bewohner sind also teils zugrunde gegangen, teils weggeschleppt worden, so daß über der zerstörten, verlassenen Hauptstadt die Stille des Todes lag“[16].

Die stolze und reiche Königsstadt Ugarit erlitt dasselbe Schicksal. Hier wurde sogar ein Brennofen, in dem Schrifttafeln gebrannt werden sollten, in Glut gesetzt, so daß die Tontafeln, die in ihm lagen, hart gebrannt wurden und dadurch erhaltengeblieben sind. In Ugarit läßt sich die Brandkatastrophe datieren, denn unter der Katastrophenschicht wurde ein Langschwert mit dem Siegel Merenptahs gefunden, der von 1232 v. Chr. „kaum länger als zehn Jahre regiert haben dürfte“[17]. Die Katastrophe kann also frühestens nach 1232 v. Chr. über Ugarit hereingebrochen sein. Vielleicht ist das Langschwert mit dem Siegel dieses Pharao eine Beutewaffe aus seinem Krieg gegen die aqjawasa, lúka usw., von dem oben (siehe oben S. 52) die Rede war. Es war ja, wie wir aus den Texten und Wandbildern von Medinet Habu wissen, damals üblich, daß alle Beutestücke „mit dem großen Namen Seiner Majestät“ versehen wurden (siehe oben S. 22). Daß das Mauerwerk eines Triumphtores Ramses II. in Tell Jaffa bis zu einer Tiefe von 1,50 m durchglüht wurde, haben wir oben (siehe oben S. 12) gehört. Solche verheerenden Feuersbrünste zerstörten im letzten Drittel des 13. Jhdts. v. Chr. alle Siedlungen und Städte Vorderasiens. Und überall sollen die Philister die Brandstifter gewesen sein. Tatsächlich sind aber die Spuren ungeheurer Brände auch in Gebieten nachgewiesen worden, in die die Philister nicht gekommen sind. So ist z. B. Assur gegen Ende des 13. Jhdts. v. Chr. durch eine ungeheure Brandkatastrophe vernichtet worden „Niemand vermag zu erklären, woher die Gluthitze kam, die hunderte von gebrannten Ziegelschichten zum Glühen und Schmelzen brachte und den ganzen Baukern des Turmes, das Mauerwerk aus Lehmziegeln, durchgehend rötete und verglaste“[18]. In Oberägypten liegen mächtige Aschenschichten, z. B. über der „heiligen Straße“, die Ramses II. (†1232 v. Chr.) erbauen ließ, damit bei seinem Tod ein pompöser Leichenzug auf ihr von seinem Palast zum Amuntempel in Karnak stattfinden könne. Tatsächlich fand dieser Leichenzug 1232 v. Chr. statt. Erst nach 1232 v. Chr. und vor dem Regierungsantritt Ramses III. (1200 v. Chr.),

Abb. 57
Hattusa, Löwentor.
Wahrscheinlich um 1220 v. Chr. durch Katastrophen zerstört.
(Photo: Spanuth).

der berichtet hat: „Ägypten lag in vollkommener Verwüstung, als ich auf den Thron kam“[19], muß demnach diese Katastrophe über Ägypten hereingebrochen sein.

Davon wissen auch die zeitgenössischen ägyptischen Papyri zu berichten. Im Papyrus Ipuwer heißt es: „Es ist doch so, Tore, Säulen und Wände sind verbrannt... Sehet doch, das Feuer hat sich gemacht an die Höhe, ausgeht sein Brand auch gegen die Feinde des Landes“[20]. Pharao Setho II., der unmittelbare Vorgänger Ramses III., berichtet von einem Kometen, der damals erschien und der „Sekhmet“ genannt wurde: „Er war ein kreisender Stern, der sein Feuer in Flammen ausstreute, eine Feuerflamme in seinem Sturm“[21]. Von Feuern, die vom Himmel fielen, berichten auch die Texte von Medinet Habu: „Eine furchtbare Fackel schleuderte Flammen vom Himmel, ihre (der Libyer) Seelen zu zerstören und ihren Stamm zu vernichten“[22]. Die Übersetzer dieser Texte, W. F. Edgerton, John Wilson und James H. Breasted, sagen in ihrem Kommentar zu dieser Stelle: „Gemeint ist, daß Blitze vom Himmel schlugen, die Libyer heimgesucht und ihren Stamm vernichtet hätten“. An einer anderen Stelle heißt es in Medinet Habu: „Das Feuer von Sekhmet brennt wie eine Flamme gegen ihre (die Libyer) Gebiete, ihre Knochen brennen und rösten in ihren Gliedern“[23]. Von den Nordmeervölkern wird in Medinet Habu berichtet: „Ihre Wälder und Äcker sind vom Feuer geröstet und zu Asche gemacht“[24]. „Das Feuer von ihm (Sekhmet) hat das Land der Neun Bogen verbrannt“[25]. „Sie hatten vor sich ein Flammenmeer“[26]. Vom Land Amurru (Syrien) heißt es: „Das Land Amurru ist vom Feuer verbrannt“[27].

Es handelt sich hier um dieselben Katastrophen, die wir aus dem 2. Buch Mose als „die zehn Plagen Ägyptens“ kennen. Von ihnen heißt es: „Jahwe ließ Donner und Steinhagel entstehen und Feuer fuhr hernieder. Jahwe ließ Steinhagel fallen auf Ägypten. Und es fiel ein sehr starker Steinhagel und unaufhörliches Feuer unter dem Steinhagel, wie seinesgleichen nie gefallen ist in Ägypten, seitdem es von Menschen bewohnt war“[28].

H. Greßmann und A. Frhr. v. Gall haben gezeigt, daß der Weltuntergang im Feuer ein beherrschender Gedanke in der jüdischen und parsischen Eschatologie ist. Juden und Parsen – und viele andere Völker, wie z. B. Griechen, Römer, Germanen, Inder – glaubten, „so wie es einst geschah, wird es sich am Ende der Tage wiederholen“[29]. Dieses „einst“ war die Zeit zwischen 1220 und 1200 v. Chr., in der zusammen mit anderen Katastrophen weltweite Brände viele Länder heimsuchten. Die datierbaren Aschen- und Brandhorizonte finden sich nicht nur in den Ländern um das Mittelmeerbecken, sie finden sich in Ungarn[30], in Hochmooren der Alpen[31], im Schwarzwald[32], in den Mooren Nordeuropas[33] und in den verkohlten Lagen von Laubbäumen bis hin ins nördliche Schweden[34].

Der Komet, der damals erschien und von den Ägyptern Sekhmet genannt wurde, wurde in einer Inschrift von Ugarit aus dem letzten Drittel des 13. Jhdts. v. Chr. Anat, von den Parsen Gočihar, von den Indern Tistrya, von den Griechen Phäethon oder Typhon und von den Germanen Surter genannt. Die Inschrift von Ugarit sagt, daß der Stern Anat die Bevölkerung des syrischen Landes hingemordet habe, in der

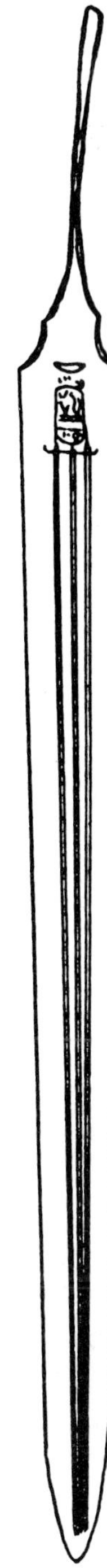

Abb. 58
Langschwert von Ugarit mit Kartusche Merenptah's

Idee, man könne nur in einer solchen Form dem erwarteten ‚Weltuntergang' würdig entgegentreten"[44].

Wir führen diese Dinge an, weil die Astronomen errechnet haben, daß der Halleysche Komet 1226 v. Chr. „fällig war[45], und alle die Katastrophen, die die Astronomen für 1910 vorausgesagt hatten – und die 1910 glücklicherweise wegen einer Verspätung des Halleyschen Kometen nicht eintraten – sich um 1226 v. Chr. zugetragen haben.

Tatsächlich brachen im letzten Drittel des 13. Jhdts. v. Chr. in allen Erdteilen viele Vulkane aus. L. Suball spricht von einer „enorm gesteigerten Vulkantätigkeit vor 3200 Jahren" und sagt von jener Zeit, daß damals „die letzte große Erdbebenwelle und die letzte Steigerung der Vulkantätigkeit unsere Erde heimsuchte"[46].

Der isländische Geologe S. Thorarinsson hat nachgewiesen, daß „vor 3000 Jahren auf Island eine außerordentliche Vulkantätigkeit herrschte"[47], und führt dann aus, daß ähnlich mächtige Ablagerungen von Lava- und Aschenmassen weder vorher noch nachher auf Island vorgekommen seien.

Gewaltige Lavamassen, die mit Hilfe modernster Methoden datiert werden konnten, haben die Kanarischen Inseln bedeckt. Auf Gran Canaria wurden in den Lavamassen Holzpfähle und Baumstrünke entdeckt, die Prof. Dr. H.-U. Schminke vom Mineralogischen Institut in Bochum mit Hilfe der C-14-Methode in die Zeit vor 3075 Jahren + 100 Jahre datieren konnte[48].

Um 1220 v. Chr. erfolgte der furchtbarste Vulkanausbruch auf der Insel Thera-Santorin. Dieser Ausbruch fand nach den Ausgrabungsberichten an einem Frühlingstag statt[49], er wird von den Vulkanologen und Archäologen als „eine Katastrophe, die wohl die entsetzlichste war, die die Menschheit seit der Eiszeit traf", bezeichnet[50]. Der deutsche Geologe H. Reck, der mehrere Jahre geologische Untersuchungen auf der Insel Thera-Santorin vorgenommen hat, spricht von einem „Ausbruch von unvorstellbarer Gewalt"[51], der Geologe H. Steinert nennt diesen Ausbruch „die dramatischste und folgenreichste Vulkankatastrophe der Geschichte" und „die schwerste Vulkankatastrophe, die irgendwo auf unserem Planeten von Menschen erlebt wurde"[52]. Unter einer roten Bimssteinschicht und unmittelbar auf der tiefgründigen Verwitterungserde wurden menschliche Knochen und Zähne sowie Bruchstücke von bemalten Tonvasen und verkohlte Baumrinden gefunden. Das Lamont Geological Observatory, Columbia University, New York, hat mit Hilfe der C-14-Methode das Alter dieser Holzproben mit 3050 + 150 Jahre nachgewiesen[53], d. h. daß der ungeheure Ausbruch des Thera, der die riesige Caldera aufriß, nicht vor 1250 v. Chr. erfolgt sein kann. Trotzdem wurde diese ungeheure und alle Kulturen in weitem Umkreis vernichtende Katastrophe in das 15. Jhdt. v. Chr. datiert, weil Sir A. Evans den Untergang der minoischen Kultur auf Kreta in diese Zeit datiert hat. Inzwischen hat der englische Philologe L.R. Palmer 1960 aufgrund der täglich geführten Ausgrabungsprotokolle von Knossos nachgewiesen, daß Evans in seinem Standardwerk „The Palace of Minos" ganz andere Fundangaben macht, als in den Grabungsprotokollen festgehalten wurden. Dadurch kam Evans zu der falschen Datierung des Untergangs von Knossos ins 15. oder frühe 14. Jhdt. v. Chr.

Tatsächlich beweisen die Ausgrabungsprotokolle von Knossos, daß dieser Palast – wie auch alle anderen kretischen und mykenischen Paläste und Siedlungen – um 1220 v. Chr. vernichtet wurde. Später haben dann Prof. Dr. Froelich-Rainey, Fachmann für die C-14-Datierungsmethode, und Prof. Dr. C. Blegen, einer der prominentesten Archäologen überhaupt und ehemals Mitarbeiter von A. Evans, bei einem von Wissenschaftlern aus 17 Nationen veranstalteten Kongreß auf dem Fährschiff „Knossos“ im Jahre 1969 nachgewiesen, daß Evans sich um etwa 250 Jahre geirrt habe, daß der ungeheure Ausbruch des Thera nicht um 1500 oder 1470 v. Chr. die minoischen und mykenischen Paläste und Siedlungen und Kulturen vernichtete, sondern erst um etwa 1220 v. Chr.[54]. Dann hat L. Pomerance in einer eingehenden Untersuchung „The Final Collaps of Santorini“ 1970 das vorliegende Beweismaterial für die Datierung des ungeheuren Ausbruches des Theravulkans um 1200 v. Chr. zusammengefaßt.

Diese Ausführungen über die falsche Datierung des ungeheuren Ausbruches des Vulkans Thera um etwa 1220 v. Chr. waren erforderlich, weil immer wieder, zuletzt bei einer Fernsehsendung am 14. Mai 1978 über die Tauchuntersuchungen des französischen Unterwasserforschers Jacques Cousteau im Kraterkessel des Thera, behauptet wurde, der ungeheure Ausbruch des Thera-Vulkans, der diesen Kraterkessel bis zu einer Tiefe von 360 m aufriß, sei im 15. Jhdt. v. Chr. erfolgt. Tatsächlich erfolgte dieser Ausbruch um 1220 v. Chr., nach dem Tod des Pharao Merenptah (um 1222) und unter der Regierung seines Nachfolgers Taoui Thom, den die Griechen Typhon nannten, der mit seinem Heer bei der Verfolgung des Volkes Israel auf der Nehrung südlich von El Arisch durch seine Seebebenwoge fortgerissen wurde, wie sein leerer Sarkophag, der bei El Arisch gefunden wurde, bezeugt[55].

Abb. 59
Kraterrand des Santorin-Thera, rechts vulkanische Aschen, links tertiärer Kraterrest mit 30 bis 60 Meter mächtiger Bimssteinschicht vom Ausbruch um 1220 v. Chr. (Photo: Spanuth).

Das Erscheinen des Kometen Sekhmet, Anat, Gočihar, Tistrya, Phäëthon, Surter, den man mit dem Halleyschen Kometen identifiziert, hatte um 1220 v. Chr. nicht nur „Ausbrüche der entfesselten Vulkane“ zur Folge, wie der Astronom Max Wolf für das Jahr 1910 vorausgesagt hatte, sondern auch die anderen Folgen, die bei größerer Erdnähe der Laufbahn dieses Kometen zu befürchten waren, stellten sich ein: „Ungeheure feurige Massen werden vom Himmel stürzen, die Wassermassen der Ozeane werden ihr Bett verlassen und über die Kontinente hereinbrechen“, so hatte Max Wolf die Folgen vorausgesagt, wenn sich der Halleysche Komet der Erde nähern würde. Im Jahre 1910 sind diese Folgen glücklicherweise nicht eingetreten, weil, wie Max Wolf nachträglich erklärte: „Der Halleysche Komet durch Störungsaktionen von Jupiter und Saturn von seiner Bahn abgelenkt wurde“[56]. Aber um 1220 v. Chr. scheint der Komet in große Erdnähe gekommen zu sein und damals stellten sich alle die schrecklichen Folgen seiner Erdannäherung ein. Die mächtigen Brand- und Aschenschichten, die man, wie wir oben (s. oben S. 61) sahen, bei allen Ausgrabungen gefunden hat, und von denen auch die zeitgenössischen ägyptischen Texte berichten, wurden nicht von den Philistern verursacht, wie man bisher meinte, sondern von jenem Kometen. Die Städte und Siedlungen sanken in Trümmer durch die verheerenden Erdbeben, die die Ausbrüche vieler Vulkane und wohl auch die Erdnähe des Kometen zur Folge hatten. Das wird auch dadurch deutlich, daß „Ägypten in vollkommener Verwüstung lag, als der König (Ramses III.) begann“[57]. Alle Paläste und Tempel Ägyptens, die vor 1220 v. Chr. erbaut wurden, zeigen die Folgen schwerster Erdbeben. Mächtige Mauern sind umgestürzt, tonnenschwere Steinquader wurden bis zu 100 m weit von ihrer ursprünglichen Lage fortgeschleudert. Der Palasttempel Ramses III. Medint Habu zeigt diese Verwüstungen nicht, weil er nach jenen Katastrophen erbaut wurde. Im Papyrus Ipuwer wird berichtet: „Es ist doch so: das Land dreht sich um, wie eine Töpferscheibe tut . . . Es ist doch so: Tore, Säulen und Wände sind verbrannt. Oberägypten ist zerstört, die Städte sind zerhackt und das Land ist zu einer leeren Wüste geworden . . . Alle Ortschaften sind zerhackt . . . Sehet doch, es ist geschehen, was in fernen Zeiten nicht geschehen ist . . . die Residenz ist in einer Minute zusammengestürzt“. Dann folgen mehrere Zeilen, die mit den Worten anfangen: „Zerstört ist“, was dann folgt, ist unleserlich, aber wahrscheinlich werden die Tempel, Paläste und Ortschaften aufgezählt, die durch die Erdbeben zerstört wurden. Dann heißt es: „Die Menschen sind vernichtet, alle Jahre sind voll Lärm . . . Du, Herr des Alls, hast nur einige Menschen unter ihnen am Leben erhalten, aber sie verhüllen ihr Gesicht aus Furcht vor morgen“[58].

Im Papyrus 1116 B Eremitage, der aus der Zeit stammt, in der Ägypten „ohne Hirten war“ – wie es wörtlich auch in Medinet Habu von der Zeit vor dem Regierungsanstritt Ramses III. heißt – werden diese Feuer- und Erdbebenkatastrophen ausführlich beklagt. Die Wendung: „Sehet doch, es ist geschehen, was in fernen Zeiten nicht geschehen ist“, kehrt in ähnlicher Formulierung auch im Papyrus Ipuwer, in den Texten von Medinet Habu und auch im 2. Buch Mose 9,23 (siehe oben S. 63) wieder.

Auch die anderen Folgen, die der Astronom Max Wolf vorausgesagt hatte für den Fall, daß der Halleysche Komet in großer Nähe die Erdbahn kreuzen würde, stellten sich ein. Max Wolf sagte voraus, daß „die Wassermassen der Ozeane ihr Bett verlassen werden". Es ist häufig beobachtet worden, daß heftige Vulkanausbrüche und Erd- oder Seebeben riesige Seebebenwogen, nach einem japanischen Fachausdruck „Tsunami" genannt, zur Folge haben.

Die Geschwindigkeit, mit der diese Tsunami über die Weltmeere rasen, hängt von der Tiefe der Meere ab und wird mit 700–800 Kilometern in der Stunde angegeben[59].

Der ungeheure Ausbruch des Theravulkanes hatte riesige Tsunamiwogen zur Folge. Auf der Insel Anaphe, die etwa 25 km von Thera-Santorin entfernt liegt, hat der griechische Geologe Prof. G. Marinos von der Universität Thessaloniki eine von den Tsunamiwogen angeschwemmte Bimssteinschicht von 5 m Mächtigkeit in 250 m (zweihundertfünfzig Meter!) über dem Meeresspiegel festgestellt[60]. Das sind die höchsten Spuren einer Tsunamiwoge, die man je gefunden hat. Dr. James W. Mavor, Mitglied der Woods Hole Oceanographic Institution, hat errechnet, daß die Tsunamiwogen, die der Ausbruch des Thera um 1220 v. Chr. zur Folge hatte, mindestens 60 m hoch gewesen seien[61]. Der griechische Erdbebenforscher A. Galanopoulos meint, daß diese Tsunamiwogen etwa 100 m hoch gewesen seien[62]. Der Palast von Knossos[62], der 8 km landeinwärts und 40 m über dem Meeresspiegel lag, wurde, nachdem er in den vorausgehenden Erdbeben eingestürzt war, von riesigen Seebebenwogen überflutet, die in die Ruinen Bimsstein, Muscheln und andere Meeresablagerungen schwemmten[63]. Bimssteinablagerungen wurden auch auf postglazialen Terrassen nördlich von Jaffa-Tell Aviv nachgewiesen[64]. Sie können nur von dem Bimssteinausbruch jener Explosion des Theravulkanes stammen, die auf den tertiären Resten des zerstörten Vulkankegels eine Bimssteinschicht von 60 m Höhe ablagerte. Ramses III. berichtet: „Alle Küsten im Delta waren überschwemmt"[65]. Das ist nicht unglaubhaft, denn bei einem sehr viel schwächeren Ausbruch des Theravulkanes am 21. Juli 365 v. Chr. trug die Tsunamiwoge Schiffe über die Häuser von Alexandria hinaus und warf sie in die dahinterliegende Küstenstraße[66]. Von den Philistern heißt es in den Texten von Medinet Habu: „Das Haupt ihrer Städte ist im Meer versunken"[67], „ihr Land ist nicht mehr"[68]. Der Gott Amun sagt: „Ich ließ sie meine Macht sehen und die Gewalt des Nun (= Weltmeeres) und legte nieder ihre Städte und Dörfer in einer Woge von Wasser"[69]. Von den Völkern im Nordmeer heißt es: „Die Nordvölker auf ihren Inseln machten eine Verschwörung, ausgerissen und fortgeschwemmt sind sie (die Inseln) gleichzeitig"[70].

Im Alten Testament wird von den Philistern gesagt: „Die Philister sind der Überrest der von der I Kaphtor Gekommenen"[71]. Das hebräische Wort „I" bezeichnet ein Insel- oder Küstengebiet. Mit dem Namen Kaphtor wird auch an anderen Stellen des Alten Testamentes das Heimatland der Philister bezeichnet[72], die daher auch „Kaphthoriter" genannt werden. Über das Wort „Kaphthor" wird noch zu reden sein. Auf jeden Fall sagen die Worte: „die Philister sind der Überrest der von der Insel Kaphthor Gekommenen", daß die Insel Kaphthor untergegangen ist. E. Velikovsky, dessen Muttersprache das Hebräische ist, sagt, die eben zitierten Worte heißen: „Die Philister sind Reste eines Volkes, das einem Ort im Meer entrann“[73]. Der Prophet Nahum, der das „eschatologische Schema“, also die Erinnerungen an die Katastrophen des ausgehenden 13. Jhdts. v. Chr. übernommen hat, sagt von den „Nordischen“: „Die Fluttore wurden aufgetan und ihr Palast ist untergegangen“[74].

Für das letzte Drittel des 13. Jhdts. v. Chr. sind schwerste Vulkanausbrüche im Mittelmeergebiet nachgewiesen, darunter Ausbrüche des Thera, Ätna, Somma (= Vesuv), der Vulkane in Ostanatolien und auf der Sinaihalbinsel. Ebenso wurden schwerste Ausbrüche für dieselbe Zeit von den Vulkanen auf den Kanarischen Inseln, auf den Azoren und auf Island festgestellt. Die Folge war, daß auch die Küsten der Weltmeere von riesigen Seebebenwogen überflutet wurden. Für die Küsten der Nordsee sind diese Überschwemmungskatastrophen seit den Untersuchungen von D. Wildvang häufig nachgewiesen worden. Wildvangs Thesen in der Arbeit „Eine prähistorische Katastrophe an der deutschen Nordseeküste“ sind durch „unzählige Bohrversuche und beim Bau von Kanälen und Schleusen immer wieder nachgewiesen“ worden. Bei dieser Überschwemmungskatastrophe wurden große Baumbestände von Buchen und Eichen umgestürzt und überflutet. Wildvang schreibt: „Schon beim Anprall scheinen die üppigen Baumbestände erlegen zu sein... Diese Reste der durch die Katastrophe vernichteten Baumbestände unterscheiden sich dadurch von den oben erwähnten senkrecht stehenden Baumstümpfen, daß sie bei waagerechter Lage ihre ursprüngliche Länge aufzuweisen haben, was sich aus den ihre Zerstörung herbeiführenden Umständen von selbst erklärt. Durchweg sind die Kronen dieser gestürzten Bäume nach Osten gerichtet, wodurch die Annahme, die Katastrophe sei durch einen aus westlicher Richtung hervorbrechenden Sturm verursacht worden, ihre Bestätigung finden mag“[75]. Bei jener Orkan- und Überschwemmungskatastrophe wurde die steinbronzezeitliche Marsch überflutet und zerstört, die Nordsee ergoß sich bis an die Geest und riß dort Vorsprünge ab oder türmte Brandungswälle vor Einbuchtungen der alten Geest auf. Das Alter dieser „Katastrophe von vernichtender Wucht“ (Wildvang) wird durch Funde und andere Untersuchungen in die Zeit „vor 3000 Jahren“ oder „an der Wende Bronze-Eisenzeit“ bestimmt. „An verschiedenen Stellen“, so führt Wildvang aus, fand man unter der marinen Tondecke, den Anschwemmungen jener Überschwemmungskatastrophe, Skelette von Menschen, die zweifellos Opfer jener Überflutung geworden sind. Bei Pilsum in Ostfriesland wurde z.B. in reichlich zwei Meter Tiefe ein Rundschild ausgegraben, „der die Brust eines Skelettes von außerordentlicher Größe deckte“. In unmittelbarer Nähe des Kopfes fand man ein Horn, es wurde angenommen, daß der Helm und das andere Horn sich im Laufe der Zeit zersetzt haben.

Buchen- und Eichenwälder, die bei jener „Katastrophe von vernichtender Wucht“ umgebrochen oder umgestürzt und dann später von marinen Tonen bedeckt wurden, fand man an vielen Stellen der Nordseeküste. Bei der Anlage eines neuen Hafens im Gebiet des Grasbroks (Hamburg) fand man „8 Fuß unter der Oberfläche“ „eine Menge horizontal dicht an- und übereinander, und zwar nach der Versicherung der Kapitäne der Dampfbaggerschiffe, mit den Wurzeln gegen West-Nord-West, mit der Krone nach Ost-Süd-Ost". „Die sorgfältige Untersuchung" ergab, daß es sich um Stämme der Eiche und der Buche handelt. Solche umgebrochenen und später mit marinen Tonen überdeckte Eichen- und Buchenwälder fand man beim Bau der Eisenbahn nach Bergedorf, sowie in Billwerder und Ochsenwerder. Wilhelm Jordan, dem wir diesen Bericht verdanken, schreibt: „Es scheint also hieraus hervorzugehen, daß von Hamburg bis fast nach Bergedorf hin am nördlichen Ufer der Elbe einst ein ausgedehnter Wald vorhanden war, der durch ein von West-Nord-West kommendes Naturereignis umgeworfen und unter Schlamm und Moor vergraben wurde"[76].

Auch an der Westküste Schleswig-Holsteins sind an vielen Stellen mächtige Eichen- und Buchenstämme freigespült worden, die mit dem Wurzelwerk gegen West-Nord-West und mit der Krone nach Ost-Süd-Ost im Wattenmeer liegen. Auch hier wurde als Zeit der Katastrophe die Zeit „vor 3000 Jahren" oder „an der Wende Bronze-Eisenzeit" oder „am Ende der Bronzezeit" bestimmt. Auch hier wurde damals die stein-bronzezeitliche Marsch überschwemmt, weite Vorsprünge der alten Geest abgerissen und Steilküsten, „Klevs" genannt, gebildet.

Von dieser Katastrophe an der Nordseeküste wußte noch Ammianus Marcellinus (4. Jhdt. n. Chr.) in seinem Geschichtswerk zu berichten: „Die Dorier wurden von den äußersten Eilanden und aus den jenseits des Rheines (d.h. östlich des Rheines) liegenden Gebieten durch anhaltende Kriege und große Überschwemmungen des wilden Meeres aus ihrer Heimat vertrieben und wanderten nach Griechenland aus"[77]. Ammianus Marcellinus beruft sich in seinem Geschichtswerk ausdrücklich auf „die ältesten Geschichtsschreiber", die diese Nachricht überliefert hätten. Da die Dorier mit den Philistern stammes- und blutsverwandt waren, und von diesen ja ebenfalls erzählt wird, daß „das Haupt ihrer Städte im Meer versunken ist" und daß „die Gewalt des Nun ihre Städte und Dörfer in einer Woge von Wasser niedergelegt hat", ist die Überlieferung, daß die Dorier „durch große Überschwemmungen des wilden Meeres aus ihrer Heimat vertrieben" worden seien, wohl glaubhaft.

Eine ähnliche Überlieferung hatten die Umbrer, die zusammen mit Kimmeriern und Teutonen um 1200 v. Chr. in die Apenninhalbinsel eingewandert sind. Auch sie hatten eine Überlieferung, daß ihre Vorfahren nach einer ungeheuren Sintflut die alte Heimat am Ozean verlassen mußten und sich dann in Italien angesiedelt hätten[78]. Die archäologischen Funde in den Gebieten, in denen die Umbrer anfänglich siedelten, beweisen, daß sie mit denselben Waffen und Ausrüstungen wie die Dorier und Philister und zur selben Zeit wie diese Stämme, d.h. zur Zeit der Großen Wanderung in der zweiten Hälfte des 13. Jhdts. v. Chr., ihre Urheimat am Ozean verlassen haben und in die Apenninhalbinsel eingewandert sind. J. Wiesner hat von den Neuformen der Kultur, die in der zweiten Hälfte des 13. Jhdts. v. Chr. in Italien auftauchen, geschrieben: „Keinesfalls sind diese Neuformen auf der Apenninhalbinsel entstanden, wo in der voraufgehenden Zeit alle notwendigen Ansätze fehlen. Vor allem ist der reiche Fundort Peschiera nicht

Städten und Siedlungen, aber die Zerstörer selbst bleiben im Dunkeln. Es gab keinen Bodenfund, der, bei kritischer Betrachtung, mit der Wanderbewegung in unmittelbare Verbindung zu bringen war"[83].

B. Hrouda hat durch eine eingehende Analyse des archäologischen Fundstoffes und durch sehr genaue Schichtenbeobachtungen eine exakte Datierung der Einwanderung der Philister in Palästina erarbeiten und zeigen können, daß auch in diesem Land die Philister erst nach den Katastrophen, die alle Städte und Siedlungen zerstörten und mit oft mächtigen Brandschichten bedeckten, eingewandert seien. Wie wir schon oben (siehe oben S. 52) aus Hroudas Forschungsergebnissen zitiert haben, taucht die eigentliche Philisterkeramik erst nach der „SM III C 1a"-Ware auf, die Hrouda jenen „Seevölkern" genannten Völkerschaften der lúka, turusa, aqjawasa, sardana zurechnet, gegen die Merenptah im 3. Jahr seiner Regierung (etwa 1229 v. Chr.) zu kämpfen hatte. Hrouda meint: „Das achte Regierungsjahr Ramses' III. gilt demnach als terminus ante quem für die Gefäße mit der schematischen Bemalung wie auch für die gleichaltrigen Beispiele der ‚SM III C 1a'-Ware und ist zugleich ein terminus post quem für die Philisterkeramik"[84]. Nicht nur in Palästina, sondern auch in Syrien und in Kleinasien müssen sich nach den Untersuchungen B. Hroudas die Katastrophen vor der Landnahme der Philister ereignet haben, „Troja VII A, Tarsus und Mersin waren bereits zerstört, als die Philister am Ende oder nach der SM III C 1a-Periode in Palästina eingewandert sind"[85]. Hrouda ist der Meinung: „Auf Kämpfe mit Seevölkern (d.h. den oben erwähnten lúka, turusa, aqjawasa und sardana), die zu ihren Gunsten ausgegangen sind, lassen sich wahrscheinlich auch die Zerstörungen der hethitischen Städte in Tarsus und Mersin zurückführen"[86].

In diesem Zusammenhang ist wichtig, daß genaue Schichtenbeobachtungen in Kleinasien, Syrien und Palästina gezeigt haben, daß die Philister und die mit ihnen verbündeten Nordmeervölker nicht an der Zerstörung der Städte und Siedlungen in diesem Raum schuld sind. Ob man den sogenannten „Seevölkern" diese Schuld zuschieben kann, die etwa 30 Jahre vor den Philistern in einigen dieser Siedlungen nachweisbar sind, ist mehr als fraglich. Auch ihre Spuren liegen über den mächtigen Brand- und Zerstörungshorizonten. Die Zerstörungen in allen Gebieten Süd-, Südosteuropas, Kleinasiens und Vorderasiens, Assyriens und Ägyptens sind auf die Naturkatastrophen, die in der zweiten Hälfte des 13. Jhdts. v. Chr. unseren Planeten heimgesucht haben, zurückzuführen.

Es ist sehr wahrscheinlich, daß die „Seevölker" durch die Naturkatastrophen, die Griechenland, die ägäische Inselwelt und Kleinasien so furchtbar heimgesucht haben, gezwungen wurden, in anderen Gebieten, vor allem im Niltal, neue Lebensmöglichkeiten zu suchen und daß sie schon etwa 30 Jahre, bevor die Nordmeervölker auf ihrer weiten und großen Wanderung an den Grenzen Ägyptens auftauchten, hier dem Pharao Merenptah harte Kämpfe lieferten.

Sicherlich haben auf dieser „Flucht vor dem Hunger"[87] Kämpfe zwischen den Nordmeervölkern und jenen Völkern, durch deren Länder sie zogen, stattgefunden. Aber die mehrfach überlieferte Erinnerung, daß die Nordmeervölker den Völkern, durch deren Länder sie ziehen wollten, den Zweikampf als Gottesurteil über den Besitz des Landes anboten (s. oben S. 44) und, wenn ihr eigener Vorkämpfer fiel, kampflos abzogen, zeigt doch, daß sie nicht raubend und plündernd, brandschatzend und mordend durch die Länder zogen, sondern sich an gewisse ritterliche Kriegsregeln hielten.

Wir werden demnach die Worte Ramses III. in Medinet Habu, daß „ein Feuer vor ihnen her bereitet war“, auf jene Feuersbrünste beziehen müssen, die vor ihrer Ankunft in Palästina „vom Himmel fielen“ und viele Länder verwüsteten.

8. Waren die Philister „Philister"?

Im krassen Gegensatz zu dem vernichtenden Urteil der Archäologen über die Philister steht das Urteil der Studenten und Literaten über dieses Volk. Jenenser Studenten sollen im 17. Jhdt. die Bezeichnung „Philister" für spießige, bequeme und geistig beschränkte Mitmenschen aufgebracht haben. Es gab die „Bierphilister", die „Geldphilister" und Nietzsche hat den „Bildungsphilister" beschrieben, der indolent und für Bildung und Kultur unempfänglich ist.

Es ist sicher, daß alle die, die geistig beschränkte Mitbürger als „Philister" bezeichneten, die historischen Philister nicht gekannt haben.

Die historischen Philister waren „Träger einer gewaltigen, aus dem Westen kommenden und westliche Kultur mit sich bringenden Welle" (Hempel[1]). Ramses III. und später König David schätzten ihre soldatischen Tugenden so hoch, daß sie Philister, wie wir oben (s. oben S. 46) hörten, in ihre Leibgarde eingestellt haben. Sie wurden „wegen ihrer Kriegstüchtigkeit hoch geschätzt"[2]. Die in Gefangenschaft gefallenen Philister „wurden zur Auffüllung der ägyptischen Söldnerheere benützt und bildeten die militärischen Stützen des Reiches", später ergab es sich, „daß die Philisterfürsten in führende Stellungen aufrückten und im Rahmen der ägyptischen Oberhoheit bald eine gewisse eigene Politik betreiben konnten"[3]. Die Philister brachten die Eisentechnik nach Griechenland, Syrien und Palästina, eine Technik, die nur ein Volk entwickeln konnte, das mit der Erzeugung von Kupfer und Bronze und deren Bearbeitung vertraut war; sie brachten einen „völlig rätselhaften Umschwung im Schiffbau" (s. oben S. 27) in die östlichen Mittelmeerländer, sie bauten an der hafenarmen und sandigen Küste Palästinas und Syriens zahlreiche Häfen aus[4], lehrten das Volk Israel die Einteilung des Heeres in Hundertschaften und Tausendschaften, das Streitwagenfahren und das Reiten. Nach ihrem Vorbild hat das Volk Israel Könige gewählt, die es vorher nicht kannte.

Ein Volk mit solchen Fähigkeiten, dem von wirklichen Kennern der Geschichte „frischer Wagemut und geistige Regsamkeit" zugesprochen wird[5], kann man nicht geistig beschränktem Spießertum gleichsetzen.

Ihre Denkart haben sie immer wieder, wie uns die Bücher des Alten Testamentes erzählen, im Frieden und im Kampf mit dem Volk Israel und den Ägyptern bewiesen. Es ist einmalig in der Schilderung der Feinde Ägyptens in den verschiedenen Jahrhunderten, wenn Ramses III. von diesen gefährlichen Feinden seines Landes schreibt: „Ihre Herzen waren voller Vertrauen und zuversichtlich sagten sie: ‚Unsere Pläne gelingen!'" Der Orientalist Otto Eißfeldt schreibt: „Die ägyptischen Darstellungen der Kämpfe Ramses' III. gegen die Philister schildern eindringlich den todverachtenden Kampfesmut der Philister und lassen sogar noch die gefangenen und gefesselten Krieger in edlem und hoheitsvollem Stolze dahinschreiten"[6].

Mit dem Volk Israel hatten die Philister im Frieden und im Krieg viele Berührungen. Aus diesem Grund erfahren wir aus dem Alten Testament viele Einzelheiten über die Wesensart der Philister. Es sei hier nur eine Stelle aus dem 1. Buch Samuelis erwähnt: „Israel aber zog aus, den Philistern entgegen, in den Streit und lagerte sich bei Eben-Ezer. Die Philister aber hatten sich gelagert zu Aphek und stellten sich gegen Israel auf. Und der Streit teilte sich weit, und Israel ward von den Philistern geschlagen; und sie schlugen in der Ordnung im Felde bei viertausend Mann . . . Und die Ältesten im Volk Israel sprachen: ‚Laßt uns zu uns nehmen die Lade des Bundes des Herrn Zebaoth von Silo und laßt sie mit uns ziehen, damit er uns errette aus der Hand unserer Feinde' . . . Und als die Lade des Herrn ins Lager kam, jauchzte ganz Israel mit gewaltigem Jauchzen, daß die Erde erdröhnte. Da aber die Philister hörten das Geschrei dieses Jauchzens, sprachen sie: ‚Was ist das für ein gewaltiges Jauchzen im Lager der Hebräer?' Und als sie erfuhren, daß die Lade des Herren ins Lager gekommen sei, erschraken sie und sprachen: ‚Gott ist ins Lager gekommen!' und sprachen weiter: ‚Wehe uns! Denn solches ist bisher noch nie geschehen! Wehe uns! Wer will uns erretten aus der Hand dieser mächtigen Götter? Das sind die Götter, die Ägypten schlugen mit allerlei Plagen in der Wüste! So seid nun stark und seid Männer, ihr Philister, damit ihr nicht dienen müßt den Hebräern, wie sie euch gedient haben! Seid Männer und kämpft!' Da zogen die Philister in den Kampf und Israel wurde geschlagen, und ein jeder floh in sein Zelt. Und die Niederlage war sehr groß, daß aus Israel fielen dreißigtausend Mann Fußvolk. Und die Lade Gottes wurde weggenommen und die zwei Söhne Elis, Hophni und Pinhas, kamen um"[7].

„Die Lade des Bundes des Herrn Zebaoth" ist mit dem „Stiftszelt", in dem sie aufbewahrt wurde, das älteste Heiligtum des Volkes Israel. Die Konstruktion dieser „Lade" wird uns im 2. Buch Mose, 25, 10 ff, beschrieben. Nach dieser Beschreibung stand auf der Lade aus Akazienholz „ein Gnadenstuhl von feinem Gold" und „zu beiden Enden des Gnadenstuhles" waren zwei Cherubim von getriebenem Gold angebracht, daher lautete der Name Gottes Israels: „Jahwe Zebaoth, der auf den Cheruben thront"[8]. Auf dem goldenen „Gnadenstuhl" und über den Cheruben dachte sich das Volk Israel im Glauben seinen Gott thronend. Die „Lade" war also Unterpfand der Anwesenheit Jahwes. Die „Lade Jahwes" wurde mit in die Schlacht getragen und Mose rief – wie später sicherlich auch die anderen Führer Israels –: „Mache dich auf, Jahwe! Damit deine Feinde zerstieben, und deine Widersacher vor dir fliehen!"[9]. Wenn die „Lade" bei den Kriegern Israels war, wurden diese in der Überzeugung, daß nun „Jahwe Zebaoth", d. h. der Gott der himmlischen Heerscharen, anwesend sei, ermutigt und mit Siegesgewißheit erfüllt. Das wußten die Philister, deswegen erschraken sie, als sie das „gewaltige Jauchzen, daß die Erde erdröhnte", aus dem Lager der Hebräer hörten. Nun mußten sie damit rechnen, daß sie mit den „mächtigen Göttern, die Ägypten schlugen mit allerlei Plagen", kämpfen müßten und verloren seien. Aber die Philister riefen: „So seid nun stark und seid Männer, ihr Philister, damit ihr nicht dienen müßt den Hebräern, wie sie euch gedient haben! Seid Männer und kämpft!"

A. Salomon, der das Leben Davids beschrieben hat, schreibt zu diesen Worten: „Dieser Bericht ist sehr aufschlußreich. Hier wird ganz nüchtern die männliche und zugleich hochfahrende Denkart der Philister beschrieben: „Männer, wir sind verloren! Darum laßt uns wie Männer sterben"[10].

Man wird bei diesem Bericht aus dem Alten Testament über die heldenmütige Denkart der Philister unwillkürlich an dieselbe Denkart der dorischen Spartaner – die ja mit den Philistern stammes- und blutsverwandt waren – erinnert. So hat z. B. der Spartanerkönig Leonidas in der Schlacht gegen das vielfach überlegene Heer des Perserkönigs Xerxes bei den Thermopylen im Jahre 480 v. Chr. Geb. die Hilfstruppen aus den verschiedenen Landschaften Griechenlands – insgesamt etwa 4000 Mann – nach Hause geschickt, um ihr Leben zu retten. Leonidas selbst blieb mit 300 Spartanern in dem Thermopylenpaß, den das Millionenheer der Perser durchschreiten mußte, um in Griechenland eindringen zu können. „... (Leonidas) fand es unehrenhaft, davonzugehen. Ihm und seinen Spartiaten zieme es nicht, den Platz aufzugeben, zu dessen Verteidigung sie ausgesandt worden" (Herodot VII, 208)[11]. Als nach drei Tagen blutiger und erfolgreicher Kämpfe gegen die Perser Leonidas die Nachricht erhielt, daß eine persische Heeresabteilung unter Führung des griechischen Verräters Ephialtes die spartanischen Krieger umgangen hatten, gab der Spartanerkönig, „ein Heraklide" (Herodot), den Befehl, die Mauerschanzen und den Engpaß zu verlassen und sich den Persern außerhalb des Passes zum Kampf zu stellen und wie Männer zu kämpfen und zu sterben. Berühmt ist der Spruch, den die Griechen den dreihundert gefallenen Spartanern widmeten: „Wanderer, kommst du nach Sparta, verkündige dorten, du habest uns hier liegen gesehen, wie das Gesetz es befahl!"

Wir dürfen annehmen – und viele Berichte des Alten Testamentes über die Philister stützen diese Annahme – daß die Philister unter einem ähnlichen Gesetz standen, das ihnen befahl, wie Männer zu sterben, wenn sie sich für verloren hielten.

Die Philister waren also keine „Philister" und wir werden den wirklichen Kennern der Geschichte, der Zivilisation und der Denkart der Philister zustimmen müssen. So hat R.A. Stewart Macalister, der 1913 eine eingehende Untersuchung: „The Philistenes, Their History and Civilization" veröffentlicht hat, geurteilt: „‚Philistinism', after all, stand for two great habits, decency and order"; der bedeutende Historiker W. Max Müller schrieb: „Welche Ironie der Weltgeschichte, daß die so wenig ‚philisterhafte' Nation in mehreren Sprachen Europas jetzt ihren Namen zur Bezeichnung des feigen und langweiligen Spießbürgers hergeben muß!"

Ebensowenig wie die Philister „Philister" im Sinne der Studentenlieder waren, sind diejenigen, die sich heute „Palästinenser" nennen, wirklich Palästinenser.

Es gibt zwei Versionen über die Herkunft und Bedeutung des Namens „Palästina". Die meisten Forscher nehmen an, daß dieser Name nichts anderes bedeutet als „Land der Philister"[13], vom Hebr. „ares pelistim". Da die arabischen „Palästinenser" erst zweitausend Jahre nach den Philistern ins Philisterland eingewandert sind, führen sie den Namen „Palästinenser", der je eigentlich „Philister" bedeutet, zu Unrecht.

Andere Forscher sind der Meinung, daß der Name „Palästina" nicht mit dem Namen der Philister zusammenhängt, sondern mit dem Namen

„Palaistinos", wie ein Sohn des Gottes Poseidon, den die Philister verehrten, hieß[14]. Dieser Poseidonsohn Palaistinos scheint ein Flußgott gewesen zu sein, darauf weist z. B. der Name des Flusses Strymon hin, der auch „Palaistinos" hieß. Plutarch sagt, „daß man den Fluß nach Palaistinos, dem Sohn des Poseidon und dem Bruder des Haliakmon, benannt habe"[15]. Herodot berichtet, daß dem Strymon = Palaistinos zu Ehren weiße Pferde geopfert wurden[16]. Die Dorier verehrten ja seit alters das Schimmelpaar der Dioskuren[17].

Der griechische Ortsname „Palaeste" wird von Krahe ebenfalls in diesen Zusammenhang gebracht.

Wenn der Name „Palästina" entweder Philisterland bedeutet oder von dem Poseidonsohn Palaistinos abgeleitet ist, dann führen die heutigen arabischen „Palästinenser", die erst 2000 Jahre nach den Philistern in das Land eingewandert sind, ihren Namen eigentlich nur als Reminiszenz an die früheren historischen Verhältnisse.

Abb. 62
Leonidashügel (Photo: Spanuth).

9. Hypothesen über die Herkunft der Philister

Trotz eines großen Aufgebotes an gelehrten Untersuchungen ist es bisher nicht möglich gewesen, die Frage nach der Heimat der Philister und der anderen mit ihnen verbündeten Nordmeervölker, der Sakar und der Denen, zufriedenstellend zu beantworten.

Die Gründe hierfür sind vielfältig. Oft hindert das immer mehr um sich greifende Spezialistentum viele Gelehrte, einen Gesamtüberblick über die vielfältigen Probleme jener Zeit zu bekommen. Mit Teilaspekten ist aber die Frage nach der Heimat der Nordmeervölker nicht zu beantworten. Einige Forscher haben die Angaben der zeitgenössischen altägyptischen Texte und des Alten Testamentes über die Herkunft der Philister, die zur Lösung der Frage nach der Heimat dieses Volkes von großer Wichtigkeit sind, nicht berücksichtigt oder sie kennen sie gar nicht. Wieder andere Wissenschaftler wurden durch weltanschauliche Emotionen gehindert, vorurteilsfreie Urteile zu fällen [1]. Nicht wenige, die versucht haben, die Frage nach der Heimat der Philister zu beantworten, haben in Unkenntnis der hebräischen Sprache nachgeschrieben, was andere in derselben Unkenntnis des Hebräischen vor ihnen behauptet haben. Diese und andere Gründe sind schuld daran, daß die Frage nach der Heimat der Philister – und mit ihnen meinen wir im folgenden auch die der beiden anderen Nordmeervölker, der Sakar und der Denen, – bisher noch nicht überzeugend beantwortet werden konnte.

J. Hempel schrieb 1927: „Einstweilen sind die Urheimat, die Wanderwege und die Siedlungen der Philister innerhalb der kretisch-mykenischen Welt noch immer zu suchende Größen" [2]. Der amerikanische Archäologe Elihu Grant meinte 1936: „Woher sie (die Philister) aus dem Westen kamen, ist immer noch offen" [3]. O. Eißfeldt stellte 1936 fest: „Was die Philister angeht, so ist zwar sicher, daß sie aus dem Westen gekommen sind, aber der Ausgangspunkt, von dem sie an ihre Sitze an der palästinensischen Küste gelangt sind, und ihre Urheimat sind sehr umstritten"... „Hinsichtlich der Philister steht die brennende Frage, woher sie gekommen sind, eigentlich auf demselben Fleck, auf dem sie vor 2000 Jahren gestanden hat" [4]. R. Herbig nannte 1941 die Philister „das immer noch rätselhafte Volk" [5]. Vl. Milojčić urteilte 1948/49, daß die Frage „nach dem Ausgangsgebiet dieser völkischen Bewegungen ohne Zweifel das schwerste Problem" sei [6]. Der englische Archäologe G. E. Wright nannte 1972 die Philister „ein Volk unbekannter Herkunft" [7]. Der libanesische Altertumsforscher D. Baramki bezeichnet sie als „geheimnisvolle Invasoren" [8]. Die amerikanische Archäologin K.M. Kenyon stellte 1967 fest: „Die Archäologie hat die Ursprünge dieser Gruppen (der Nordmeervölker) bisher nicht aufhellen können"[9]. Schließlich fällte 1975 Hanoch Reviv, Professor für Jüdische Geschichte (Biblische Periode) an der Hebräischen Universität in Jerusalem das Urteil: „Der Ursprung der Philister ist völlig ungeklärt" [10a].

In den voraufgegangenen Kapiteln haben wir durch die Inschriften und Wandbilder von Medinet Habu, durch die Angaben des Alten Testamentes und durch zahlreiche archäologische Untersuchungen eine große Anzahl von Einzelheiten über die Philister erfahren, die uns helfen, „die brennende Frage, woher sie gekommen sind", zu beantworten.

Wir wollen diese Einzelheiten noch einmal kurz wiederholen und an ihnen die bisher aufgestellten Vermutungen über die Heimat der Philister prüfen und dann diese Frage endgültig beantworten.

Die Philister kamen „von den Inseln im Ozean, die im Norden liegen" (hier S. 10). „... das Haupt ihrer Städte ist im Meer versunken", „ihr Land ist nicht mehr", „die Gewalt des Nun (Weltmeeres) legte ihre Städte und Dörfer in einer Woge von Wasser nieder", „sie haben auf ihren Inseln eine Verschwörung gemacht, sie (die Inseln) sind ausgerissen und fortgeschwemmt gleichzeitig" (hier S. 69). „Die Philister sind der Überrest der von der ‚i kaphthor' Gekommenen", „ihre Fluttore wurden aufgetan und ihr Palast ist untergegangen" (hier S. 70). Diese Überlieferungen müssen naturgemäß von den Philistern selbst stammen. Eine ähnliche Erinnerung hatten die mit den Philistern stamm- und blutsverwandten Dorier, die erzählten, daß ihre Vorfahren „durch anhaltende Kriege und große Überschwemmungen des wilden Meeres" aus ihrer Heimat vertrieben worden seien (hier S. 71). Auch die Umbrer, die gleichzeitig wie die Dorier in Griechenland und wie die Philister in Palästina mit denselben Waffen in Italien im Verlauf der Großen Wanderung eingedrungen waren, hatten eine Überlieferung, daß ihre Vorfahren wegen einer ungeheuren Sintflut die alte Heimat im Ozean verlassen mußten und sich dann in Italien angesiedelt hatten (hier S. 72). Es ist also kein Zweifel, daß die Philister und die anderen Nordmeervölker nicht aus dem Binnenland Europas kamen, sondern von Insel- und Küstengebieten am Ozean, zu dem man alle Meere, die Ebbe und Flut aufweisen, zählte.

Die Herkunft der Nordmeervölker von Inseln und Küstengebieten wird auch dadurch bewiesen, daß sie mit der Seefahrt, dem Schiffbau und der Anlage von Häfen vertraut waren, daß sie einen Flottenangriff über das Mittelmeer gegen die Nilmündungen vortrugen, daß sie hochseetüchtige Schiffe bauten und diese Kunst auch die Phönizier lehrten. In diesem Zusammenhang ist die Konstruktion ihrer Schiffe (steiler Steven an Heck und Bug, Schwanenköpfe als Stevenschmuck, Steuerruder achtern an Steuerbord) zu beachten, denn diese Schiffsform zeigt „einen grundsätzlichen Unterschied, der die Schiffe der ‚Nordvölker' von allen anderen uns bekannten Schiffstypen, die im 2. Jahrtausend im Mittelmeer benutzt wurden, trennt" (Köster 1923, hier S. 27). Ein weiterer Hinweis auf die Heimat der Philister ist ihre Kenntnis der Eisentechnik, sie und ihre verwandten Stämme haben die ersten Eisensachen nach Griechenland, Palästina und Italien gebracht, sie konnten, wie der hervorragende Fachmann auf dem Gebiet der vorgeschichtlichen Metallurgie W. Witter festgestellt hat, die schwierige Aufgabe der ersten Entwicklung der Eisentechnik unmöglich auf ihrer Wanderung kennenlernen, sie müssen „die Eisentechnik bereits vor Antritt der großen Wanderung beherrscht haben". Das setzt voraus, daß sie eine jahrhundertelange Erfahrung im Schmelzen von Erzen und im Schmieden von Metallen gehabt haben müssen, denn „nur Menschen, die mit Schmelzen von Erzen und dem Metallschmieden – Kupfer und Bronze – vertraut waren, konnten neue Eisentechnik entwickeln" (W. Witter)[10b].

Auch die Bilder, Funde oder schriftlichen Angaben über die Waffen; Hörnerhelme, Strahlenkronen, Rundschilde der Nordmeervölker, ihr Verzicht auf die Verwendung von Bogen und Pfeilen in der Schlacht, ihre Heeresverfassung und ihre Vorliebe, über den Besitz eines Landes durch einen Zweikampf entscheiden zu lassen, können uns Hinweise auf die Heimat dieser Völker geben.

Die Griffzungenschwerter vom Typ Sprockhoff IIa, mit denen die Nordmeervölker auf den Wandbildern von Medinet Habu abgebildet sind, die an der ägyptischen Grenze, in Palästina, Syrien, Kleinasien und Griechenland und auf den Inseln Zypern und Kreta gefunden wurden, sind mit Sicherheit nicht in diesen Ländern hergestellt worden. Das zeigt die verhältnismäßig geringe Anzahl von Funden dieser Waffe in diesen Ländern – insgesamt etwa 26 Exemplare – und das Fehlen von Gußformen für diesen Schwerttyp im Mittelmeergebiet. Die Philister müssen aus jenen Gebieten stammen, in denen im 13. Jhdt. v. Chr. dieser Schwerttyp hergestellt und häufig verbreitet wurde und in denen Funde von Gußformen zur Herstellung dieser Waffen gemacht wurden.

Natürlich können die Nordmeervölker auch nicht aus Gebieten kommen, in denen der Hörnerhelm und die Strahlenkrone, die sie so häufig auf den Wandbildern von Medinet Habu tragen, unbekannt waren, in denen Rundschilde nicht oder nur ausnahmsweise getragen und in denen Pfeil und Bogen in der Schlacht mit Vorliebe verwendet wurden. Auch die Streitwagen der Nordmeervölker und die Pferderasse, die mit ihnen in die Mittelmeerländer gelangten, können uns wichtige Hinweise auf die Heimat dieser Völker geben.

Besonders bemerkenswert ist, daß erst mit den Nordmeervölkern Reiterkrieger auftreten. Streitwagen wurden schon vor der Großen Wanderung von Ägyptern, Hethitern, minoischen Kretern und mykenischen Achäern eingesetzt, Reiterkrieger aber traten erst mit den Nordmeervölkern im Mittelmeergebiet auf[11].

Daß die Keramik der Philister ägäische Einflüsse in der Technik der Herstellung und in den Formen zeigt, ist nicht verwunderlich, denn die Nordmeervölker haben einheimische Töpfer für sich arbeiten lassen. Wichtig aber ist, daß die Motive auf den Philistergefäßen von jenen auf der Keramik aus dem ägäischen Raum völlig verschieden sind. Die so häufig auf der Philisterkeramik dargestellten Schwäne, Volutenbäume oder Himmelssäulen, Spiralen, Kreise, Zick-Zacklinien und andere geometrische Muster knüpfen nicht an Motive auf minoischen, mykenischen oder kleinasiatischen Gefäßen an, diese Motive sind Neuerscheinungen im Mittelmeerraum, auch sie geben uns Hinweise auf die Heimat der Nordmeervölker. Vor allem die so überaus häufigen Darstellungen von Schwänen auf der Keramik und die mit Schwanenköpfen geschmückten Steven der Schiffe der Nordmeervölker sind Hinweise auf die Heimat dieser Völker, denn der Schwan war das heilige Tier des Gottes Apollon, der erst mit der Großen Wanderung nach Griechenland gekommen ist und von dessen Heimat viele alte griechische Überlieferungen berichten [12].

Auch die Namen der einzelnen Völkerschaften, die mit den Nordmeervölkern an der großen Wanderung teilnahmen, erlauben uns gewisse Rückschlüsse, mindestens die, aus welchen Gebieten diese Völkerschaften nicht gekommen sein können.

Diese Angaben, Bilder und archäologischen Funde, die wir von den Philistern haben, widerlegen alle bisher aufgestellten Hypothesen über ihre Heimat und helfen uns, „die brennende Frage, woher sie gekommen sind", endgültig zu beantworten.

Hypothesen über die Heimat der Philister.

I. 1979 hat A. Strobel ein Buch mit dem Titel „Der spätbronzezeitliche Seevölkersturm" veröffentlicht. In ihm stellt er die Hypothese auf, die Philister und die anderen Nordmeervölker hätten ihre Heimat im kleinasiatisch-ägäisch-spätmykenischen Raum gehabt [13].

Strobel behauptet, er könne auch diese Hypothese durch „vielfache Fakten" stützen [14].

Wenn man aber diese Fakten prüft, dann erweisen sich alle als wertlos und leicht widerlegbar.

a) Die Nordmeervölker, die unter Ramses III. von Vorderasien, zur See und von Libyen her gegen Ägypten vorstießen – also nicht die „Seevölker", die dreißig Jahre vorher gegen den Pharao Merenptah kämpften – kamen nach den Texten von Medinet Habu vom „sin-wur" oder „debn-wur", worunter die Ägypter den „großen Kreisstrom", der die Erdscheibe umfließt, verstanden. Das Mittelmeer wurde nicht zum „großen Kreisstrom" gerechnet. Auch nach griechischer Vorstellung floß der große Kreisstrom, den sie Okeanos nannten, um die Erdscheibe. Homer spricht daher vom „Okeanósápsorros", d. h. „der in sich zurückströmende Okeanos". In der Schilderung der Herstellung des Schildes des Achilles hat Homer folgende Verse gedichtet: „Endlich schuf er (Hephaistos) darauf die Gewalt des Okeanosstromes/Rings um den äußersten Rand des festgebildeten Schildes" [15]. Diese Schilderung entspricht genau dem ägyptischen Weltbild jener Zeit: „um den äußersten Rand" der Erdscheibe fließt ringsherum der Okeanosstrom, ägypt. „sin-wur". Auch die Griechen haben niemals das Mittelmeer zum Okeanosstrom gerechnet [16]. W. Helck schreibt zu der Angabe, daß die Nordmeervölker vom „sin-wur" oder „debn-wur" gekommen seien: „Man erkennt also die uralte ägyptische Vorstellung von der Erde mit ihren vier Himmelsrichtungen, die von einem Wasserozean umgeben ist, der die Erde umkreist, und in dem die Inseln liegen, von denen diejenigen kommen müssen, die an der Nordküste landen" [17] Damit scheiden alle Inseln und Küstenländer, die im oder am Mittelmeer liegen, als Heimat der Nordmeervölker aus.

b) Auch die Namen der Nordmeervölker, also der Philister, der Sakar und der Denen beweisen, daß diese Völker nicht aus dem kleinasiatisch-ägäisch-spätmykenischen Kulturraum gekommen sein können.

Von der „großangelegten mykenischen Flottenexpedition" (Webster) mykenischer Fürsten nach Troja, die um 1300 v. Chr. stattfand, haben wir im 2. Gesang der Ilias einen „peinlich genau erhaltenen Schiffskatalog"[18] erhalten. In ihm werden alle Städte und Inseln, alle Stämme und Völkerschaften, darunter auch kleinere und unbedeutende, genannt, die Mannschaften und Schiffe zum Kampf um Troja stellten[19]. Die Namen der Nordmeervölker kommen in diesem Schiffskatalog nicht vor. Diese Völker können daher auch nicht aus dem ägäisch-spätmykenischen Raum stammen.

Auch im „Troerkatalog" (Ilias 2,81 ff), in dem die Troer und ihre kleinasiatischen Bundesgenossen aufgezählt werden, kommen die Namen der Nordmeervölker ebenfalls nicht vor, sie können demnach auch nicht aus dem westkleinasiatischen Raum stammen.

In der Schlacht von Kadesch zwischen dem Großkönig der Hethiter und Ramses II., die um 1288 v. Chr. stattfand, werden die Namen der zahlreichen Hilfsvölker, die auf seiten der Hethiter kämpften, aufgezählt. Ausdrücklich heißt es, daß der Großkönig nicht ein einziges Land mit seinen Fürsten ausgelassen habe, soweit sie ihm untertan waren. Es handelt sich um Völkerschaften aus ganz Kleinasien bis nach Karkemisch am Euphrat und Ugarit in Nordsyrien. Die Namen der Nordmeervölker kommen in diesen Listen nicht vor, sie können also auch nicht aus dem kleinasiatischen Raum kommen.

c) Nach der Eroberung von Troja standen die mykenischen Achäer auf dem Höhepunkt ihrer Macht. Da brachen um die Mitte des 13. Jhdts. v. Chr. schwerste Naturkatastrophen über den ägäisch-mykenischen Raum herein. Der furchtbare Ausbruch des Vulkan Thera, bei den mykenischen Achäern „Talos" genannt, um etwa 1220 v. Chr., zerstörte in weitem Umkreis alle Siedlungen, Paläste und Städte (siehe oben S. 66), die Bevölkerung wurde auf ein Hundertstel ihres Bestandes in der mykenischen Blütezeit dezimiert. Sie war gar nicht mehr in der Lage, einen Kriegszug und einen Flottenangriff gegen Ägypten durchzuführen. A. Strobel hat allerdings von dieser Vernichtung der mykenischen Siedlungen und Paläste eine merkwürdige Vorstellung. Er behauptet[20]

Abb. 63
Zyklopenmauer auf der Akropolis, Athen.
(Photo: Spanuth).

Abb. 64
Zyklopenmauer von Tiryns.
(Photo: Spanuth).

Abb. 65
Zyklopenmauer von Mykene.
(Photo: Spanuth).

daß die Philister, Sakar und Denen, deren Heimat er ja im mykenisch-kleinasiatischen Raum sucht, „mit einer drastischen Maßnahme, die die Selbstverwüstung der früheren Wohnsitze zum Inhalt hatte, um alle Brücken abzubrechen" den spätbronzezeitlichen Seevölkersturm gegen Ägypten vorbereitet hätten.

Auch von den Versuchen der Restbevölkerung Griechenlands, die die Naturkatastrophen überlebt hatte und nun große Anstrengungen unternahm, um die Nordmeervölker, die im langsamen Ochsentreck gegen Griechenland vordrangen, abzuwehren, hat Strobel merkwürdige Vorstellungen. Diese Restbevölkerung errichtete an vielen Stellen innerhalb der zerstörten Burgen oder an strategisch wichtigen Stellen, z. B. auf dem Isthmus von Korinth, in der schnell zu errichtenden „zyklopischen Bauweise", d. h. durch unbehauene, schnell übereinandergetürmte Felsblöcke, Mauern, so z. B. in Orchomenos, Tiryns, Mykene, auf der Akropolis von Athen, und sorgte durch den Bau von Brunnenanlagen innerhalb der zyklopischen Mauern dafür, daß die Belagerten mit Süßwasser versorgt werden konnten. Solche Brunnenanlagen innerhalb des zyklopischen Mauerringes hat man auf der Akropolis von Athen, in Tiryns und Mykene ausgegraben und durch Scherbenfunde in das letzte Drittel des 13. Jhdts. v. Chr. datieren können. Außer diesen Verteidigungsanlagen haben wir aus derselben Zeit zahlreiche Schrifttäfelchen mit der in mykenischer Zeit verbreiteten Linear B-Schrift, die ausführlich von Verteidigungsmaßnahmen der verschiedenen mykenischen Fürsten gegen die langsam vorrückenden Nordmeervölker berichten[22].

Nach A. Strobel handelt es sich hier allerdings „nicht etwa um Verteidigungsanstrengungen, sondern um umfangreiche Rüstungen zur Vorbereitung eines kriegerischen Unternehmens, das auch die Flotte einschloß" [23].

Das ist eine mehr als merkwürdige Hypothese. Die Fluchtburg, die die Athener im letzten Drittel des 13. Jahrhunderts v. Chr. auf dem

Akropolisfelsen erbauten, umfaßt ein Areal von 35.000 qm, die Fluchtburg von Mykene, die dort zur selben Zeit aus mächtigen, unbehauenen Felsblöcken errichtet wurde, umfaßt ein Areal von 30.000 qm, diejenige von Tiryns 20.000 qm[24]. Die Brunnenanlage, die die Athener im letzten Drittel des 13. Jahrhunderts v. Chr. in den Akropolisfelsen schlugen, ist 40 m tief, diejenige von Mykene führt durch einen 360 m langen unterirdisch angelegten Gang zu einer außerhalb der Mauern entspringenden Quelle. In Tiryns wurde zu der außerhalb der Mauern entspringenden Quelle ein starkes, gedecktes Vorwerk erbaut[25]. Auf der Landenge von Korinth wurde eine mächtige Sperrmauer errichtet. Das alles sollen nach A. Strobel keine Verteidigungsanlagen gewesen sein, sondern „umfangreiche Rüstungen zur Vorbereitung eines kriegerischen Unternehmens gegen Ägypten"! Welches Volk wird so mächtige Mauern, Brunnenanlagen und Fluchtburgen errichten, diese und alle Siedlungen dann zerstören, „um alle Brücken abzubrechen", um gegen das bis dahin befreundete und durch uralte Handelsbeziehungen verbundene Ägypten zu ziehen? Zu alledem kommt, daß Strobel von der Großen Wanderung nichts weiß oder wissen will. Die zahlreichen eingehenden und mit einem umfangreichen Beweismaterial untermauerten Arbeiten über die Große Wanderung nennt Strobel „einige kühne hypothetische Untersuchungen von einer großen Wanderung aus dem weiten Norden"[26]. Auch spricht er von einem „simplen Bild der früheren Forschung, die eine ‚Große Wanderung' postulierte"[27], und sagt: „Der Begriff der ‚Großen Wanderung' ist irreführend"[28]. Dabei sprechen wirkliche Kenner jener Zeit von der Großen Wanderung und ihrer „weltgeschichtlichen Bedeutung" oder von „Vorgängen, die zu den folgenschwersten in der Geschichte der Menschheit gehören" (hier S. 1). Strobel muß zu seinen Fehlurteilen greifen, um die unhaltbare Hypothese zu stützen, nach der die Nordmeervölker ihre Heimat im kleinasiatisch-ägäisch-spätmykenischen Raum gehabt hätten. In Wirklichkeit stammten die Nordmeervölker nicht aus diesem Raum, sondern haben ihn nur kurz nach der Zerstörung der mykenischen und hethitischen Siedlungen und Paläste durchzogen. Das völlige Fehlen von Hinterlassenschaften der Nordmeervölker in den Katastrophengeschichten jener Gebiete zeigt nicht, wie Strobel annimmt, daß eine Große Wanderung nicht stattgefunden hätte, sondern daß die Nordmeervölker erst nach der Zerstörung dieser Gebiete durch schwerste Naturkatastrophen diese Länder durchzogen haben. Darum finden sich ihre Hinterlassenschaften immer nur über dem Katastrophenhorizont in jenen Gebieten.

II. Eine andere bei zahlreichen Autoren wiederkehrende Hypothese lautet: Die Insel Kreta war die Heimat der Philister. Diejenigen, die diese Hypothese vertreten, berufen sich stets auf die oben (hier S. 70) zitierte Stelle Jeremia 47,4: „Die Philister sind der Überrest der von der i kaphthor Gekommenen", dann behaupten sie, daß „kaphthor" mit dem „Land Kefti" und dieses wiederum mit der Insel Kreta identisch sei[29]. Schon der englische Archäologe R. A. Stewart Macalister beruft sich 1913 auf ältere Autoren, die auch die Identität der „i kaphthor" mit dem „Land Keftiu" und mit Kreta behauptet haben[30]. Dann hat ein Autor diese Hypothese von einem älteren Autor ungeprüft übernommen und damit Verse aus Eugen Roths „Tierleben" bestätigt:

„Die Wissenschaft, sie ist und bleibt,
was einer ab vom anderen schreibt ...".

Zuletzt hat auch A. Strobel diese Hypothese übernommen und wie viele seiner Vorgänger behauptet, daß „die letzte Erwähnung von ‚Keftiu' unter Amenophis III. (1412 - 1377 v. Chr.)" erfolgt sei[31], was angeblich eine Bestätigung dieser Identifizierung der „i kaphthor" mit dem „Land Keftiu" und der Insel Kreta sei. Hier ist nun wirklich alles falsch. Weder wurde „das Land Keftiu" unter Amenophis III. zum letzten Mal erwähnt, noch ist die „i kaphthor" mit dem „Land Keftiu" und der Insel Kreta identisch. Ramses II. (1298-1232 v. Chr.) berichtet, daß er „die Keftiu und die Ketne im Orontestal unterworfen" habe [32]. Im Papyrus Ipuwer, der aus dem letzten Drittel des 13. Jhdts. stammt, wird das „Land Keftiu" genannt[33]. In den Texten aus der Zeit Ramses III. werden die Keftiuleute oder das „Land Keftiu" wiederholt erwähnt[34]. Im zweisprachigen „Dekret von Kanopus" (Ende des 2. Jhdts. v. Chr.) wird „das Land Keftiu" mit „Phönizien" übersetzt[35]. Es kann gar nicht die Rede davon sein, daß „die letzte Erwähnung von ‚Keftiu' unter Amenophis III." erfolgt sei. Abzulehnen ist auch die Meinung A. Strobels, daß die Darstellung tributpflichtiger Völker im Grabe des Rechmara einen Hinweis enthalte, daß „das Land Keftiu" mit der Insel Kreta identisch sei[32]. In jener Grabinschrift heißt es: „Die Großen von Keftiu und den Inseln in der Mitte des Meeres kommen in Frieden"[37]. Mit diesen Worten ist keineswegs von einer Identität des Landes Keftiu mit den Inseln in der Mitte des Meeres die Rede, sondern beide werden voneinander getrennt als zwei verschiedene Größen genannt und durch ein „und" verbunden. Unverständlich ist auch, wenn Strobel schreibt: „Keftiu bezeichnet immer ein westliches Land und steht zugleich in engster Beziehung zu den ‚Inseln in der Mitte des Meeres', nicht aber mit den ‚Asiaten'" [38]. Auf der Seite vor dieser Behauptung hat Strobel selbst jene Stelle aus dem Siegesbericht Ramses II. zitiert[39], die von seinem Sieg über die „Naharin, Asy, Kades, Tunip, Kheta, Mannus-Mallus und Keftiu" berichtet. Strobel selbst sagt, „daß in den Listen viermal ‚Keftiu' mit asiatischen Ländern zusammen stehe". Wie reimt sich diese Feststellung Strobels, daß Ramses II. viermal die „Keftiu" mit asiatischen Ländern zusammen nennt, mit seiner und anderer Behauptung zusammen, daß die Keftiu oder das „Land Keftiu" zum letzten Mal unter Amenophis III., der hundert Jahre vor Ramses II. lebte, genannt worden sei?

Es gibt noch andere Hinweise, daß das „Land Keftiu" oder die „Keftiuleute" nichts mit der „i kaphthor" und beide nichts mit Kreta zu tun haben. So werden z. B. die Keftiuleute im Grab des Rechmara mit der Phallostasche dargestellt[40], die die Philister und die Kreter nie getragen haben. In den Annalen Thutmosis III. (1501-1447 v. Chr.) ist von „Keftischiffen aus Syrien" die Rede[41], ein zusätzlicher Beweis, daß im „Dekret von Kanopus" die Worte „das Land Keftiu" richtig mit „Phönizien" übersetzt worden ist. Im Grab eines hohen Beamten aus der 18. Dynastie „wird ein kahlköpfiger Semit als ‚Fürst von Keftiu' bezeichnet"[42]. Ein Relief aus der Zeit Thutmosis III. zeigt, daß „Gesandte aus dem Land Keftiu" einen Elefantenzahn als Geschenk ihres Landes bringen. Elefanten gab es damals auf Kreta nicht, wohl aber hat Thutmosis III. im „Lande Keftiu" eine große Elefantenjagd veranstaltet, bei der er mit knapper Not von seinem General Amenemheb vor einem dieser Tiere gerettet wurde[43]. Im Papyrus Ipuwer erfahren wir, daß die Ägypter nach Byblos fuhren, um dort Zedernholz und Zedernharz zur Einbalsamierung ihrer Toten zu holen. Ein Glossator hat die Worte „bis nach Byblos“ erklärt durch den Zusatz „bis zum Land Keftiu hin“[44].

Aus allen diesen Stellen geht hervor, daß unter dem „Land Keftiu“ Syrien-Phönizien zu verstehen ist und nicht Kreta. Vor allem haben die „Keftiuleute“ „vom Lande Keftiu“ nichts mit den „Kaphthoritern“, wie die Philister im Alten Testament auch genannt werden[45], und der „i kaphthor“ zu tun. Die Keftiuleute und das „Land Keftiu“ werden schon in ägyptischen Texten aus dem 3. Jahrtausend genannt, die Kaphtoriter-Philister erscheinen in den ägyptischen Texten erst seit 1200 v. Chr. Die „i kaphthor“ ist also nicht mit dem „Land Keftiu“ identisch, sie ist auch nicht mit der Insel Kreta identisch. Das geht alleine schon aus der Tatsache hervor, daß die Kreter mit ihrem richtigen Namen „Kreter“ in sehr frühen Schriften des Alten Testaments genannt werden[46], und daß „Kreter und Philister“ auch nebeneinander genannt werden[47], also nicht miteinander identisch sind. Dazu kommt eine Überlieferung, die wir Herodot[48] verdanken, der sagt: „Nach der Rückkehr von Troja raffte in Kreta eine Hungersnot und Seuche Mensch und Vieh hinweg, bis das Land zum zweiten Mal verödete und eine dritte Bevölkerung gemeinsam mit dem Rest der alten das Land besiedelte“. Die archäologischen Forschungen haben diese Überlieferung Herodots bestätigt. „Nach der Rückkehr von Troja“, d. h. im 13. Jhdt. v. Chr., wurden nicht nur das griechische Festland, sondern auch Kreta und die Inseln im östlichen Mittelmeergebiet durch furchtbare Naturkatastrophen heimgesucht, die die einheimische Bevölkerung auf ein Hundertstel ihres ursprünglichen Bestandes dezimierte. Die „dritte Bevölkerung“, die kurz vor 1200 v. Chr. Kreta besetzte, waren die Nordmeervölker, die auf der Weiterfahrt an die Küsten Palästinas Teile der kretischen Restbevölkerung mitnahmen und den Kretern dort neue Siedlungsgebiete im südlichen Küstenland zuwiesen. Deswegen ist im Alten Testament vom „Mittagsland der Kreter“ die Rede, in das um 1000 v. Chr. einmal Ägypter einfielen[48]. Auch hier, an der palästinensischen Küste, siedelten Philister und Kreter in verschiedenen Gebieten, sie waren nicht miteinander identisch, wohl aber miteinander verbündet.

Im übrigen kannte man in Griechenland und auf Kreta und den Inseln in der Ägäis die Schiffe mit einem steilen Steven an Bug und Heck, die mit einem Schwanenkopf geschmückt waren, die Griffzungenschwerter vom Typ Sprockhoff IIa, die Hörnerhelme, die Strahlenkronen, die Rundschilde, die Kenntnis der Eisentechnik, die Motive, die die Philisterkeramik zieren usw., vor der Besetzung durch die Nordmeervölker noch nicht. Sie treten erst kurz vor 1200 v. Chr. mit dem Eintreffen der Nordmeervölker und nach Zerstörung der Siedlungen und Paläste durch furchtbare Naturkatastrophen in Erscheinung[49]. Vor allem haben die mykenischen Achäer und die Kreter im 13. Jhdt. v. Chr. im Gegensatz zu den Nordmeervölkern zahlreiche Bogenschützen in der Schlacht eingesetzt, wie wir aus Linear B-Täfelchen von Pylos und Knossos erfahren[50] und wie uns auch die homerischen Epen so häufig mitteilten. Marinatos nennt daher die Minoer „energische Bogenschützen von der frühminoischen Periode bis zum Ende der minoischen Zeit"[51] und meint, daß die Dorier erst von den Joniern den Gebrauch von Pfeil und Bogen in der Schlacht gelernt hätten, während die Spartaner - so wie auch die Philister - die Verwendung von Pfeil und Bogen im Kampf immer abgelehnt hätten.

Das Ergebnis dieser Untersuchung lautet: Die Philister hatten ihre Heimat, die i kaphthor, nicht auf Kreta, wohl aber haben sie im Verlauf der Großen Wanderung Kreta besetzt. Diese Insel hat ihnen als „Angriffsbasis" für die Eroberung der Inseln im Ägäischen Meer und Zyperns sowie für ihren Flottenangriff gegen die Nilmündungen gedient, wie Schachermeyr richtig festgestellt hat[52]. Schachermeyr hat die Ansicht vertreten, daß von Kreta aus das „epherme Philister-Großreich, das Teile Syriens, Kleinasiens und vielleicht auch andere Gebiete umfaßt hat", beherrscht worden wäre. Aber das ist weniger wahrscheinlich, obwohl Kreta durch seine Lage im östlichen Mittelmeer, das ja „Philistermeer" genannt wurde[53], weil die Philister mit Ausnahme der Nilmündungen alle Küsten und Inseln dieses Meeresgebietes beherrschten, als Zentrum eines „Philister-Großreiches" besonders geeignet gewesen wäre. Dagegen aber spricht, daß die Besetzung Kretas und der benachbarten Inseln und Küsten deutlich „zwei Bewegungshorizonte", wie Vl. Milojčić sich ausdrückt[54], oder eine „Zweiteilung", wie Schachermeyr feststellt[55], zeigt. Die erste Besetzung Griechenlands, — immer mit Ausnahme Athens und Attikas - Kretas und der ägäischen Inseln liegt kurz nach der Zerstörung der Paläste und Siedlungen dieser Gebiete durch ungeheure Erdbeben- und Brandkatastrophen. Diese erste Besetzung um 1200 v. Chr. war wohl mehr ein Durchzug, weil die Nordmeervölker „Ägypten als ihr Land einnehmen wollten", wie es in den Texten von Medinet Habu heißt, und nicht das verwüstete und durch Hungersnot und Seuchen verödete Griechenland und Kreta. Die Nordmeervölker zogen dann weiter: „Vorwärts nach Ägypten", wie es in den Texten von Medinet Habu heißt (hier S. 9) und kamen erst nach hundert Jahren wieder zurück nach Kreta und der Peleponnes. Das haben die Ausgrabungen in diesen Gebieten ergeben, daran erinnert sich auch die griechische Überlieferung, wie wir oben (S. 41) hörten. Diese zweite Besetzung Griechenlands um etwa 1100 v. Chr. wird in der griechischen Überlieferung „Rückkehr der Herakliden" genannt[56]. Eingehende Forschungen haben gezeigt, daß diese Überlieferung den historischen Vorgang richtig wiedergibt. G. Vitalis, der über die Sage von der Rückkehr der Herakliden eine Dissertation geschrieben hat, stellt daher fest: „So ist es berechtigt, sie mehr als bisher heranzuziehen, um ein Bild vom Verlauf der Großen Wanderung, an deren Realität als solcher, ein Zweifel nicht mehr bestehen kann, zu gewinnen"[57].

Da die Nordmeervölker um 1200 v. Chr. Kreta besetzten, dann aber zusammen mit Teilen der Kreter nach Palästina fuhren, sich dort niederließen und erst hundert Jahre später wieder zurück nach Kreta kamen, ist Schachermeyrs Vermutung, Kreta sei das Zentrum eines „Philister-Großreiches" gewesen, nicht wahrscheinlich.

Nach den Angaben des Alten Testamentes wurde das Philisterreich durch die fünf Könige von Gaza, Asdod, Askalon, Ekron und Gath regiert. Die mit den Philistern gewanderten Kreter wurden „im Südland der Kreter" (1. Sam. 30, 14) angesiedelt.

Sicher ist Schachermeyr zuzustimmen, der feststellt: „Es kann keine Rede davon sein, daß es sich bei den Philistern um etwa in Kreta beheimatete Achäer oder um Reste der minoischen Bevölkerung handle"[58]. Strobel irrt sich also, wenn er die „i kaphthor, von der die Philister das Übrige sind", mit Kreta gleichsetzt und sogar behauptet, „daß es andererseits auch das Zeugnis des Amos gibt, das besagt, daß die Philister von Kreta nach Palästina eingewandert sind"[59]. Tatsächlich gibt es dieses Zeugnis des Amos nicht! Bei Amos[60] steht vielmehr: „So spricht der Herr: Habe ich nicht Israel aus Ägyptenland geführt und die Philister aus Kaphthor und die Aramäer aus Kir?" Von Kreta ist nicht die Rede, wie Strobel glauben machen will.

III. Was heißt „i kaphthor"? Das hebräische Wort „i" kann eine einzelne Insel, ein Inselgebiet und auch ein Küstenland bezeichnen. Das Wort „Kaphthor" ist kein Eigenname, sondern ein terminus technicus. Er wird z. B. beim Propheten Amos 9,1 und beim Propheten Zephanja 2,19 und bei der Beschreibung der Konstruktion des siebenarmigen Leuchters (Exodus 25, Verse 31, 33–36, 37, Verse 17, 19–22) verwendet und bezeichnet an allen diesen Stellen den Oberteil oder den tragenden Teil einer Säule, den Firstbalken, Stützbalken. Luther hat das Wort „kaphthor" mit „Säulenknauf" übersetzt, E. Kautzsch schreibt in einer Anmerkung zum Wort „kaphthor": „Das Wort bedeutet sonst Überschwellen, Architrave"[61], es bezeichnet also das Kapitell (griech. „koryphé) einer Säule, das unmittelbar die Last des Gewölbes oder Daches stützt und trägt. Ob das Wort „kaphthor" mit dem lateinischen caput-Kopf und damit auch mit Kapitell in etymologischem Zusammenhang steht, ist nicht nachweisbar, aber möglich, sachlich entspricht aber die Bedeutung von „kaphthor" dem caput-Kopf einer Säule, also dem Kapitell. Daß „kaphthor" den Tragbalken oder Stützbalken der Himmelssäule bedeutet, geht aus einer Keilschrifttafel aus der Zeit Sargons I. von Assur (um 2350 v. Chr.) hervor, in der sich Sargon in der üblichen Übertreibung „König der vier Erdteile" nennt. In dieser Inschrift wird behauptet, der Ruhm des Königs habe „das obere Meer und Kaptara, den Ort des Aufliegens des Himmels erreicht". Dieser Satz zeigt, daß man unter dem „oberen Meer" das Nordmeer verstanden hat, wo der Himmel aufzuliegen scheint. In dieser ältesten Erwähnung des Wortes „Kaptara", das auch nach Eisler[62] mit dem „kaphthor" der Bibel identisch ist, wird also die Bezeichnung Kaptara nicht als Eigenname, sondern als terminus technicus, als „Ort des Aufliegens des Himmels", aufgefaßt. Nach einem jüngeren Keilschrifttext, der sich im Britischen Museum befindet, haben die Assyrer durch ihre Karawanen „Bernstein (wörtlich: ‚Safran welcher anzieht') im oberen Meer, wo der Polarstern im Zenit steht", gefischt[63]. Daraus geht hervor, daß unter dem „oberen Meer" nicht das Mittelmeer, sondern das Nordmeer zu verstehen ist, in dem allein Bernstein gefischt werden konnte. Dort unter dem Polarstern, so glaubte man, stünde die Himmelssäule mit ihren weitausladenden Armen, den Tragbalken, den „kaphthorim" (hebr. plur. von kaphthor), die den weiten Himmel tragen oder stützen.

Da die alten Völker den Polarstern für den einzigen ruhenden Punkt am Himmel hielten, glaubten sie, daß die Himmelsstütze oder Himmelssäule unter dem Polarstern von der Erde zum Himmel aufrage. Sie suchten daher alle die Himmelsstütze, bei den Griechen in „Atlas" personifiziert, im fernen Norden. Schmied-Kowarzik schreibt daher mit Recht: „Es wäre sinnlos, wollte man den Himmel irgendwo beliebig stützen. Der Weltenbaum oder Pfahl hat nur dann einen Sinn, wenn er vom Norden aus den Polarstern erreicht"[64]. Neben der Vorstellung, daß im fernen Norden die Himmelsstütze zum Polarstern aufragt, gab es auch die Vorstellung, daß die ganze Erde eine Säule sei, auf deren oberstern Tragbalken der Himmel aufruht, und um deren obersten Teil die Sterne des nördlichen Himmels ihre Kreise ziehen, die südlichen Sternbilder dagegen, so wie auch Sonne und Mond, umkreisen den Stumpf der Säule, so daß sie nur zeitweise zu sehen sind. Noch Anaximandros (geboren um 610 v. Chr.) hat diese Meinung vertreten[65]. Auch in der Bibel findet sich die alte Vorstellung, daß die Säule des Himmels im fernen Norden. So ist z. B. bei Hiob (26,10) von „den Säulen des Himmels, dort wo Licht und Dunkel sich scheiden", die Rede. Hesiod hat eine ähnliche Vorstellung, er sagt von Atlas, „er stützt den Himmel, an den Enden der Erde, vor den Wohnungen der Nacht, da wo Tag und Nacht einander nahen und miteinander reden"[66]. Die Bezeichnungen „dort, wo Licht und Dunkel sich scheiden" oder „an den Enden der Erde, vor den Wohnungen der Nacht, da wo Tag und Nacht einander nahen und miteinander reden", sind immer Bezeichnungen für den fernen Norden.

Da auch die Bibel die Nordmeervölker im fernen Norden beheimatet sein läßt, geht aus der hebräischen Bezeichnung „ha saponim", von „sapon" = der Polarstern, hervor. Luther hat diese Bezeichnung mit „Völker von Mitternacht", Kautzsch mit „die Nordischen" übersetzt. Damit sind mit Sicherheit nicht die damaligen Bewohner Griechenlands, die Jonier, gemeint, die im Alten Testament „Javanim", und die Kreter, die dort „K.reti" genannt werden.

Ein weiterer Hinweis für die Herkunft der Philister ist es, daß sie und die anderen Nordmeervölker als Nachfahren Japheths erscheinen[67], von denen gesagt wird: „Gott breite Japheth aus und lasse ihn wohnen in den Hütten Sems, und Kanaan sei sein Knecht"[68], womit auf die Besetzung Palästinas durch die Nordmeervölker angespielt wird. Nun ist die gesamte Forschung in seltener Einmütigkeit der Überzeugung, daß Japheth des Alten Testamentes mit Japetos der griechischen Überlieferung identisch ist. Japetos ist der Vater des Himmelsstützers Atlas. Japetos und Kronos haben ihre Sitze nach Homer[69] „am äußersten Ende der Erde und des Meeres", bzw. „des Okaneos", worunter wir den fernen Norden zu verstehen haben.

Wie sich die Philister die Himmelsstütze und die weitausladenden Tragebalken, hebr. „kaphthor", vorstellten, zeigen die vielen Volutenbäume der Himmelssäulen, die auf der Philisterkeramik abgebildet sind. Auch auf dem Kesselwagen der Philister, der in Enkomi-Zypern gefunden wurde[71], sind auf jeder der vier Seiten solche Himmelsstützen mit „Voluten" abgebildet.

Abb. 66
Kesselwagen von Zypern.

Damit ist die Frage, die wir oben (S. 90) gestellt haben: „Was heißt „i kaphthor?" beantwortet. Die Antwort lautet „i kaphthor" bedeutet: Insel oder Küstenland „am Ort des Aufliegens des Himmels" oder am „Tragebalken, Firstbalken der Himmelssäule", den W. Wirth als „Volute" bezeichnet. Da alle alten Völker glaubten, die Himmelsstütze rage unter dem Polarstern von der Erde zum Himmel auf, und seine gewaltige Last mit Sonne, Mond und allen Gestirnen werde von weitausladenden Trage-, Stütz- oder Firstbalken am oberen Teil der Himmelsstütze(n) = kapthor(im) getragen, hieß die Insel im fernen Norden „i kaphthor" und die Nordmeervölker, die von dort kamen, „Kaphtoriter" oder „hasaponi" = „die vom Polarstern". Aus astronomischen Gründen kann also die „i kaphthor" nicht mit Kreta gleichgesetzt werden. Auch hat man auf Kreta keine Spuren eines Säulenkultes nachweisen können[72]. Die Philister, die Säulen aufstellten und verehrten[73] und als „Herrschaftszeichen"[74] werteten, sind zwar über Kreta nach Zypern und an die Küsten Palästinas gekommen, sie haben aber ihre Urheimat nicht auf Kreta gehabt[75].

IV. Eine weitere Hypothese über die Urheimat der Nordmeervölker lautet: Diese Völker hatten ihre Heimat im nördlichen Balkanraum, bzw. im Donau-Balkangebiet[76]. Die zahlreichen Vertreter dieser Hypothese müssen sich fragen lassen, wo im Donau-Balkanraum „die Inseln im Ozean, die im Norden liegen", „die Städte und Dörfer, die von der Gewalt des Nun (= Weltmeeres) in einer Woge von Wasser niedergelegt" wurden, oder die „i kaphthor, von der die Philister der Überrest sind", zu finden sind. Es ist, als ob die Vertreter dieser Lokalisierung der Heimat der Nordmeervölker die Angaben der Inschriften von Medinet Habu und des Alten Testamentes nicht kannten. Wenn sie diese Texte anführen, dann verschweigen sie vorsorglich alle Angaben über „die Inseln im Ozean, die im Norden liegen", und von denen die Nordmeervölker kamen, weil diese Angaben ihre Lokalisierung der Heimat dieser Völker von vornherein ad absurdum führen würde. Zuletzt hat nach dieser Methode der Tübinger Vorgeschichtler W. Kimmig gearbeitet. Er hat den mit umfangreichen archäologischem und literarischem Material geführten Nachweis, daß die Nordmeervölker – die er selbst Nord- und Seevölker nennt – von den „Inseln im Ozean, die im Norden liegen", gekommen seien, als „phantastische Schlußfolgerungen" bezeichnet[77]. Auch hat Kimmig im Hinblick auf die Philisterschiffe geschrieben: „Weit besser führt uns ein Vergleich mit der im Donau-Balkanraum des 12.–10. vorchristlichen Jahrhunderts beheimateten „Vogelbarke" an den Herstellungsort solcher Schiffe und damit an den vermutbaren Ausgangspunkt des Philisterzuges heran, auch wenn uns solche Schiffe einstweilen nur von Gravierungen auf Bronzegefäßen und Waffen oder in Gestalt von Kleinbronzen erhalten geblieben sind[78]. Leider hat Kimmig vergessen, mitzuteilen, daß die „Vogelbarken", die er unter Abb. 1, Nr. 4 und 8, abbildet und mit den Philisterschiffen vergleicht, nicht aus dem „Donau-Balkanraum" stammen, sondern aus dem nordeuropäischen Raum. Nr. 4 zeigt ein Schiff mit steilen Steven an Bug und Heck, die mit einem Schwanenkopf geschmückt sind, von einem Bronzeeimer von Rossin, K. Anklam, Vorpommern, Nr. 8 ein Schiff derselben Bauart von einem Bronzekessel von Mariesminde Mose, Kirchspiel

1
2
3
4
5
6
7
8
9
10
11
12
13
14
15
16

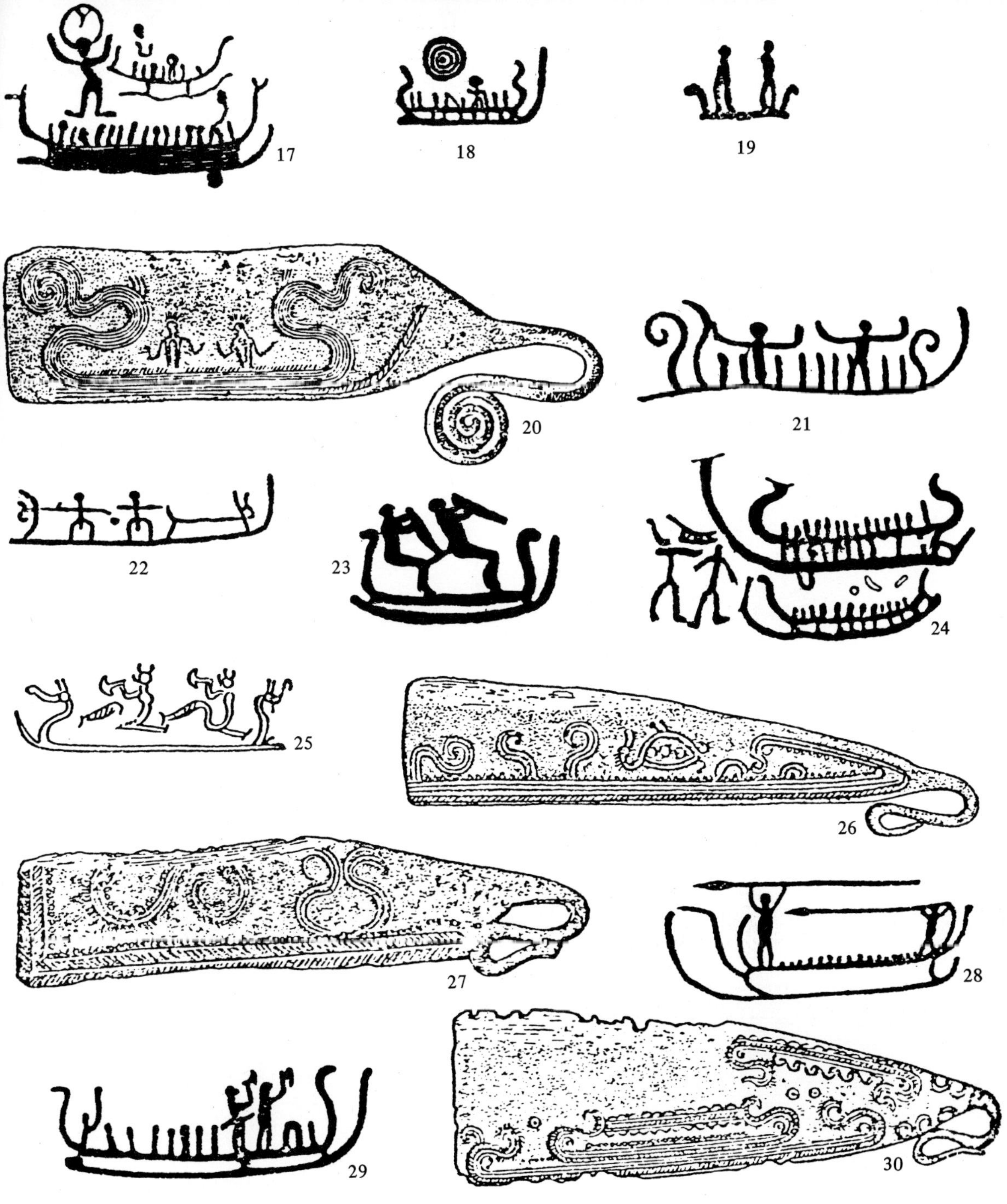

Abb. 67
Schiffsbilder des Nordens auf
Felszeichnungen (2, 3, 17—19, 21—24, 28, 29)
Bronzekessel (4 — 11)
Rasiermesser (12 — 30)
Schwert (13)

Abb. 68a (oben)
Schwanenbilder aus Nordeuropa auf Schwertern, Rasiermessern (aus Sprockhoff, 1954, S. 41)

Abb. 68b (rechts)
Schwanenbilder aus Nordeuropa, die kleinen Schiffchen mit Schwanenkopfsteven oben rechts aus Ungarn.

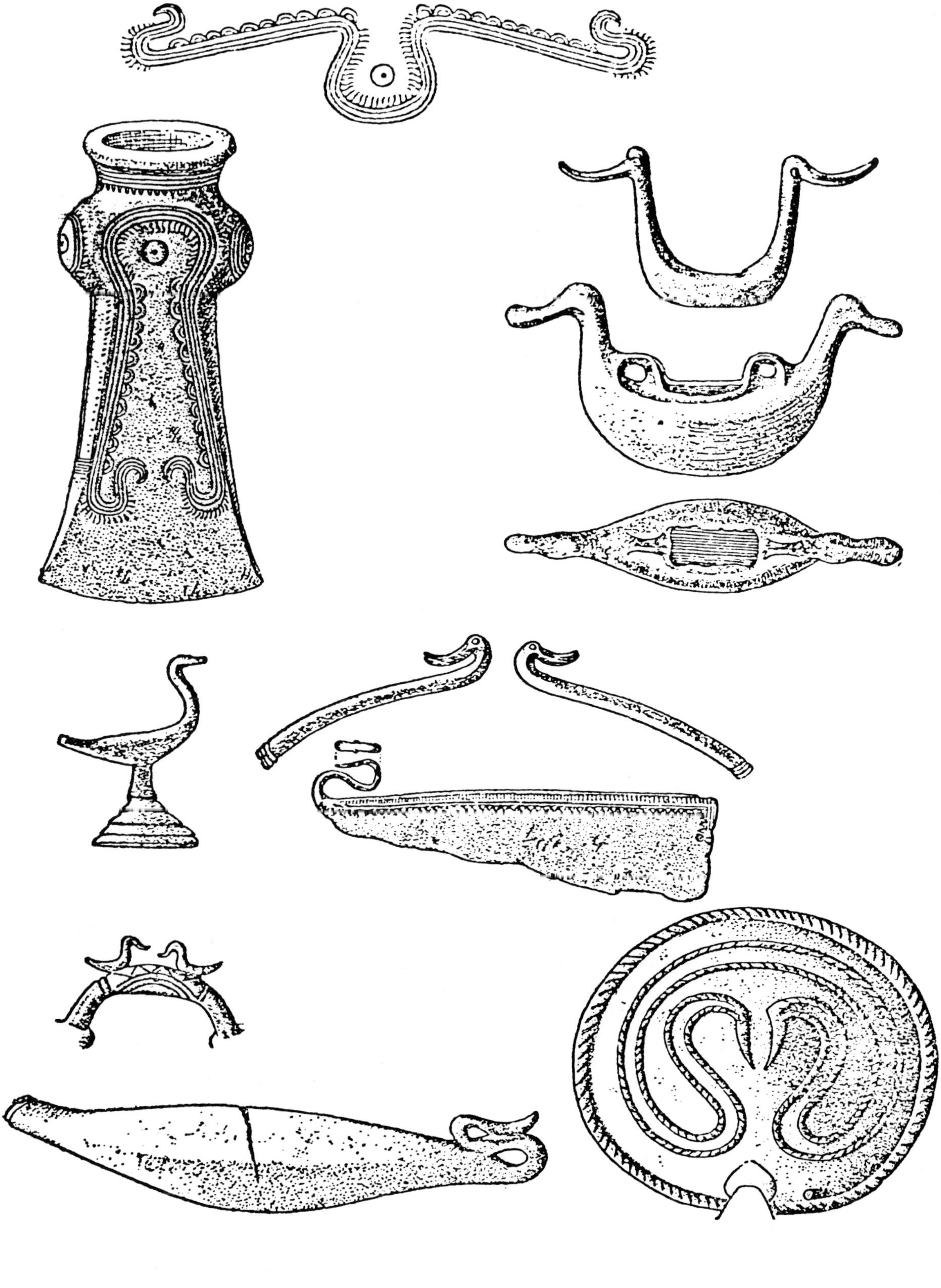

Thera-Santorin um 1220 v. Chr., die Schuld an diesen vernichtenden Seebebenwogen, die auch an den Binnenseen auftraten, zuzuschieben.

In diesen um etwa 1220 v. Chr. überfluteten, ehemals ebenerdigen Hütten hat man nun an vielen Stellen Waffen oder andere Hinterlassenschaften gefunden, die auch aus der Heimat und von den Wanderwegen der Nordmeervölker bekannt sind. Natürlich haben auch die Nordmeervölker – und nicht nur sie – auf der „Flucht vor dem Hunger", der durch die Trockenzeit seit etwa der Hälfte des 13. Jhdts. v. Chr., ausgelöst wurde, sich dort, wo sie das lebenswichtige Wasser fanden, an den Restseen und an den großen, noch Wasser führenden Strömen, wenigstens vorübergehend angesiedelt und sind dann später, als ihre Hütten an den Seen überflutet wurden, weitergezogen oder möglicherweise auch ertrunken. Darum findet man in den sogenannten „Pfahlbauten" vor allem in den Seen am nördlichen[90] und südlichen[91] Alpenrand aber auch in den Seen der Apenninenhalbinsel[92], am Plattensee und an den Ufern oder im Strombett der Donau[93] dieselben Hinterlassenschaften der Nordmeervölker, die auch auf ihren Wanderungen bis an die Grenzen Ägyptens ans Tageslicht kamen. Da die Nordmeervölker auf ihren Wanderwegen ihre Toten meistens in Urnenfeldern beisetzten, wird die Große Wanderung auch „Urnenfelder-Wanderung" genannt. Sie hat Nord-, Mittel- und Südeuropa (Griechenland, Italien, Spanien), Nordafrika und Vorderasien überschwemmt. Die Heimat der Träger dieser Kultur, d. h. der Kultur der „Nordmeervölker", lag nicht im Gebiet der „Pfahlbauten" in der Schweiz und Südwestdeutschland, denn dort gibt es den Ozean nicht, von dem sie kamen, auch gibt es dort die Inseln nicht, von denen die großen Menschenmengen stammten, die sich an der Großen Wanderung, der „Urnenfelderwanderung", beteiligten. Wohl aber haben sich Teile der Urnenfelderleute, d. h. der Nordmeervölker, an den abgesunkenen Seen zusammen mit einheimischen Bewohnern jener Gegenden angesiedelt, bis ihre Siedlungen durch Erdbeben- und Überschwemmungskatastrophen zerstört wurden und die Überlebenden zur Auswanderung gezwungen wurden.

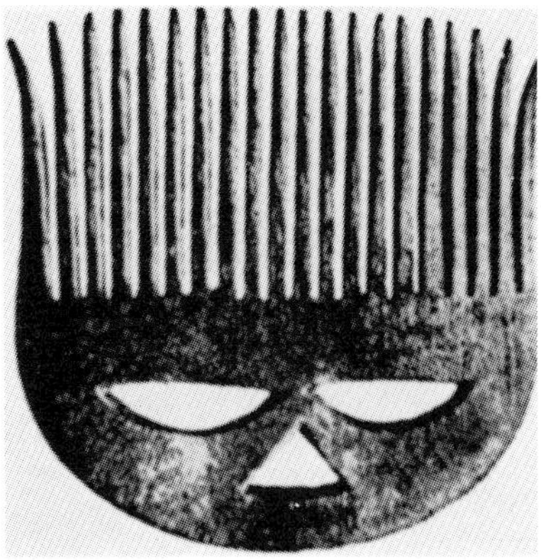

Abb. 69
Kamm mit Gesicht und Strahlenkrone, Dänemark.
Aus: Bröndsted, Nordische Vorzeit II, 1962.

Die Große Wanderung war ein großräumiges Geschehen, das Europa, Vorderasien und Nordafrika erfaßte und das „das Schicksal der Welt bestimmt hat" (siehe 1. Kap. Anm. 4). Das verhältnismäßig kleine Gebiet der „Pfahlbauten" in der Schweiz und in Südwestdeutschland wurde wohl von den ersten Wellen dieser Großen Wanderung erfaßt, es war aber nicht der Ausgangspunkt der Großen Wanderung, deren hervorragendste Träger die Philister waren.

VI. Wieder eine andere Hypothese über die Heimat der Philister und der anderen Nordmeervölker lautet: Die Philister waren Illyrier und hatten ihre Heimat in den Gebieten Mitteldeutschlands[94]. O. Paret, der ebenfalls diese Meinung vertreten hat, nennt daher die Große Wanderung „illyrische Wanderung"[95]. R. Herbig, der sich mit besonderem Nachdruck für die Gleichsetzung der Philister mit den Illyriern eingesetzt hat[96], führt als Hauptargument seiner Hypothese an, daß die „Strahlenkrone" der Philister aus Schilfblättern bestanden habe, er nennt sie daher „Schilfblattkrone"[97] und meint, daß „Reste illyrischer Diademe aus Schlesien" ein Beweis für das Illyriertum der Nordmeervölker sei. Nun bestehen die „Strahlenkronen" der Philister mit Sicherheit nicht aus Schilfblättern, wie eine eingehende Untersuchung an Ort und Stelle und die erhaltenen Terrakotten von Philistern mit dieser Strahlenkrone beweisen. Es handelt sich vielmehr um gelbe Haarbüschel, die aus dem Stirnband oder Stirnreif der Krieger aufragen. Da Menschenhaare viel zu weich sind, um so hochaufragende Haarbüschel zu bilden, muß es sich vielmehr um Roßhaarbüschel handeln, wie sie auch die mit den Philistern stammverwandten Spartaner getragen haben[98].

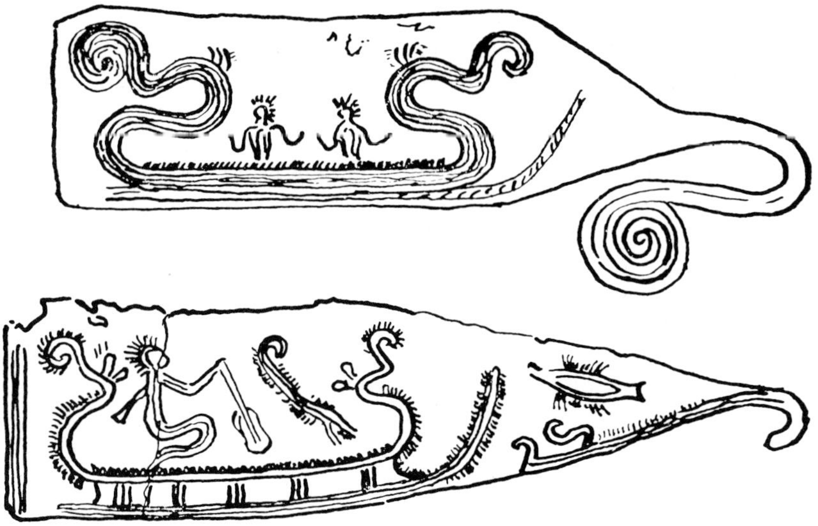

Abb. 70
Rasiermesser von Voel (Dänemark), Zwillinge mit Strahlenkrone und Rasiermesser von Bremen, Gott mit Strahlenkrone.
Aus: Sprockhoff, 1954.

Damit ist Herbigs Hauptargument für das Illyriertum der Philister hinfällig geworden. Dazu kommt, daß es im illyrischen Siedlungsgebiet der Bronzezeit, selbst wenn man es bis Polen ausweitet, wie Herbig annimmt, keine „Inseln im Ozean, die im Norden liegen", gegeben hat. Vor allem hat Vl. Milojčić nachgewiesen, daß sich Illyrier in der Zeit, in der die Nordmeervölker durch Griechenland, Kleinasien, Syrien und Palästina zogen, also in den letzten Jahrzehnten des 13. Jhdts. und im 12. Jhdt. v. Chr., in Griechenland und in den anderen eben genannten Ländern archäologisch nicht nachweisen lassen. Illyrier kamen erst viel später nach Griechenland. Milojčić stellt fest: „In die historische Terminologie übertragen, waren die zuletzt (im Laufe des 9. oder 8. Jahrhunderts v. Chr.) nach Griechenland Zugewanderten Illyrier"[99]. Auch Kehnscherper, der die Hinterlassenschaften der Nordmeervölker in Ostdeutschland, Böhmen, Ungarn usw. eingehend untersucht hat, stellt fest: „Die Philister waren keine Illyrier, sie kamen auch nicht aus dem Nordbalkan, sondern vielmehr weiter vom Norden her"[100].

Damit sind die vielen bisher aufgestellten Hypothesen über die Heimat und das Herkunftsland der Nordmeervölker widerlegt. Keine dieser Hypothesen hält einer Überprüfung stand, jede widerspricht in einem oder mehreren Punkten den Nachrichten, die uns die Texte von Medinet Habu und das Alte Testament über die Heimat der Philister überliefert haben. Ihnen widersprechen auch die vielen archäologischen Funde, die bisher auf den langen Wanderwegen der Nordmeervölker ans Tageslicht kamen.

Waffen zusammen, und indem sie alle gleichzeitig Sprünge ausführten, riefen sie mehrfach ihren eigenen Namen: „Ambronen!" Sei es, daß sie sich dadurch selbst zur Hilfe riefen, sei es, daß sie die Feinde durch die vorherige Ankündigung ihres Namens im voraus erschrecken wollten. Wie diese die Ambronen ihren Namen rufen hörten und ihren Ruf verstanden, riefen sie ihrerseits dagegen, daß dies ihre väterliche Benennung sei, denn die Ligurer nannten sich selbst so als Stamm"[13] Kretschmer hält diesen Bericht für einen Beweis dafür, daß alteingewanderte, schon längst in Italien heimische Ambronen bei der Schlacht von Aquae Sextiae mit stammverwandten nordgermanischen Ambronen zusammenstießen, die sich anschickten, von neuem in Italien einzudringen. Dieser Ansicht haben auch F. Altheim und E. Trautmann[14] zugestimmt. S. Gutenbrunner[15] und andere Historiker sind der Meinung, daß der Name Amrum an die Heimat der Ambronen, der Name Himmerland im nördlichen Jütland um Ålborg, an die Heimat der Kimmerier oder Kimbern, und der Name Thytesysels (dän. „sysel", altnordisch „sysla" heißt „Bezirk") an die Heimat der Teutonen erinnert.

Die Ambronen-Umbrer, Teutonen und Kimmerier sind schon mit der ersten Welle der Nordmeervölker, in der Zeit der Trockenheitskatastrophe, also kurz nach der Mitte des 13. Jhdts. v. Chr., in Italien eingewandert. In den dortigen „Pfahlbauten", die ja in Wirklichkeit ebenerdige Hütten auf den Strandterrassen der abgesunkenen Seen waren, finden sich ihre Waffen wie auch in übrigen von ihnen besetzten Gebieten. Über die reichen Funde im sogenannten „Pfahlbau" von Peschiera haben wir schon oben (S. 71) berichtet, die Funde, die dort ans Tageslicht kamen, entsprechen jenen Funden, die von den Wanderwegen der Nordmeervölker, von ihrer Heimat an der Nord- und Ostsee bis an die Grenzen Ägyptens so häufig gemacht wurden. „Es handelt sich", wie wir oben schon hörten, „um den Einbruch einer regelrechten „Typenfront", deren Herkunft für die Apenninhalbinsel und die Ägäis in einem gemeinsamen Ursprungsgebiet zu suchen ist" (J. Wiesner).

In unserem Zusammenhang ist es bedeutsam, daß die Philister, die Dorier und die Umbrer-Ambronen dieselben Erinnerungen hatten, daß ihre Heimatgebiete durch eine furchtbare Überschwemmung zerstört worden seien, daß „ihre Inseln ausgerissen und fortgeschwemmt", „das Haupt ihrer Städte im Meer versunken" und sie (die Philister) „der Überrest von der i kaphthor" seien. So haben die Völkerschaften, die sich an der Großen Wanderung aus dem nordeuropäischen Raum beteiligten, nach Italien, Griechenland und in Palästina nicht nur die gleichen Erinnerungen an die Meeresüberschwemmungen, die sie aus der Heimat vertrieben haben, sondern auch die gleichen Waffen und sonstigen Ausrüstungsgegenstände in jene Länder am Mittelmeer gebracht.

Hier im Nordmeer, d. h. in der Nordsee, lag auch die „i kaphthor", d. h., wie wir oben (S. 93) hörten, die Insel oder das Küstenland „am Ort des Aufliegens des Himmels" oder am Firstbalken, Tragebalken der Himmelsstütze. Die alten Griechen wußten noch sehr gut, daß diese Himmelsstütze, personifiziert in Atlas, dem Sohn des Japetos, im nördlichen Ozean, also in der Nordsee, liegt. Der schweizer Gelehrte E. Tièche hat eine große Anzahl von Zitaten aus griechischen Schriftstellern in seinem Werk: „Atlas als Personifikation der Weltachse" 1945 veröffentlicht. Wir wollen hier nur eine Stelle aus der Tragödie des Eurpides (5. Jhdt. v. Chr.) zitieren. Euripides läßt dort den Chor sagen: „O, wär ich von hinnen,/ o, daß mich die Schwingen/ der Wolken umfingen,/ ein Gott mich beflügelt/ den Scharen der Vögel gesellte!/ dann flög ich über die Salzflut/ und Adrias Wogen/ nach Eridanos Ufern/ zum Garten der Götter,/ wo Helios Töchter/ um Phaethon klagen/ und in den purpurnen Fluten des Flusses/ das Gold ihrer Tränen/ des Bernstein glänzenden Schimmer träufeln,/ wo der Gebieter des purpurnen Meeres/ den Schiffen die Weiterfahrt wehret,/ wo Atlas den weiten Himmel hält,/ wo Hesperos Töchter die güldenen Äpfel bewachen./ Da steht der Palast,/ wo der König der Götter/ die Hochzeit begangen,/ wo die reiche, die heilige Flur/ den Göttern ewigen Segen spendet".[16]

Atlas hält oder stützt den weiten Himmel an den Ufern des Eridanos, des Bernsteinstromes, in den die Töchter des Helios „um Phaethon klagend in die purpurnen Fluten des Flusses das Gold ihrer Tränen, des Bersteins glänzenden Schimmer, träufeln".

Der Bernsteinfluß Eridanos ist die Eider. Eri-danos heißt wörtlich übersetzt „Strom vom Morgen", = „Strom von Osten"[17] von griech. eri = früh, morgens und danos = Fluß, Strom wie in „Rhodanus" = Rhone, Danubius = Donau usw. Der Eridanos wird schon sehr früh von griechischen Autoren erwähnt. So sagt Hesiod (8. Jhdt. v. Chr.), „der Eridanos ist ein Sohn des Okeanos"[18], Herodot schreibt: „Eridanos nennen die Barbaren einen Fluß, der in den nördlichen Ozean fließt, aus ihm soll der Bernstein kommen"[19]. Im sogenannten „Wunderbuch" heißt es u. a. „Die elektrischen Eilande (= Bernsteininseln) sollen durch den Fluß Eridanos angeschwemmt worden sein ... Dort stehen Schwarzpappeln, die das Elektron (= Bernstein) hervorbringen. Es wird von den Einwohnern gesammelt und nach Hellas gebracht"[20]. Apollonios von Rhodos (ungefähr um 265 v. Chr.) hat in seiner „Argonautika" auch die alte Sage überliefert, daß Phaethon einst in die Mündung des Eridanos gestürzt sei, daß seine Schwestern, die Heliaden, dort am Ufer stehen und in Pappeln verwandelt „helleuchtende Tropfen aus Bernstein weinen", die in den Eridanos fallen und dann an der „Heiligen Insel Elektris" angeschwemmt werden[21]. Pausanias (2. Jhdt. n. Chr.) berichtet: „Der Eridanos fließt in das große Meer im fernsten Norden Europas. Dieses Meer hat Ebbe und Flut und ist in seinen von Britannien entferntesten Teilen nicht schiffbar. Der Bernstein wird im Sand des Eridanos gefunden"[22].

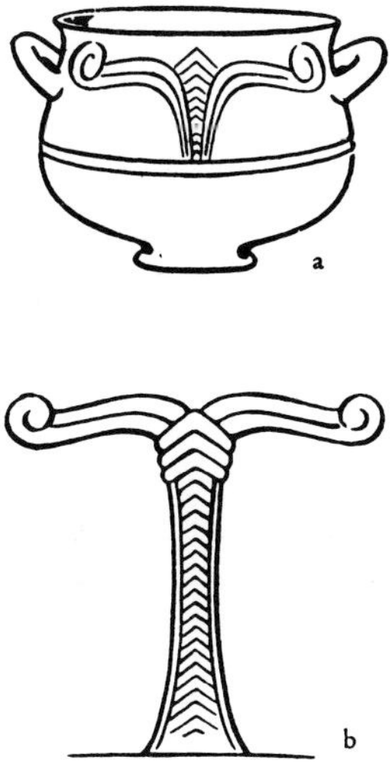

Abb. 71
Irminsul = Himmelssäule
a) auf Philisternapf um 1160 v. Chr.
b) Zeichnung auf den Externsteinen.

Viele andere Stellen aus den Schriften antiker Autoren lassen keinen Zweifel daran aufkommen, daß der Bernsteinfluß Eridanos mit der Eider identisch ist, die auch heute noch Bernstein führt[23] und von deren Mündung aus in der Bronzezeit die „Bernsteinstraßen" durch Europa an das Mittelmeer führten. Der beste Kenner des Bernsteins und seiner vorgeschichtlichen Fundorte und Verbreitungswege, der früher in Königsberg tätige und dort die berühmte Bernsteinsammlung verwaltende Professor Dr. Karl Andrée, schreibt in seinem Werk über den

Bernstein: „Die ‚Bernsteinstraßen‘ nahmen ihren Anfang im bernsteinreichen Dithmarschen im Eidermündungsgebiet“[24].

Wir haben deswegen über die Identität des Bernsteinflusses Eridanos mit dem Bernsteinfluß Eider geschrieben, weil Euripides und andere frühere griechische Autoren den Himmelsstützer Atlas an den Ufern des Eridanos den weiten Himmel halten oder stützen lassen. Von dieser Himmelsstütze, die, weil sie im Norden zum Himmel aufragt, auch „stele boreios" = Nordsäule genannt wurde, hat Pytheas, der selbst in dieser Gegend gewesen ist, berichtet, daß „ihre Spitze hoch über das Meer hinausragt"[25]. Andere griechische Autoren, unter ihnen Äschylos, Pherekydes und Apollodor, stellen ausdrücklich fest, daß die Säule des Atlas nicht im Westen, sondern im Hyperboreerland, am Eridanos zum Himmelspol = Polarstern aufragt[26]. Bei Platon findet sich eine ausführliche Beschreibung dieser Himmelsstütze[27]. Sie war danach sehr groß und hatte am oberen Ende so weit ausladende Arme, Tragebalken oder Voluten, daß auf diesem Oberteil (katà koryphèn) ein Stier geschlachtet werden konnte, dessen Blut herabfloß und die ganze Säule bedeckte.

Diese weitausladenden Tragebalken am Oberteil der Säule sind genau das, was im Hebräischen „kaphthor" genannt wird. Die Germanen

Abb. 72
Atlas (rechts) hat dem Herakles das Himmelsgewölbe zum tragen gegeben, um die Äpfel der Hesperiden zu übergeben
(Th. v. Scheffer, 1955).

nannten den Himmelsstützergott „Irmin" und die Säule, die den Himmel stützt, „Irminsul". Die Form der Irminsul kennen wir von vielen Darstellungen auch noch aus christlicher Zeit, sie entspricht genau den Darstellungen der Himmelsstütze auf der Philisterkeramik. Die weitausladenden Arme, Tragebalken oder Voluten am Oberteil der Irminsul nannten die Germanen „ass", davon abgeleitet ist die Bezeichnung der Götter „Asen", Plur. „Aesir". W. Hauer sagt: „Merkwürdigerweise bedeutet das Wort „Asen" auch „Querbalken, Firstbalken, Stützbalken"[28]. Die Insel, auf der auch nach germanischer Überlieferung eine mächtige Irminsul stand, wurde „holmr Asgard" genannt, sie lag nach den Überlieferungen der Edden im Bernsteinland, in der Mündung eines Flusses, westlich vom Jarnwith, wie der Wald an der Treene, früher „Jarne" hieß, und auch westlich der Flüsse Slidi und Rhidr, worunter die Schlei und die Rheider zu verstehen sind. Mit anderen Worten: die Insel Asgard lag genau dort, wo die Basileia mit der Nordsäule des Pytheasberichtes lag, in der Mündung des Eridanus-Eider, im Bernsteingebiet, eine Tagesreise von der Küste entfernt[29]. Das hebräische Wort „i kaphthor", „von der die Philister kamen", ist eine wörtliche Übersetzung des germanischen Namens „holmr asgard". In beiden Fällen bedeutet es: Insel des Stützbalkens, Tragebalkens oder Insel am Oberteil der Himmelsstütze, Himmelssäule.

Daß es in den germanischen Siedlungsgebieten auch an anderen Stellen als auf dieser Insel im Bernsteinland Himmelsstützen, Irminsulen, gab, ist sicher. So berichtet z. B. Rudolf von Fulda († 865): „Auch einen Holzklotz von nicht geringer Größe hatten sie (die Sachsen) aufgerichtet und verehrten sie unter freiem Himmel, sie nannten sie in ihrer Muttersprache Irmensul, die All-Säule, die gleichsam das All trägt"[30]. An einer anderen Stelle heißt es: „Karl (der Große) marschierte nach Saxen und eroberte die befestigte Eresburg. Das berühmte Heiligtum und den Hain Irminsul zerstörte er"[31].

Daß auch die Philister Haine und Säulen verehrten, geht aus mehreren Stellen des Alten Testamentes hervor. So bekommt z. B. das Volk Israel, bevor es in das von den Philistern besetzte Land einwandert, den Befehl: „Ihre Altäre sollt ihr zerstören, ihre Säulen zerbrechen, ihre Haine abhauen und ihre Götzen mit Feuer verbrennen!"[32]

In dem Gebiet, in dem Pytheas die „Nordsäule, deren Spitze hoch über das Meer hinausragt", erwähnt hat, also im Bernsteingebiet an der Westküste Schleswig-Holsteins, hat noch der römische Geschichtsschreiber Tacitus derartige Säulen erwähnt. Zwar nennt Tacitus diese Säulen „Säulen des Herakles", aber diese Bezeichnung geht auf eine alte Sage zurück, daß nämlich „Atlas die Säulen des Himmels dem Herakles zum Halten gegeben hat"[33]. Diese Sage ist z. B. auch im Zeustempel von Olympia in bewundernswerter Weise dargestellt. Dieser Sage wegen wurden die Säule(n) des Atlas häufig auch „Säule(n) des Herakles" genannt, Tacitus berichtet nun: „Beide Stämme (die Groß- und die Kleinfriesen) bilden bis zum Ozean hin gleichsam den Saum des Rheines, und ihr Land umschließt außerdem noch unermeßliche Seen, die auch von der römischen Flotte befahren wurden. Ja, sogar auf den Ozean haben wir uns dort hinausgewagt; und es hat sich die Kunde verbreitet, daß dort noch heute die Säulen des Herakles vorhanden seien, mag nun wirklich Herakles das Meer dort besucht haben oder mag es daher kommen, daß wir uns gewöhnt haben, alles Großartige auf Erden mit seinen Heldentaten in Verbindung zu bringen. Auch Drusus Germanicus besaß verwegenen Mut, aber der Ozean sträubte sich dagegen, daß man zu gleicher Zeit in ihn und in Herakles (in Herculem inquiri) einzudringen versuchte. Später hat niemand mehr den Versuch gewagt und es schien frömmer und ehrfurchtsvoller, an Taten der Götter zu glauben als ein Wissen davon zu gewinnen"[34]. Tacitus rechnet diese Säulen zu allem „Großartigen auf Erden", es müssen also gewaltige Säulen gewesen sein. Man hat wiederholt angenommen, daß unter den hier erwähnten "Säulen des Herakles" der rote und der weiße Felsen von Helgoland gemeint seien. Aber das ist ein Irrtum. Natürliche Felsen wurden niemals als „Säulen des Herakles" oder „Säulen des Atlas" bezeichnet. Auch die beiden Felsen Abila und Kalpe an der Straße von Gibraltar wurden ursprünglich nicht als „Säulen des Herakles" bezeichnet, wie man so oft lesen kann. Unter den „Säulen des Herakles" verstanden die Alten zwei von Menschenhand errichtete Säulen, die vor dem Tempel des Herakles in Gades, etwa 100 km nördlich der Meerenge, standen. Poseidonios (um 90 v. Chr.), hielt sich zum Studium der Gezeiten einen Monat in Gades auf. Er betont, daß unter den „Säulen des Herakles" nicht die beiden Felsen Abila und Kalpe zu verstehen seien, sondern zwei eherne Säulen beim Tempel des Herakles von

Gades. Ebenso bezeichnet Artemidor (um 100 v. Chr.) und Plinius als „Säulen des Herakles" nicht die beiden Felsen an der Meerenge von Gibraltar, sondern die beiden Säulen beim Heraklestempel von Gades mit diesem Namen[35]. Von „Säulen des Herakles", die von Menschenhand in anderen Ländern errichtet worden waren, wird von antiken Autoren auch noch öfter berichtet. So hat z. B. Alexander d. Gr. im äußersten Osten seines Heerzuges einen Altar mit „Säulen des Herakles" errichtet[36], auch im Land der Sogdianer (zwischen Jaxartes und Oxus) sollen ein Altar und „Säulen des Herakles" errichtet worden sein[37].

Als „Säulen des Herakles" wurden ursprünglich nicht natürliche Felsen oder Berge, sondern von Menschenhand errichtete Kultsäulen bezeichnet.

Darum dürfen wir unter den „Säulen des Herakles", die Drusus Germanicus erforschen wollte, auch nicht die natürlichen Felsen von Helgoland sondern nur künstlich errichtete Säulen auf der „Heiligen Insel", die einst zwischen Helgoland und dem Festland lag, verstehen. Warum, wie Tacitus berichtet, Drusus Germanicus das Geheimnis dieser Säulen nicht erforschen konnte, geht aus dem Bruchstück eines Gedichtes, das von dem römischen Offizier Albinovanus Pedo stammt, hervor. Albinovanus Pedo hatte unter Drusus Germanicus in Germanien gedient und die Flottenexpedition dieses Feldherren im Jahre 16 n. Chr. mitgemacht. Bei dieser Flottenexpedition kamen die römischen Schiffe

Abb. 73
Minoische Schiffe von Thera.
Aus: Time-Life „Die verlorene Welt der Ägäis" v. M.A. Edey

in schweren Sturm und hohen Seegang. Ein großer Teil der Schiffe ging verloren, andere blieben im Schlamm des Wattenmeeres stecken, sie waren in der Nähe der „Meß- und Umlaufsäulen an der äußersten Küste der Erde" gestrandet (ad rerum metas extremaque litora mundi). „Aber die Götter rufen: Zurück! Die Weltgrenze zu schaun ist Menschenaugen streng verwehrt! Was stören unsere Ruder fremde Meere und die heiligen Gewässer und die stillen Sitze der Götter?", so hat Albinovanus Pedo gedichtet[38]. Von dieser Katastrophe der römischen Flotte berichtet auch Tacitus in seinen „Annalen"[39]. Tacitus gibt an, daß tausend (!) römische Schiffe in diesen „Sturm, der alle Striche der Windrose durchlief", geraten seien, und daß „der Verlust der römischen Flotte bei den Germanen neue Hoffnungen auf den Krieg weckte". In unserem Zusammenhang ist die Mitteilung des Albinovanus Pedo wertvoll, daß im Wattengebiet der Nordsee die „metae rerum", d. h. die Maß- und Umlaufsäulen der Dinge, „der Götter heilige Sitze" und die „heiligen Gewässer" (sacrae aquae) lokalisiert wurden.

So sind die Himmelsstützen auf der Philisterkeramik und der Name „Kaphthoriter" = Säulenvölker Beweise für die Herkunft der Nordmeervölker aus dem Norden Europas.

Einen weiteren Hinweis auf die Heimat der Philister, der Sakar und den Denen stellen die Schiffe dar, die auf den Wandbildern von Medinet Habu als Schiffe der Nordmeervölker dargestellt sind. Wir haben schon oben (S. 25) das Urteil des anerkannten Fachmannes für den vorgeschichtlichen Schiffbau und das vorgeschichtliche Seewesen, August Köster, zitiert, der von einem „grundsätzlichen Unterschied, der die Schiffe der „Nordvölker" durchaus von allen anderen uns bekannten Schiffstypen, die im 2. Jahrtausend im Mittelmeer benutzt wurden, trennt", gesprochen hat. Auch der französische Archäologe J.-G. Février hat in seiner Studie über den Schiffbau und die Schiffahrt der Phönizier, die beides von den Nordmeervölkern erlernt haben, geschrieben, daß die Schiffe der Nordmeervölker und der Phönizier „an die Wikingerschiffe späterer Zeit (erinnern)" (siehe oben S. 28). Auch R. Herbig hat festgestellt: „Die senkrechten Vorder- und Achtersteven erinnern von vornherein an nordische Schiffstypen, allerdings späterer Zeit: an die Wikingerdrachen „..." Weder an die minoisch-ägyptische noch an die kykladische Schiffsform läßt sich also die der Philister unmittelbar anschließen" ... „Letztere stellen somit, im ganzen gesehen und mit allen in der Frühzeit des ägäischen Kreises verglichen eine Fremderscheinung im östlichen Mittelmeer dar, etwas von anderswo Hereingebrachtes" (siehe oben S. 25f.) A. Strobel, der mit heftigen Emotionen und völlig unhaltbaren Argumenten seine Hypothese von der Heimat der Nordmeervölker im ägäischen-kleinasiatischen Raum verteidigen möchte, attackiert diese Feststellungen von der Ähnlichkeit der Philisterschiffe mit den 2000 Jahre jüngeren Wikingerschiffen. Besonders erbost ist er über Herbigs Worte von „nordischen Schiffstypen", Strobel wirft Herbig „unmethodische Aufarbeitung des Vergleichsmaterials" vor und schreibt: „Unversehens gibt es nicht nur nordische Gesichtstypen, sondern auch nordische Schiffe"[40], er schreibt auch im Hinblick auf diese Forschungen: „Aus unseren Ausführungen geht hervor, daß eine Reihe

Abb. 74
Philister mit gerader Nase.

früherer Untersuchungen, besonders aus der tendenziösen Geschichtsforschung des Dritten Reiches, nicht akzeptiert werden kann"[41].

Indes muß sich Strobel, das was er anderen vorwirft, „unmethodische Aufarbeitung des Vergleichsmaterials", selbst vorwerfen lassen. Das umfangreiche Vergleichsmaterial, das uns heute zur Verfügung steht, um die Schiffstypen aus dem ägäischen-kleinasiatischen Raum mit denen der Philister zu vergleichen, kennt Strobel offenbar nicht. Es handelt sich um viele Fresken oder Siegel mit Schiffsdarstellungen aus dem ägäisch-kleinasiatischen Raum, die völlig verschieden sind von den Schiffsdarstellungen der Nordmeervölker in Medinet Habu. Vor allem sind in den letzten Jahren bei den Ausgrabungen von Häusern auf Thera-Santorin, die durch den Ausbruch des Vulkans Thera verschüttet wurden, viele Fresken ans Tageslicht gekommen, die jene Schiffstypen zeigen, die im 13. Jhdt. v. Chr. im ägäischen Raum in Gebrauch waren. Diese Schiffe sind reine Ruderschiffe, die mit ihrem langgestreckten Bug und weitausladenden Vordersteven an die ägyptischen Schiffe jener Zeit, wie sie auch auf den Wandbildern von Medinet Habu dargestellt sind, erinnern. Die Schiffe auf den Fresken von Thera-Santorin sind doppelstöckig, die Ruderknechte sitzen unter den Passagieren. „Überraschend ist dabei, daß die Ruderer in Fahrtrichtung des Schiffes sitzen, sich nach vorn beugen und die Ruder schieben, anstatt umgekehrt mit dem Rücken zur Fahrtrichtung die Ruder ziehend" (Maitland A. Edey[42]).

Strobel übernimmt auch ungeprüft die Ausführungen Kimmigs über die „Vogelbarken", die nach Kimmig im 12.–10. Jhdt. v. Chr. im Donau-

Balkanraum beheimatet waren (siehe oben S. 93). Daß diese „Vogelbarken", die Kimmig abbildet, zum Teil aus dem nordeuropäischen Raum, dem „nordischen Kulturkreis der Bronzezeit" stammen, daß sie vor der zweiten Hälfte des 13. Jhdts. v. Chr. bei der einheimischen Bevölkerung des Donau-Balkanraumes nicht bekannt waren, daß sie erst mit den „nordischen Eindringlingen" (Mozsolics) in den Donau-Balkanraum gekommen sind, dort also nicht beheimatet waren, übergehen W. Kimmig und Strobel in „unmethodischer Aufarbeitung des Vergleichsmaterials". Nur die Datierung dieses „Vogelbarken" aus dem Donau-Balkanraum ins 12.–10. Jhdt. v. Chr. gibt einen verstohlenen Hinweis, daß diese Vogelbarken" im Donau-Balkanraum erst mit der Großen Wanderung der Nordmeervölker, die Ende des 13. Jhdts. v. Chr. in den Donau-Balkanraum eingedrungen sind und „die Urbevölkerung zum Verlassen der Wohnsitze zwangen" (A. Mozsolics siehe oben S. 98), in jene Gebiete gelangt sind. Strobel hat diesen Hinweis Kimmigs nicht verstanden, vielleicht wollte Strobel diesen Hinweis auch nicht verstehen, weil er mit erregten Worten eine Große Wanderung der Hügelgräber- und Urnenfelder aus dem nordischen Kulturkreis rundweg ablehnt. Strobel schreibt u. a.: „Unmöglich, um nicht zu sagen: abseitig und unsinnig, bleibt die Annahme einer ‚Großen Wanderung' der ‚nordischen' Hügelgräberleute, identisch mit den ‚See- und Nordvölkern' der ägyptischen Urkunden" [43]. Die Widerlegung der unmöglichen, abseitigen und unsinnigen Annahme einer Großen Wanderung der „nordischen Hügel- und Urnengräberleute" macht Strobel sich allerdings sehr leicht. Er schreibt: „Eine gewisse rassenideologische Schwärmerei hat hier den historischen Sachverhalt gründlich getrübt, weshalb wir es uns ersparen können, alle diesbezüglichen Argumente bis hin zur nordischen Größe und der nordischen Nase (der Philister) noch einmal zu widerlegen"[44].

So leicht ist das also, ein ungeheures archäologisches Fundmaterial auf den Wanderwegen der Nordmeervölker vom nordischen Kulturkreis bis an die Grenzen Ägyptens, eine Fülle von schriftlichen Nachrichten und Überlieferungen, die der Verf. veröffentlicht hat[45], und die jahrzehntelangen eingehenden Untersuchungen von Archäologen, Metallurgen und Historikern aus Deutschland, Österreich, Ungarn, Frankreich, England und den USA zu „widerlegen". Ein Satz genügt, um alle diese Beweise für eine Große Wanderung auszulöschen. Strobel beruft sich auf „alle diesbezüglichen Argumente", leider aber hat er kein diesbezügliches Argument vorgebracht. Er wirft stattdessen den Fachgelehrten, die von einer Großen Wanderung der nordischen Hügelgräber und Urnenfelderleute geschrieben haben, „tendenziöse Geschichtsforschung des Dritten Reiches" und „rassenideologische Schwärmerei" vor, weiß allerdings offenbar nicht, daß der Engländer Redcliffe N. Salomon 1922 vom „teutonischen Rassencharakter der Philister"[46], der Schweizer F. Stähelin 1918 von der „geraden Nase der Philister", die er „durchaus kaukasisch" nennt[47], geschrieben haben. Der österreichische Archäologe Fr. Schachermeyr urteilte 1929: „Was wir über die Körperbeschaffenheit der Philister aus den ägyptischen Reliefs und aus dem Alten Testament wissen, weist auf europäischen, ja nordischen Typus"[48]. Der Professor für Jüdische Geschichte (Biblische Periode) an der Hebräischen

Universität in Jerusalem Hanoch Reviv ist sehr viel sachlicher als Strobel, denn H. Reviv schreibt von einer Philisterfigur aus Medinet Habu: „Die dargestellte Figur hat nordische Gesichtszüge“[49]. Ihm wird man wohl kaum „tendenziöse Geschichtsforschung des Dritten Reiches“ vorwerfen können.

Kehren wir zurück zu den Schiffen, auf denen die Nordmeervölker in die Nilmündungen einliefen. Ihre Heimat ist, wie gesagt, nicht der Donau-Balkanraum, wohin sie erst um etwa 1200 v. Chr. mit der Großen Wanderung der Nordmeervölker kamen, sondern der nordeuropäische Raum, der „nordische Kulturkreis der Bronzezeit“. Aus diesem Gebiet sind überaus zahlreiche Darstellungen von Schiffen mit steilen oder S-förmig-steilen Steven, die mit Schwanenköpfen geschmückt sind, bekannt. Diese Darstellungen finden sich auf Bronzekesseln, Rundschilden, Rasiermessern, Schwertern, Halsringen, vor allem aber sind unter den vielen tausend Schiffsbildern verschiedener Typen, die auf den Felsritzungen Südskandinaviens dargestellt sind, viele Schiffe dieses Typs. Diese Schiffsbilder gehören in die frühe Bronzezeit Nordeuropas, also den Jahrhunderten vor der Großen Wanderung an, die mit dem Ende der Periode III und vor allem in der Periode IV (Montelius) der nordischen Bronzezeit begonnen hat.

Die zahlreichen skandinavischen Felszeichnungen „sind eine Art prächtiges Archiv 3500jähriger Konstruktionszeichnungen von schwedischen Ost- und Westküstenbooten“[50]. Durch Äxte oder Schwerter, die zusammen mit diesen Schiffen abgebildet sind, können viele dieser Felsritzungen mit Sicherheit in die Perioden I und II der nordischen Bronzezeit datiert werden[51]. Durch die „Eichung der Atomuhr“ mit Hilfe der Baumringforschung konnte der amerikanische Archäologe Charles W. Ferguson nachweisen, daß die bisher üblichen Datierungen mehrere Jahrhunderte zu spät angesetzt sind. Ferguson hat nachgewiesen, daß die Periode I der nordischen Bronzezeit vor dem Jahr 2000 v. Chr. und die Periode II kurz nach dem Jahr 2000 v. Chr. begonnen hat, die Periode III der nordischen Bronzezeit hat etwa um 1500 v. Chr. begonnen[52], d. h. die vielen Darstellungen nordischer Schiffe mit steilen oder S-förmig-steilen Steven an Heck und Bug sind um viele Jahrhunderte älter als die „Vogelbarken“ aus dem Donau-Balkanraum, die dort erst im 12.–10. Jhdt v. Chr. als Hinterlassenschaften der Großen Wanderung der Nordmeervölker erscheinen. Im nordischen Kulturkreis gab es, wie die vielen tausend Felszeichnungen beweisen, schon in der frühen Bronzezeit große Flotten und, wie die vielen Funde dieser Kultur in entfernten Ländern, z. B. in England, Schottland, Irland, beweisen, Hochseeschiffahrt. Ja, H. W. Brögger, der Direktor des Norwegischen Museums in Oslo, hat es sogar für wahrscheinlich gehalten, daß die hochsee-erfahrenen Nordleute schon in der Bronzezeit den Seeweg nach Nordamerika entdeckt hätten, „da damals“, wie Brögger sagte, „die Seefahrt auf dem Höhepunkt stand“[53]. A. Köster nennt die Nordmeervölker, die um 1200 v. Chr. mit ihrer Flotte in die Nilmündungen eindrangen, „die erfahrensten Seeleute ihrer Zeit“[54], Ramses III. nennt sie „Helden auf dem Meere“[55]. Eine seemännische Leistung, wie es der Flottenangriff über das Mittelmeer gegen Ägypten war, hätten Binnenländer aus dem Donau-Balkanraum niemals vollbringen können.

Ein weiterer Hinweis auf die Heimat der Philister ist ihre Kenntnis der Eisentechnik, die sie nach den von ihnen besetzten oder durchwanderten Gebieten gebracht haben[56, 57, 58, 59]. W. Witter, der „über die Herkunft des Eisens" und über „Die Philister und das Eisen" besonders eingehend gearbeitet hat, hat festgestellt: „Nur Menschen, die mit Schmelzen von Erzen und dem Metallschmieden – Kupfer und Bronze – vertraut waren, konnten die neue Eisentechnik entwickeln"[60], ja, Witter meint, daß „die Entwicklung der Eisentechnik mehrere Jahrhunderte in Anspruch genommen hat"[61], und daß „nur hervorragende Fachleute auf dem Gebiet der Kupfer- und Bronzetechnik" die schwierige Aufgabe, wie es die erste Entwicklung der Eisentechnik gewesen ist, in Angriff nehmen konnten.

Witter weist in diesem Zusammenhang selbst auf das „Jahrhunderte hindurch blühende Metallgewerbe" in der Bronzezeit Nordeuropas hin[62].

Auf die große Meisterschaft der Metallfachleute des nordischen Kulturkreises haben viele Vorgeschichtler hingewiesen. G. Schwantes spricht von der „vollendeten und bis heute nicht mehr erreichten Meisterschaft in der Behandlung der Bronze", über die die Menschen des nordischen Kulturkreises verfügt haben[63]. Fr. Behn ist wie alle Vorgeschichtler, die über die Metallurgie der Kupfer- und Bronzezeit des nordischen Kulturkreises geschrieben haben, der Meinung, daß es in diesem Kulturkreis keine Kupfererzlagerstätten gegeben habe. Er schreibt: „Ihre großartigste und längste Entwicklung nahm die bronzezeitliche Kultur in Nordeuropa, in den skandinavischen Ländern und in Norddeutschland. Für die Frage nach den allerletzten Gründen dieser Kultur ist nicht ohne Bedeutung, daß die höchste Blüte einer auf der Bronze aufbauenden Kultur sich in einem Gebiet entfalten konnte, . . . das weder Kupfer noch Zinn in eigenen Lagerstätten besaß und für die Komponenten des herrschenden Metalls ausschließlich auf Import angewiesen war"[64]. Trotzdem schreibt Behn später: „Die reichlich vorhandenen Fundmassen (von Bronzegegenständen im nordischen Kulturkreis) lassen eine bewundernswerte technische Entwicklung erkennen"[65]. Fünf Jahre später (1967) schrieb Behn, nachdem er wiederum die irrtümliche, allgemein vertretene Meinung aufgestellt hatte, daß es im nordischen Kulturkreis keine Kupfererzlagerstätten gegeben habe: „Fest steht aber, daß die Kultur der nordischen Bronzezeit zu den glänzendsten Erscheinungen der gesamten europäischen Vorzeit gehört"[77].

Ähnliche Urteile über die große Meisterschaft der Metallfachleute Nordeuropas und über das Fehlen von Kupfererzlagerstätten haben alle Archäologen, die sich mit dieser Frage befaßt haben, gefällt. So schrieb z. B. auch der englische Archäologe Gordon Childe: „In der Folgezeit legten die nordeuropäischen Schmiede, auch wenn sie von asiatischen Zuwanderern ausgebildet worden waren, eine größere Originalität an den Tag als ihre Meister, mindestens im Hinblick auf das Werkzeug und die Waffen"[67].

Die bisher allgemein vertretene Ansicht, daß der nordische Kulturkreis keine Kupfererzlagerstätten gehabt hätte, hat sich als Irrtum herausgestellt. Dem Verf. ist es gelungen, im Buntsandsteinfelsen von Helgoland eine Kupfererzlagerstätte wieder-zu-finden, die nach den spektralanalytischen, chemischen, schmelztechnischen und anderen eingehenden Untersuchungen von Fachleuten aus Deutschland, Österreich und Frankreich schon in der jüngeren Steinzeit abgebaut und zu den ältesten Waffen (Beile, Dolche) und Gebrauchsgegenständen (Spiralen, Schmuckplatten, Perlen) aus Kupfer, die im nordeuropäischen Raum gefunden wurden, verarbeitet worden ist. Die Bewohner des nordischen Kulturkreises der Kupfer- und Bronzezeit brauchten also keine „asiatischen Zuwanderer" und keine Importe von Kupfererzen, sie haben schon in früheren Perioden der jüngeren Steinzeit – nach der oben (S. 113) erwähnten Korrektur der C-14 Datierung durch Ch. F. Ferguson etwa in der ersten Hälfte des 3. Jahrtausends v. Chr. – Beile und Spiralen aus Helgoländer Kupfererz herausgestellt und verbreitet, die keine Vorbilder im asiatischen Raum oder in anderen Gegenden haben, sondern durchaus eigene Erfindungen waren.

Wir haben deswegen über die große Meisterschaft der Metallfachleute im nordischen Kulturkreis so ausführlich berichtet, weil Witter und andere Fachleute auf dem Gebiet der vorgeschichtlichen Metallurgie die schwierige Entwicklung der Eisentechnik nur hervorragenden Fachleuten auf dem Gebiet der Kupfer- und Bronzetechnik zutrauen. Solche hervorragenden Fachleute sind die Bewohner des nordischen Kulturkreises gewesen. So ist es auch nicht verwunderlich, daß die ältesten von Menschen hergestellten Eisensachen im nordischen Kulturkreis der Bronzezeit erscheinen. In einem Grabhügel von Grödeby auf der Insel Bornholm wurde zusammen mit anderen Funden aus der Periode III der nordischen Bronzezeit eine eiserne Messerklinge gefunden, also etwa aus dem 15. oder 14. Jhdt. v. Chr. Über diese Messerklinge wurde zuerst 1913 in der Prähistorischen Zeitschrift[68], später dann von W. Witter[69], B. Sternquist[70] und W. Kimmig[71] berichtet. Trotz dieser verschiedenen Besprechungen dieses Eisenmessers aus der Periode III hat der junge Archäologe Ludwig Pauli seine Leser zu täuschen versucht und geschrieben, daß Witters Behauptung, „daß Eisensachen im nordeuropäischen Raum schon im 14. Jhdt. v. Chr. nachgewiesen wurden, völlig aus der Luft gegriffen ist"[72]. L. Pauli beruft sich dabei auf W. Kimmig, der „in mühevoller Arbeit eine Liste der frühesten Eisenfunde in Mittel- und Nordeuropa erstellt" hat und behauptet: „Daß danach – und nach meiner Überzeugung zu Recht – kein Eisenfund (von Waffen ganz zu schweigen) Mitteleuropas mit Sicherheit vor die Stufe Hallstatt B 1, also vor das 10. Jahrhundert v. Chr. zu datieren ist". Pauli fälscht hier W. Kimmigs Liste der frühesten Eisenfunde in Mittel- und Nordeuropa, denn W. Kimmig erwähnt in dieser Liste ausdrücklich an zwei Stellen „die eiserne Messerklinge aus einem Montelius III Grab von Grödeby"[73] und Funde von Eisensachen aus der Periode IV Montelius von Arnitlund, Amt Hadersleben, Kjeldbymagle, Insel Moen; Eisennadel der Periode IV von der Insel Moen, Eisenstück von Simris, Schonen[74]. Vergessen ist in dieser Liste Kimmigs ein Stück Eisen, das zusammen mit Zeugresten in einem Grabhügel auf Seeland aus der Periode III gefunden wurde[75]. Die erwähnten Eisenfunde aus der Periode III (ab etwa 1500 v. Chr.) und der Periode IV (ab etwa 1250 v. Chr.) sind entgegen der oben zitierten Behauptung Paulis mit Sicherheit älter als die Stufe Hallstatt B 1 = 10. Jhdt. v. Chr.

Zusammenfassend kann festgestellt werden, daß im nordischen Kulturkreis die ältesten Eisensachen schon zwei bis drei Jahrhunderte vor der Großen Wanderung auftauchen, daß hier die Voraussetzungen für die Entwicklung der schwierigen Eisentechnik erfüllt waren, weil in diesem Gebiet eine „vollendete und bis heute nicht mehr erreichte Meisterschaft in der Behandlung der Bronze" nachzuweisen ist und Limonit, aus dem das erste Eisen erschmolzen wurde (Witter), reichlich vorkommt.

Neben den schriftlichen Angaben der zeitgenössischen Texte über die Heimat der Philister und neben den Schiffstypen und der Eisentechnik, die sie in den Mittelmeerraum gebracht haben, sind vor allem auch die Waffen, mit denen sie abgebildet sind, und die auf ihren Wanderwegen gefunden wurden, ein sicherer Hinweis auf die Heimat die Nordmeervölker.

Die auffallendste Waffe ist das Hieb- und Stichschwert, auch „Griffzungenschwert" genannt, mit dem die Krieger auf den Wandbildern von Medinet Habu abgebildet sind und von dem bisher etwa 26 Exemplare im Raum zwischen dem griechischen Festland und den Grenzen Ägyptens gefunden wurden. Nach dem „besten Kenner dieser Schwerter" (so G. Schwantes), E. Sprockhoff, wurde dieser Schwerttyp „Sprockhoff IIa" genannt.

M. Burchardt hat 1912 die Abbildungen von fünf Schwerten dieses Typs, die in Ägypten gefunden wurden, veröffentlicht. Von einem Griffzungenschwert, das in der Nähe von Bubastis gefunden wurde, sagt Schuchhardt: „Dieses Schwert ist sicher nordisch-europäischer Herkunft"[76]. C. Schuchhardt, der Altmeister der Vorgeschichte, schreibt, nachdem er eingehend nachgewiesen hat, daß dieser Schwerttyp seine Heimat in Dänemark und Schleswig-Holstein hat, daß „dieses Schwert sehr weit wandert, bis nach Griechenland, ja sogar in Ägypten ist ein Exemplar gefunden worden mit der Kartusche Sethos II., der kurz vor 1200 v. Chr. regiert hat"[77]. G. Schwantes stellt fest: „Aus diesen Funden (in Griechenland, auf Kreta und in Ägypten) ergibt sich also, daß das gemeine Griffzungenschwert in der Zeit um 1200 v. Chr. nach Südeuropa und Ägypten ausgeführt worden ist"[78]. Der dänische Vorgeschichtsforscher H. C. Broholm sagt von einem in Ägypten gefundenen Schwert, „daß es in seiner Form den nordischen Stücken so nahe steht, daß es gut in Jütland hätte gefunden sein können"[79]. Auch Fr. Behn spricht im Hinblick auf die in Ägypten gefundenen Griffzungenschwerter von „nordischen Schwertern in Ägypten"[80]. In jüngster Zeit wurden bei Enkomi-Alasia auf der Insel Zypern vier Griffzungenschwerter in einer zeitlich sicher datierbaren Schicht von 1200 v. Chr. gefunden, die wie zwei ältere Funde dieses Typs in Privatsammlungen, dem Typhus „Sprockhoff IIa" angehören"[81]. Daß bei den mit diesem Problem weniger Vertrauten große Verwirrungen entstanden sind, weil der Schwerttyp „Sprockhoff IIa" von H. W. Catling als „Naue Typ II", von J. D. Cowen als „Typhus Nenzingen", von Jan Bouzek als „Catling I" bezeichnet wird, haben wir schon oben (S. 36) erwähnt. Auch J. Bouzek betont, daß es sich bei allen diesen verschiedenen Typenbezeichnungen immer um den Typ „Sprockhoff IIa" handelt[82], den Sprockhoff selbst „gemeingermanisches Griffzungenschwert" nennt. Sprockhoffs eingehende

Untersuchung „Die germanischen Griffzungenschwerter“ (1931) gilt auch heute noch als Standardwerk, von dem der englische Archäologe J. D. Cowen 1956 schreibt, daß die Studien zu diesem Schwerttyp „in E. Sprockhoffs klassischer Arbeit in so maßgebender Form ihren Höhepunkt finden“[83]. In diesem Werk sagt Sprockhoff u. a.: „Die behandelten Griffzungenschwerter nenne ich germanisch, weil ich mit den meisten Forschern der Meinung bin, daß die Bewohner des nordischen Kreises während der Bronzezeit, wenn nicht die Germanen selbst, so doch ihre unmittelbaren Vorfahren gewesen sind, die man also mit dem gleichen Namen glaubt belegen zu dürfen“[84]. Nach der Erwähnung der Gußformen für Schwerter aus dem nordischen Kreis, sagt Sprockhoff: „Sie (die Gußformen) zeigen aber, daß man im Norden tatsächlich die Schwerter auch selbst hergestellt hat, eine Tatsache, die man jedoch auch ohne die Funde solcher Formen bei der ungeheuren Masse (!) der im Norden gefundenen Schwerter als selbstverständlich betrachten müßte“[85]. Sprockhoff stellt auch fest: „Die Bronzegegenstände wurden im alten Norden an so viel verschiedenen Stellen gegossen, daß kleine Unterschiede auch innerhalb derselben Modeform selbstverständlich sind“[85]. Ebenso erklärt Sprockhoff: „Die Verbreitung der germanischen Griffzungenschwerter kann als Beweis für den Umfang des germanischen Gebietes dienen“[86].

Sprockhoff hat wegen anderer Gegenstände, die zusammen mit „germanischen Griffzungenschwertern“ gefunden wurden, diesen Typ „Sprockhoff IIa“ in die Periode III und in den älteren Abschnitt der Periode IV, also ins 15. - ins 13. Jhdt. v. Chr. datiert. Wie aber schon die Bezeichnung „Sprockhoff IIa“ zeigt, hat dieser Schwerttyp ältere Vorgänger vom Typ „Ia“ und „Ib“, aus denen sich der Typ „IIa“ entwickelt hat. Der Typus „Sprockhoff Ia“ „ist“, wie J. D. Cowen feststellt, „das klassische frühe Schwert des Nordens“[87]. Sprockhoff selbst schreibt zu diesen „alten Griffzungenschwertern“: „Von den etwa 140 alten Griffzungenschwertern mit ausgebauchter Zunge sind 19 durch geschlossene Funde in die II. Periode Montelius datiert... Die Hauptverbreitung der alten Griffzungenschwerter liegt auf den dänischen Inseln nebst Jütland und Schleswig-Holstein. In diesem Gebiet ist offenbar auch ihre Heimat, denn es ist weder aus Italien noch aus Ungarn ein maßgebender Einfluß nachweisbar“[88]. Zu diesem Typ „Ia“, der eine ausgebauchte Zunge hat, gehört ein gleichaltriger Schwerttyp mit gerader Zunge, „wir kennen aus Nordeuropa etwa 40 Stück, von denen ungefähr 10 Exemplare aus Funden stammen, aus denen hervorgeht, daß sie mit den Schwertern mit ausgebauchter Zunge gleichzeitig sind“[89].

Aus diesem Griffzungenschwert vom Typus Ia mit gebauchter oder gerader Zunge entwickelt sich dann über den Typus Ib, der in demselben Raum beheimatet ist, das Griffzungenschwert vom Typus „Sprockhoff IIa“ oder das „gemeingermanische Griffzungenschwert“, das Sprockhoff so benannt hat, weil alle germanischen Stämme in Niedersachsen, Mecklenburg, Schleswig-Holstein, Dänemark und Südskandinavien denselben Schwerttypus mit ganz geringen lokalen Unterschieden hergestellt und mit auf die Große Wanderung genommen haben. Von diesem Griffzungenschwert „Sprockhoff IIa“ sind bisher im nordischen Kulturkreis etwa 700 Exemplare gefunden worden. Das beweist,

Abb. 75
Felszeichnung aus Bohuslän (Schweden).
Aus: Sprockhoff, Zur Handelsgeschichte der germanischen Bronzezeit, Berlin, 1930.

daß die Heimat der „Nordmeervölker“, die dieses Schwert auf der Großen Wanderung führten, dort zu suchen ist, wo auch dieses Schwert beheimatet ist und sich aus älteren Typen fortentwickelt hat. Der Versuch, die Heimat dieses Schwertes vom Typus „Sprockhoff IIa“ in den Donau-Balkanraum zu verlegen, den Ludwig Pauli in völliger Unkenntnis aller einschlägigen Forschungsunterlagen unternommen hat, scheitert nicht nur an der Statistik, die 700 Exemplare dieses Typus im nordischen Kulturkreis und nur etwa 50 Exemplare im Donau-Balkanraum nachgewiesen hat[90], sondern auch am Fehlen der älteren Typen, aus denen sich das Griffzungenschwert vom Typus „Sprockhoff IIa“ herausentwickelt hat und am Fehlen der Gußformen im Donau-Balkanraum. Der Versuch scheitert auch an den zeitgenössischen ägyptischen Angaben, daß die Heimat der Nordmeervölker auf „den Inseln im Ozean, die im Norden liegen“, zu suchen ist, und er scheitert daran, daß die bodenständige Bevölkerung des Donau-Balkanraumes, die gegen Ende des 13. Jhdts. von den Nordmeervölkern aus ihren Sitzen vertrieben wurde, diese Waffe noch nicht kannte.

Auch Rundschilde, wie sich die Nordmeervölker auf den Wandbildern von Medinet Habu tragen, waren im nordischen Kulturkreis schon in sehr viel früheren Zeiten als 1200 v. Chr. in Gebrauch. Auf den vielen tausend Felszeichnungen Skandinaviens sind viele Krieger mit einem Rundschild dargestellt. Ein großer Teil dieser Felszeichnungen stammt mit Sicherheit aus älteren Perioden der nordischen Bronzezeit als 1200 v. Chr. Auch auf dem „Horn von Wismar“, das Arthur Norden, der schwedische Vorgeschichtler, in „den späteren Teil der Periode II“ datiert[91], sind Männer mit Lanzen und Rundschilden dargestellt. Im übrigen sind Rundschilde aus Bronze im nordischen Kulturkreis gefunden worden, so z. B. zwei bei Schiphorst, Kr. Herzogtum Lauenburg, ein Rundschild in Nipperwiese, Kr. Greifenhagen, und eins in Nackhälla, Schweden[92]. Daß nur verhältnismäßig selten Rundschilde gefunden wurden, liegt daran, daß die Schilde aus vergänglichem Material, Leder oder Holz, hergestellt wurden und die seltenen Rundschilde aus Bronze Weihegaben gewesen sein dürften. Aus diesem Grund sind von den Rundschilden nur die runden Schildbuckel, die aus Bronze oder Eisen hergestellt wurden, erhalten. Doch wurde auf dem Wanderweg der Nordmeervölker bei Pilsen in einem Depotfund aus dem Ende des 13. Jhdts. v. Chr. ein Rundschild aus Bronze gefunden, der jenen, die die Krieger der Nordmeervölker auf den Wandbildern von Medinet Habu tragen, gleicht[93]. Daß Rundschilde in Griechenland vor der Zeit der Großen Wanderung nicht in Gebrauch waren, haben wir schon oben (S. 37) bemerkt. Die Rundschilde, die aus Griechenland oder Kreta bekannt sind, erscheinen dort erst in der geometrischen Zeit, d. h. also nach dem Eintreffen der Großen Wanderung der Nordmeervölker und vor allem nach der „Rückkehr der Herakliden“ um etwa 1100 v. Chr. Vor allem die Dorier haben ausschließlich den Rundschild und nicht mehr den mykenischen Turmschild oder den mykenischen 8förmigen großen Schild geführt.

Abb. 76
Nordische Rundschilde (Bronze). Aus: Sprockhoff, Zur Handelsgeschichte der germanischen Bronzezeit, Berlin, 1930.

Ähnlich liegen die Dinge auch bei den Hörnerhelmen, mit denen die Nordmeervölker auf den Wandbildern von Medinet Habu dargestellt sind. Derartige Bronzehelme mit kräftigen Stierhörnern sind weder im mykenischen Griechenland, noch in Kleinasien oder Vorderasien oder in Ägypten getragen worden. Daß die Söldner aus dem Volk der Sardana, die sowohl auf der Seite der Ägypter als auch der Nordmeervölker kämpfen, Hörnerhelme, auf denen auf einem kurzen Stiel eine kleine Kugel angebracht ist, tragen, ist nicht verwunderlich. Einerseits rechnen die Ägypter die Sardana zu den Vasallen der Nordmeervölker[94], andererseits bestand schon in der Megalithzeit, also mindestens seit dem Beginn des 3. Jahrtausends v. Chr., eine enge kulturelle Beziehung zwischen den Megalithkulten im westlichen Mittelmeergebiet und denen in West-Nordwest- und Nordeuropa[95]. Die kleinen sardischen Bronzestatuetten, „die Krieger darstellen, welche Hörner tragen, sowie das lange Schwert und den Rundschild zeigen Spuren skandinavischen Einflusses", stellt der Metallurge des Centre Français de la Recherche Scientifique, Jean R. Maréchal, fest[96]. Auf der Nachbarinsel Sardiniens, auf Korsika, hat man zwei Menhire gefunden, die je einen Krieger mit Hörnerhelm und Langschwertern darstellen[97]. Diese Menhire können, weil Langschwerter auf Korsika und Sardinien erst mit der Großen Wanderung erscheinen[98], frühestens aus der Zeit der Großen Wanderung stammen, bis in welche Zeit auf diesen Inseln die Megalithkultur noch herrschte. Diese Menhirstatuen sind kein Beweis, daß der Hörnerhelm aus dem Mittelmeergebiet stammt, sondern nur ein Beweis für die alte Verwandtschaft der Megalithkulturen im westlichen Mittelmeergebiet und an den Küsten und auf den Inseln in West-, Nordwest- und Nordeuropa.

Zahlreiche Felsbilder aus Skandinavien, auf denen Männer mit Hörnerhelmen abgebildet sind, hat Sprockhoff in die ältere Bronzezeit datiert[99]. Auch Schwantes hat bei der Beschreibung des „Großen Stiles", wie er eine Periode der älteren Bronzezeit des Nordens nennt, geschrieben: „In einem Moor auf Seeland hat sich sogar der Teil eines Helmes erhalten. Er ist mit Gold belegt und hat zwei hornartige Ansätze"[100]. Von einer Bronzestatuette, die in Dänemark gefunden wurde, schreibt Schwantes: „Es handelt sich so gut wie sicher um eine Darstellung des Himmelsgottes, wie er, auch mit dem Hörnerhelm, dem Wahrzeichen des Sonnenstiers, auf den Felszeichnungen so außerordentlich oft erscheint"[101]. Auch diese Bronzestatuette mit dem Hörnerhelm gehört nach Schwantes in die Zeit des „Großen Stiles", unter der er die Periode III Montelius versteht. Die Felsritzung von Öster-Röd bei Norrköping, auf der eine große Gestalt (Himmelsgott?) mit einem Hörnerhelm ein Schiff hochhält, gehört wegen anderer besonderer Einzelheiten, vor allem dem großen Ortband seines Schwertes, der älteren Bronzezeit an. In einem Moor bei Viskö auf Nordseeland wurden im Jahre 1942 zwei prächtige Hörnerhelme gefunden, die genau die gleichen geschwungenen und hier in Gußtechnik ausgeführten Hörner zeigen, wie das Felsbild von Öster-Röd. Sie müssen daher ebenfalls in die ältere Bronzezeit datiert werden. Es kann also nicht zweifelhaft sein, daß Hörnerhelme schon in der älteren Bronzezeit des nordischen Kulturkreises getragen wurden. Das ist für diese Zeit in keinem anderen Land nachweisbar.

Über die Strahlenkrone, die auf den Wandbildern von Medinet Habu von einem Teil der Nordmeervölker getragen wird, haben wir schon oben (S. 39f.) einiges berichtet. Sie besteht nicht, wie Herbig annahm, aus

Abb. 77
Bronzestatuette eines Seevölkerkriegers aus Sardinien, 13. Jhdt. v. Chr.
(Photo: Sibylle von Reden, Laren).

Abb. 78
Zwei Statuenmenhire von Cauria auf Korsika. Aus: Großjean, La Corse avant l'Histoire, 1959.

Schilfblättern, auch nicht, wie Strobel annimmt, aus Federn, sondern, wie eine genaue Untersuchung in Medinet Habu und wie Terrakotten von Philistern oder der „Jagdhelfer von Enkomi" zeigen, aus bürstenartig dicht gestellten Roßhaarbüscheln, und zwar sehr wahrscheinlich aus der „Stehmähne" jener Pferderasse, die mit der Großen Wanderung der Nordmeervölker zum ersten Mal ins Mittelmeergebiet gekommen ist. Auch die Spartaner trugen eine derartige Strahlenkrone, wie z. B. die Bronzestatuette eines spartanischen Kriegers (Abb. bei C. W. Borra, 1975, 138) zeigt. Wahrscheinlich meint Herodot diese Strahlenkrone der Spartaner, wenn er berichtet: „Bei ihnen (den Spartanern) gilt nämlich die Sitte, daß sie das Haupt schmücken, wenn sie zum Kampf auf Leben und Tod ausziehen"[102].

Diesen Kopfschmuck kennen wir von skandinavischen Felszeichnungen und von bronzezeitlichen Rasiermessern. So ist z. B. auf einer Felszeichnung aus der älteren Bronzezeit von Vadebacka, West-Götland, ein Schiff abgebildet, in dem u. a. eine Gestalt mit einem Hörnerschmuck und eine andere mit einer Strahlenkrone sitzen[103]. Hinter der Gestalt mit der Strahlenkrone ist außenbords ein Rundschild angebracht. Auf einem Rasiermesser von Voel, Dänemark, tragen zwei Männer, die in einem Schiff sitzen, die Strahlenkrone. Denselben Kopfschmuck trägt eine Gestalt auf einem Rasiermesser, das in der Gegend von Bremen gefunden wurde. Schwantes meint zu dieser Darstellung: „Auf dem Messer ist offenbar der Sonnengott selber dargestellt"[104]. Diese Vermutung mag zutreffen, denn auch die heiligen Tiere des Sonnengottes, das Pferd und der Schwan, werden mit dieser Strahlenkrone dargestellt, so z. B. auf einem Rasiermesser aus der Gegend von Hadersleben oder auf einem solchen aus der Gegend von Eutin. Der dänische Vorgeschichtsforscher J. Brönsted schreibt zu der Gestalt mit der Strahlenkrone auf dem Rasiermesser von Bremen: „Daß die Hauptfigur die personifizierte Sonnengottheit, der Sonnenkörper in Menschengestalt ist, zeigt mit aller Deutlichkeit der von einem Strahlenkranz umgebene Kopf"[105]. Brönsted hat auch eine eigenartige Wiedergabe der Strahlenkrone abgebildet: auf einem Kamm aus Horn ist am Griff ein Menschenantlitz mit Augen und Nase dargestellt, und über der Stirn ragen die einzelnen Zinken des Kammes als Strahlenkrone auf[106] (s. Abb. 100, S. 100).

So ist die Strahlenkrone aus dem nordischen Kulturkreis schon für die frühe Bronzezeit nachgewiesen und es ist wahrscheinlich, daß die Strahlen Symbole der Sonnengottheit, die ja in der Bronzezeit Nordeuropas in besonderer Weise verehrt wurden, darstellen, und daß für die Strahlenkrone die Stehmähne des Rosses, das der Sonne heilig war, genommen wurden. Die Farben der Strahlenkrone der Philister sind an jenen Stellen, an denen die Farben noch zu erkennen sind, gelb. Das ist auch die Farbe der Stehmähnen jener Pferderasse, die durch die Große Wanderung in die Mittelmeerländer gekommen ist (s.oben S.42), wie ein Fachmann auf diesem Gebiet, A. Fichtel, festgestellt hat. Es gibt nur eine Pferderasse, die derartige Stehmähnen hat. Man hielt diese Pferderasse lange Zeit für ausgestorben, hat sie dann aber in norwegischen Fjorden wiedergefunden, sie wird daher „norwegisches Fjordpferd" und „Fjording" genannt. A. Fichtel bezeichnet es als ein „extrem

nordisches Pferd". Bei seinen Untersuchungen kam er zu der Feststellung, „daß die Dorier es bei Beginn der Eisenzeit mit nach Griechenland brachten"[107].

Abb. 79
Bronzehelme aus der Zeit um 1200 v. Chr., Kopenhagen, Nationalmuseum (Photo des Museums).

Fichtel hat auch festgestellt, daß z.B. die Sonnenrosse am Parthenonfries solche „skandinavischen Pferde" darstellen und daß diese Rasse seit der geometrischen Zeit häufig in der griechischen Kunst dargestellt wird.

Da wir diese Strahlenkronen aus der Zeit vor der Großen Wanderung nur aus dem nordischen Kulturkreis kennen, und sie eine Trachteneigentümlichkeit der stammverwandten Dorier und Philister sind, stellt die Strahlenkrone einen zusätzlichen Hinweis dar, wo die Heimat der Nordmeervölker zu suchen ist.

Der Streitwagen der Nordmeervölker ist durch jenen Fund eines nordischen Streitwagens aus Ägypten besonders interessant. Da, wie wir oben (s. oben S. 18) hörten, für die Herstellung eines Streitwagens das Holz von Steineichen, Eschen und Hainbuchen sowie Birkenbast verwendet wurde, hat schon der bekannte Vorgeschichtsforscher Hugo Mötefindt in einer eingehenden Arbeit über das Thema: „Der Wagen im nordischen Kulturkreis zur vor- und frühgeschichtlichen Zeit" (1917), diesen Wagen als „nordischen Streitwagen" bezeichnet. Auch W. Barthel und C. Atzenbeck schreiben in ihrem „Handlexikon der Vorgeschichte" von diesem Wagen, daß er „zweifellos aus dem Norden" stammt[108]. Th. H. Engelbrecht nennt ihn einen „Wagen nordischer Herkunft"[109].

Abb. 80
Felszeichnungen von Vadebacka, Västergötland. Gestalt rechts mit Strahlenkrone. Aus: Almgren, Nordische Felszeichnungen als religiöse Urkunden. Frankfurt/M., 1934

C. Schuchhardt stellte fest: „Reiterei und Streitwagen sind für den Norden schon durch bronzezeitliche Felsbilder in Bohuslän und Schonen bezeugt. Und zwar tritt dabei der Streitwagen in einer Form auf, die den ältesten im Süden und Osten überlieferten noch um eine Stufe voraus liegen“[110]. Die nordischen Streitwagen zeigen eine besondere Eigenart. Der Rosselenker steht nicht über der Wagenachse, sondern auf der Deichsel und lenkt den Wagen nicht nur mit den Zügeln, sondern auch durch Gewichtsverteilung, was besondere Geschicklichkeit erfordert, aber auch die Möglichkeit gibt, die Fahrtrichtung schnell zu ändern und das Stoßen über der ungefederten Achse abzumildern.

Dieselbe Eigenart haben auch die Streitwagen der Libyer, die zusammen mit den Nordmeervölkern von Westen her gegen Ägypten vorstießen. D. Wölfel, der beste Kenner der vorgeschichtlichen Kultur „Weißafrikas“, schreibt: „Die Stelle des Fahrers (der libyschen Streitwagen) ist anscheinend immer nicht über der Achse, sondern auf die Deichsel vorverlegt, so daß die Pferde nicht nur ziehen, sondern auch tragen. Das sind starke Abweichungen vom in Ägypten üblichen Wagentyp“[111].

Das beste Beispiel dafür, den Stand des Wagenlenkers nicht über der Achse vorzusehen, sondern ihn auf die Deichsel vorzuverlegen, ist uns aus dem nordischen Kulturkreis auf einer Platte des berühmten Grabmales von Kivik, Südschweden, erhalten. Dieses Grab gehört der älteren Bronzezeit an[112], es ist also viele Jahrhunderte älter als die Darstellungen der Streitwagen der Libyer, die erst in der Zeit der Großen

Wanderung, also um 1200 v. Chr., mit Streitwagen, Pferden und Bronzeschwertern ausgerüstet wurden. Es ist daher nicht unwahrscheinlich, daß sie dies alles erst ihren Bundesgenossen, oder – wenn man den Angaben der zeitgenössischen ägyptischen Texte Glauben schenken will – ihren Herren „von den Inseln im Ozean, die im Norden liegen", zu verdanken haben.

In diesem Zusammenhang ist auch bedeutsam, daß von den Nordmeervölkern behauptet wird, daß sie nicht nur als Streitwagenfahrer, sondern auch als Reiterkrieger gekämpft hätten. Auch im Alten Testament wird von den Nordischen gesagt: „sie reiten auf Rossen" und als Heimat dieser Reiter wird angegeben: „Schon kommt ein Volk vom Nordland her, eine große Nation erhebt sich von den äußersten Enden der Erde". Die archäologischen Untersuchungen haben die merkwürdige Tatsache erwiesen, daß Reiterkrieger erst mit der Großen Wanderung in Erscheinung treten. So sagt J. Wiesner: „Erst die Große Wanderung bringt den vollen Einsatz des Pferdes als Fahr- und Reittier und damit die volle Verwendungsmöglichkeit des Tieres"[113]. Ja, es ist sogar die Meinung vertreten worden, daß die Einführung des Reiterkriegers, also der Kavallerie, den indogermanischen Völkern die Möglichkeit zur Ausbreitung, d. h. zur Großen Wanderung, und damit zur Umgestaltung der Welt gegeben habe[114].

Auf jeden Fall war das Reiten vor der Großen Wanderung „in der Ägäis überhaupt nicht bekannt"[115]. Auch in Ägypten war das Reiten unbekannt. Der Hyksoskönig Chian, der auch Sesostris genannt wurde, hatte zwar die Pferdezucht und die Fahrkunst im Kriegswagen seit etwa 1600 v. Chr. nach Ägypten gebracht, nicht aber die Reitkunst[116]. Das Volk Israel, das ja jahrhundertelang in Ägypten gelebt hatte, wußte mit den Rossen der siebzehnhundert Reiter und den Streitwagen der Philister, die sie zur Zeit Davids erbeutet hatten, nichts anderes anzu-

Abb. 81
Nordisches Stehmähnenpferd vom Parthenonfries.
London, British Museum.

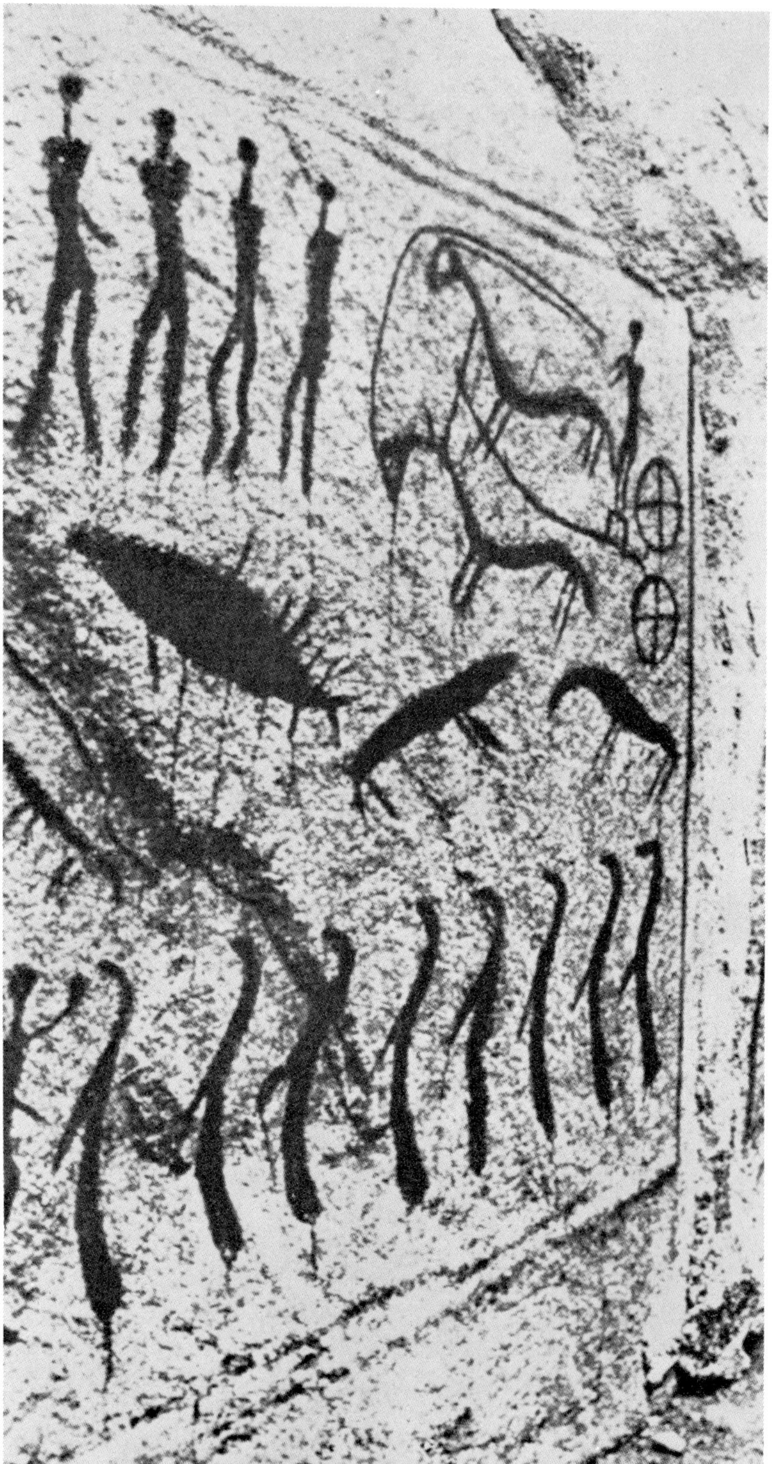

Abb. 82
Wagen von Kivik. Felszeichnung.
Aus: Schwantes, Vorgeschichte Schleswig-Holsteins, Neumünster, 1939.

fangen, als alle Rosse zu „verlähmen", d. h. ihnen die Sehnen durchzuschneiden[117].

Um so erstaunlicher ist es, daß mit den seefahrenden Nordmeervölkern außer den Streitwagenkriegern auch Reiterkrieger zum erstenmal in Erscheinung treten.

Auf vielen skandinavischen Felsbildern und gerade auf solchen, die wegen vieler Details (Form der Äxte, besonders große Ortbänder, besondere Ziermotive usw.) u. a. auch von Sprockhoff in die ältere Bronzezeit datiert werden, befinden sich Darstellungen von Reitern oder Reiterkriegern, die mit Rundschild und Lanze bewaffnet sind.

Auf dem bronzenen Stirnreif von Roga, Mecklenburg, steht ein Reiter auf dem Rücken eines Pferdes, ähnlich sind zwei Felsbilder von Järrestad Schonen, die auch Männer auf den Rücken von Pferden stehend zeigen[118]. Auf einem Stirnreif von Tjusby (Insel Öland) sind zwei Reiter abgebildet[119], die eine Figur der Hohen Schule, nach Meinung des bekannten Turnierreiters F. Thiedemann, die „Piaffe", reiten. Diese Dressurfigur verlangt vom Reiter großes Können. Es sind also keine Anfänger der Reitkunst dargestellt.

Die Völker des nordischen Kulturkreises der Bronzezeit sind die einzigen Völker Europas, die Hochseeschiffahrt, Streitwagenfahren und Reiten beherrschten. Auch das ist ein Hinweis auf die Heimat der Philister und der anderen „Nordmeervölker", die über dieselben Erfahrungen und Kenntnisse verfügten.

Wir haben oben (s. oben S. 29) auch festgestellt, daß die Nordmeervölker niemals Pfeil und Bogen in der Schlacht verwendeten. Es wird auch in späterer Zeit niemals von den Philistern und den Doriern berichtet, daß sie in der Schlacht Pfeil und Bogen benützt hätten. Ja, der griechische Archäologe Sp. Martinatos meinte, daß die Dorier den Gebrauch von Pfeil und Bogen erst von den Joniern gelernt hätten. Nun ist das nicht sehr wahrscheinlich, denn für die Jagd haben diese Völker höchstwahrscheinlich Pfeil und Bogen benützt. Aber im Kampf hielten sie diese Waffen für „feige Waffen", sie versuchten immer auf Schwertlänge an den Mann heranzukommen und ihn im Zweikampf zu besiegen. Daß die Ägypter, Hethiter, mykenischen Achäer mit besonderer Vorliebe Pfeil und Bogen im Kampf einsetzten, haben wir oben (s. oben S. 29) gehört. Die Linear-B-Täfelchen, die von den Rüstungsmaßnahmen der achäischen Fürsten gegen die langsam auf Griechenland vordringende Nordmeervölker berichten, erwähnen viele tausende von Pfeilen – in Knossos auf einem Täfelchen 6010, auf einem anderen 2630 Pfeile –[120], die bereitgestellt werden mußten und von „Bogenmachern", die eingesetzt wurden[121].

Die Nichtverwendung von Pfeil und Bogen in der Schlacht wird auch in späterer Zeit von den Germanen berichtet. So berichtet z.B. Plutarch in seinem Werk „Leben des Marius": „Die Kimbern kämpften ohne Bogen, nur mit Schwert und Schild und Speer"[122]. R. Much sagt in seinem Kommentar zur „Germania" des Tacitus: „Pfeil und Bogen spielte als germanische Kriegswaffe offenbar keine Rolle, wie aus ihrer Nichterwähnung in Kampfberichten und ihrem Fehlen in Kriegergräbern erhellt"[123]. Um 1240 n. Chr. schreibt Bartholomäus Angelicus in seiner Beschreibung von Friesland: „Das Volk ist von großer Kraft,

Abb. 83
Darstellung von Reitern auf nordischen Felszeichnungen.
Aus: Baltzer, Schwedische Felszeichnungen, Hagen 1919.

hohem Wuchs und ernsten und kühnen Sinnes. Statt der Pfeile werden bei ihnen eiserne (Wurf)-Lanzen gebraucht"[124]. Diese Nichtverwendung von Pfeil und Bogen in der Schlacht durch die Germanen scheint auf der alten Vorliebe für den Nahkampf Mann gegen Mann und auf der Verachtung von Waffen, „die aus der Ferne töten", zurückzuführen zu sein. Dieser Vorliebe zum Nahkampf ist der Philister Goliath, der ja auch nur „Schwert, Spieß und Schild"[125] bewaffnet war, zum Opfer gefallen. Vielleicht war das auch die Ursache, warum die Führer der Herakliden Hyllos im Kampf gegen Echemos und Xanthos im Kampf gegen Melanthos (s. oben S. 44—45) den Tod fanden.

Die merkwürdige Sitte der Philister, durch einen Zweikampf der besten Kämpfer über den Besitz eines Landes entscheiden zu lassen, die ja auch die verwandten Dorier = Herakliden übten, finden wir auch später bei den Germanen. Tacitus berichtet: „Sie (die Germanen) suchen auf jede Weise einen Mann aus dem Volke, mit dem sie im Kriege liegen, in ihre Gewalt zu bekommen und lassen ihn dann mit einem aus ihrer Mitte Auserwählten – einen jeden in den Waffen seines Landes – kämpfen. Den Ausgang des Zweikampfes betrachten sie als Vorbedeutung für den Ausgang des Krieges"[126]. Dazu schreibt R. Much in seinem Kommentar zu dieser Stelle: „Wir besitzen Belege für Zweikämpfe, durch die Kriege ausgetragen wurden. So in bezug auf Wandalen und Alemannen bei Gregor Tur. 2.2; auf die Franken bei Agathias 1,2; auf Langobarden und Assipittern bei Paulis diac. 1,12; Auch zwischen Engle und Myrginge wird durch Offa nach Wids. 41 ‚ane swords', d. h. ‚mit einem einzigen Schwert', d. h. Zweikampf, die Grenze festgelegt"[127].

Sicherlich hat es auch bei homerischen Helden Zweikämpfe gegeben, aber diese entschieden nur über Leben und Tod des einen der beiden Helden, aber nicht über den Besitz des Landes oder die Festlegung der Grenzen.

Der Vorgeschichtsforscher S. Kleemann schreibt in seinem Buch über „Ausgrabungen in Deutschland" folgendes: „Ganz erstaunlich zuverlässig sind die örtlichen Sagen und Märchen. Was hier alles möglich ist, grenzt wortwörtlich an das Sagenhafte"[128]. Dann führt er eine Reihe von Sagen an, die durch die Spatenforschung bestätigt wurden. Darunter ist auch eine Sage um einen bronzezeitlichen Grabhügel bei Schuby, südlich von Schleswig. Diese Sage erzählt, daß in dem Grabhügel ein geköpfter Krieger liege, dem die Königin von Schleswig in einem Zweikampf um den Besitz des Landes den Kopf abgeschlagen habe. „Tatsächlich", so schreibt Kleemann, „war in dem Hügel ein Körpergrab, in dem auf einem Steinpflaster die Skelettreste eines Mannes lagen, dessen Schädel bei den Füßen niedergelegt war. Das ist eine in Grabhügeln ganz ungewöhnliche Bestattungsart". Der Kieler Vorgeschichtler K. Kersten hat in seinem Werk „Zur älteren nordischen Bronzezeit" ähnliche Beispiele angeführt und gezeigt, daß Sagen aus Schleswig-Holstein zutreffende Erinnerungen an Ereignisse der älteren Bronzezeit enthalten. Auch Kersten führt u. a. den Ausgrabungsbefund des Grabhügels von Schuby bei Schleswig als „im höchsten Grade eigentümlich" an[129].

So besteht die Möglichkeit, daß die Sage von jenem Zweikampf um

Abb. 84
Kesselwagen aus Bronze.
Vom „Trushoj" in Skallerup, Süd-Seeland (Dänemark).
Aus: Bröndsted II, 1962.

das Land zwischen der Königin von Schleswig und dem von ihr im Kampf geköpften Krieger eine gute Erinnerung aus der älteren Bronzezeit enthält.

Auch die Einteilung des Heeres in Hundertschaften und Tausendschaften, die für die Philister und Dorier bezeugt ist, ist für den nordischen Kulturkreis durch die rechtshistorischen Untersuchungen von Claudius von Schwerin und von Siegfried Rietschel nachgewiesen worden. Beide Forscher kommen unabhängig voneinander zu dem übereinstimmenden Ergebnis, daß diese Heereseinteilung und die Einteilung des Landes in Lose und Harden (dän. Haeret, schwed. Hundari) „ihren Ursprung in der Urzeit" haben, „ein Produkt germanischer Ansiedlung sind", „ihre Entstehung in den Tagen der Besiedlung des Landes durch die germanischen Stämme" nachweisbar sei[130].

Bei der Besprechung der Keramik der Philister haben wir erfahren, daß die Philisterkeramik in ihren Formen und ihrer Herstellungsart (Töpferscheibe) spätmykenische Einflüsse zeigt, daß aber die Motive völlig von jenen aus dem ägäischen Raum verschieden sind. Die häufig wiederkehrenden Motive auf der Keramik der Philister und der Dorier sind Schwäne, Volutenbäume oder Himmelssäulen und verschiedene geometrische Muster.

Der Schwan, der so oft auf der Philisterkeramik erscheint und mit dessen Kopf die Steven der Philisterschiffe geschmückt sind, war für die

Nordmeervölker ein heiliges Tier, denn der Schwan war das Geleittier des Gottes Apollon, den die Nordmeervölker in besonderer Weise verehrten.

Schwäne erscheinen seit dem Ende der älteren Bronzezeit im nordischen Kulturkreis sehr häufig auf Bronzegegenständen oder skandinavischen Felsbildern. So zieren z. B. vier Schwäne den Kesselwagen von Skallerup[131] (Dänemark), den Schwantes in die Zeit des „schönen Stiles", der Blütezeit der Periode III, datiert. Schwanenköpfe sind auch auf vielen Steven von Schiffen auf skandinavischen Felsbildern angebracht, von denen viele der älteren Bronzezeit angehören. Schwäne ziehen auf bronzenen Kultkesseln oder Rundschilden die Sonne.

Abb. 85
Kesselwagen von Peckatel (Kreis Schwerin). 12.–11. Jhdt. v. Chr. Aus: E. Schuldt, Technik der Bronzezeit, Schwerin, 1965.

Schwanenköpfe bilden die Enden bronzezeitlicher Rasiermesser oder sind selbst auf den Rasiermessern dargestellt, Schwäne schmücken bronzene Griffzungenschwerter oder -messer und bilden den Abschluß von Hals- oder Armringen. Darstellungen des hyperboreischen Apollon im Schiff mit Schwanenkopfsteven befinden sich auf skandinavischen Felszeichnungen und fast genau diesen Bildern entsprechend auf kleinen Bronzeschiffen aus Funden aus Mecklenburg, Steiermark und aus der Nekropole von Suessela (Italien)[132]. Uralt ist die griechische Überlieferung, daß Singschwäne den Tempel des Hyperboreischen Apoll umkreisen und „gleichsam als Chorknaben den Gott mit ihren Rufen den ganzen Tag feiern“[133a]. Ebenso alt ist die griechische Überlieferung, daß Singschwäne den Eridanus, den Bernsteinstrom, bevölkern und mit den Heliaden um Phaëthon trauern, oder daß Kyknos, auf Deutsch „der Schwan“, ein naher Verwandter des Phaëthon, ebenfalls um Phaëthon trauert und in einen Singschwan verwandelt wurde, der mit anderen Singschwänen im Eridanos schwimmt. Da der Bernsteinstrom Eridanos mit Sicherheit mit der Eider identisch ist, stimmt diese alte griechische Überlieferung auch heute noch. Denn alljährlich im Frühjahr bevölkern viele Singschwäne die Eider (Foto), bevor sie weiter in die Gegenden nördlich des Polarkreises fliegen, wo sie ihre Brutstätten haben (s. Abb. 87, S. 132).

So wie die oben erwähnten kleinen Bronzeschiffe mit dem in ihnen stehenden Apollon den westlichen Wanderweg der Großen Wanderung von Mecklenburg nach Italien andeuten, so deuten die Schwanenbilder oder -figürchen in Ungarn/Jugoslawien/Griechenland/Zypern/Palästina den östlichen Wanderweg der Völkerschaften aus dem nördlichen Europa an.

Die Schwanenkopf-Stevenschiffchen aus dem Donau-Balkanraum sind dort aber nicht beheimatet.

In diesem Zusammenhang ist der „Schwanenwagen von Dupljaja“ von besonderem Interesse. Dieser Wagen stammt aus der frühen Eisenzeit[133b], er ist also jünger als die Große Wanderung. Auf dem Gestell eines dreirädrigen Wagens sitzen drei Schwäne, die den Wagen offenbar ziehen sollen. In dem Wagen steht eine männliche Figur, die ein festliches, bis auf die Füße wallendes, mit Sonnensymbolen geschmücktes Gewand trägt. Der festlich gekleidete Mann trägt um den Hals einen Schmuck, wie er uns in völlig gleicher Form aus dem nordischen Kulturkreis, aus Dänemark[134] und Schleswig-Holstein[135] bekannt ist. Dieser Wagen gehört nicht der ungarischen Kultur der Bronzezeit an, wie behauptet wird, sondern der frühen Eisenzeit, in der durch die die Eisentechnik beherrschenden Nordmeervölker die einheimische Bevölkerung der ungarischen Ebene aus ihren Sitzen verdrängt worden war, und in der die Nordmeervölker sich einige Zeit in Ungarn aufhielten, um dann, unter Zurücklassung von Teilen ihrer Stammesgenossen, kurz vor 1200 v. Chr. weiterzuziehen. Die Schwäne, die Sonnenzeichen, der nordische Halsring, das mit Sonnensymbolen verzierte Gewand, sind deutliche Hinweise, daß wir es nicht mit einem Produkt der in jener Zeit aus Ungarn vertriebenen Urbevölkerung zu tun haben, sondern mit einem Produkt der Völkerschaften aus dem nordischen Kulturkreis (s. Abb. 88, S. 133).

Es herrscht große Übereinstimmung, daß es sich bei dem festlich geschmückten Mann um den hyperboreischen Apollon handelt. Diese Ansicht hat auch Sprockhoff vertreten. Er schreibt u. a.: „Wenn man den Bericht über Apollons Fahrt zu den Hyperboreern nachliest, so heißt es da, daß Apollon mit Schwänen zu den Hyperboreern fährt, und daß er nach einem Jahr auf einem Schwanenwagen zum heiligen Quell nach Delphi zurückkehrt, um daselbst den Hellenen Recht und Gesetz zu verkünden. Daraus geht rein überlieferungsmäßig hervor, daß es sich um ein ursprünglich für das damalige Griechenland neues und fremdes Recht gehandelt hat. Es wird damit auch bestätigt, daß Apollon selbst ehemals ein Landfremder war. Er fährt offenbar in seine alte Heimat, wenn er zu den Hyperboreern reist, zum Ausgangspunkt der Bewegung, die ihn nach Griechenland gebracht hat, zu einer Art Befehlsappell, um sich ständig in der Zentrale auf dem laufenden zu halten und gewissermaßen immer wieder die reine Glaubenslehre zu holen, damit die Idee in der neuen Heimat nicht verfälscht wird oder versandet. Entscheidende Bedeutung kommt in vorliegendem Zusammenhang nun aber der Beschreibung des Wagens zu, den Apoll bei seiner Reise benutzt. Es heißt da: Als Apoll geboren wurde, stattete Zeus ihn mit goldener Binde und Leier aus, gab ihm dazu einen Wagen zu fahren, Schwäne waren der Wagen, und schickte ihn nach Delphi! Eine treffendere Beschreibung für den Wagen von Dupljaja scheint nicht möglich. Sie bedarf kaum einer weiteren Interpretation. Die Schwäne – auf dem Vorderrad – ziehen den Wagen, aber gleichzeitig sind sie selbst der Wagen(-kasten), und der Gott Apollo – der Mann mit dem Priesterstock – fährt den Wagen, stehend in den Schwänen, und das Ganze geschieht unter dem heiligen Symbol der Sonne – dem vierspeichigen Rade im Wagenkasten. Der urgeschichtliche Fund ist eine Illustration zu dieser antiken Überlieferung[138a].

Abb. 86
Apoll mit Haarbinde und Kithara auf ausgebreiteten Schwanenflügeln (Vase).

Abb. 87
Singschwäne auf der Eider = Eridanos.
(Photo: Rolf Suppe, Husum).

Man wird den Ausführungen Sprockhoffs in vollem Umfang zustimmen müssen. Wenn man dann aber weiterliest, daß die Heimat des hyperboreischen Apollon, also „der Ausgangspunkt der Bewegung, die ihn nach Griechenland gebracht hat", „im nordwest-balkanischen Raum" oder „im slowakisch-ungarisch-jugoslawischen Raum an der mittleren Donau"[138b] gelegen haben soll, so scheint Sprockhoff „den Bericht über Apollons Fahrt zu den Hyperboreern" nicht sehr aufmerksam gelesen zu haben. Er zitiert griechische Überlieferungen vom hyperboreischen Apollon, läßt aber alle jene Angaben aus, die in diesen Überlieferungen über die Heimat Apollons und der Hyperboreer vielfach gemacht werden! Das ist mehr als unverständlich! Würde Sprockhoff diese Überlieferungen vollständig zitieren, dann würde es deutlich, daß die Heimat Apollons und der Hyperboreer, der „Ausgangspunkt der Bewegung, die ihn nach Griechenland gebracht hat", nicht „im nordwestbalkanischen Raum" und nicht „im slowakisch-ungarisch-jugoslawischen Raum an der mittleren Donau" liegt, sondern im nordeuropäischen Raum, also im Gebiet des nordischen Kulturkreises der Bronzezeit. Von den vielen Stellen, in denen uns von der Lage des Hyperboreerlandes und der alten Heimat Apollons berichtet wird, seien nur einige wenige herausgegriffen. Hekataios (6. Jhdt. v. Chr.) berichtet: „Jenseits des Keltenlandes (= Europa bis an die Weser) liegt eine Insel im Ozean, die nicht kleiner ist als Sizilien und sich nach Norden erstreckt, sie wird von den Hypoboreern bewohnt"[138]. Aristeas (um 550 v. Chr.) sagt: „Die Hyperboreer wohnen im fernsten Norden am Strande des Ozeans"[140]. Damastes (um 450 v. Chr.) schreibt: „Jenseits der Rhipäen (Karpaten-Alpen), von denen der Boreas (Nordwind) weht, wohnen am äußersten Ozean die Hyperboreer"[141]. Aelian (2. Jhdt.

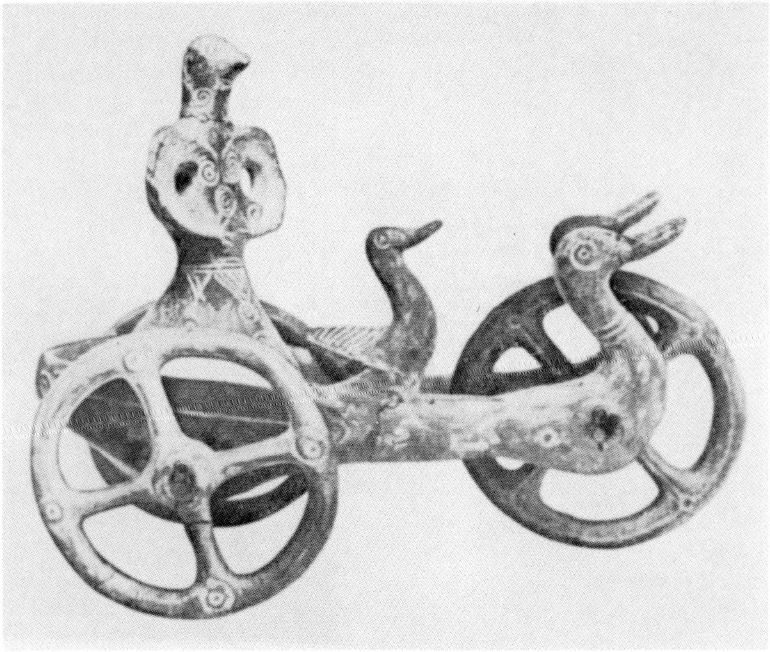

Abb. 88
Wagen von Dupljaja. Apoll auf dem Schwanenwagen.

n. Chr.) überliefert: „Die Hyperboreerinsel liegt im nördlichen Ozean, sie wird von den Griechen auch Schwaneninsel genannt, weil zur Zeit der Feste Apollons unzählige Scharen von Schwänen das Heiligtum umschweben“[142]. Bei Mela Pomponius (1. Jhdt. n. Chr.) lesen wir: „Wenn man am nördlichen Ozean (von Britannien aus, das er unmittelbar vorher erwähnt hat) in der Richtung nach Asien (also nach Osten) fährt, dann stößt man zuerst auf das Hyperboreerland“[143]. Plinius (1. Jhdt. n. Chr.) stellt fest: „Die Hyperboreer leben im äußersten Norden am Ozean, der neunte Parallelkreis (52—57 Grad nördl. Breite)[144] geht durch das Hyperboreerland und durch Britannien“[145]. Apollonios von Rhodos (3. Jhdt. v. Chr.) überliefert in seiner „Argonautica“ eine alte Sage vom Eridanosfluß: „Auch geht bei den Kelten die Sage, daß diese Tränen (Bernstein), geschwemmt in die Wirbel des Eridanos, dem Sohne der Leto, Phoibos Apollon, entstammen, wie er sie unzählige vergossen, als er zum heiligen Volk der Hyperboreer gelangte“[146].

Es kann also nicht der geringste Zweifel daran bestehen, daß „wenn man nämlich den Bericht von Apollons Fahrt zu den Hyperboreern nachliest“, wie Sprockhoff sich ausdrückt, die Hyperboreer nicht „im slowakisch-ungarisch-jugoslawischen Raum an der mittleren Donau“ oder gar im „nordwestbalkanischen Raum“ beheimatet sind, sondern im Bernsteinland der Antike am nördlichen Ozean gegenüber von Britannien, also auf der Kimbrischen Halbinsel. Darum heißt es in L. Prellers und C. Roberts Lexikon der „Griechischen Mythologie“ unter dem Stichwort „Hyperboreer“: „Immer gehören zum Land der Hyperboreer die Schwäne und der Eridanosfluß“ und „Das Land der Hyperboreer grenzte mit seinem Eridanosstrom an den Okeanos (Hesiod, sc. Herc. 325; Eurip. Phaeth. fr. 775,31, Aelian N.A. 11,1)“.

Diese Ausführungen über die Heimat der hyperboreischen Apollon waren erforderlich, weil auf jener Amphora, die in einem Grab in Enkomi auf Zypern gefunden wurde, nach Wiesners überzeugenden Ausführungen die Ankunft des hyperboreischen Apollon von „seinem geliebten Nordvolk der Hyperboreer" dargestellt ist, weil auch in späteren Jahrhunderten die Philister den Apollon verehrten und die diesem Gott heiligen Schwäne überaus häufig auf der „Philisterkeramik" abgebildet haben. Die Verehrung des hyperboreischen Apollons und die häufige Darstellung seiner heiligen Tiere, der Schwäne, ist ein zusätzlicher Hinweis, wo wir die Heimat der Philister und der anderen Nordmeervölker, der Sakar und der Denen, zu suchen haben: im nordischen Kulturkreis der Bronzezeit, in der alten Heimat Apollons.

Denselben Hinweis geben uns auch die „Volutenbäume" auf den Philisterwaren. Diese „Volutenbäume" sind in Wirklichkeit Darstellungen der Himmelsstütze.

Die wohl älteste Darstellung der Himmelsstütze auf Zypern befindet sich auf einem Napf aus Sinda (Zypern), sie gehört der Gattung SII III c2, Ende des 13. Jhdts. v. Chr., an[147].

Auf diesem Napf aus der ersten Zeit der Besetzung Zyperns durch die Nordmeervölker sind deutlich die weitausladenden Arme, „Voluten" = „Kaphtorim", im oberen Teil der Himmelsstütze und zwischen ihnen der „Himmelsnagel", die keilförmige Spitze, auf der der „Polstern", „Nagelstern", „Leitstern", des Himmels aufruht[148], zu erkennen.

W. Wirth sagt in seiner in diesem Zusammenhang wichtigen Arbeit „Die Volute": „Die Weltsäule garantiert als Achse des Umschwunges der Gestirne und Träger des Himmelsgewölbes den Bestand und das Ordnungsgefüge der Welt; sie berührt mit ihren Volutenarmen den Himmel, die Welt der Götter, und verbindet Himmel und Erde miteinander. Die Volute wird daher zum Symbol für diese Berührung mit dem Himmel und den Göttern. Deshalb erscheint sie oft auch im Ornament mit dem Strahlenkranz, dem Symbol des Himmelslichtes"[149], und: „Dies (die Verbreitung des Volutensymbols) vollzieht sich mit dem Untergang der kretisch-mykenischen und altanatolisch-hethitischen Kultur und dem etwa gleichzeitigen Einbruch der sogenannten Seevölker (= unsere Nordmeervölker sind gemeint) und verwandter Stämme in das Gebiet des östlichen Mittelmeers und des Vorderen Orients. Das Volutenzeichen war den neu auftretenden Völkern bekannt. Jedenfalls finden wir es nun in zunehmendem Maße im ganzen Umkreis jener Gebiete, die von der Seevölkerbewegung erfaßt werden, als deren führende Vertreter ja die Philister – das Säulenvolk der Bibel – angesehen werden"[150]. Tatsächlich finden wir, wie Wilhelm Wirth sich ausdrückt, „nun in zunehmendem Maße im ganzen Umkreis jener Gebiete, die von der Seevölkerbewegung erfaßt wird", die Verbreitung der Welt- oder Himmelssäule mit ihren weitausladenden Volutenarmen.

Etwas jünger als die Himmelsstütze mit den weitausladenden Volutenarmen von Sinda auf Zypern ist die Darstellung desselben Symbols auf einem Philisternapf, in dem ein Skarabäus mit dem Siegel Ramses IV. (+ 1160 v. Chr.) lag. Auch diese Himmelsstütze zeigt die weitausladenden Volutenarme und zwischen ihnen in der Mitte die keilförmige

Spitze, um die sich, nach der Vorstellung der alten Völker, der weite Himmel drehte.

Die auffallende Ähnlichkeit dieser Darstellung der Himmelssäule mit der Irminsul der Sachsen ist wiederholt, zuletzt von W. Wirth, betont worden[151]. Auf jüngeren Philistergefäßen wird dieses Symbol häufig abgebildet. Man hat den Eindruck, daß entweder die ursprüngliche Form der Himmelsstütze immer mehr in Vergessenheit geriet oder daß die Töpfer, die im Auftrag ihrer Philisterherren arbeiteten, keine rechte Vorstellung vom Aussehen der Himmelsstütze hatten. Die Darstellungen verlieren immer mehr die Ähnlichkeit mit jenen auf dem Gefäß von Sinda oder mit jenem Philisternapf von 1160 v. Chr., die keilförmige Spitze und die Säule verschwinden und schließlich werden nur noch die weitausladenden Voluten dargestellt (s. Abb. 71, S. 105).

Sicherlich haben die Phönizier, wie vieles andere auch (siehe oben S. 27), das Symbol der Himmelsstütze von den Nordmeervölkern übernommen. Die Himmelsstütze mit den Voluten und der keilförmigen Spitze, die ursprünglich als Kultsäule im Freien stand, „wurde später umgewandelt in die praktische Funktion, das Tempeldach zu tragen" (W. Wirth)[152]. So entstanden die Tempelsäulen, die häufig noch die keilförmige Spitze in der Mitte der beiden Volutenarme und eine Sonne

Abb. 89
Himmelssäule auf einem Napf der Nordmeervölker aus Zypern. Ende des 13. Jhdt. v. Chr. (Photo: Editions Nagel, Genf).

1

2

3

4

5

6

oder einen Stern, als Symbol des Himmels, über der Spitze zeigen, in phönizischen und zyprischen Heiligtümern. Wilhelm Wirth schreibt: „Einmal in die Architektur eingeführt, wird das Volutenkapitell, wie die verschiedenen Entwicklungsformen zeigen, so weit um- bzw. durchgebildet, bis jene harmonische Formel gefunden wurde, die sich allgemein als Krönung der ionisch-griechischen Architektursäule durchsetzte. Die ursprünglich zwischen den Volutenarmen befindliche, nach oben gerichtete Keilspitze verschwindet, die Trennung der Volutenarme wird aufgehoben zugunsten jener weich durchschwingenden Linie, die beide Volutenarme harmonisch verbindet. Wie die weitere Ausgestaltung des Kapitells erkennen läßt, ist die Anpassung an das Prinzip der sogenannten Kymatien dabei wirksam gewesen. Beim korinthischen Kapitell taucht dann das alte Motiv der Doppelvolute – auch mit angedeuteter Strahlenrosette – wieder auf, um jedoch mehr und mehr von schmückendem Blattwerk überwuchert zu werden“[153].

Es entsteht angesichts dieses so weit verbreiteten Symbols die Frage, wo es entstanden ist.

Diese Frage hat zuerst O. S. Reuter, ein anerkannter Fachmann auf dem Gebiet der Himmelskunde alter Völker, beantwortet. Er schreibt auf Grund astronomischer Gegebenheiten folgendes: „Nur im Norden Europas kann diese Vorstellung (von einer zum Polarstern aufragenden Himmelsstütze, um deren Spitze die Sterne kreisen) entstanden sein, da, wo die Säule, wenn auch „nach Norden geneigt“, doch einigermaßen senkrecht empor zum Himmel ragt, nicht aber im Süden, wo der Pol sich tiefer und tiefer zum nördlichen Himmelsrand neigt“ . . . „Wenn Spuren dieser Vorstellung auch bei südlichen Völkern auftauchen, so müssen sie mit den Wanderungen nördlicher Völker dorthin gekommen sein“ . . . „Der astronomische Befund läßt eine Umkehrung der Entlehnungsrichtung nicht zu“[154].

In letzter Zeit hat Prof. Dr. W. Schmied-Kowarzik dieselbe Frage untersucht und ist zu demselben Ergebnis gekommen; auch er sagt, daß die Vorstellung von der Himmelsstütze, die zum Polarstern aufragt, nur dort entstehen konnte, „wo man den Polarstern als den feststehenden Mittelpunkt aller himmlischen Kreisbewegungen erkennen konnte“, . . . „Das Himmelszelt hatte einen Drehpunkt, Stütz- und Höhepunkt. Es wäre sinnlos, wollte man den Himmel irgendwo beliebig stützen. Der Weltenbaum oder -pfahl hat nur dann einen Sinn, wenn er vom Norden zum Polarstern reicht“ . . . „Daß Atlas (der Himmelsstützer oder -träger) ursprünglich nicht im Westen der Erde zu finden war, da man ein sich drehendes Gewölbe nur in seinem Angelpunkt (also im Norden) stützen kann, wußten auch Pherekydes, Hesiod (Theogonia 746), Sophokles, Aristoteles u. v. a. Deshalb nennt auch Ephoros in Skymn 189 die Himmelssäule des Atlas: „stele boreios“-Nordsäule, und Vergil dichtet vom Norden: „Wo der ragende Atlas/ dreht auf der Schulter den Pol/mit brennenden Sternen beheftet“[155].

Tatsächlich finden wir im nordeuropäischen Raum auf skandinavischen Felszeichnungen schon sehr früh Darstellungen der Himmelsstütze mit den ausladenden Volutenarmen[156]. Besonders eindrucksvoll sind zwei Darstellungen auf Fibelplatten aus dem bronzezeitlichen Hortfund von Vegstorp (Bohuslän). Auf ihnen ist die Himmelsstütze inmitten von fünf konzentrischen Kreisen, einer „Trojaburg", dargestellt[157]. Über den Voluten der einen Himmelsstütze ist offenbar die Sonne abgebildet, wie das ja auch später bei ähnlichen Darstellungen der Himmelsstütze bei den Philistern, Phöniziern, Persern und Griechen der Fall ist.

So ist der „Volutenbaum" oder die Himmelsstütze, die auf den Gefäßen der Philister seit der Besitznahme Zyperns und Palästinas so häufig dargestellt wird, ein Hinweis, daß die Philister wirklich von der „i kaphthor", d. h. der Insel oder dem Küstenland am oberen oder nördlichen Tragebalken, Stützbalken – das bedeutet „kaphthor" wörtlich übersetzt – gekommen sind. Das altnordische Wort für „Tragebalken, Stützbalken" lautete „as", angls. „os"[158], davon ist die Bezeichnung „Asen", Mehrzahl „Aesir", für die Götter der Germanen abgeleitet und natürlich auch „Asgard", das auch einmal in der Edda „holmr Asgard", d. h. „Insel des oder am oberen Tragebalken, Stützbalken". „I kaphthor" und „holmr Asgard" bedeuten also wörtlich übersetzt genau dasselbe. Sicherlich ist in der älteren und jüngeren Edda Asgard ins Mythische überhöht. Aber man kann zeigen, daß für die Schilderung der Insel Asgard ein irdisches Vorbild, dessen Lage man aufgrund der geographischen Angaben genau bestimmen kann und das ebenfalls wie die „i kaphthor" kurz vor 1200 v. Chr. im Meer untergegangen ist, gedient hat[159]. Es ist mehr als wahrscheinlich, daß die „i kaphthor" mit der Insel Asgard identisch ist.

Die geometrischen Muster auf der Philisterkeramik entsprechen jenen, die auch auf der protogeometrischen und geometrischen Keramik Griechenlands erscheinen. Der englische Archäologe T. B. L. Webster spricht 1960 von einer „bedeutenden Stilrevolution" zwischen dem mykenischen und dem protogeometrischen Stil und von einem „wesentlichen, revolutionären Unterschied" zwischen beiden Stilgattungen[160]. K. Schefold schreibt 1949: „An den neuen Funden in der Kerameikosmetropole Athens zeigt W. Kraiker, wie der geometrische Stil, der Beginn der eigentlichen griechischen Kunst, sich von der mykenischen Überlieferung abhebt"[161]. W. Kraiker schreibt in seinem Werk, auf das K. Schefold Bezug nimmt: daß die Kultur der dorischen Einwanderer „die nordische Tradition der älteren Bronzezeit bewahrt hatte und ohne Beeinflussung von der mykenischen Kultur geblieben" war[162]. Oder: „Von den älteren Ornamenten werden neben unbedeutenden Ausnahmen in strenger Auswahl nur die rein geometrischen übernommen, die zum Teil aus alter nordischer Tradition stammen" . . . „Daher kommt die überraschende Ähnlichkeit und Verwandtschaft mit der gleichzeitigen Kunst im ganzen europäischen Norden, ihr „europäischer Charakter"[163]. Damit werden ältere Forschungen bestätigt. So hat z. B. A. Conze in einer eingehenden Untersuchung schon 1870 nachgewiesen, daß die geometrische Keramik, die nach der Zerstörung der mykenischen Kultur im Südosten auftaucht, „ihre Verwandtschaft mit derjenigen der nordeuropäischen Völker nicht verleugnen" kann[164]. Friedrich Wirth stellt nach einer eingehenden Untersuchung des geometrischen Stiles fest: „Aus diesen Feststellungen ergibt sich einwandfrei, daß zwischen der mykenischen und der geometrischen Kunst kein organischer Zusammenhang besteht, sondern ein unüberbrückbarer,

7

8

9 10

Abb. 90
Himmelssäulen
1) Philisternapf von 1160 v. Chr.
2) altsächsische Irminsul
3) bronzezeitliche Fibel von Vegstorp
4) Hal Tarxien auf Malta
5) Deichsel des königlichen Streitwagens (Assyrien, Zick-Zack-Muster)
6) Kultsäule in Assyrien (Zick-Zack-Muster)
7) steinerne Kapitelle von Zypern (Himmelsstütze mit Sonne, Halbmond und Sternen)
8) steinerne Kapitelle von Zypern
9) Zepter des Arkesilaos (geb. um 315 v. Chr.)
10) Zepter des Darius I. (geb. 521 v. Chr.)
Aus: Wirth, Die Volute, Stuttgart, 1966.

polarer Gegensatz" ... „Die nordische Herkunft (der Dorier) erhält damit eine so feste Stütze, wie sie für diese frühe Zeit kaum besser erreicht werden kann"[165].

Was für die geometrische Kunst, die die Dorier nach Griechenland gebracht haben, gilt, das gilt auch für die geometrische Kunst, die die mit den Doriern stammverwandten Philister nach Zypern und Palästina gebracht haben. Die geometrische Kunst oder der geometrische Stil auf der Keramik der Philister bestätigt, was alle anderen Einzelheiten, die wir von den Philistern von den Wandbildern und Inschriften von Medinet Habu, aus dem Alten Testament und von vielen Bodenfunden aus dem Philisterland bisher erfahren haben, daß nämlich ihre alte Heimat im nordischen Kulturkreis der Bronzezeit zu suchen ist.

Die sprachlichen Reste, die wir von den Philistern haben, geben zwar nicht viel her, aber sie können unsere bisherigen Feststellungen über die Heimat der Philister nicht widerlegen, sondern eher nur bestätigen. Mit einem nichtsemitischen Wort wird der Helm Goliaths „koba" genannt[166], das entspricht dem altgerm. Wort „hoba", mhd. „hube", schwed. „huva", hochdeutsch „Haube"; noch im Mittelalter wurde der Helm „Sturmhaube" genannt.

Die Fürsten der Philister werden „seren", Plural: „seranim" genannt, das ist auch kein semitisches Wort. Macalister hat dieses Wort mit dem griech. Wort „tyrannos" = ursprünglich Herr, in Zusammenhang gebracht[167], andere Sprachforscher mit dem im Lateinischen erhaltenen Wort „serenus", das zu dem Titel „Serenissimus" für Fürsten geführt hat. Nichtsemitisch ist auch der Name von Askalon, der mit dem germanischen Wort für „Esche" = Ask oder mit dem Urvater des Men-

Abb. 91
Vollgriffschwert und Fibelplatten aus Hortfunden von Bildschön (Kreis Thorn) und Vegstorp (Bohuslän).

schengeschlechtes Ask, wie die Edden ihn nennen, zusammengebracht wird. Noch heute nennen die Juden die Deutschen Askenas. Von anderen Ortsnamen im Philisterland, wie z.B. von Akko, Sidon, Tyrus, Dor wird auch behauptet, daß sie nicht aus dem Hebräischen zu erklären seien. Aber der Deutungen sind so viele, daß wir sie uns hier ersparen wollen. Möglich ist z. B. auch, daß der Name des Philisterkönigs Achis in Gath[168], zu dem David geflohen war, denselben Namen trägt, wie der Spartanerkönig Agis, aus dem Geschlecht der Agiaden, von dem Herodot berichtet[169].

11. Die Philister in Palästina.

Das Land zwischen der Mittelmeerküste im Westen und der Jordansenke im Osten, das nach der Einwanderung der Philister den Namen Palästina erhielt, teilt sich in drei von Norden nach Süden verlaufende, deutlich voneinander getrennte Zonen:

1. Die Küstenebene, zu der östlich von Dor, heute tantura, die Jesreelebene, dann zwischen Dor und Tel Aviv die Ebene Saron und zwischen Askalon und Gaza das fruchtbare Hügelland Sefelah zu rechnen sind.

2. Das westjordanische Bergland, das sich vom Libanon im Norden durch Galiläa bis zu den Gebirgen von Samaria und Judäa erstreckt und sich dann nach Süden zum Tafelland des Negeb senkt, nach Osten aber steil ins Jordantal abfällt.

3. Das Jordantal mit dem See Genezareth und dem Toten Meer, das 393 m unter dem Spiegel des Mittelmeeres liegt.

Durch die Küstenebene führte seit alter Zeit der Hauptverkehrsweg zwischen dem reichen Nilland und den Ländern am Euphrat und Tigris und in Kleinasien. Die Küstenebene war daher von großer handelspolitischer und strategischer Bedeutung. Die ägyptischen Pharaonen haben darum immer die größten Anstrengungen unternommen, Palästina unter ihre Herrschaft zu zwingen und alle Unabhängigkeitsbestrebungen in diesem Land zu unterdrücken.

Funde aus dem Alten Reich (etwa 3400—2475 v. Chr.) auf dem alten Verkehrsweg zeigen, daß er schon im 4. und 3. Jahrtausend v. Chr. häufig benützt wurde. Offenbar hat Ägypten schon in der 12. Dynastie (etwa 2000—1788 v. Chr.) eine Art Kontrolle über die Küsten Syriens und Palästinas ausgeübt und von den wichtigeren Städten Tributleistungen gefordert. Aber immer wieder versuchten die verschiedenen Stämme und Völkerschaften in diesen Ländern, die Kanaaniter, die Amoriter u.a., die ägyptische Herrschaft abzuschütteln. So kam es zu zahlreichen Aufständen gegen Ägypten, von denen uns sicherlich nicht alle bekannt geworden sind.

Wir wissen z. B. von einem Kriegszug Sesostris III. (etwa 1970—1930 v. Chr.) gegen Palästina, der auf einer Stelle erwähnt wird, die in Abydos gefunden wurde. Die Hyksos, die Nordägypten etwa um 1730 v. Chr. in ihre Gewalt brachten, beherrschten auch die Küsten Syriens und Palästinas. Thutmosis I. (um 1540—1524 v. Chr.) unternahm einen Feldzug, um Palästina und Syrien wieder unter die Gewalt Ägyptens zu bringen. Er stieß dabei durch das Orontestal bis an den Euphrat vor. In der Euphratebene wurde bei dieser Gelegenheit eine Elefantenjagd veranstaltet. Die erbeuteten Stoßzähne der Elefanten wurden dem Gott Amun in Theben geschenkt.

In der folgenden Zeit haben sich Palästina und Syrien wieder, wahrscheinlich auf Betreiben der Könige von Megiddo und Kadesch, gegen die ägyptische Herrschaft aufgelehnt. Thutmosis III. (etwa 1504 bis 1450 v. Chr.) unternahm einen Feldzug gegen Megiddo, eine Stadt, die stark befestigt und durch ihre geographische Lage außerordentlich wichtig war, da sie die zwischen den Libanonketten hindurchführende Straße von Ägypten nach dem Euphrattal beherrschte. Thutmosis III. eroberte Megiddo im Jahre 1497 v. Chr. und brachte riesige Beute mit nach Ägypten. Er organisierte das eroberte Land neu, setzte aufrührerische Herrscher ab und neue, von denen man Treue Ägypten gegenüber erwarten konnte, ein.

Aber schon sein Nachfolger Amenhotep II. (1450–1422 v. Chr.) erlebte gleich nach seinem Regierungsantritt einen Aufstand in Palästina und Syrien. Er schlug ihn bei einem Feldzug im ersten Jahr seiner Regierung blutig nieder und stieß wie einst Thutmosis I. bis ins Euphrattal vor. Eine besonders schaurige Tat wird von ihm in der Inschrift eines nubischen Tempels berichtet: er hatte die Körper von sieben In seine Hände gefallenen Fürsten der rebellischen Länder am Bug seines Schiffes, mit dem er in einer Triumphfahrt nilaufwärts fuhrt, zur Schau gestellt, sechs ließ er dann an den Mauern von Theben, den siebenten an den Mauern des fernen Nabata in Oberägypten aufhängen.

Daß solche Methoden ein Land nicht befrieden können, haben die ägyptischen Pharaonen bald erfahren. In der Amarnazeit (etwa 1385–1335 v. Chr.) schüttelten Palästina und Syrien die ägyptische Herrschaft wieder ab und General Haremhab, der später selbst König von Ägypten wurde (1345–1318 v. Chr.), mußte einen Feldzug zur Wiederherstellung der ägyptischen Herrschaft in Palästina unternehmen. Im Triumphzug, der vor seinem jugendlichen Pharao Tutanchamun und dessen Gemahlin stattfand, führte der siegreiche General eine große Anzahl von Gefangenen mit, von denen außer semitischen Typen auch Männer des europäischen Menschenschlages abgebildet sind. Über ihnen stehen die Worte: „Die elenden Großen der Haunebu sagen: der Schrecken vor dir läuft bis zu den Enden der Erde, die Furcht vor dir ist in allen Ländern“[1]. Aber dann fielen Palästina und Syrien wieder von Ägypten ab und Setho I. (1308–1298 v. Chr.) mußte gleich nach seinem Regierungsantritt die schwere Aufgabe übernehmen, diese immer wieder rebellierenden Länder erneut der ägyptischen Herrschaft zu unterwerfen, was ihm auch bei einem Feldzug gelungen ist.

Als aber sein Sohn Ramses II. (1298–1232 v. Chr.) in der Schlacht bei Kadesch (1288 v. Chr.) den Hethiterkönig Muwatall nicht besiegen und nicht einmal die Stadt Kadesch, um die gekämpft wurde, erobern konnte und, trotz aller Siegeslieder, mit denen er sich verherrlichen ließ, erfolglos nach Ägypten zurückkehrte, empörten sich die Fürsten von Palästina und Syrien wieder gegen die ägyptische Herrschaft. Der Aufruhr brandete bis an die Tore der ägyptischen Grenzfestung im nördlichen Nildelta. Ramses II. war gezwungen, die Länder, die einst sein Vater niedergeworfen hatte, zurückzuerobern. Er benötigte drei Jahre, um Palästina wiederzugewinnen und drang bei diesem Feldzug bis ins Orontestal vor.

Ramses II. starb 1232 v. Chr. hochbetagt nach fast 67jähriger Regierungszeit im Alter von etwa 90 Jahren. In seinen alten Tagen haben sich Palästina und Syrien wieder gegen Ägypten erhoben und darum mußte sein Sohn Merenptah (1232 bis etwa 1222 v. Chr.) den Aufruhr, der von Askalon, das hart an der Nordgrenze Ägyptens liegt, ganz Palästina und Syrien ergriffen hatte, im dritten Jahr seiner Herrschaft

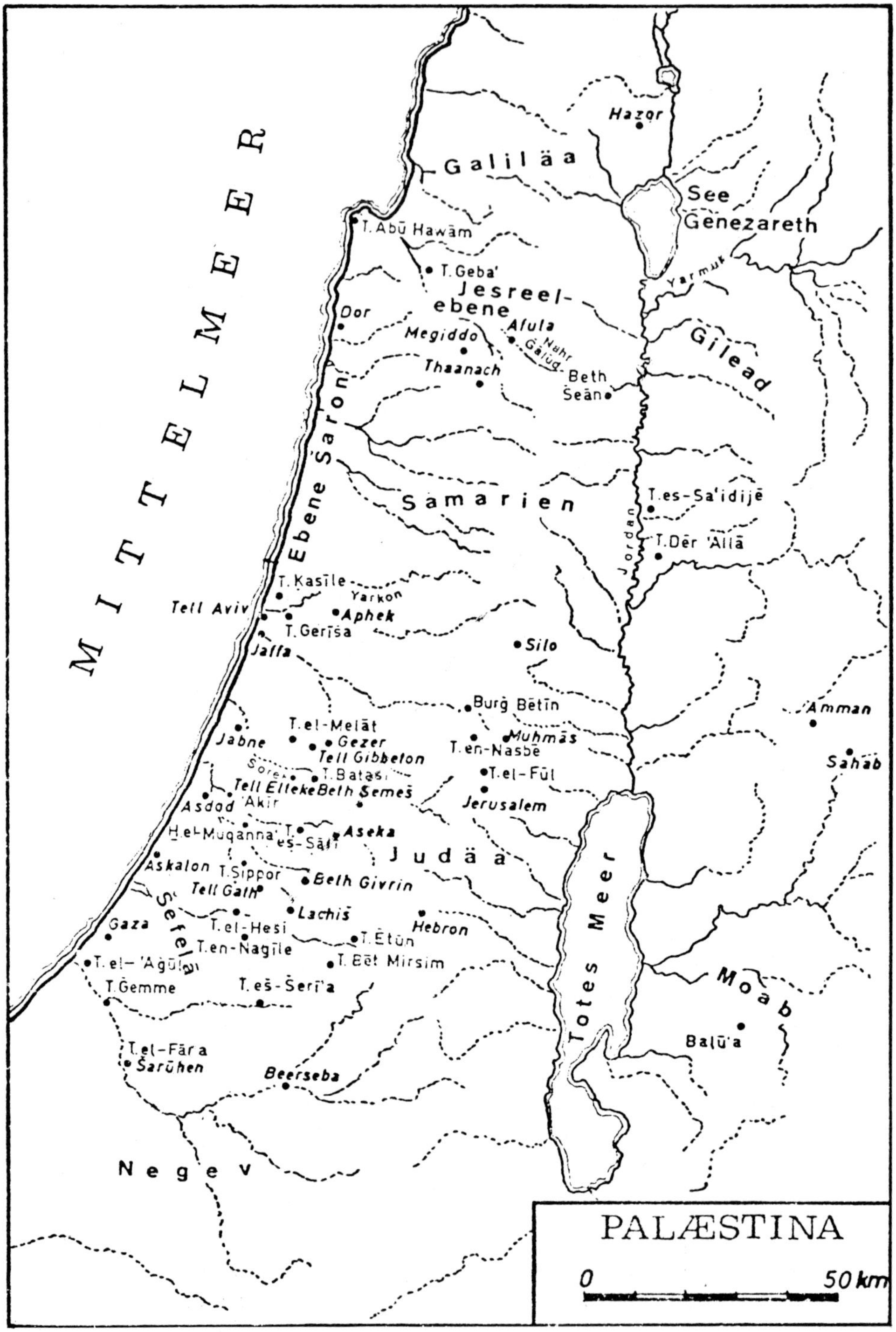

Abb. 92
Karte von Palästina.

in einem blutigen Feldzug niederwerfen. Wir besitzen von diesem Feldzug nur ein Siegeslied, das auf einer Stele aus Theben, die heute im Museum von Kairo steht, aufgezeichnet ist. Auf ihr wird zum ersten Mal der Name des Volkes Israel genannt, sie wird daher als „Israelstele" bezeichnet. Merenptah berichtet auf dieser Stele u. a.: „Geplündert ist Kanaan mit allem Bösen, weggeführt ist Askalon, gefangen Gezer, Jenoam vernichtet. Israel ist verwüstet und ohne Frucht. Kanaan ist eine (schutzlose) Witwe geworden für Ägypten". Offenbar wurde Kanaan verheert und seine Bevölkerung dezimiert oder in Gefangenschaft geführt.

Das sind nur die bekanntgewordenen Versuche der verschiedenen Völkerstämme, die Kanaan und Syrien bewohnten, die verhaßte Herrschaft Ägyptens abzuschütteln und die bekanntgewordenen Kriegszüge der Pharaonen, um diese Länder, die sie aus handelspolitischen und strategischen Gründen unbedingt unter ihrer Gewalt halten mußten, nach jeder Rebellion zurückerobern. Wir haben von diesen genannten Vorgängen Nachrichten, weil mehr oder minder zufällig erhaltene Inschriften davon berichten. Es mögen aber noch mehr Aufstände gegen die ägyptische Herrschaft in Palästina und Syrien stattgefunden haben, von denen wir wegen der lückenhaften Überlieferung nichts wissen. Aber schon diese bekanntgewordenen Aufstände in Palästina und Syrien gegen die ägyptische Herrschaft zeigen, daß diese beiden Länder jede sich bietende Gelegenheit wahrnahmen, um die ägyptische Herrschaft abzuschütteln, und daß die ägyptischen Herrscher jedesmal diese Aufstände blutig niederschlugen. Nach dem Tod Merenptahs und seines Sohnes Setho II., der nur wenige Jahre über Ägypten herrschte, brachen die schweren Naturkatastrophen aus, von denen wir oben (siehe oben Kapitel 7) berichtet haben und die Ramses III. in den Inschriften von Medinet Habu und im Papyrus Harris beschreibt. Sie veranlaßten ihn zu der Feststellung: „Ägypten lag in vollkommener Verwüstung, als ich auf den Thron kam" (siehe oben S. 63).Im Papyrus Ipuwer, der aus der Zeit kurz vor dem Regierungsantritt Ramses III. stammt, berichet Ipuwer, der offenbar ein Zeuge dieser Ereignisse war, ausführlich von diesen Naturkatastrophen. Die Übereinstimmungen zwischen diesen ägyptischen Texten und den Schilderungen der zehn Plagen Ägyptens im Buche Exodus zeigen deutlich, daß in beiden aus verschiedenen Völkern stammenden Überlieferungen dieselben Naturkatastrophen geschildert werden.

Die Folgen waren für Ägypten schwer. Eine völlige Anarchie folgte. Übereinstimmend heißt es im Papyrus Ipuwer und in den Inschriften von Medinet Habu „Ägypten war ohne Hirten", womit gemeint ist, daß „das Land des Königtums beraubt ist", wie Ipuwer klagt. Mehrere, mindestens fünf verschiedene, „Thronräuber" versuchten, die Herrschaft in Ägypten an sich zu reißen. Unter ihnen war ein Syrer. Er riß die Gewalt an sich und herrschte einige Jahre in Tyrannei und Gewalttätigkeit. „Er machte sich das ganze Land insgesamt tributpflichtig", so heißt es von ihm, „einer vereinigte sich mit den anderen, und sie plünderten die Besitzungen der Ägypter. Sie behandelten die Götter wie Menschen, und man brachte keine Opfer mehr dar in den Tempeln"[2].

Diese Zeit der Anarchie, in der „die Residenz in einer Minute eingestürzt und das ganze Land in Vernichtung lag", wie Ipuwer berichtet, benützten die Gefangenen in den Arbeitslagern Ägyptens, um „die Beamten zu töten, die Listen der Gefangenen fortzunehmen und überall zu plündern und zu rauben" . . . „Es ist doch so: Plünderer sind überall . . ., die Geringen besitzen jetzt Herrliches, wer sonst keine Sandalen hatte, besitzt jetzt Schätze. Es ist doch so: Gold und Lapislazuli, Silber und Malachit, Karneol und Bronze, Marmor und . . . sind um den Hals der Sklavinnen gehängt. Aber die Damen ziehen durch das Land und die Herrinnen sagen: Ach, hätten wir doch etwas zu essen!" . . . „Sehet, das Vieh ist sich selbst überlassen und es ist niemand da, der für es sorgt, ein jeder holt sich und stempelt es mit seinem Namen. Sehet, wer kein Joch Ochsen hatte, der besitzt jetzt Herden" (Papyrus Ipuwer).

Schließlich machten sich die Gefangenen aus den Arbeitslagern, die sich befreit hatten, auf den Weg nach Palästina und Syrien. Es war nach der „kaiserlosen, der schrecklichen Zeit" wieder ein Pharao auf den Thron gekommen, der die Ordnung wiederherzustellen versuchte. Auf einem Sarkophag, der bei El-Arisch an der Grenze zwischen Ägypten und Palästina gefunden wurde, wird er Taoui Thom genannt, die Griechen nannten ihn Typhon. Der Hieroglyphentext, der die ganze Oberfläche des Sarkophages bedeckt, schildert aus ägyptischer Sicht die Ereignisse aus der Zeit des Exodus. Zuerst hat F. L. Griffith 1890, später dann der französische Ägyptologe G. Goyon 1936 Übersetzungen dieser Inschrift veröffentlicht[3]. Die Übereinstimmungen mit den Angaben aus dem Buch Exodus sind zahlreich.

Im Buch Exodus heißt es: „ . . . und es zog auch mit ihnen (den Israeliten) viel Pöbelvolk und Schafe und Rinder sehr viel".

Wir haben schon oben (siehe oben S. 13) gehört, daß Israel nicht auf der alten Karawanenstraße vom „Lande Gosen" (= Nildelta) nach Palästina ziehen konnte, die die nächste gewesen wäre, weil dort schon die Philister waren. Israel mußte einen Umweg über die etwa 110 km lange Nehrung, die den Sirbonissee vom Mittelmeer trennt, wählen.

Die Philister standen also zum Zeitpunkt des Auszugs Israels aus Ägypten schon an der ägyptischen Grenze, also an der Südgrenze von „Zahi" und nicht, wie Strobel annimmt, an der Nordgrenze von „Zahi", worunter Syrien und Palästina gemeint sind.

In den Wirren und der Zeit der Anarchie, die in Ägypten in den letzten zwei Jahrzehnten des 13. Jhdts. v. Chr. herrschten, war wieder einmal die Macht Ägyptens in Palästina und Syrien zerbrochen.

Die Nordmeervölker mit ihrem führenden Stamm, den Philistern, konnten, ohne auf ägyptische Gegenwehr zu treffen, bis in die Nähe des pelusischen Nilarmes vordringen. Dort „an der Grenze von Ägypten und Zahi" kam es zu der blutigen und – wenn man den Berichten Ramses III. glauben will – für die Nordmeervölker überaus verlustreichen Schlacht. Palästina und Syrien waren für Ramses III. verloren. Diese Ansicht vertritt auch R. Stadelmann, der darauf hinweist, „daß wir schon unter Ramses III. keinen ‚Vorsteher der nördlichen Fremdländer' mehr kennen. Träger dieses Titels waren die ägyptischen Kommissare der drei syrisch-palästinensischen Provinzen, von denen der der

Provinz Kanaan, d. h. Palästinas, in Gaza residierte. Man wird in dem Erlöschen dieses Amtes einen Hinweis auf das Ende der ägyptischen Verwaltung und damit des ägyptischen Besitzes über Palästina sehen müssen"[5]. Wohl wurden, wie uns im Papyrus Harris berichtet wird[6], Gefangene der Nordmeervölker in Ägypten angesiedelt, aber von der von Strobel vermuteten Ansiedlung der Philister in Palästina durch die Ägypter oder von einer Herrschaft Ramses III. über Palästina ist mit keinem Wort die Rede. Gaza und Askalon und andere Städte in Palästina, die früher ägyptische Garnisonen hatten und seit der 19. Dynastie unter ägyptischer Verwaltung gestanden waren, wurden aufgegeben und in keinem ägyptischen Dokument mehr erwähnt. Um 1200 v. Chr. war die ganze Küstenebene und das Hügelland der Sefelah fest in der Hand der Philister. Ramses III. mußte es sogar dulden, daß unmittelbar nördlich der ägyptischen Grenze sich die fünf von den Philistern besetzten Städte Gaza, Askalon, Asdod, Ekron und Gath zu einem Städtebund vereinigten, in dessen Händen die Regierungsgewalt über das Philisterland = Palästina lag[7]. Der amerikanische Archäologe Elihu Grant hat diesen Städtebund wegen seiner Macht und seines Seehandels mit dem Städtebund der Hanse im Mittelalter verglichen, der ebenfalls über große Macht und weitreichenden Seehandel verfügte[8]. Darum wurde das Mittelmeer wegen des beherrschenden Seehandels der Philister „Philistermeer" genannt[9].

Spuren der Philister in Palästina.

Zahlreiche Funde, die bei Ausgrabungen in verschiedenen Städten oder in den zahlreichen Schutthügeln vor allem in den Küstenebenen Palästinas gemacht wurden, zeigen uns, wo die Philister nach ihrer Einwanderung in dem nach ihnen benannten Land gesiedelt haben.

Die zahlreichen Schutthügel im Vorderen Orient werden in den arabisch sprechenden Gebieten „Tell" genannt. Diese Schutthügel sind dadurch entstanden, daß seit vielen Jahrhunderten, ja häufig seit vielen Jahrtausenden, Dörfer und Städte immer wieder an derselben Stelle errichtet wurden, weil diese Lage aus militärischen oder wirtschaftlichen Gründen – etwa wegen einer Quelle in der Nähe – günstig war. Immer wieder sind die Wohnhäuser oder öffentlichen Bauten dem natürlichen Verfall oder der Zerstörung durch Feinde, Erdbeben oder Brände zum Opfer gefallen und auf ihren Trümmern neue Häuser entstanden, manchmal unmittelbar über den älteren zerfallenen Bauten, manchmal durch eine mächtige Brand- und Aschenschicht von den älteren Bauten getrennt. Ein „Tell" ist also ein künstlicher Hügel, der die Lage antiker Städte oder Dörfer markiert. Auf einigen von diesen Schutthügeln erheben sich heute moderne Siedlungen, andere sind verlassen. Häufig kann man den arabischen Namen, den heute ein Tell trägt, mit einer Stadt oder einer Siedlung, die in den ägyptischen Texten oder im Alten Testament erwähnt werden, gleichsetzen, häufig ist eine Gleichsetzung problematisch oder nicht möglich.

Wo die Ausgrabungen mit modernen wissenschaftlichen Methoden vorgenommen wurden, konnte man immer wieder die mächtigen Brand-

und Aschenschichten nachweisen, die in der zweiten Hälfte des 13. Jhdts. v. Chr. alle Städte und Siedlungen im Vorderen Orient – und nicht nur hier – bedecken.

Wir haben schon oben gehört (siehe oben S. 60), daß man bisher immer wieder den Nordmeervölkern und ihrem führenden Stamm, den Philistern, die Schuld an diesen verheerenden Bränden zugeschoben hat. Wir konnten aber eine Reihe von Gründen anführen, daß diese Meinung unberechtigt ist und daß die verheerenden Brände und Zerstörungen durch gewaltige Naturkatastrophen verursacht wurden. Für diese Feststellung gibt es im Vorderen Orient zahlreiche Beweise. Auch hier hat man in den Zerstörungsschichten niemals die Hinterlassenschaften der Philister gefunden, die man doch hätte finden müssen, wenn die Philister in die nicht selten weiträumigen Siedlungen eingedrungen wären, mit den Einwohnern gekämpft und dann deren Häuser in Brand gesteckt hätten. Dazu kommt, daß bei einigen Ausgrabungen zwischen der Schutt- und Brandschicht der zerstörten Siedlungen und der Schicht mit Hinterlassenschaften der Philister deutlich eine, wenn auch nicht sehr mächtige Verwitterungs- oder Humusschicht nachgewiesen werden konnte, die zeigt, daß die Philister erst zwei oder drei Jahrzehnte **nach** der Zerstörung der Siedlungen durch Erdbeben und Brände sich dort angesiedelt haben. Wir wollen im nachfolgenden nur die wichtigsten Städte oder Tells Palästinas, in denen Besiedlung durch die Philister nachgewiesen wurde, anführen. Von den Siedlungen der Nordmeervölker auf Zypern und an der Küste des Libanons wird später berichtet.

Die Straße, die vom Norden her an die Westküste Palästinas führt, wird von der alten stark befestigten Stadt Megiddo beherrscht, um die, wie wir oben hörten (S. 141), schon Thutmosis III. im Jahr 1497 v. Chr. kämpfte und aus der er nach ihrer Eroberung reiche Beute mit nach Hause brachte. Diese Stadt ist nach 1497 v. Chr. wiederaufgebaut. Die Schicht VIII, die um 1350 v. Chr. datiert wird, zeigt Spuren von Zerstörungen, die Nachfolgestadt der Schicht VII hat sich in der Anlage eng an Schicht VIII gehalten. Freigelegte Hauptgebäude, wie der Tempel, der Palast und das Haupttor, sind sehr ähnlich wie ihre Vorgänger wiederaufgebaut worden, die Schicht VII ist zweigeteilt durch eine schwere Zerstörung, „die stratigraphisch und architektonisch belegt ist, aber keinen Bruch in der kulturellen Entwicklung bedeutet“[10]. Diese Schicht VII hat offenbar bis 1150 v. Chr. bestanden. Über dieser Schicht liegt nach einer Siedlungslücke die Schicht VI, die überaus reiche Philisterkeramik erbracht hat. Diese Schicht VI deutet auf eine Neugründung der Stadt durch die Philister hin, die zum Teil sehr große Gebäude errichtet haben. Die Häuser wurden aus Ziegeln auf Steinfundamenten errichtet, reiche Funde, vor allem an Metallwerkzeugen, darunter z. B. auch ein eisernes Messer, und in einem Grab, das dem 12. Jhdt. v. Chr. angehört, ein eiserner Dolch, wurden in dieser Schicht VI gemacht. Die große Katastrophe, die die Stadt zur Zeit der Schicht VII vollkommen zerstört hat, kann nicht den Philistern angelastet werden, da sie erst etwa achtzig Jahre nach dieser Katastrophe in Megiddo nachweisbar sind.

Die Philister haben im 12. Jhdt. v. Chr. eine alte Wasserversorgungsanlage, die innerhalb des Mauerringes zu einer Quelle führte, erweitert und ausgebaut. Sie haben von der Oberfläche her einen großen

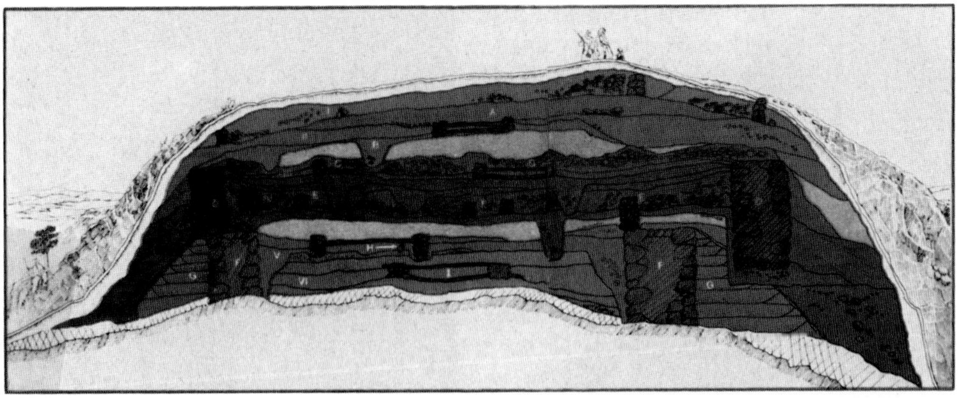

senkrechten Schacht 35 m abwärts durch den älteren Besiedlungsschutt und den darunterliegenden Felsen gegraben und den oberen durch den Besiedlungsschutt führenden Teil ausgemauert. Am Fuß des Schachtes haben sie einen 63 m langen horizontalen Stollen bis hin zur Quelle vorgetrieben und diese selbst durch eine Umfassungsmauer gegen jeden Zugang von außen abgesichert.

Abb. 93
Charakteristisches Schema der Ausgrabungsschichten eines Tells = Hügel.
Aus: Völker, Herrscher und Propheten, Das Beste, Stuttgart.

Die englische Archäologin K. M. Kenyon sagt zu diesem Werk: „Ein solches Unternehmen wäre - wie die Ausgräber beim Aufräumen heruntergefallenen Schuttes feststellen konnten - selbst heute keine einfache Aufgabe. Wieviel schwerer muß die Bewältigung mit Werkzeugen und dem Gerät des 12. Jahrhunderts v. Chr. gewesen sein! Darüber hinaus verlangte die Ausführung ein hohes Maß an Können im Hinblick auf Planung und Vermessung, da Niveau und Richtung genau berechnet werden mußten. Das vollendete Werk zeigt, wie gut diese Aufgabe gelöst worden ist“[11].

Man sieht auch hier, daß Schachermeyrs Urteil zu unrecht besteht, die Philister seien „Vollbarbaren“ gewesen. Denn wer im Dunkel eines Felsenmassivs einen so langen und so präzise zum Ziel hinführenden Gang einhauen kann, muß über große vermessungstechnische Kenntnisse verfügen. Das wird den nicht in Erstaunen versetzen, der von den überraschend hohen Kenntnissen der Vorfahren der Philister, der Megalithiker, gehört hat, die kenntnisreiche Fachgelehrte auf dem Gebiet der Feldmeßkunde, der Geometrie und Astronomie für die Erbauer der Großsteingräber und der oft riesigen Steinkreise nachgewiesen haben[12].

Nach Fertigstellung dieser neuen Brunnenanlage konnten die Frauen der Philister in Megiddo in vollkommener Sicherheit auf der an den Seitenwänden des großen Schachtes herumgeführten Treppe in die Tiefe steigen, durch den Tunnel zur Quelle gehen und dort ihre Krüge mit Wasser füllen. Diese Brunnenanlage hat die Einwohner von Megiddo bis zum Ende der Besiedlung des Stadthügels um 600 v. Chr. mit Frischwasser versorgt.

Etwa 25 km westlich von Megiddo liegt südlich vom Vorgebirge Karmel die Stadt Dor, die heute Chirbet tantura genannt wird. Aus dem Wen-Amun-Papyrus, der um 1100 v. Chr. von einem ägyptischen Tempelbeamten verfaßt wurde, wissen wir, daß Dor zwar nicht von den

Santorin um 1220 v. Chr. zur Folge hatte, haben die Ausgrabungen zweifelsfrei nachgewiesen und so diese alte Sage bestätigt. Jaffa wird mit dem Namen Ya-Pu schon in ägyptischen Texten aus dem 15. Jhdt. genannt, auch in den Amarnatexten wird es zweimal mit diesem Namen erwähnt. Aus einem Schreiben des ägyptischen Gouverneurs in Ya-Pu, der Yabitri hieß, geht hervor, daß es eine bedeutende Festung der Ägypter war. Die Philister haben an der Küste von Jaffa eine Hafenanlage errichtet, die später für Jerusalem, das etwa 55 km südöstlich in den Bergen von Judäa liegt, als Ein- und Ausfuhrhafen gedient hat. So erfahren wir z. B., daß das Zedernholz für den ersten und zweiten Tempelbau, das auf dem Libanon gehauen und mit Schiffen nach Jaffa gebracht wurde, in Jaffa gestapelt wurde[15]. Die Philister haben dem Volk Israels niemals Schwierigkeiten gemacht, wenn es diesen gerade auch für Jerusalem so wichtigen Hafen benützen wollte. Von hier aus gingen die großen Hochseeschiffe, die nach Tharsis-Tartessos im Mündungsgebiet des Guadalquivir in SW-Spanien fuhren, in See.[16]. Zweifellos waren Philister die Kapitäne und Steuerleute auf diesen großen „Tarsisschiffen", denn die Israeliten hatten damals noch keine Erfahrung mit der Hochseeschifffahrt.

Erst als die Perser Palästina eroberten (525 v. Chr.) ging Jaffa den Philistern für immer verloren.

In Tell Qasile bei Tel Aviv fand E. Mazar[17] 1971/72 einen philistäischen Tempel, der aus einem langgestreckten Hauptraum und einer Vorhalle bestand. Die Decke wurde von zwei hölzernen Säulen gestützt, die auf runden Basen aufruhten. Dieser Tempel war also auch ein „Firstsäulenhaus", wie jener in Gaza. Gegenüber dem Eingang erhob sich an der Wand des Hauptraumes eine erhöhte Stelle, offenbar der Altar. Davor fand man zwei zylindrische Spitzsäulen aus Ton, deren Oberteil vier schreitende menschliche Figuren zeigt. Außer der typischen „Philisterware" wurde eine schwanengestaltige Schüssel, der Kopf eines Schwanes und eine Bronzeaxt gefunden.

Etwa 32 km südwestlich von Jaffa, heute 5 km von der Küste entfernt, liegt Asdod, heute Tell Asdud. Der Ruinenhügel des alten Asdod liegt in der Nähe der Stadt Asdod. Die Akropolis hat eine Grundfläche von 40 ha, sie überragt eine Unterstadt, deren Grenzen noch nicht erforscht wurden. Das alte Asdod war eine mächtige Stadt, Schultze nennt sie „Seefestung". Sie wird schon in den sogenannten „Ächtungstexten" der Ägypter im 19. Jhdt. v. Chr. genannt. Bei den „Ächtungstexten" handelt es sich um Scherben mit Verwünschungen von Städten, Völkerschaften und Königen, die sich gegen Ägypten feindselig erzeigt haben. Von den dort genannten 20 Städten ließen sich die Namen Asdod, Askalon, Beth Sean und Byblos identifizieren.

Im Auftrag der israelischen Altertümerverwaltung hat M. Dothan in Asdod von 1962–1969 fünf Grabungskampagnen durchgeführt. Er fand Beweise, daß Asdod vor der Philistersiedlung in den verschiedenen Zeiten ägyptischer Herrschaft eine ägyptische Garnison hatte. In der Spätbronzezeit, und zwar „in der Mitte des 13. Jhdts.", brach eine verheerende Katastrophe über die Stadt herein, wovon eine meterstarke Aschenlage Zeugnis gibt. In dieser Aschenlage oder Zerstörungsschicht fand Dothan Keramik der Stufe Myc. III C1. Das ist dieselbe Katastrophen- und Aschenschicht, die auch auf dem griechischen Festland und den Inseln Kreta, Rhodos, Zypern in derselben Stufe nachgewiesen wurde. Die Nordmeervölker, in Asdod die Philister, erscheinen erst in späteren Schichten in Griechenland, auf den Inseln, in Syrien und Palästina.

Die Schichten IX – XIII sind im Zusammenhang mit der Philisterfrage von großer Wichtigkeit, sie gehören dem 12.–10. Jhdt. v. Chr. an. Auf der Akropolis wurde eine von starken Ziegelmauern umgebene Befestigungsanlage, die von den Philistern im 12. Jhdt. v. Chr. errichtet wurde, ausgegraben, die wahrscheinlich im 10. Jhdt. v. Chr. zerstört wurde: „The strength of the fortress testifies to the military acumen and prowess of the Philistines, who from their bases in the maritime Pentapolis were able to subjugate the whole country.“[18] Im Alten Testament wird Asdod häufig genannt. Interessant ist die Mitteilung[19], daß Josua die Enakiter, die im Gebirge wohnten, ausrottete „und ließ keine Enakiter übrigbleiben im Lande der Kinder Israel, außer zu Gaza, zu Gath, zu Asdod, da blieben ihrer übrig“.

Es siedelten also zu Gaza, Gath und Asdod noch zur Zeit Josuas Enakiter, die die Philister, als sie schon vor der Einwanderung der Israeliten in Palästina die Küstenebene mit den dort liegenden Stüdten einnahmen, dort angetroffen haben.

Es erhebt sich nun die Frage: „Wer waren die Enakiter? Von den Kundschaftern, die Moses ausgesandt hatte, um das Land, in das er mit den Kindern Israels ziehen wollte, zu erforschen, heißt es, daß sie bei Hebron „die Kinder Enaks“ antrafen[20]. Bei ihrer Rückkehr ins Lager der Israeliten berichteten sie: „Wir sind in das Land gekommen, dahin ihr uns sandtet, darin Milch und Honig fließt, und sahen, daß das Volk, das darin wohnt, stark ist und sehr große und feste Städte hat, und wir sahen Enaks Kinder daselbst... Alles Volk, das wir darin sahen, sind Leute von großer Länge. Wir sahen auch Riesen daselbst, Enaks Kinder von den Riesen; und wir waren vor unseren Augen wie Heuschrecken, und also waren wir auch vor ihren Augen“. Im Buche Josua (17, 15) wird das Hügelland auch „das Land der Pheresiter und Riesen“ genannt. Die Bezeichnung „Riesen“, „Enakiter“, „Pheresiter“ meint also dasselbe Volk, das schon vor der Einwanderung der Philister und der Israeliten im Lande wohnte. Vom letzten König der Riesen im Lande Basan, östlich des Sees Genezareth, wird berichtet: „Og, König von Basan, war der letzte der Überreste der Riesen, sein Sarg war aus Basalt (Granit?), er ist noch zu sehen in der Ammoniterstadt Rabba, er mißt in gewöhnlicher Elle in der Länge neun und in der Breite vier Ellen“[21]. Da die „gewöhnliche Elle“ 52,5 cm betrug, war dieser Steinsarg also 4,72 m lang und 2,10 m breit.

Nach allgemeiner Ansicht der Archäologen sind unter den „Riesen, Enaks Kindern, Pheresitern“, die Erbauer der sehr zahlreich in Palästina vorhandenen Megalithgräber zu verstehen. Die Megalithiker siedelten schon vor den Kanaanäern in Palästina, sie haben zahlreiche Megalithanlagen errichtet (Gräber, Steinkreise, Steinsäulen), die in allen Einzelheiten jenen Megalithanlagen gleichen, die wir aus Nord-, Nordwest- und Südwesteuropa und aus Nordafrika und von den Inseln im westlichen Mittelmeer her kennen. Die Megalithgräber oder Dolmen in Palästina sind häufig von einem Steinkreis umgeben, manche sind als

Ganggrab erbaut worden, häufig haben sie auch an der einen Schmalseite ein „Seelenloch". In vielen Megalithgräbern Palästinas wurde „Tiefstichkeramik", in einigen wurden auch Gegenstände aus Kupfer gefunden, genau wie das auch in den Megalithgräbern der oben genannten Gebiete der Fall ist. Die Megalithgräber Palästinas werden daher in die Zeit „Chalkolithikum II, evtl. etwas früher"[20], also in die Zeit von 3700—3300 v. Chr., datiert. A. Jirku stellt fest, „daß die Megalithkultur in Palästina ein Fremdkörper, in Europa aber heimisch ist. Sie muß daher von Europa nach Palästina gekommen sein und ist damit chronologisch für die Mitte des 4. Jahrtausends v. Chr. fixiert"[23]. In das 4. Jahrtausend v. Chr. werden auch die frühesten Megalithgräber in Nord-, Nordwest- und Südeuropa datiert. Wir haben es demnach in Palästina mit einer Bevölkerung von Megalithikern zu tun, die dort schon vor den Kanaanäern und vor den Philistern und vor den Israeliten wohnte. Sie hatte das Land — auch das Bergland bei Hebron und auch das Ostjordanland — in ein Land, „darin Milch und Honig fließt", verwandelt, d. h. also, daß diese Megalithiker Bauern waren, die Rinder züchteten und das Land in einen fruchtbaren Garten verwandelt hatten.

Diese „Riesen", „Enakiter", „Pheresiter" hatten Städte, „die groß und bis an den Himmel vermauert" waren[24], es handelt sich um große, zum Teil heute noch erhaltene Anlagen aus großen, hoch übereinandergetürmten Felsblöcken.

Nun werden diese vorkanaanäischen Einwohner Palästinas auch schon lange vor der Einwanderung der Philister, also lange vor 1200 v. Chr., „Pheresiter" und „Philister" genannt[25]. J. Hempel hält das für einen „Anachronismus"[26]. Das kann wohl so sein. Aber ganz unmöglich ist es nicht, daß die Bibel auch in diesem Punkt recht hat. Ja, einige Autoren haben den Namen „Pheresiter", den die „Riesen" oder „Enakiter" auch trugen, mit dem Namen der „Philister" für identisch erklärt. Die ägyptischen Texte schreiben den Namen der Philister immer „prst". Da die Vokalisierung dieser ägyptischen Konsonanten unsicher ist, wurden alle möglichen Variationen aufgestellt, sie reichen von „Puruschta" und „Pulasata" und „Pelesita" bis hin zu dem Hebräischen „P(e)lischtim", aus dem unser deutsches Wort „Philister" entstanden ist. Auch die Form Peresiter oder Pheresiter ist schon vorgeschlagen worden. Es könnte also vielleicht so sein, daß die Philister, als sie im 12. Jhdt. v. Chr. Asdod, Gath und Gaza besetzten, dort noch urverwandte „Pheresiter" oder „Riesen", die ja im Buche Josua 16,15 miteinander gleichgesetzt werden, angetroffen haben. In den Philisterschichten von Asdod, aber auch an anderen Orten, die die Philister besetzt haben, wurden weibliche Statuetten ausgegraben, die typisch philistäische Bemalungen haben[27]. Diese Statuetten aus Ton zeigen offenbar die „magna mater", es sind Frauengestalten mit zu den Brüsten erhobenen Händen. In einem Fall sitzt diese weibliche Gottheit auf einem Stuhl. Im Alten Testament werden diese in Asdod und auch an anderen Philisterorten gefundenen weiblichen Götterbilder als „Astaroth der Philister" bezeichnet[28].

Macalister meint, daß die Philister sehr bald semitische Gottheiten übernommen hätten[29]. Aber das ist nicht wahrscheinlich, denn sie hielten noch Jahrhunderte später an ihren religiösen Symbolen fest, wie ihre Keramik beweist, und suchten auch noch im 7. und 6. Jhdt. v. Chr. das

Heiligtum der hyperboreischen Apollon in Delos auf, wie die dort gefundenen Weihschriften von Philistern beweisen[30].

Wahrscheinlicher ist es, daß die Philister die Gottheiten, die sie aus ihrer Heimat mitgebracht hatten, behielten. Göttinnen mit zu den Brüsten erhobenen Händen fand man nicht nur im ganzen Gebiet der Megalithkultur, sondern auch im bronzezeitlichen Nordeuropa, aus dem ja die Nordmeervölker-Philister kamen.

Die bronzenen Statuetten weiblicher Gottheiten mit zu den Brüsten erhobenen Händen, die in Dänemark gefunden wurden[31], gleichen völlig jenen Philisterstatuetten aus Palästina, die übrigens keine semitischen, sondern europäische Gesichtszüge haben.

Nach den Angaben im 1. Buch Samuelis 31,10 haben die Philister nach der Schlacht auf dem Gebirge Gilboa, bei der der König Saul und seine Söhne gefallen sind, „die Rüstung Sauls in das Haus der Astharoth gelegt, den Leichnam Sauls aber hingen sie auf die Mauer von Beth-Sean". In Asdod hatten die Philister auch einen Tempel einer männlichen Gottheit, von dem wir aus der Bibel leider auch nur den hebräischen Namen erfahren. Er wird dort „Dagon" genannt[32]. Da im Hebräischen „dag" „Fisch" bedeutet, nehmen viele Forscher an, daß es sich hier um einen Meeresgott der Philister handelt. Das ist nicht unwahrscheinlich, weil die Philister ja mit dem Meer vertraut waren, das Mittelmeer beherrscht haben und auch in Asdod, das damals eine Seefestung war, einen Hafen hatten. Dieser Tempel des Dagon in Asdod ist wahrscheinlich ein Haupttheiligtum der Philister gewesen. Die Philister brachten nämlich die Bundeslade, die sie in der Schlacht bei Eben-Ezer und Aphek, etwa 17 km nordöstlich von Jaffa in der Küstenebene, erbeutet hatten, in den Tempel des Dagon zu Asdod „und stellten sie neben Dagon. Und da die von Asdod des anderen Morgens früh aufstanden, fanden sie Dagon auf seinem Antlitz liegen auf der Erde vor der Lade des Herrn. Aber sie nahmen den Dagon und setzten ihn wieder an seinen Ort. Da sie aber des anderen Morgens früh aufstanden, fanden sie Dagon abermals auf seinem Antlitz liegen auf der Erde vor der Lade des Herrn, aber sein Haupt und seine beiden Hände abgehauen auf der Schwelle, daß der Stumpf allein lag"[33]. Weiter wird dann erzählt, daß in Asdod und seiner Umgebung eine schwere Seuche, „böse Beulen", ausbrach. Daraufhin wurden die fünf Fürsten der Philister zusammengerufen, die dann beschlossen: „Laßt die Lade Gottes nach Gath tragen!" Als die Lade nach Gath kam, brachen auch dort „die bösen Beulen" aus. Daraufhin wurde von den fünf Philisterfürsten beschlossen, daß die Lade nach Ekron gebracht würde. Aber die Leute in Ekron wiedersetzten sich diesem Beschluß aus Angst, „die bösen Beulen" könnten auch bei ihnen ausbrechen. Nun beschlossen „alle Fürsten der Philister", die Lade dem Volk Israel zurückzugeben. „Die Priester und Weissager" der Philister gaben nun folgenden Rat: „Macht einen neuen Wagen und nehmt zwei junge, säugende Kühe, auf die nie ein Joch gekommen ist, und spannt sie an den Wagen und laßt ihre Kälber hinter ihnen daheimbleiben. Und nehmt die Lade des Herrn und legt sie auf den Wagen und die goldenen Kleinode, die ihr zum Schuldopfer gebet – fünf goldene Beulen und fünf goldene Mäuse nach der Zahl der Philister – tut in ein Kästlein neben ihrer Seite. Und sendet sie hin und laßt sie gehen".

So taten die Philister, die beiden jungen, säugenden Kühe, „gingen geradewegs auf Beth-Semes zu auf einer Straße und gingen und blöckten und wichen nicht weder zur Rechten noch zur Linken"[34]. Das Heiligtum der Philister in Asdod ist erst durch den Makkabäer Jonathan im Jahre 147 v. Chr. zerstört worden[35].

Askalon, das mit seinen gewaltigen Ruinen etwa 20 km südwestlich von Asdod am Meer liegt, gehörte auch zu dem Fünfstädtebund der Philister.

In den Jahrhunderten vor der Einwanderung der Philister war Askalon wiederholt unter ägyptischer Verwaltung. Die Ausgrabungen, die bisher vorgenommen wurden, haben nur kleine Teile der ehemaligen großen Ortslage erfaßt. Jedoch fand man auch hier, wie in allen anderen Ausgrabungsstätten im Küstenland Palästinas, eine durchgehende etwa 50 cm dicke Aschenschicht, die eine völlige Zerstörung der Stadt in der ausgehenden Spätbronzezeit anzeigt[36]. Wie auch bei allen anderen Siedlungen in Vorderasien hat man die Zerstörungsschicht der bronzezeitlichen Stadt Askalon, als Werk der Philister bezeichnet. Aber auch in Askalon ist eine vollständige Besiedlungslücke zwischen der spätbronzezeitlichen Zerstörungsschicht und der Philisterschicht nachgewiesen[37], das zeigt, daß die Philister erst einige Jahrzehnte nach der Zerstörung der Stadt durch jene ungeheure Feuersbrunst dorthin kamen.

Sie haben die in der Bronzezeit errichtete und am Ende der Bronzezeit zerstörte Befestigung erneuert und erweitert. Der Hafen von Askalon brachte Wohlhabenheit für die Bewohner der Stadt.

In Askalon spielt auch die Simsongeschichte, die uns im Buche der Richter (14–16 Kapitel) erzählt wird.

Wir erfahren aus dieser Geschichte, daß Simson aus dem Stamme Dan eine „unter den Töchtern der Philister" zur Frau nahm, „hinab gen Askalon ging" und dort dreißig Mann erschlug, um ihnen ihr Gewand und ihre Feierkleider zu rauben, die er seinen dreißig Hochzeitsgästen versprochen hatte, wenn diese ein Rätsel, das er ihnen aufgegeben hatte, lösen würden. Der Vater der jungen Frau, die die Lösung des Rätsels den Hochzeitsgästen verraten hatte, versteckte sie, weil er fürchtete, Simson würde sich an ihr rächen, und sagte zu Simson: „Sie hat eine jüngere Schwester, die ist schöner denn sie, die laß dein sein für diese". Weiter erfahren wir aus dieser Geschichte, daß Simson aus Rache, weil ihm sein Weib vorenthalten wurde, „die Garben samt dem stehenden Korn und die Weinberge und Ölbäume" der Philister in Brand steckte. Schließlich nach einer märchenhaft ausgeschmückten Geschichte, fällt Simson in die Gefangenschaft der Philister und wird nach Gaza gebracht. Dort versammelten sich die Fürsten der Philister, um dem Gotte Dagon ein großes Opfer zu bringen. Simson wird im Tempel zwischen zwei Säulen gestellt und reißt die beiden Säulen, die den Oberbau und das Dach tragen, ein, „da fiel das Haus auf die Fürsten und auf alles Volk, das darin war", angeblich „bei dreitausend, Mann und Weib".

Die Simsongeschichte mag eine fromme Legende des Volkes Israel sein, aber einzelne Angaben dieser Legende geben uns interessante Hinweise. So ist z. B. bedeutsam, daß die Philistereltern im Gegensatz zu den Eltern Simsons keine Einwände gegen die Heirat ihrer Tochter mit einem Israeliten machen, offenbar waren die Philister tolerant.

Weiter ist wichtig, daß die Philister Kornfelder, Weinberge und Ölbäume um Askalon angepflanzt hatten, also offenbar tüchtige Bauern waren, und daß die Philister in Gaza ein großes Haus ihres Gottes Dagon hatten, das „bei dreitausend, Mann und Weib" faßte, vor allem aber, daß das Dach dieses Hauses auf zwei Säulen ruhte. Schachermeyr hat mit Recht unter Hinweis auf dieses Säulenhaus der Philister in Gaza auf die „Baukunst der Philister" hingewiesen, „die mit der Herstellung von durch Säulen getragenen großen Räumen wohlvertraut waren"[37]. Bei diesem großen Haus des Philistergottes handelt es sich zweifellos um ein „Firstsäulenhaus", d. h. um ein Haus, dessen Dach oder Langfirst von zwei oder mehreren Säulen getragen wurde. Solche Häuser oder Tempel kannte das Volk Israel nicht[38]. Wir kennen solche „Firstsäulenhäuser" aus Mitteleuropa, vor allem aus dem nordischen Kulturkreis der Bronzezeit. Hier hat man Grundrisse von Häusern ausgegraben, die rechteckig waren und deren „Dach im Inneren des Hauses von zwei parallelen Reihen freistehender Pfosten gestützt wurde"[39].

Fr. Saeftel, Erforscher des vorgeschichtlichen Hausbaues, hat erstaunliche Übereinstimmungen zwischen dem altnordischen und dem philistäischen Hausbau nachweisen können.

Der Verfasser des Buches „Richter" mag in der Simsongeschichte eine fromme Legende erzählt haben, sicherlich aber konnte er ein so großes Firstsäulenhaus, wie das des Gottes der Philister in Gaza, nicht frei erfinden, denn solche Häuser gab es in Palästina nur bei den Philistern. Das Volk Israel konnte solche Häuser oder Tempel nicht bauen. Noch König Salomo (972–932 v. Chr.) mußte den König Hiram von Tyrus um Knechte bitten, die das Bauholz für den Bau des Tempels in Jerusalem

Abb. 96
Grab der Hyperboreerinnen auf Delos, s. S. 156 (Photo: Spanuth).

schlagen und bearbeiten konnten. Auch sandte ihm König Hiram von Tyrus einen Baumeister „der war ein Meister im Gold, Silber, Erz, Eisen, Steinen, Holz“ (2. Chron. 2,13), der für Salomo den Tempel baute. Offenbar waren die Philister auch im Haus- oder Tempelbau dem Volk Israel schon lange vor Salomo überlegen.

Daß die Bewohner von Askalon einen regen Verkehr vor allem mit der Insel Delos und dem dortigen Hauptheiligtum des hyperboreischen Apollon pflegten, haben die dort gefundenen Inschriften bewiesen[40].

Offenbar gab es außer dem Tempel des Dagon auch einen Tempel jener Göttin der Philister, die im Alten Testament Astharoth, bei den Griechen aber entweder Aphrodite oder Artemis genannt wurde. Herodot berichtet nämlich (I,105), daß die Skythen auf ihrem Zug nach Ägypten „zu der Stadt Askalon in Syrien kamen, dort zog zwar der größere Teil des Heeres, ohne Schaden anzurichten, vorüber; einige Nachzügler aber beraubten den Tempel der Aphrodite Urania. Es ist dies, wie ich erfahren habe, der älteste von allen Tempeln, die die Göttin hat. Auch der Tempel auf Kypros ist von Askalon aus gegründet worden, wie man auf Kypros zugibt“.

Es ist sehr wahrscheinlich, daß unter der „Aphrodite Urania“ tatsächlich Artemis, die Zwillingsschwester Apollons zu verstehen ist, der noch zu Josephus Zeiten (1. Jhdt. n. Chr.) in Gaza und Askalon verehrt wurde. Artemis hatte tatsächlich in Kition - heute Larnaka - auf Zypern einen Tempel, der auf Grund einer Inschrift identifiziert werden konnte[41]. Daß dieser Tempel, wie Herodot erfahren hat, von den Philistern aus Askalon gegründet worden sein soll, zeigt die uralte Volks- und Kultgemeinschaft der Nordmeervölker an, die ja nach den erfolglosen Angriffen auf Ägypten an den Küsten Palästinas, Libanons, auf Zypern, Kreta und der Peloponneshalbinsel ansässig wurden und — wie Weiheinschriften aus allen diesen Gebieten beweisen — auf Delos eine Art Zentralheiligtum hatten. Hier sei auch bemerkt, daß, wie Herodot berichtet[42], auch die Hyperboreer, die am Bernsteinfluß Eridanos wohnten, alljährlich Festgesandtschaften nach Delos schickten, „die jetzt Perphereer heißen“, und daß einmal zwei Hyperboreerinnen, Opis und Arge, in Delos gestorben seien. „Ihr Grab befindet sich im Artemisheiligtum, wenn man eintritt, linker Hand“, so berichtet Herodot (a. a. O.). Dort ist es auch jetzt noch zu sehen. Das würde bedeuten, daß sich Hyperboreer in Delos regelmäßig mit den Nachfahren jener Völkerstämme treffen konnten, die einst in der zweiten Hälfte des 13. Jhdts. v. Chr. aus dem nordeuropäischen Raum bis an die Grenzen Ägyptens gewandert waren.

Zur philistischen Pentapolis gehörte auch Gath. Wir erfahren aus dem Alten Testament viele Einzelheiten über die Philisterstadt Gath, aber ihre Lage ist unsicher. Sie wird wohl unter einem der großen Tells in der Sefela liegen und dort ihrer Ausgrabung harren. Oben (S. 152) haben wir gehört, daß Josua „zu Gaza, Gath und zu Asdod“ Enakiter-Pheresiter-Riesen übrig ließ, offenbar konnte er diese Siedlungen nicht erobern. Ebenso haben wir gehört, daß die Philister die Bundeslade, die sie erbeutet hatten, von Asdod, weil dort „böse Beulen“ ausbrachen, nach Gath brachten, wo diese Krankheit dann ebenfalls um sich griff.

Aus Gath stammte auch der „Riese Goliath“, der das Heer der

Israeliten aufgefordert hatte, einen Gegner zum Zweikampf um die Herrschaft im Lande zu stellen, dann aber vom Knaben David getötet wurde, weil er, Goliath, nur mit Nahkampfwaffen bewaffnet war[43], David ihn aber von ferne mit einem Schleuderstein zwischen die Augen traf. Es ist nicht wahrscheinlich, daß das ein ahistorisches Märchen sei, wie vermutet wurde. Es wird ja berichtet, daß das Schwert Goliaths noch lange Zeit in der Stadt Nobe aufbewahrt wurde[44]. Die Israeliten kannten die Sitte nicht, um die Herrschaft in einem Land einen Zweikampf der besten Helden zu veranstalten. Diese Sitte war aber, wie wir hörten (S. 43), für die Nordmeervölker typisch.

Aus Gath stammte der Philister Itthai, Hauptmann der Leibgarde Davids, und seine 600 Krieger, die dem David die Treue geschworen hatten[45].

Als Davids dritter Sohn Absalom sich gegen seinen Vater erhob und David in die Wüste fliehen mußte, gab er dem Itthai den Befehl: „Geh' nach Haus und bleib bei deinem König (in Gath), denn du bist hier fremd und von deiner Heimatstadt zu mir gekommen!" Darauf antwortete Itthai: „So war der Herr lebt, und so wahr mein König lebt, an welchem Ort mein Herr der König (David) sein wird, da werde auch ich, Dein Knecht sein, es sei zum Tode oder zum Leben!" So dachten auch die 600 Gathiter aus der Leibwache Davids und hielten ihm auch in der Stunde der Not die beschworene Treue.

Beispiele ähnlicher Gefolgschaftstreue, „es sei zum Tode oder zum Leben", werden uns sonst nicht in der Bibel genannt. Diese Treue bis in den Tod hat offenbar nur die Philister ausgezeichnet.

In Gath regierte zu Davids Zeit der Philisterkönig Achis. David flüchtete sich zu Achis, als er von seinem Schwiegervater Sasul, dem ersten König Israels, mit dem Tode bedroht wurde. König Achis nahm den Flüchtling mit großer Gastfreundschaft auf, obwohl von David gesagt wurde: „Saul schlug tausend (Philister), David aber zehntausend" (1. Sam. 21,12). Offenbar war bei den Philistern Gastfreundschaft auch dem hilfesuchenden Feind gegenüber höchstes Gebot. König Achis schenkte dem David volles Vertrauen und gab ihm die Stadt Ziklag zum Lehen, wo David mit seinen Anhängern sechzehn Monate weilte. „Daher gehört Ziklag den Königen Juda's bis auf diesen Tag" (1. Sam. 27,6).

Von Ziklag aus hatte David die Möglichkeit, die Verhältnisse und Fähigkeiten der Philister auszukundschaften. So lernte er die Strategie und Taktik, die Organisation des Heeres in Hundert- und Tausendschaften, das Geheimnis der Herstellung von Eisenachsen, das die Philister gehütet hatten (1. Sam. 13,20), und manches andere mehr kennen. Auch trieb David ein kluges Doppelspiel. Er wußte in Achis den Glauben zu wecken, daß seine von Ziklag aus unternommenen Raubzüge gegen die Judäer und deren Verwandte gerichtet wären, daß er demnach die Brücke zu Juda und Israel endgültig hinter sich abgebrochen hätte. In Wahrheit zog David aber nicht gegen die Judäer, sondern gegen deren Feinde, die Amalekiter.

David konnte diese Täuschung nicht mehr durchführen, als König Achis von Gath ihn arglos zur Heeresfolge im Kampf gegen Saul aufbot. Als David bei diesem Feldzug auf das Mißtrauen der anderen Philisterfürsten stieß, die König Achis aufforderten, den David aus dem Heerbann auszuschließen und ihn nach Ziklag zurückzuschicken, merkte er, daß die anderen Philisterfürsten ihn durchschaut hatten[46]. Er sann darauf, wie er sich den Weg zur Rückkehr nach Juda bahnen könne. Die Gelegenheit dazu kam, als Saul bei diesem Heereszug von den Philistern geschlagen wurde. Ohne sein Abhängigkeitsverhältnis zu den Philistern zu lösen und ohne sein Lehen in Ziklag aufzugeben, trat er mit den Judäern in Verbindung und wurde von ihnen zum König gesalbt. Nun durchschaute auch König Achis von Gath das Doppelspiel, das David mit ihm getrieben hatte, aus dem Freund und Helfer wurde nun ein erbitterter Feind Davids.

Auch die Lage der vierten Stadt aus dem Fünfstädtebund der Philister, der Stadt Ekron, richtig Akaron, ist nicht bekannt. Man hat früher Akir im Norden von Asdod, oder auch Tell Katra, etwa 5 km südöstlich von Akir, oder die Chirbet el Muqana, etwa 10 km südöstlich von Akir, für den Ruinenhügel des philistäischen Ekron gehalten. Im Alten Testament wird Ekron wiederholt erwähnt, aber es werden keine Angaben gemacht, die uns helfen könnten, die Lage von Ekron genauer zu bestimmen. Es lag sicher nicht am Meer, sondern irgendwo im Binnenland. In der oben (S. 155) erwähnten Stelle weigern sich die Leute von Ekron, die Bundeslade, die die Philister von den Israeliten erbeutet hatten, in ihre Stadt aufzunehmen. An einer anderen Stelle[47] wird berichtet, daß der König Ahasja von Israel einen Boten nach Ekron senden wollte, um anzufragen „bei Baal-Sebub, dem Gott von Ekron", ob er von seiner Krankheit genesen werde. Aber der Phrophet Elia verhindert diese Anfrage des Königs Ahasja bei dem Philistergott.

Der hebräische Name „Baal-Sebub" bedeutet „Herr der Fliegen". Es ist rätselhaft, welcher Gott damit gemeint ist. Dieser Gott muß ein Gott der Wahrsagung gewesen sein. Wahrscheinlich ist der Philistergott Dagon gemeint, für den der Name des Teufels gewählt ist[48].

Gaza war schließlich die fünfte Stadt, die zur Pentapolis der Philister gehörte. Gaza war die erste und wichtigste Station auf dem „Horusweg", d. h. auf dem Marschweg ägyptischer Heere oder Handelsleute, die von der ägyptischen Grenzfestung Sile aus nach dem Norden zogen. Diese Stadt wird in ägyptischen Texten vor 1200 v. Chr. wiederholt unter dem Namen ga-sa-ta genannt, so z. B. im „Grenztagebuch" Merenptahs[49], das Angaben über Boten enthält, die die Grenzsperre von Sile durchschritten. In ga-sa-ta = Gaza waren mehrere Boten stationiert, weil diese Stadt eine Provinzhauptstadt der Ägypter war. Auch in Gaza wurde die mächtige Brandschicht gefunden, die ebenso auch in allen anderen Ausgrabunsstätten nachgewiesen wurde. Da Merenptah noch Boten an den Garnisonskommandanten H-j in Gaza sandte, muß die Katastrophe, die das alte ga-sa-ta zerstörte, nach der Regierungszeit Merenptahs (etwa 1232—1222 v. Chr.) und vor dem Regierungsantritt Ramses III. (1200 v. Chr.) stattgefunden haben. Sicher ist, daß die Philister und die mit ihnen verbündeten Nordmeervölker im 5. Jahr Ramses III. an der Grenze Ägyptens standen und Gaza schon in ihrer Hand war. Ramses III. hat auch diese wichtige Garnisonsstadt Ägyptens auf dem „Horusweg" nicht mehr erwähnt, weil sie schon in den Besitz der Philister gelangt war[50]. Überhaupt werden in den ägyptischen Urkunden seit Merenptah weder Gaza noch die anderen Städte Palästinas genannt, weil sie nicht mehr unter ägyptischer Verwaltung standen.

Gaza war ein wichtiger Handelshafen der Philister, denn hier war der Endpunkt der Karawanenstraße, die von Südarabien her den allenthalben begehrten Weihrauch und die kostbaren Gewürze und Riechstoffe des Morgenlandes herbeiführte. Darum haben die Philister Gaza auch immer mit Todesverachtung verteidigt. Israel hat trotz mehrerer Versuche Gaza niemals erobert[51]. Auch König Hisika, Davids Sohn, „der in allem, was er unternahm, Glück hatte" und „nach dem es seinesgleichen nicht gab unter allen Königen von Juda"[52], konnte Gaza nicht einnehmen, obwohl er die Philister schlug und das ganze Gebiet vor der Stadt „vom Wachtturm an bis zu den Befestigungen" verheerte[53]. Die natürliche Lage von Gaza, die auf einem steilen Hügel liegt und von mächtigen Befestigungsanlagen umgeben war, und die Tapferkeit der Philister haben sie für Israel uneinnehmbar gemacht.

Etwa 14 km südöstlich von Gaza liegt der Tell el-Fara[54], den Strobel für ein „bedeutendes Zentrum ägyptischer Herrschaft" hält. Dort hat Flinders Petrie ein umfangreiches Gräberfeld ausgegraben. Zwei Gräber enthielten bedeutende Beigaben mit Philisterkeramik der frühen Zeit, zwei weitere Gräber bargen anthropoide Sarkophage. Wichtig sind auch die Funde eines Armbandes und eines Dolches mit einer Eisenklinge und eines eisernen Messers mit leicht gekrümmter Klinge in der Philisterschicht.

Im nahen Tell addschull 10 km südlich von Gaza herrschte offenbar großer Wohlstand. Reiche Grabbeigaben, darunter mehrere Armbänder aus Gold, Fibeln, Anhänger und Gewandnadeln wurden in Schichten des 15. und 14. Jhdts. v. Chr. gefunden. Es fand sich die immer wieder beobachtete Brand- und Zerstörungsschicht des ausgehenden 13. Jhdts. v. Chr. und dann eine Schicht mit Philisterkeramik.

Wahrscheinlich sind die Siedlungen, die die Philister einst in Tell el Fara und Tell addschull hatten, die südlichsten Vorposten der Philister gegen Ägypten gewesen.

Bei den Ausgrabungen oder Probegrabungen, die in der Küstenebene Palästinas gemacht wurden, wurden immer wieder sehr ähnliche Beobachtungen gemacht: Brand- und Zerstörungsschichten aus der zweiten Hälfte des 13. Jhdts. v. Chr. und darüber oft zahlreiche Philisterware. Bei den Ausgrabungen im Inneren des Landes, vor allem im Bergland Samarias und Judäas, wurden zwar wohl die Brand- und Zerstörungsschichten aus der 2. Hälfte des 13. Jhdts. v.Chr. festgestellt, aber darüber fanden sich manchmal keine Philisterwaren, auch das ist ein deutlicher Beweis, daß die Brand- und Zerstörungsschichten nicht von den Philistern verursacht wurden, die in diese Orte nicht gekommen sind, sondern daß hier Naturkatastrophen gewütet haben, die die bronzezeitlichen Siedlungen im ganzen Vorderen Orient in Schutt und Asche legten.

Bemerkenswert ist es, daß auch im Jordantal bisher an zwei Stellen typische „Philisterware" gefunden wurde und zwar bei den Ausgrabungen im Tell Deir Alla und etwa 10 km nördlich davon im Tell el-Fara (Nord)[55]. Auch im Tell Deir Alla fand man eine massive Zerstörungsschicht, in der ein Fayencekrug mit dem Siegel der ägyptischen Königin Ta-usert lag, die vielleicht eine Tochter Merenptahs war[56], und im Tal der Könige ihr eigenes Grab hat. Sie gehörte noch der 19. Dynastie an, während mit Ramses III. die 20. Dynastie beginnt. Auch dieser Fund zeigt, daß die Naturkatastrophe, die auch diese Siedlung vernichtete, vor dem Regierungsantritt Ramses III. (1200 v. Chr.) und demnach vor der Ankunft der Nordmeervölker, die zum ersten Mal im 5. Jahr der Regierung Ramses III. in Palästina erscheinen, zu datieren sind. Das war ja „das Feuer, das vor ihnen (den Philistern) her bereitet war" (siehe oben S. 9). In der Schicht mit unverkennbarer Philisterware (Merkmale Schwanendekor, geometrische Muster) wurden einige Tafeln mit einer unbekannten Schrift gefunden. Z. Mayani hat die Ansicht vertreten, daß es sich um eine indo-europäische Sprache handeln könnte, „wahrscheinlich die der Philister"[57]. In dieser Schicht wurden auch Eisenschmelzöfen gefunden, die zeigen, daß die Philister auch hier nicht nur die nahen Kupfererzlagerstätten, sondern auch die Eisenerzlagerstätten abgebaut haben.

Auch im Tell Deir Alla (Nord) wurde eine Schicht mit Philisterkeramik gefunden. R. de Vaux, der dort im Auftrag der Ecole Biblique et Archéologique Francaise von 1947–1952 Ausgrabungen durchgeführt hat, hat ausführlich über die Grabungsergebnisse berichtet. Die Tatsache, daß die Philister wenigstens an zwei Orten im Jordantal sich festgesetzt hatten, zeigt, daß sie die strategische und handelspolitische Bedeutung des Jordantals erkannt hatten.

Weiter nördlich im Tal des nahr dschalud, der das Jordantal mit der Jesreelebene und damit auch mit Megiddo verbindet, liegt Beth Sean. Auch diese Stadt ist von den Naturkatastrophen des ausgehenden 13. Jhdts. v. Chr. sehr schwer heimgesucht worden. Aber die Ausgrabungen haben ergeben, daß dieselbe einheimische Bevölkerung, die vor den Katastrophen hier lebte, die Stadt im alten Stil wieder aufgebaut hat. Philisterware hat sich in Beth Sean nicht nachweisen lassen. Dennoch ist es sicher, daß die Stadt um 1012 v. Chr. in der Hand der Philister war, denn es wird uns ja berichtet, daß die Philister den Leichnam Sauls „auf die Mauern von Beth Sean hingen" (siehe oben S. 153).

Dieses Beispiel zeigt, daß wir in Palästina auch dort mit Philistersiedlungen rechnen müssen, wo bisher keine oder noch keine Philisterware gefunden wurde. Das ist z. B. auch in Bethlehem der Fall, wo „der Philister Volk" (2. Sam. 23,14) und „eine Schildwacht der Philister war" (1. Chron. 1,16). Auch andere Orte werden in der Bibel als „Philisterorte" bezeichnet, die entweder nocht nicht archäologisch erforscht oder ihrer Lage nach unbekannt sind. Dazu gehören die Orte Socho und Aseka[58], Kegila[59] und Ziklag[60], die alle im Leben des jungen David eine Rolle spielten. Die Bezeichnung dieser Orte als „Philisterorte" zeigt, daß die südlichen Höhen des judäischen Berglandes von den Philistern besetzt waren.

Jerusalem selbst war nie in der Hand der Philister. Erst König David hat diese Stadt von den Jebusitern erobert[61]. Aber die Festung Tell el-Ful, etwa 5 km nördlich von Jerusalem, war nach W. F. Albright, der dort Ausgrabungen unternommen hat[62], von den Philistern besetzt. Der Fund einer eisernen Pflugschar ist bei dem von den Philistern beanspruchten Monopol in der Eisenherstellung[63] (siehe oben S. 48) ein Hinweis auf die Anwesenheit der Philister. Philisterkeramik wurde auch in Betin (Bethel) und in Tell en-Nasbe gefunden. Sie stammt an beiden Orten aus der Zeit um 1080 v. Chr., als die Philister sich anschickten, die Kontrolle auch über das Gebirge von Judäa auszudehnen. Betin (Bethel) muß in der Spätbronzezeit eine blühende Stadt gewesen sein, in der in den Schichten aus der Zeit zwischen dem 15. und dem 13. Jhdt. v. Chr. außergewöhnlich gut gebaute Häuser gefunden wurden. Dann ist die Stadt gegen Ende des 13. Jhdts. durch einen großen Brand vernichtet worden, der eine 1,50 m dicke Schutt- und Aschenschicht hinterließ, es folgt eine Besiedlungslücke, auf die eine Wiederaufnahme der Besiedlung mit sehr viel ärmlicheren Bauten folgt, und erst dann findet sich die Schicht mit reichlicher Philisterkeramik. Das zeigt, daß auch hier die Philister mit Sicherheit nicht die Urheber der Zerstörung von Betin waren. Unter dem König von Israel, Jerobeam (932–911 v. Chr.), wurde Betin-Bethel zum Staatsheiligtum erklärt und ein abgöttischer Bilderdienst - vielleicht von den Philistern eingeführt? - verdrängt.

Es gibt vor allem in der Küstenebene noch andere Orte, an denen Funde von Philisterkeramik oder Eisensachen die Anwesenheit der Philister beweisen. Sicher ist, daß die ganze Küstenebene Palästinas bis nach Gaza, Tell addschull und Tell el-Fara (Süd) im Wadi ghazze im Süden im 12. und 11. Jhdt. v. Chr. von den Philistern besetzt war und daß sie dieses Gebiet von der ägyptischen Grenze im Süden bis an das Karmelgebirge im Norden beherrschten.

12. Die Sakar im Libanon

In den Küstengebieten des Libanons hatten sich die Sakar angesiedelt, die mit den Philistern stammes- und blutsverwandt waren und in den Texten aus der Zeit Ramses III. immer zu den Nordmeervölkern gerechnet werden.

Die archäologischen Untersuchungen haben dasselbe Ergebnis gebracht wie diejenigen in Palästina: Besiedlung des Landes in der Bronze- und Spätbronzezeit durch einheimische Stämme, Funde von mykenischer und zyprischer Keramik in der Spätbronzezeit, ungeheure Zerstörungen durch Erdbeben und Feuersbrünste gegen Ende des 13. Jhdts. v. Chr., dann folgt die Ansiedlung der Sakar.

Für das Libanongebiet liegen aber nicht nur die Ausgrabungsberichte vor, sondern auch der Papyrus Wen-Amun, von dem schon oben (S. 147) die Rede war. Wir erfahren aus diesem Papyrus über das hinaus, was schon oben berichtet wurde, interessante Einzelheiten.[1]

Der Tempelbeamte Wen-Amun fährt nach Byblos, nachdem er im Hafen von Dor von einem Matrosen seines Schiffes bestohlen worden war und sich dann am Eigentum der Sakar in Dor durch Diebstahl von 30 Deben Silber schadlos gehalten hatte. Dort in Byblos versteckte er das gestohlene Silber der Sakar von Dor. Aber der Fürst von Byblos war gar nicht erfreut über den Besuch des Wen-Amun, der sich mit den Sakar von Dor verfeindet hatte. Der Fürst von Byblos, der Sakarbaal genannt wird, ließ dem Wen-Amun mitteilen: „Mach, daß du aus meinem Hafen kommst!“ Trotz dieser Aufforderung blieb Wen-Amun 19 Tage im Hafen von Byblos „und täglich ließ er (Sakarbaal) mir sagen: Mach, daß du aus meinem Hafen kommst!“ Schließlich wollte Wen-Amun doch nach Ägypten fahren, er versteckte das in Dor gestohlene Silber. „Aber da kam der Hafenvorsteher zu mir und sagte: ‚Bleibe du bis morgen hier und halte dich zur Verfügung des Fürsten!‘ Ich sagte zu ihm: ‚Bist du nicht der, der täglich zu mir gekommen ist und gesagt hat: ‚Mach, daß du aus meinem Hafen kommst? Und nie hast du zu mir ‚bleibe‘ gesagt‘“. Schließlich wird erzählt: „Als der Morgen gekommen war, sandte er (Sakarbaal) und ließ mich heraufführen... Ich fand ihn, wie er in seinem Obergemach saß und seinen Rücken lehnte an einem Fenster und die Wellen des großen syrischen Meeres schlugen in seinen Nacken“ (Erman schreibt zu dieser Stelle: „Das ist gewiß nicht wörtlich zu nehmen; er meint, daß er durch das Fenster hinter dem König die Brandung aufspritzen sah.“).

Dann erzählt Wen-Amun weiter, wie er von dem Sakarbaal ausgefragt wird, u. a. sagt der Fürst von Byblos zu Wen-Amun: „Es sind doch zwanzig Schiffe hier in meinem Hafen, die im Cheber (etwa Charter) mit Smendes (Herr von Tanis im nördlichen Nildelta) stehen und 50 Schiffe im Hafen von Sidon, an dem du vorbeigefahren bist, sie sind im Cheber mit Birkatel (offenbar ein in Tanis ansässiger ägyptischer Kaufmann) und fahren zu seinem Hause.“ Wen-Amun erzählt weiter: „Ich schwieg in diesem großen Augenblick. Er antwortete und sagte mir: ‚Mit was für einem Auftrag bist du denn hierher gekommen?‘ Ich sagte zu ihm: ‚Ich bin gekommen nach dem Holzwerk des großen herrlichen Schiffes des Amon-Re, des Götterkönigs. Dein Vater tat es und dein Großvater tat es auch und auch du wirst es tun!‘. Er sagte zu mir: ‚Sie haben es wirklich getan und wenn du mir etwas dafür geben wirst, daß ich es tue, so tue ich es auch. Gewiß, die Meinen haben diesen Auftrag ausgeführt, aber der Pharao hat auch sechs Schiffe hierher geschickt, die mit ägyptischen Waren beladen waren und man lud sie in unsere Speicher aus. So bringe auch du mir etwas!‘ Er ließ die Tagebücher seiner Väter holen und ließ sie mir vorlesen und man fand, daß es tausend Deben von allerlei Silber (er meint Gefäße, Barren Bruchsilber u. a.) war, was in seinem Buche stand“ (ein Deben ist 91 g, 1000 Deben entsprechen nach dem Silberpreis vom 20. 8. 78 einem Betrag von 32.520 DM). Weiter wird berichtet: „Der Sakarbaal sagte zu mir: ‚Wenn der Herrscher von Ägypten Herr meines Eigentums wäre und wenn ich sein Diener wäre, dann hätte er nicht Silber und Gold geschickt, als er sagte: ‚Vollziehe den Auftrag des Amon‘. Es war auch keine Königsgabe (d.h. kein Geschenk, das ein Herrscher dem anderen macht, das Geld war ein Kaufpreis für Zedernholz vom Libanon), die sie meinem Vater erwiesen. Ich aber bin nicht dein Diener und ich bin auch nicht der Diener dessen, der dich ausgeschickt hat! Wenn ich zum großen Libanon schreie, so öffnet sich der Himmel und die Bäume sind hier und liegen am Ufer des Meeres“.

Schließlich wird ein Schiff nach Ägypten geschickt, das die Bezahlung für das Zedernholz holen soll. Als es zurückkam brachte es mit:

„Gold: 4 Krüge und 1 Kakmentgefäß
Silber: 5 Krüge
Kleider aus Königsleinen: 10 Stück
Gutes oberägyptisches Leinen: 10 Chered
Feines Papier: 500
Rinderhäute: 500
Stricke: 500
Linsen: 20 Säcke
Fische: 40 Körbe“

Offenbar für den Sakarbaal persönlich wurden geschickt:

„Kleider aus gutem oberägyptischen Leinen: 5 Stück
Gutes oberägyptisches Leinen: 5 Chered
Linsen: 1 Sack
Fische: 5 Körbe“

„Der Fürst freute sich und stellte 300 Mann und 300 Ochsen an und setzte Aufseher an ihre Spitze, damit sie die Bäume fällen. Sie fällten sie und sie blieben den Winter über liegen. Im dritten Sommermonat aber schleppte man sie ans Ufer des Meeres“.

Dann wird ein langes Gespräch zwischen dem Sakarbaal und Wen-Amun überliefert. Schließlich heißt es dann: „Ich (=Wen-Amun) ging fort zum Ufer des Meeres, wo das Holz lagerte und da sah ich 11 Schiffe, die auf dem Meere heranfuhren. Sie gehörten den Sakar und kamen mit dem Auftrag: ‚Nehmt ihn gefangen und laßt kein Schiff von ihm nach dem Lande Ägypten!‘ Da setzte ich mich hin und weinte! Der Briefschreiber des Fürsten kam zu mir heraus und sagt zu mir: ‚Was hast du?‘ Ich sagte zu ihm: ‚Du siehst die Vögel, die zum zweiten Male nach

Ägypten herabziehen. Sieh' sie an, sie gehen zum kühlen Teich, aber bis wann muß ich hier liegenbleiben? Du siehst doch die, die wieder kommen, um mich gefangen zu nehmen!'"

Dann wird weiter erzählt, wie der Briefschreiber des Sakarbaals das alles seinem Fürsten erzählte. Der Fürst wollte den Wen-Amun trösten und schickte ihm durch seinen Briefschreiber „zwei Maß Wein und einen Widder. Er ließ auch die Tent-nut, eine ägyptische Sängerin, die bei ihm war, zu mir bringen und sagte zu ihr: „Singe ihm, er soll keine Grillen fangen!" Er schickte zu mir und ließ mir sagen: „Iß und trink und fange keine Grillen. Morgen wirst du alles hören, was ich sagen werde!"

Am anderen Morgen fand eine Beratung des Sakarbaals mit den Befehlshabern der elf Sakarschiffe, die den Wen-Amun gefangennehmen sollten, statt. Der Fürst von Byblos sagte zu den anderen Sakar: „Ich kann dem Gesandten des Amon nicht in meinem Lande gefangen nehmen. Laßt ihn mich wegsenden und dann könnt ihr ihn verfolgen, um ihn gefangen zu nehmen!" Dann wird erzählt, daß der Sakarbaal den Wen-Amun auf ein Schiff lud und fortsandte. Durch widrige Winde wurde das Schiff mit Wen-Amun an Bord nach Alasia = Zypern getrieben, dann heißt es weiter: „Die von der Stadt zogen heraus gegen mich, um mich zu töten und ich wurde zwischen sie gestoßen bis hin zum Wohnort der Heteb, der Fürstin der Stadt. Ich traf sie, wie sie aus ihrem Haus herausging und in ihr anderes ging". „Ich begrüße sie und sagte zu den Leuten, die neben ihr standen: ‚Es gibt gewiß unter euch einen, der Ägyptisch versteht!' Einer sagte: ‚Ich verstehe es!'"

Nun gelang es dem Wen-Amun durch wohlgesetzte Reden das Mitleid der Fürstin Heteb zu erwecken. Es scheint, daß sie ihm für einige Zeit Asyl gewährt hat. Doch bricht der Papyrus an dieser Stelle ab. Nach einer großen Lücke folgen nur unzusammenhängende Notizen, aus denen hervorzugehen scheint, daß Wen-Amun schließlich von Alasia-Zypern wieder abfuhr und über Tyrus und einige andere Häfen nach Ägypten zurückkehrte.[2]

Die Forschung ist sich einig, daß der Wen-Amun-Papyrus wirkliche Erlebnisse des Tempelbeamten Wen-Amun wiedergibt.

Dieser Bericht ist neben den vielen Ausgrabungsberichten von der Besiedlung der Nordmeervölker auf Zypern, im Libanongebiet und in Palästina in diesem Zusammenhang von nicht geringem Wert, denn er gibt uns eine anschauliche Schilderung von den politischen Verhältnissen um 1100 v. Chr. und von der Sinnesart des Sakarbaals, des Sakarfürsten von Byblos.

A. Scharff schreibt über den Wen-Amun-Papyrus: „Dieser Bericht beleuchtet wohl am besten die trostlose, politisch geradezu verächtliche Lage, in der sich Ägypten zur Zeit der 21. Dynastie befand. Der ägyptische Abgesandte wird überall, wo er in Syrien hinkommt, geradezu miserabel behandelt; freilich weiß man überall in Syrien noch von der einstigen Machtstellung Ägyptens und seines Gottes Amun, aber von alledem ist jetzt jedenfalls in Syrien nichts mehr gegenwärtig"[3]

Obwohl dieser Erlebnisbericht von einem ägyptischen Tempelbeamten geschrieben wurde, läßt er doch die Sakar in einem günstigen, sich selber aber in einem ungünstigen Licht erscheinen. Der Sakarfürst in Dor hätte dem Wen-Amun das Gold und das Silber wiedergegeben, wenn ein Sakar den Wen-Amun bestohlen hätte. Da aber ein Mann von der ägyptischen Schiffsbesatzung den Diebstahl ausführte, hält der Sakarfürst sich nicht für verpflichtet, dem Wen-Amun den Schaden zu ersetzen. Daß die Sakar in Dor, die von Wen-Amun nun bestohlen wurden, der sich für seinen Verlust schadlos halten wollte, sehr erbost waren und den Wen-Amun verfolgten, um ihm seine Beute abzujagen, ist verständlich, weil ihr erster Versuch, wieder in den Besitz des gestohlenen Silbers zu kommen, von Wen-Amun abgewehrt wurde mit den frechen Worten: „Gewiß ist es euer Geld, aber es bleibt bei mir, bis ihr mein Geld gefunden habt!" Offenbar ist Wen-Amun dann heimlich aus Dor abgefahren, während die Sakar in Dor noch den agyptischen Matrosen suchten, der das Geld gestohlen hatte.

Der Sakarbaal in Byblos war verständlicherweise gar nicht erbaut, daß der Dieb Wen-Amun in seinem Hafen festmachte. Neunzehn Tage hindurch ließ er täglich dem Wen-Amun mitteilen: „Mach, daß du aus meinem Hafen kommst!" Aber Wen-Amun stellte die Geduld des Sakarbaals auf eine harte Probe und dachte nicht daran, den Hafen von Byblos zu verlassen.

Wir erfahren weiter, daß der Sakarbaal unmittelbar am Ufer „des großen syrischen Meeres" seinen großen zweistöckigen Palast hatte, aus dessen Fenster man die Brandung des Meeres sah und hörte. Wir hören, daß im Hafen von Byblos zwanzig Sakarschiffe und im Hafen von Sidon fünfzig Sakarschiffe lagen, die „im Cheber" (Charter) mit ägyptischen Kaufleuten standen, also wahrscheinlich Zedernholz nach Ägypten transportierten. Siebzig Schiffe der Sakar nur in diesen beiden Häfen beweisen die starke Seemacht, die die Nordmeervölker im östlichen Mittelmeergebiet hatten. Sehr bemerkenswert ist es auch, daß der Sakarfürst die Tagebücher seines Vaters und seines Großvaters aufbewahrt hatte, in denen er nachprüfen konnte, welche Waren und wieviel Gold oder Silber von den Pharaonen seinen Vorfahren für das Zedernholz vom Libanon geliefert worden waren. Interessant ist auch die Liste der Waren, die schließlich aus Ägypten nach Byblos geschickt wurden, damit das Zedernholz zur gründlichen Reparatur der heiligen Barke des Amon endlich geliefert würde. Darunter war auch Papier wohl zum Schreiben. Von großer Gastfreundschaft des Sakarfürsten zeugt es auch, daß er den Wen-Amun in seinem Hafen gegen die Befehlshaber der elf Sakarschiffe schützte, ihn tröstete und „ihm zwei Maß Wein und einen Widder schickt", dazu auch die ägyptische Sängerin Tent-nut, „die bei ihm (dem Sakarfürsten) war", die nun die Aufgabe hatte, dem Wen-Amun „die Grillen zu vertreiben". Offenbar wußte der Sakarfürst aus Erfahrung, mit welchen Mitteln man Grillen und Sorgen vertreiben kann.

Erwähnenswert ist auch, daß auf Zypern, das von den Nordmeervölkern seit etwa 1200 v. Chr. besetzt war, eine Frau als Fürstin herrschte. Das wäre im mykenischen oder kleinasiatischen Kulturkreis unmöglich gewesen.

Diese Fürstin nahm den Wen-Amun in Schutz vor den Leuten, die ihn töten wollten. Offenbar hatte man auch auf Zypern schon erfahren, daß Wen-Amun im Hafen von Dor den Sakar 30 Deben Silber gestohlen hatte.

Dieser Bericht des Wen-Amun läßt die Sakar in einem günstigen Licht erscheinen. Sie üben großzügige Gastfreundschaft dem Fremdling gegenüber. Der Fürst von Dor wäre bereit gewesen, dem Wen-Amun den Schaden zu ersetzen, wenn einer der Sakarleute den Wen-Amun bestohlen hätte. Da aber der Dieb, der den Wen-Amun bestohlen hatte, von seinem eigenen Schiff stammte, sah er sich außerstande, den Wen-Amun zu entschädigen, wohl aber ließ der Sakarfürst nach dem Dieb suchen. Auch der Fürst in Byblos, der Sakarbaal genannt wurde, zeigte 19 Tage Geduld mit Wen-Amun und tut schließlich alles, um ihm die Grillen zu vertreiben, er schützt den Wen-Amun vor den elf Sakarschiffen, die gekommen waren, um ihn zu fangen und sandte ihn schließlich auf einem Schiff fort. Auch in Alasia auf Zypern schützt die Fürstin Heteb den Wen-Amun und erwies ihm Gastfreundschaft.

Die Sakar und Philister waren also nicht wilde Barbaren und auch nicht muffige und spießige „Philister", sondern Menschen, die Recht und Gerechtigkeit übten, Gastfreundschaft dem Fremdling erwiesen und sehr wohl wußten, auf welche Weise man Grillen vertreiben kann.

13. Die Philister und das Alphabet.

Von besonderer Bedeutung ist es, daß im Wen-Amun-Papyrus vom Sakarbaal berichtet wird, er habe die Tagebücher seines Vaters und seines Großvaters aufbewahrt und habe nachprüfen können, wieviel Gold und Silber und welche Waren seine Vorfahren von den Pharaonen für die Holzlieferungen aus dem Libanon erhalten hatte. Es ist auch von einem Briefschreiber die Rede, den der Sakarbaal beschäftigte. In der Liste der aus Ägypten gesandten Waren werden auch 500 Stück oder Bogen Papier erwähnt.

Da der Wen-Amun-Papyrus „um 1100 v. Chr.“[1] oder „fünfzig bis sechzig Jahre nach dem Tod Ramses III.“ († 1168 v. Chr.)[2] geschrieben wurde, muß der Großvater des Sakarbaals in der ersten Hälfte des 12. Jahrhunderts v. Chr. gelebt und schon Tagebücher geschrieben und Papier für seine Tagebücher verwendet haben.

Das ist eine erstaunliche Mitteilung für ein Volk, das man bisher ja immer für ein schriftloses Barbarenvolk gehalten hat.

Nun taucht natürlich die Frage auf, ob diese Angaben des Wen-Amun-Papyrus zuverlässig sind und die Verhältnisse jener Zeit richtig wiedergegeben werden.

Die Frage nach der Zuverlässigkeit des Wen-Amun-Papyrus wird von allen Fachgelehrten einstimmig bejaht. Man ist sich einig, daß dieser Papyrus „die trostlose, politisch geradezu verächtliche Lage Ägyptens“ und die Verhältnisse im Sakarland im 12. Jahrhundert richtig wiedergibt[3].

Wenn das aber der Fall ist, dann muß versucht werden, eine weitere Frage zu beantworten, nämlich die: mit welcher Schrift haben die Sakar im 12. Jhdt. v. Chr. geschrieben?

Es gab im 13. Jhdt. v. Chr. im östlichen Mittelmeerraum mehrere Schriftsysteme.

Im mykenischen Griechenland und auf Kreta wurde die „Linear-B-Schrift“ geschrieben. Im Hethiterreich hatte man die „hethitische Hieroglyphenschrift“, eine Art Keilschrift, der man noch die Herkunft aus der sumerischen Bilderschrift anmerkt. In Ugarit wurde eine ugaritische Abart der Keilschrift geschrieben, das war eine Silbenschrift, die für die Landessprache abgeändert worden war. In Byblos wurde eine „pseudohieroglyphische Schrift“ geschrieben, es war eine Silbenschrift mit achtzig verschiedenen Zeichen[4].

Aber alle diese Schriften, die auf Ton- oder Steintafeln eingegraben wurden, liegen unter der mächtigen Brand- und Schuttschicht, die die „destruction finale“, die endgültige Zerstörung durch verheerende Naturkatastrophen, um etwa 1220 v. Chr. über die Siedlungen und Städte legte.

Diese verschiedenen Schriftsysteme konnten die Sakar und die mit ihnen eng verwandten und verbündeten Philister in der kurzen Zeit, in der sie durch die genannten Länder zogen, nicht erlernen. Die „Linear-B-Schrift“ Griechenlands und Kretas ging mit den Palästen unter und wurde nie mehr geschrieben. Chadwick sagt: „Die enge Beziehung

Abb. 97
Linear-B-Schrift. Täfelchen aus Knossos.

Abb. 98
Kacheln (Rückseite) aus den Ruinen des Palastes Ramses III. bei Tell el-Jehudijeh im Nildelta. Aus: Velikovsky, Die Seevölker, Frankfurt/M., 1978.

zwischen Schrift und Palastverwaltung mag erklären, warum die Schrift die Umwälzungen nicht überlebt hat, welche die streng zentralisierten Regierungsformen beseitigt hat“[4a].

Vom plötzlichen Ende der Schrift jener Zeit in den schweren Naturkatastrophen berichtet Platon in seinem Dialog Timaios (23 a—c). Die archäologische Forschung hat Platons Angaben in jeder Hinsicht bestätigt.

Auch das Hethiterreich mit der Hauptstadt Hattusa wurde durch die Naturkatastrophen für immer zerstört. Als die Nordmeervölker, die Philister, die Sakar und die Denen der Texte Ramses III., um 1200 v. Chr. oder kurz danach durch diese Gebiete zogen, war die Bevölkerung ausgelöscht oder so stark dezimiert, daß die in Griechenland und Kleinasien bisher geübten Schriften nicht mehr geschrieben wurden und daher auch nicht vermittelt werden konnten.

In Ugarit und Byblos lagen die Dinge genauso. Die Tafeln mit den dort im 13. Jahrhundert v. Chr. geübten Schriftsystemen wurden unter den mächtigen Brand- und Schuttschichten der „destruction finale“ gefunden. Die Nordmeervölker hatten weder Möglichkeit noch Zeit, diese komplizierten Schriften zu erlernen, die für ganz andere Sprachen abgeändert oder zurechtgemacht worden waren.

Sicherlich wird man auch von den komplizierten Schriftsystemen in den genannten Ländern oder Städten sagen dürfen, was W. Witter von der schwer zu erlernenden Metallurgie des Eisens, die die Philister kannten, geschrieben hat: „Ein auf der Wanderung begriffenes Volk, das steten kriegerischen Auseinandersetzungen ausgesetzt war, konnte unmöglich die Metallurgie des Eisens beherrschen lernen“ (siehe oben S. 48).

In Ägypten waren damals zwei verschiedene Schriften in Gebrauch: die alte Hieroglyphenschrift, die dort seit etwa 3000 v. Chr. geübt wurde, und die „hieratische Schrift“, eine kursive Schrift, die zwar nicht so umständlich war wie die Hieroglyphenschrift, aber jahrelangen Schreibunterricht erforderte (etwa 10.000 hierat. Zeichen). Beide ägyptischen Schriften konnten die Sakar im Libanon und die Philister in Palästina nicht erlernen. Diese beiden Stämme waren ja nicht in ägyptische Gefangenschaft gefallen und zu Sklaven gemacht worden wie ihre unglücklichen Wandergenossen, die dieses Schicksal erlitten.

Seit kurzer Zeit wissen wir, welche Schrift die Philister und die Sakar geschrieben haben.

Im Juni 1976 wurde in Izbet Sarta östlich von Tel Aviv in der Philisterschicht eine Tonscherbe gefunden, die Professor Demsky von der Universität in Jerusalem als „sensationelle Entdeckung" und als „das fehlende Glied in der Geschichte der Schrift" bezeichnet hat. Auf dieser Tonscherbe sind alphabetische Schriftzeichen, die sich von allen den anderen Schriftsystemen grundlegend unterscheiden, eingeritzt. Diese alphabetischen Schriftzeichen gleichen in erstaunlicher Weise Buchstaben des griechischen Alphabets, sie sind in fünf Zeilen von links nach rechts geschrieben.

Die ersten vier Zeilen sind in einer nichtsemitischen Sprache verfaßt, wahrscheinlich der Philistersprache, und noch nicht übersetzt, weil man noch nicht weiß, welche Sprache die Philister gesprochen haben. Die letzte Zeile enthält jedoch ein vollständiges Alphabet mit 21 Buchstaben und einer Leerstelle für den Buchstaben „m". Diese Tontafel kann wegen der frühen Philisterkeramik, mit der zusammen sie gefunden wurde, ins frühe 12. Jhdt. v. Chr. datiert werden.

Damit fällt ein helles Licht auf eine bisher rätselhafte Frage, die zu abenteuerlichen Lösungsversuchen geführt hat.

Im Tell el-Jehudijeh, einem Ruinenhügel etwa 32 km nordöstlich von Kairo, hat der Schweizer Ägyptologe Edouard Naville schon vor 90 Jahren die Ruinen eines Palastes Ramses III. ausgegraben. Farbige und glasierte Kacheln haben einst die Wände dieses Palastes geschmückt. Diese Keramikkacheln zeigen eine reiche Ausschmückung, - meist Blumen - einige von ihnen tragen in Hieroglyphenschrift den Namen Ramses III. Auf der Rückseite der Kacheln sind eingeritzte Zeichen, die offenbar vor dem Brennen mit den Initialen der Arbeiter, die sie herstellten, versehen wurden.

Viele dieser Zeichen sind Buchstaben des frühen griechischen Alphabets. Der Orientalist T. H. Lewis schrieb: „Am bemerkenswertesten ist die Tatsache, daß bei mehreren Platten auf der Rückseite griechische Buchstaben zu finden sind, die offensichtlich dort im Verlauf des Herstellungsprozesses angebracht wurden" (T. H. Lewis: „Tell el Yahoudeh", in: Transactions of the Society of Biblical Archaeology VII, 1881, 182). Von den „griechischen Buchstaben" sind auf der Rückseite der Kacheln deutlich die Buchstaben AEIΛMOCTX = AEILMOSTCH zu erkennen, die I. Velikovsky glaubt, ins 4. Jhdt. v. Chr. datieren zu müssen.

Nun sind griechiche Buchstaben des 4. Jahrhunderts v. Chr. auf Kacheln aus dem Palast Ramses III. eine Unmöglichkeit. Ein großes Rätselraten begann. Flinders Petrie stellte die Hypothese auf, daß die Ägypter selbst dieses alphabetische System gehabt hätten, obwohl sie sonst immer nur in der hieratischen oder in der Hieroglyphenschrift geschrieben haben. Niemals und nirgendwo taucht diese alphabetische Schrift mit den griechischen Buchstaben in ägyptischen Inschriften oder Papyrustexten auf. Diese Hypothese wurde schnell verworfen.

Ebenso schnell wurde die Hypothese verworfen, die griechischen Buchstaben seien Fälschungen, die nachträglich auf der Rückseite der Kacheln aus dem Palast Ramses III. eingeritzt wurden. Aber man fand zu viele dieser Schriftzeichen. Andere Gelehrte, unter ihnen der im Dienst des ägyptischen Antikendienstes stehende Emil Brugsch, hatten ebenfalls zahlreiche Keramikkacheln mit „griechischen Buchstaben“ aus den Ruinen des Palastes Ramses III. in Tell el Yehudijeh ausgegraben.

Einen überaus abenteuerlichen Vorschlag zur Lösung des Rätsels der griechischen Buchstaben auf Keramikkacheln des Palastes Ramses III. machte Immanuel Velikovsky. Er „liefert die Beweise, daß Ramses III. erst 800 Jahre später als bisher angenommen gelebt hat, und daß die fraglichen Ereignisse (gemeint ist der Angriff der Nordmeervölker gegen Ägypten) in der 1. Hälfte des vierten Jahrhunderts v. Chr. stattfanden“ (so im Werbeprospekt für Velikovskys Buch „Die Seevölker“). Velikovsky selbst versucht diese Hypothese mit Scheinbeweisen und Verdrehung historischer Fakten zu untermauern.

Die „griechischen Buchstaben aus dem 4. Jahrhundert v. Chr.“ auf der Rückseite der Keramikkacheln Ramses III. sind dabei sein Hauptbeweis. Die prst der Texte Ramses III. werden nicht mit den Philistern, sondern mit den Persern identifiziert, die „Strahlenkronen“ der Nordmeervölker sollen identisch mit und abgeleitet sein von der federartig angeordneten Tiara des Großkönigs und der Satrapen der Perser. Velikovsky schreibt: „Diese typische und einzigartige Kopfbedeckung, die bei persischen Garden und Rittern ebenso zu sehen ist wie bei den Soldaten der Pereset, und die Tiara des Großkönigs und seiner Satrapen, die man auch bei den Offizieren der Pereset findet, sind ein starkes Argument dafür, die Pereset mit den Persern zu identifizieren“ (1978, 51). Velikovsky kennt offenbar die Wandbilder von Medinet Habu nicht gut, denn er schreibt: „Sie (die Tiaren) sind allerdings nicht (!) während des Schlachtverlaufes abgebildet“ (1978, 50). Tatsächlich tragen die prst-Philister gerade bei der Landschlacht und bei der Seeschlacht die Strahlenkrone (Medinet Habu Tafeln 34, 39). Von der königslosen Zeit zwischen dem Tod Merenptahs (um 1222 v. Chr.) und dem Regierungsantritt Ramses III. (1200 v. Chr.), in der Ägypten „ohne Hirten war“ und in „vollkommener Verwüstung lag“ (siehe oben S. 68), weiß Velikovsky nichts. Er schreibt vielmehr, daß dies eine Situation sei, „die in der akzeptierten Version der ägyptischen Geschichte undenkbar erscheint, denn sie kennt weder ein derartiges Ereignis noch rechnet sie überhaupt mit der Möglichkeit eines solchen Ereignisses zwischen der 19. und 20. Dynastie, als Ägypten angeblich auf dem eigentlichen Höhepunkt seiner imperialen Entfaltung zu stehen schien“ (1978, 122). Tatsächlich kann man in jedem Buch über die Geschichte Ägyptens nachlesen, daß Ägypten unter Ramses II. († 1232 v. Chr.) auf dem Höhepunkt seiner imperialen Entfaltung stand. Daß aber zehn oder zwölf Jahre nach dem Tod dieses mächtigen Pharaos als Folge schwerster Naturkatastrophen die Macht Ägyptens zerbrach, „eine völlige Anarchie folgte“ (Breasted 1954, 262), bis Ramses III. seit 1200 v. Chr. „Ägypten wieder aufbaute, welches völlig zerstört lag“ (Medinet Habu). Aber das erscheint Velikovsky „undenkbar“. Schließlich versucht Velikovsky einen Bericht Diodors über einen Krieg des Perserkönigs Artaxerxes II. (404–359 v. Chr.) gegen die Ägypter, „die sich gegen die Perser empört hatten“ (Diodor XV, 41), mit dem Ansturm der Nordmeervölker gegen die Grenzen Ägyptens zu identifizieren. Velikovsky behauptet: „Die gleichen Ereignisse wurden sowohl von Ramses III. als auch von Diodor geschildert“ (1978, 122).

Das kann Velikovsky nur Leuten weismachen, die vom Angriff der Nordmeervölker gegen Ägypten seit dem 5. Jahr der Regierung Ramses III. und vom Bericht Diodors über den Angriff der Perser gegen Ägypten keine Ahnung haben.

Die Perser hatten Ägypten 525 v. Chr. erobert, die Nordmeervölker konnten Ägypten nicht erobern. Die Perser kamen aus Persien, die Nordmeervölker „von den Inseln und Festländern am sin-wur im fernen Norden“. Der Perserkönig, der Ägypten eroberte, hieß Kambyses II. (529–522), die Nordmeervölker wurden von zehn Königen angeführt und wurden an den Grenzen Ägyptens zurückgeschlagen. Die Perser beherrschten Ägypten von 525–332 v. Chr., also fast zweihundert Jahre. Die Nordmeervölker haben Ägypten nie beherrscht. Die Ägypter versuchten zur Zeit des Perserkönigs Artaxerxes II. einen Aufstand gegen die persische Besatzungsmacht, die Ägypter hatten es nicht nötig, einen

Abb. 99
Antropomorphe Särge aus der Nekropole von Sidon. Die Gesichter zeigen deutlich nichtsemitische Züge. Aus: Edey, Anfänge des Seehandels, Time-Life.

Aufstand gegen die Nordmeervölker zu versuchen, denn diese haben Ägypten nie besetzt. Die Perser setzten gegen Ägypten nur persische und griechische Truppen ein, die Nordmeervölker griffen Ägypten zusammen mit Libyern, Siziliern, Sardiniern, Tyrrhenern, Sakar und Denen an, die niemals mit den Persern verbündet waren. Die Perser drangen erfolgreich nur von Palästina her in Ägypten ein. Die Nordmeervölker versuchten erfolglos von Palästina und von Libyen her mit Landtruppen und von See her mit einer starken Flotte in Ägypten einzudringen. Der persische Heerführer Pharnabazos zertritt sich mit dem griechischen Heerführer Iphikrates über die einzuschlagende Taktik der Eroberung von Memphis. Von den zehn Königen der Nordmeervölker ist im Gegensatz zu Velikovskys Behauptung (S. 122) davon nirgendwo die Rede, sie haben Memphis auch nicht erobert.

Was immer man auch anführen würde, es bleibt die Tatsache, daß es keine Parallelen zwischen der Eroberung Ägyptens durch die Perser im Jahre 525 v. Chr., der Strafexpedition Artaxerxes II. gegen die aufständischen Ägypter einerseits und dem Angriff der Nordmeervölker gegen Ägypten zur Zeit Ramses III. andererseits gibt. Velikovskys Behauptung, daß Ramses III. in den Texten von Medinet Habu „die gleichen Ereignisse geschildert" habe, wie sie Diodor vom Angriff der Perser zur Zeit des Pharao Nektanebos I. (379–361 v. Chr.) überliefert hat, ist reiner Unsinn. Ramses III. hat gar nichts mit Nektanebo I. zu tun. Velikovskys Behauptung, beide seien miteinander identisch, ist ebenso falsch wie es falsch wäre, wenn man Kaiser Otto IV. (1198–1215 n. Chr.) mit einem Kaiser, der achthundert Jahre später regierte, also etwa mit Kaiser Wilhelm II., identifizieren würde.

Aber warum greift Velikovsky zu diesen Geschichtsklitterungen? Er tut das nur darum, um die griechischen Buchstaben auf den Keramikkacheln des Palastes Ramses III. in Tell el Yehudijeh zu erklären.

In Wirklichkeit liegen die Dinge sehr viel einfacher und es ist nicht nötig, achthundert Jahre aus der Geschichte Ägyptens zu streichen. Alle Historiker, die über die „griechischen Buchstaben" auf den Keramiktafeln Ramses III. geschrieben haben, sind sich einig, daß diese alphabetischen Buchstaben von den Arbeitern Ramses III. eingeritzt wurden.

Wer waren denn die Arbeiter oder Sklaven Ramses III.? Die gefangenen Israeliten waren zusammen mit „viel Pöbelvolk" kurz vor dem Regierungsantritt Ramses III. in der „kaiserlosen, der schrecklichen Zeit" aus Ägypten geflüchtet. Die Werkstätten, Baustellen, Bergwerke waren verwaist, die Arbeits- oder Gefangenenlager waren leer. „Das Volk (der Ägypter) rief: ‚Was haben wir getan, daß wir die Israeliten ziehen ließen, so daß sie uns keine Dienste mehr tun können'" (2.M.14,5). Der Versuch eines Nachfolgers des Pharao Merenptah, der auf dem Totenschrein von El-Arish „Taoni Thom" genannt wird, das Volk Israel mit dem anderen „Pöbelvolk" zurückzuholen, war gescheitert.

Da kamen wenig später die Nordmeervölker an die Grenzen Ägyptens. Wenn man auch skeptisch sein wird über die Zahl der Gefangenen, die Ramses mit ‚Hunderttausenden' angibt, dann wird man doch annehmen dürfen, daß eine große Anzahl von Philistern, Sakar und Denen in ägyptische Gefangenschaft fiel. Sie wurden auf die Werkstätten, Bergwerke und Baustellen Ramses III. verteilt und mußten auch am Palast

Ramses III. in Tell el-Jehudijeh, in den Kupferbergwerken von Timna in der Nähe von Eilath am Golf von Akaba und sicherlich noch an anderen Stellen arbeiten. Diese Nordmeervölker waren es, die ihre Runenzeichen, die „griechischen Buchstaben“, in die Kacheln Ramses III. auf der Rückseite eingeritzt haben.

Es ist ein besonderer Glücksfall, daß sie ihre Runen auf der Rückseite der Kacheln, die auf der Vorderseite häufig den Namen Ramses III. tragen, eingeritzt haben. Denn dadurch können wir diese Zeichen genau datieren. Sie müssen unter der Regierung Ramses III. († 1168 v. Chr.) eingeritzt worden sein.

Die völlig gleichen „griechischen Buchstaben“ aus den Kupferminen von Timna können wir nicht datieren, weil sie dort an den Felswänden zusammen mit vielen älteren und jüngeren ägyptischen Hieroglyphen angebracht wurden. Auch die „griechischen Buchstaben“ auf Brennformen von Qantir, einer Residenz der Ramessiden im Deltagebiet, können wir nicht genau datieren, weil sie nicht in Zusammenhang mit den Namen eines der vielen Träger des Namens Ramses erscheinen.

Ein Zweifel daran, daß die Philister diese „griechischen Buchstaben“ geschrieben haben, ist angesichts des obenerwähnten Fundes einer Topfscherbe mit dem „griechischen Alphabet“ aus einer ins frühe 12. Jhdt. datierbaren Schicht von Izbet Sarta und anderer ähnlicher Funde aus dem 12. bis 10. Jhdt. v. Chr. nicht möglich.

Einige Funde mit dieser Schrift, die dem 12. bis 10. Jahrhundert v. Chr. angehören, seien im nachfolgenden aufgeführt.

Etwa zweihundert Jahre jünger als die „griechischen Buchstaben“ von Tell el-Jehudijeh und die Alphabetschrift von Izbet Sarta ist der sogenannte „Bauernkalender“ von Gezer[5].

Auf einem kleinen Stück weichen Kalksteins sind in alphabetischen Buchstaben und in hebräischer Sprache die Monate des Jahres aufgezählt, und zwar so, daß immer auch die landwirtschaftlichen Erzeugnisse des jeweiligen Monats genannt werden. Auf dieser Scherbe ist auch ein Hakenkreuz abgebildet[6]. Die Kalksteinscherbe mit dem „Bauernkalender“ wird ins 10. Jahrhundert v. Chr. datiert. Reiche Funde von Philisterkeramik und Eisensachen, die man in Gezer gefunden hat, beweisen, daß Gezer im 12. Jahrhundert v. Chr. in die Hände der Philister fiel und zu einer Philisterfestung ausgebaut wurde[7].

Auch in Lachis (Tell ed-Duwer), etwa 30 km südlich von Gezer, hat Prof. Sir Charles Marston Urnen mit dieser alphabetischen Schrift ausgegraben, sie werden ins 12. oder 11. Jahrhundert v. Chr. datiert[8].

Außerdem fand man alphabetische Inschriften, die meist auf kleinen Steindenkmälern, „Stelen“, eingemeißelt waren. Sie bestehen offenbar aus kurzen Widmungen an einen Gott oder eine Göttin und „gleichen sich fast aufs Haar“[9].

Auch in Tell Deir Alla (Nord) im Jordantal wurden einige Tontafeln zusammen mit „unverkennbarer Philisterkeramik“, die ins frühe 12. Jahrhundert v. Chr. datiert wird[10], gefunden. Auch diese Tafeln sind in Alphabetschrift geschrieben und nocht nicht entziffert, weil sie in einer nichtsemitischen Sprache geschrieben sind, die Z. Mayani für eine indoeuropäische Sprache, „wahrscheinlich die der Philister“ hält[11].

In Hebron, etwa 25 km östlich von Lachis, wurden 1966 acht Manu-

Abb. 100
Bauernkalender von Gezer. Kalksteintafel mit dem ältesten bisher entdeckten frühhebräischen Text. Aus: Clairborne, Die Erfindung der Schrift, Time-Life

skripte mit alphabetischen Buchstaben gefunden. Fünf Fragmente sind mit Tinte beschriebene Lederfragmente, drei zeigen die Alphabetschrift auf Pergament eingekratzt. Auch diese Manuskripte sind in einer nichtsemitischen Sprache abgefaßt und konnten daher noch nicht übersetzt werden. Prof. G. E. Medenhall bezeichnet sie als „Philistine-Documents" und meint ebenfalls wie Z. Mayani von den in Tell Deir Alla (Nord) gefundenen Texten: „that is quite an Indo-European dialect"[12].

Weil diese alphabetischen Schriften im alten Philisterland gefunden wurden, nennt M. Magnusson, Rektor der Universität Edinburgh und Präsident der Yorker Archäologischen Gesellschaft, sie „Philisterschrift"[13].

Im Libanon, wo die Sakar sich niederließen, ist der älteste bisher gefundene Beleg für die Alphabetschrift auf dem Deckel des verzierten Steinsarges, den Ithobal von Byblos für seinen Vater, dem König Achiram von Byblos (um 1000 v. Chr.), errichten ließ, erhalten. Der König Achiram von Byblos darf nicht verwechselt werden mit dem König Hiram von Tyrus, der dem israelitischen König Salomo den Baumeister und das Baumaterial für den Bau des Tempels in Jerusalem zur Verfügung stellte (siehe unten S. 257).

Weil man diesen Sarg mit der Alphabetschrift schon lange kennt und er im früher als „Phönizien" genannten Land gefunden wurde, wird dieses Alphabet, das jenen aus dem Philisterland völlig gleicht, auch als „phönizisches Alphabet" bezeichnet.

In diesem Zusammenhang muß folgendes bemerkt werden: In der Bibel werden die Philister und die anderen mit ihnen verbündeten und verwandten Völker immer nur als „Phelistim", also immer nur im Plural, bezeichnet. Das ist im Hebräischen eine Ausnahme, weil sonst die Völker stets im Singular genannt werden.

Abb. 101
Steinsarg des Achiram von Byblos mit Alphabetschrift.
Aus: Edey, Anfänge des Seehandels, Time-Life.

Der Plural „Phelistim" zeigt, daß die Hebräer mehrere Völker, die sie nicht unterscheiden konnten, unter diesem Namen verstanden. Im Gegensatz dazu kannten die Griechen den Namen „Philister" nicht, sie nannten die Bewohner Libanons und Palästinas „Phönizier" und ihr Land „Phönizien". Man kann daher bedenkenlos das griechische „Phönizier" mit dem hebräischen „Philister" gleichsetzen und das „phönizische Alphabet" auch „Philisteralpabet" nennen. Der „Verschmelzungsprozeß" zwischen Philistern und Hebräern einerseits und den Sakar und Kanaanitern andererseits vollzog sich erst viele Jahrhunderte nach der Einwanderung der Nordmeervölker. Hesekiel (592—570 v. Chr.) nennt die Bewohner von Tyrus und Sidon noch „Unbeschnittene", und noch im 2. Jhdt. v. Chr. „zogen Matthatias und seine Freunde im Land umher und rissen die Altäre (der Philister) nieder und beschnitten alle Kinder mit Gewalt, die noch nicht beschnitten waren" (1. Makkabäer 2,45f, ähnlich auch 5,68). Noch im 5. und 4. Jhdt. v. Chr. zeigen die anthropomorphen Särge aus dem Libanon ausnahmslos europäische, ja nordische Gesichtszüge. Keins der fünfzehn porträtgetreu in Stein gehauenen Antlitze zeigt kanaanäischen oder semitischen Typ. Die dargestellten Männer und Frauen sind als Nachkommen der um 1200 v. Chr. eingewanderten Nordmeerleute deutlich zu erkennen.

Vor der Einwanderung der Nordmeervölker kannten die Bewohner Palästinas und Libanons das „Philisteralphabet" noch nicht. Alle Schriftdenkmäler, die man unter dem „Katastrophenhorizont" von etwa 1220 v. Chr. gefunden hat, zeigen die entweder die pseudohieroglyphische

Keilschrift Ugarits oder ägyptische Hieroglyphen[15]. Kein Schriftzeichen des Philisteralphabets ist in den Schichten, die älter als 1200 v. Chr. sind, gefunden worden. Man darf sich also wegen der allgemein üblich gewordenen Bezeichnungen dieses Alphabets als „phönizisches Alphabet" nicht dazu verleiten lassen, die Ureinwohner Phöniziens als Urheber dieses Alphabets zu bezeichnen. Das hat Herodot getan. Er schreibt (V, 57): „Jene mit Kadmos in Hellas eingewanderten Phoiniker haben durch ihre Ansiedlung in Boiotien viele Wissenschaften und Künste nach Hellas gebracht, so z. B. die Schriftzeichen, die die Hellenen bis dahin nicht gekannt hatten. Anfangs benutzten die Kadmeier dieselben Buchstaben wie alle anderen Phoiniker. Später aber veränderte sich mit der Sprache allmählich auch die Form ihrer Buchstaben. Der hellenische Stamm, der damals ihr hauptsächlicher Nachbar war, waren die Jonier. Sie übernahmen die Buchstaben von den Phoinikern, bildeten sie auch ihrerseits ein wenig um und nannten sie Phoinikea, was recht und billig war, denn die Phoiniker hatten sie ja in Hellas eingeführt".

Hierzu ist zu bemerken, daß in Boiotien keine semitischen Stämme eingewandert sind, sondern Dorier, wie die Griechen die Nordmeervölker nannten. Eine Rückwanderung von Teilen der Nordmeervölker aus Libanon und Palästina erfolgte seit etwa 1100 v. Chr., die Griechen nannten diese Rückwanderung „Rückkehr der Herakliden", Schachermeyr nennt sie „eine Rückstauung"[16], andere Archäologen sprechen von einer „Zweiteilung der dorischen Wanderung"[17]. Herodot berichtet (IX,26), daß die Dorier-„Herakliden" sich verpflichtet hätten, falls ihr Anführer Hyllos im Zweikampf gegen Echemos von Tegea fallen würde, erst nach hundert Jahren zurückzukehren. Als Hyllos fiel, hielten sie sich an diese Abmachung und kehrten erst hundert Jahre später, um 1100 v. Chr., nach Griechenland zurück, wo die fruchtbare Ebene des Landes nach ihnen „Doris" genannt wurde. Die archäologische Forschung hat die dorische Rückkehr um 1100 v. Chr. bestätigt. In Boiotien siedelten seit 1100 v. Chr. Dorier, die sich mit den Joniern im Lauf der Zeit vermischten. Diesen historischen Vorgang meint Herodot, wenn er von den in Hellas eingewanderten Phoinikern spricht, die sich in der Landschaft Boiotien ansiedelten und „viele Wissenschaften und Künste mit nach Hellas brachten".

Wenn Herodot davon spricht, daß die Phoiniker, die mit Kadmos in Hellas einwanderten, anfangs dieselben Buchstaben benützten wie alle anderen Phoiniker, später aber mit der Sprache auch die Form ihrer Buchstaben veränderten, und die Jonier dann wieder ihrerseits die Buchstaben umgeändert hätten, dann entspricht das den Tatsachen, die nicht nur das griechische Alphabet, sondern auch alle anderen Alphabete, die vom phönizischen, richtiger Philister-Alphabet, abgeleitet sind, zeigen. Im Laufe der Zeit sind viele Buchstaben in den verschiedenen Völkern verändert worden. Die Besonderheiten verschiedener Sprachen und Dialekte, in denen manche Konsonanten verschieden ausgesprochen werden, sowie das Material, auf dem und mit dem die alphabetischen Buchstaben geschrieben wurden, haben diese Abänderungen der Buchstaben begünstigt.

Es ist ein Unterschied, ob mit Meißel und Hammer auf Stein oder mit

Messer und Stichel auf Holz oder mit hartem Griffel in weichem Ton oder mit Tinte und Farbe auf Papier oder Pergament geschrieben wird. Wer in Holz Runen ritzt, wird Bogen, Kreise und waagerechte, gegen die Holzfaser laufende Striche zu vermeiden suchen, wer mit dem Griffel auf weichem Ton oder mit Tinte auf Papier oder Pergament schreibt, wird diese Rücksicht nicht nehmen müssen. So kommt es, daß durch die Verschiedenheiten der Aussprache oder des Schreibmaterials Veränderungen der äußeren Gestalt der Buchstaben sich ergaben oder daß manchmal auch der Lautwert des Buchstabens geändert oder ein Buchstabe um 45 oder 90 Grad verdreht wurde.

Dennoch hat sich an dem Prinzip einer begrenzten Anzahl von Buchstaben zur Wiedergabe der von der menschlichen Stimme hervorgebrachten Laute, unabhängig von der jeweiligen Sprache, bei allen europäischen und vorderasiatischen Völkern, die die „Philisterschrift" übernommen haben, nichts geändert. Obwohl dieses Alphabet in einem riesigen Raum, bei allen Indogermanen und auch bei den Israeliten, verbreitet ist, zeigen die vielen Alphabete in diesem europäisch-vorderasiatischen Raum, daß sie alle auf ein und dieselbe Quelle zurückgehen.

Diodor von Sizilien hat zur Frage der Alphabet-Buchstabenschrift folgendes geschrieben: „Den Musen hat Vater Zeus die Erfindung der Buchstaben und den poetischen Wortgebrauch verliehen. Wenn nun gesagt wird, die Syrer seien die eigentlichen Erfinder der Buchstaben gewesen und von diesen hätten die Phönizier sie kennengelernt und hätten sie nach Griechenland weiter vermittelt, durch Kadmos und die mit ihm nach Europa kamen, so daß deshalb diese Schrift bei den Hellenen ‚phönizisch' genannt wurde, so wenden andere dagegen ein, die Phönizier hätten gar nicht ursprünglich die Buchstaben erfunden, sondern nur deren Gestalt verändert, und da diese Schrift in dieser Form unter den meisten Völkern sich durchsetzte, habe man ihr den Namen (phönizisch) gegeben" (V, 74). Tacitus hat ebenfalls bestritten, daß die Phönizier die Buchstaben erfunden hätten, er schreibt: „Die Phönizier haben den Ruhm erlangt, diese Schrift erfunden zu haben, die sie selber nur empfangen haben" (Annalen XI, 14).

Von wem haben die Phönizier die Buchstabenschrift empfangen? Sicherlich nicht von den „Syrern", wenn man darunter die Einwohner, die vor den Sakar und den Philistern in Phönizien siedelten, zu verstehen hat. Diese Vorbewohner Phöniziens hatten ja eine Schrift, die nichts mit der „Philisterschrift" zu tun hat. Gerade auch in Byblos, wo der Sarg des Königs Achiram mit der Alphabetschrift gefunden wurde, liegt unter der Philisterschicht und unter der Brand- und Schuttschicht von 1220 v. Chr. ein Horizont mit Tafeln, auf denen die „pseudohieroglyphische Schrift" mit 80 verschiedenen Zeichen steht. Diese Schrift muß eine Silbenschrift gewesen sein, weil die 80 Zeichen für eine Buchstabenschrift oder Alphabetschrift zu viel, für eine Bilderschrift aber zu wenig sind. Man nennt diese Schrift „pseudohieroglypen Schrift", weil einige Zeichen entfernte Ähnlichkeit mit ägyptischen Hieroglyphen haben[18].

Daß die „Phoiniker", also die Sakar oder Philister Ramses III., „viele Wissenschaften und Künste nach Hellas gebracht haben", wie Herodot berichtet, ist nicht zu bezweifeln. Sie haben das Mittelmeer mit ihren großen Handelsschiffen, den „Tarsisschiffen“, befahren und beherrscht. Darum wurde es auch „Philistermeer“ genannt. Sie haben in ihren Häfen Handelswaren von fernen Küsten gestapelt und sind sehr reich geworden. Jesaja sagt von ihnen: „Ihre Kaufleute sind Fürsten und ihre Handelsherren sind die Herrlichsten im Land“ (Jes. 23,8). (Jesaja etwa 740–690 v. Chr.) Hesekiel (592–570) v. Chr. hat in seinen Drohreden den Reichtum und Stolz der Bewohner von Tyrus und Sidon anschaulich beschrieben. Er nennt sie „Unbeschnittene“, d. h. daß diese Bewohner keine Semiten oder Kanaanäer waren, bei denen die Beschneidung unerläßlicher Brauch war wie etwa die Taufe bei den Christen.

Hesekiel sagt u. a.: „Durch deine Weisheit und deine Kenntnisse erwarbst du (Tyrus) dir Reichtum und schafftest Gold und Silber in deine Vorratshäuser. Durch die Fülle deiner Weisheit, durch deinen Handelstrieb mehrtest du deinen Reichtum, und dein Sinn ging hoch hinaus wegen deines Reichtums... Als deine Waren dem Meer entstiegen, da sättigtest du viele Völker; mit der Menge deiner Waren und Güter bereichertetest du viel Völker“... „Deine Steuerleute, o Tyrus, waren die Kundigsten. Die Vornehmesten von Gebal und seine Fachleute waren es, die das Leck (deiner Schiffe) ausbesserten. Alle Seeschiffe waren bei dir samt ihren Matrosen, um deinen Handel zu betreiben“... „Tarsis (= Tartessos) handelte mit dir wegen der Menge von allerlei Gütern: Silber, Eisen, Zinn und Blei brachten sie auf deinen Markt. Javan (= Jonier), Thubal (ein japhethitisches = europäisches Volk, der Japheth des Alten Testamentes ist identisch mit dem Japetos der Griechen, dem Vater des Atlas) und Mesech (auch ein japhethitisches = europäisches Volk) handelten mit dir. Die vom Hause Thogarma brachten dir Gespanne, Reitpferde und Maultiere auf deinen Markt. Die Dedaniter (?) trieben Handel mit dir. Viele Küsten waren dir als Handelsgebiet unterworfen. Elfenbeinhörner und Ebenholz entrichteten sie als Tribut... Tarsisschiffe brachten dir deine Waren, und du wurdest voll und überreich inmitten des Meeres (Tyros lag auf einer Insel). Auf die hohe See brachten dich die, welche dich ruderten“. Dann wird auch die unerhörte Pracht und der Prunk von Tyrus beschrieben, ebenso auch der Stolz oder Hochmut, der die Tyrer erfüllte: „Ja, Tyrus, du dachtest: ‚Ich bin die vollendete Schönheit!‘ Mitten im Meer ist dein Gebiet; deine Erbauer haben dich wunderschön gemacht“... „und sprichst: ‚ein Gott bin ich‘, während du doch ein Mensch und kein Gott bist. Den Tod Unbeschnittener wirst du sterben durch die Hand Fremder, denn ich habe es geredet, so ist der Spruch des Herrn Jahwe.“

Aus diesen Worten geht hervor, daß die Tyrer weltweite Handelsbeziehungen, eine große Flotte von Tarsisschiffen (Hochseeschiffen) und großen Reichtum hatten. Die weltweiten Handelsbeziehungen waren zweifellos eine Erbe aus der alten Heimat der Tyrer = Sakar. Denn die Nordmeervölker trieben schon in der Bronzezeit, wie unzählige Bernsteinfunde an allen Küsten Europas, in Ägypten, Babylonien, im Hethiterreich, auf Kreta und in Griechenland beweisen, weltweiten Handel. In diesem Zusammenhang ist auf eine merkwürdige und rätselhafte Stelle in den weiteren Versen Hesekiels über Tyrus hinzuweisen: „Auf dem heiligen Götterberg warst du, inmitten unter brennenden Steinen wandeltest du umher“ (28, 14).

Bei Jesaja (14,14) heißt es: „Ich will sitzen auf dem Götterberg im äußersten Norden" (Übersetzung Duhm, ebenso Kautzsch). Duhm sagt: „Gemeint ist der mythische Versammlungsberg der Götter im äußersten Norden". Das ist eine völlig fremde Vorstellung für die Israeliten, denn für sie lag der Gottesberg, der Berg Sinai, im Süden, ebenso lag auch der Berg Zion im Süden von Tyrus. Duhm spricht mit Recht von einem „fremden Mythus" bei Jesaja und Hesekiel. Dieser fremde Mythus kann wohl nur von den Tyrern, die auch der Papyrus Wen-Amun als „Sakar" bezeichnet, stammen. Wenn das der Fall sein sollte, dann hatten die Sakar noch in der Zeit des Hesekiel, also im 6. Jahrhundert v. Chr., eine Erinnerung, daß auf ihrer heiligen Insel ein Götterberg mit einem Bernsteintempel lag. Denn unter den „brennenden Steinen" kann eigentlich nur der Brennstein-Bernstein gemeint sein, der ja wirklich mit wohlriechendem Duft und hellroter Flamme brennt. Der Bernsteintempel auf dem Götterberg wird im Atlantisbericht ausführlich beschrieben (Krit. 113 c–d; 116 d–e).

Es ist sicher, daß die Sakar in Tyros die weltweiten Handelsbeziehungen nicht ohne eine Schrift ausüben konnten. Diese Handelsbeziehungen über die Meere bestanden ja schon mindestens seit den Tagen des Sakarkönigs Hiram von Tyrus (um 1000 v. Chr.) und wahrscheinlich schon seit der ersten Landnahme der Sakar-Nordmeervölker in Libanon. Von König Salomo heißt es: „Der König hatte Tarsisschiffe auf dem Meere bei den Schiffen Hirams (von Tyrus); alle drei Jahre kamen die Tarsisschiffe zurück und brachten Gold, Silber, Elfenbein, Affen und Pfauen" (1. Kön. 10,22, 2. Chron 9,21). Daß die Schiffe Salomos „bei den Schiffen des Königs Hiram von Tyrus waren", zeigt, daß sie sich noch nicht allein auf die Fahrt in ferne Länder wagten. Zur Zeit des Königs Salomo war die Schiffahrt der Israeliten erst im Werden. In den Handelskontoren der Sakar in Tyrus wird man dieselbe Schrift geschrieben haben, die auch auf dem Sarg des Sakarkönigs Achiram von Byblos, der zur selben Zeit lebte, in Stein gehauen wurde: Die Alphabetschrift, die meistens „phönizische Schrift" genannt wird.

Man sollte sie richtiger „Philisterschrift" nennen, denn sie wurde in Philisterschichten seit dem 12. Jahrhundert v. Chr. im Philisterland gefunden.

Wenn Herodot berichtet, daß diese Schrift von Kadmos nach Böotien gebracht wurde und Diodor sagt, daß diese Schrift sich „bei den meisten Völkern durchgesetzt habe", dann ist das richtig. Denn seit „etwa 1000 v. Chr. trugen phönizische Händler ihr Alphabet von den Häfen des Mittelmeeres in alle Welt hinaus".[19]

So wurde z. B. in Nora auf Sardinien ein Stein mit der Philisterschrift gefunden, der ins 9. Jahrhundert v. Chr. datiert wird und „Verbrechen aufzuzählen scheint, um derentwillen man für ein Jahr nach Sardinien verbannt werden konnte".[20]

Wir kehren zur Frage zurück: Von wem haben die Phönizier die Buchstabenschrift empfangen?

Wiederholt wurde diese Frage so beantwortet: „Die Phönizier haben die ‚Sinai-Schrift' übernommen und daraus ihre Alphabetschrift gemacht". Was steckt hinter dieser Hypothese?

Auf der Sinai-Halbinsel wurden im Timnagebiet (etwa 30 km nördlich von Eilath) seit dem 4. Jahrtausend v. Chr. Kupfererze abgebaut und geschmolzen. Seit jener Zeit wurden dort mindestens 5000 Tunnel auf einer Fläche von sechzig Quadratkilometern in das Gebirge getrieben. Die ältesten Gruben stammen aus dem Chalkolithikum, sie waren dann lange Zeit nicht in Betrieb. Später wurde die Arbeit von Sklaven ägyptischer Pharaonen wieder aufgenommen. Man fand auf den Felswänden dieses Kupferbergwerkes Inschriften und Kartuschen ägyptischer Pharaonen von Sethos I. (1308–1304 v. Chr.) bis Ramses V. (1160–1156 v. Chr.). Diese Kupfergruben wurden dann schon etwa 200 Jahre vor Beginn der Regierungszeit des Königs Salomo (965–920 v. Chr.) aufgegeben. Man hat diese Kupferbergwerke häufig „König Salomos Minen" genannt, obwohl die Bibel den Kupferbergbau niemals ausdrücklich unter die Unternehmungen Salomos zählt.

Die überaus zahlreichen Funde im Gebiet von Timna (über 11.000) zeigen, daß hier Sklaven aus den verschiedensten Gebieten, die die Pharaonen seit Setho I. unterworfen hatten, unter primitivsten Verhältnissen in der dort herrschenden großen Hitze arbeiten mußten. Diese Sklaven haben ihre Keramik, zahlreiche Werkzeuge und Votivgeschenke für die Bergbaugöttin der Ägypter, die Göttin Hathor, hinterlassen. Die Ruinen eines kleinen Tempels dieser Göttin wurden ebenfalls gefunden. Die Sklaven, die im Timnagebiet arbeiten mußten, haben auch zahlreiche Inschriften und Zeichnungen in den Felsen geritzt. Unter ihnen vor allem ägyptische Zeichen und Hieroglyphen, aber auch solche unbekannter Herkunft und auch solche mit den alphabetischen Zeichen der Philisterschrift, sogenannte „griechische Buchstaben".

Wir hörten schon oben (S. 173), daß diese „griechischen Buchstaben" im Timnagebiet nicht datiert werden können, weil sie nicht zusammen mit dem Namen eines bestimmten Pharaos in die Felsen geritzt wurden. Es hat phantastische Hypothesen über das Alter dieser „Sinai-Schrift" gegeben. Aber es kann nicht zweifelhaft sein, daß diese „griechischen Buchstaben" vom Sinai aus derselben Zeit stammen, wie jene von den Keramikkacheln aus dem Palast Ramses III. in Tell el-Jedudijeh oder jene von Izbet Sarta oder vom „Bauernkalender" von Gezer und von anderen Fundorten, die wir oben genannt haben.

Entweder haben gefangene Philister, die im Timnagebiet auf Befehl Ramses III. nach Kupfer graben mußten, diese „griechischen Buchstaben" in die Felswände geritzt oder Philister, die um 734 v. Chr. das Timnagebiet eroberten.

Die Anwesenheit der Philister zur Zeit Ramses III. in den Kupfererzbergwerken der Sinaihalbinsel wird nahegelegt durch die Angaben Ramses III. im Papyrus Harris: „Ich sandte meine Botschafter in das Land ‚tk.' aus zu den großen Kupferminen, die dort liegen. Ihre Galeeren transportierten das Erz; anderes wurde zu Land auf dem Rücken der Esel befördert... Es stellte sich heraus, daß diese Minen einen Überfluß an Kupfer besaßen; es wurde von Zehntausenden in ihren Galeeren verladen". Zweimal heißt es „ihre Galeeren", also nicht ägyptische Transportschiffe. Zehntausende haben in „ihren Galeeren", das Kupfererz transportiert. Es müssen seetüchtige Schiffe und erfahrene Seeleute gewesen sein, die von „tk" = Timna soviel Kupfererz transportierten. Ramses III. hatte aber nur Gefangene Nordmeerkrieger, die eigene

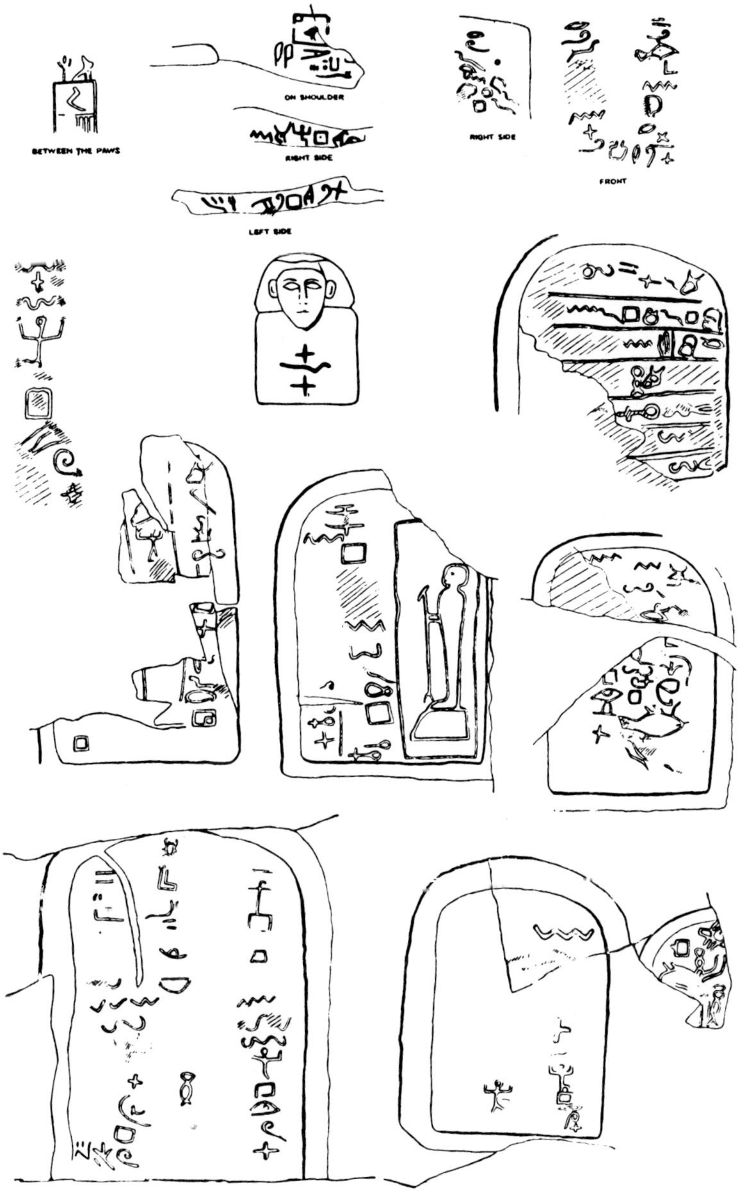

Abb. 102
Flinders Petries Handkopien der Sinai-Inschriften.
Aus: Grimme, Die altsinaitischen Buchstabeninschriften, Berlin 1929.

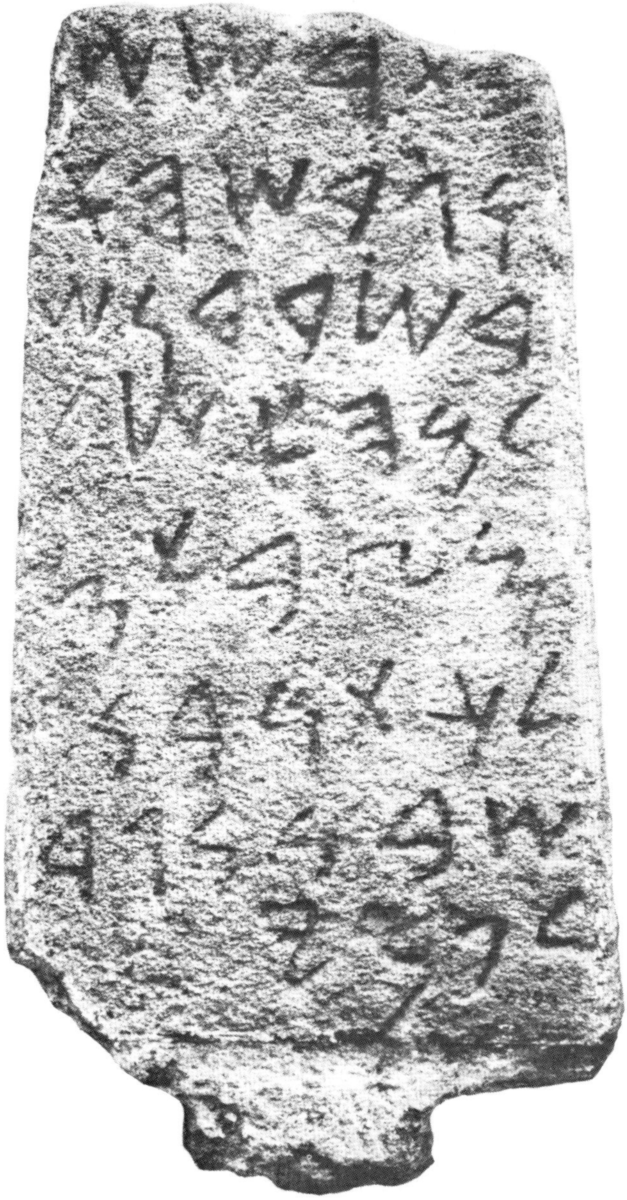

Abb. 103
Der Nora-Stein aus Nora auf Sardinien mit Alphabetschrift.
Aus: Edey, Anfänge des Seehandels, Time-Life.

Schiffe und große Erfahrung in der Seefahrt hatten. Sie wurden wahrscheinlich in die Kupfergruben nach Timna geschickt.

Ein Hinweis mag auch sein, daß um 1200 v. Chr. „ein revolutionärer Ofentyp“ (P. Knauth) im Timnagebiet auftaucht, der „außerordentlich leistungsfähig“ war, statt mit gewöhnlichem Holz mit der weit ergiebigeren Holzkohle erhitzt wurde und etwa das Zehnfache an Kupfer gegenüber den älteren primitiven Schmelzöfen ergab. „Um 1200 v. Chr. hatte die Kupferindustrie von Timna einen bisher nicht gekannten Umfang und Leistungsgrad erreicht“ (P. Knauth). Man konnte mit Hilfe von Funden diese sehr viel leistungsfähigeren Schmelzöfen rekonstruieren, sie entsprechen genau jenen, die der deutsche Metallhütten-Ingenieur Wilhelm Witter nach Funden aus Mitteleuropa rekonstruiert hat. Sollten Gefangene der Nordmeervölker diesen „revolutionären Ofentyp“ und das Schmelzen des Erzes mit Holzkohle im Timnagebiet eingeführt haben? (s. Abb. 48, S. 48).

Von der späteren Eroberung oder Besetzung des Timnagebietes durch die Philister berichtet das Alte Testament: „Zur selben Zeit sandte König Ahas (734–719 v. Chr.) zu den Königen von Assyrien, daß sie ihm hülfen. Auch fielen die Philister ein in die Städte in der Niederung und im Südland von Juda. Sie eroberten Beth-Semes, Ajalon, Gederoth und Socho mit den dazugehörigen Ortschaften, Timna mit den dazugehörigen Ortschaften und setzten sich daselbst fest“[21] (2. Chron. 28,17 ff.).

Natürlich haben sich die Philister in dem unfruchtbaren und überaus heißen Gebiet von Timna wegen der dortigen Kupferminen festgesetzt. Den Beweis ihrer Anwesenheit im Timnagebiet geben nicht nur diese Angaben des Alten Testamentes, sondern auch Geräte aus Eisen und Tonscherben der „Philisterkeramik“ und jene „griechischen Buchstaben“.

Auf die Frage, von wem die Philister die Buchstabenschrift empfangen haben, kann es nur eine Antwort geben: Die Philister haben diese Buchstabenschrift, fälschlich „phönizische Schrift“ oder „griechische Buchstabenschrift“ genannt, um 1200 v. Chr. aus ihrer Heimat mitgebracht.

Wir haben oben (S. 102 f.) nachgewiesen, daß die „Nordmeervölker“ Ramses III., also die Philister und die anderen mit ihnen stammverwandten Völker, ihre Heimat im Nordsee-Ostseeraum, im „nordischen Kulturkreis der Bronzezeit“, hatten.

Hier lag die „i kaphthor“, die Insel mit der Himmelsstütze, „von der die Philister der Überrest waren“.

Gegen die These, daß die Nordmeervölker diese Schrift um 1200 v. Chr. aus ihrer nordeuropäischen Heimat mitbrachten, werden sich manche Runenforscher unserer Tage empören.

Man empört sich ja sogar, wenn Archäologen es wagen, von der „nordischen Nase“ der Philister zu schreiben und bezeichnet das als „tendenziöse Geschichtsforschung des Dritten Reiches“ und als „rassenideologische Schwärmerei“ (siehe oben S. 112), obwohl auch der jüdische Professor Hanoch Reviv von der Universität Jerusalem von den „nordischen Gesichtszügen“ einer Philisterfigur geschrieben hat (siehe oben S. 113).

Die Runenforscher, die die These von der Herkunft der Philisterschrift aus dem nordischen Kulturkreis ablehnen werden, werden sich, wie ein Studium der Veröffentlichungen dieser „Runologen" ergibt, darauf berufen, daß ihnen Runen oder Schriftzeichen aus dem nordischen Raum erst „aus der Zeit um 200 n. Chr." bekannt sind[22].

Aber diese Runendenkmäler aus der Zeit um 200 n. Chr. zeigen schon eine hochentwickelte Form, außerdem gibt es zahlreiche Hinweise, daß die Runen, also die Buchstabenschrift des Nordens, sehr viel älter sind als 200 n. Chr.

In den Edden herrscht die Überzeugung vor, daß die Runen aus „Urzeiten vor der Tage Beginn" stammen. Es heißt z. B.: „Runen sollst du lernen und rätliche Stäbe..., so ritzte Thund (Odin) Runen vor der Tage Beginn". Oder: „Da werden die Asen sich wieder an ihre Runen erinnern, die sie vor Ragnarök hatten". Ragnarök ist, wie der Verf. nachgewiesen hat, eine Erinnerung an die ungeheuren Meeresüberschwemmungen („die Midgardschlange erhebt sich zur Himmelswölbung"), den Weltbrand und die anderen Naturkatastrophen, die in der zweiten Hälfte des 13. Jahrhunderts v. Chr. den Untergang der heiligen Insel, auf der das Hauptheiligtum, „Asgard" = „i kaphthor", stand, und die „Flucht der Nordmeervölker" aus der Heimat zur Folge hatten[23].

Oder es heißt in den Edden: „Die Götter werden dort (wo vor dem Ragnarök Asgard war) die wundersamen goldenen Tafeln wiederfinden, dieselben, die vor Urtagen ihr eigen waren"[24]. In der Gylfaginning heißt es, daß die Asen sich nach dem Wiederauftauchen von Asgard „zusammensetzen und unterhalten; sie erinnern sich an die Runen und sprechen über die Ereignisse in uralten Tagen, von der Midgardschlange und dem Fenriswolf. Sie finden im Grase wieder die goldenen Tafeln, welche die Asen einst benutzten"[25].

Diese Angaben decken sich mit denen des Atlantisberichtes, in denen es heißt: „Das Urteil aber, daß sie (die zehn Könige der Atlanter) gefällt hatten, ritzten (grápsantes) sie, sobald es Tag ward, auf eine goldene Tafel, die sie als Gedenktafel aufstellten" (Krit. 120 c). Das heißt also, daß nach germanischer Überlieferung Odin schon „vor der Tage Beginn", schon vor Ragnarök, Runen gegeben hat.

Warum sind uns aber, so wird gefragt, Runen nur aus der Zeit um und nach 200 n. Chr. bekannt? Das ist eine unrichtige Behauptung, die auch die Frage unrichtig macht und sie leicht beantworten läßt.

Schon das Wort „Rune" gibt diese Antwort. Denn „Rune" ist das, was heimlich geraunt wird. Wir finden das Wort im Englischen to run = raunen, heimlich flüstern, im Französischen runique = runisch und la rune = die Rune. Das Grimmsche Wörterbuch setzt das gotische runa mit dem griechischen „mysterion" gleich, das „Geheimnis, geheimnisvolle Beratung, geheimnisvolle Weisheit" bedeutet. Das mittelhochdeutsche Wort Rune und das althochdeutsche Wort rüna haben dieselbe Bedeutung: „Geheimnis", „geheimnisvolle Weisheit". O. Zeller, der sich eingehend mit dem Runenproblem beschäftigt hat, sagt mit Recht: „Die Welt der Runen ist in erster Linie eine Zauberwelt und lebt von der Vorstellung, daß ein Zauber nur solange mächtig ist, wie er geheim bleibt"[26]. Dazu kommt, daß diese „geheimnisvolle Weisheit" im germanischen Kulturkreis vorwiegend in Holz geritzt wurde, das vergangen ist. Es war also eine geheimgehaltene Kunst, Runen in vergängliches Holz zu rit-

Abb. 104
Goldene Tafeln, links: Philisterschrift, rechts: Etruskerschrift aus Clairborne. Die Erfindung der Schrift, Time-Life.

zen. Darum sind uns nur ganz ausnahmsweise Denkmäler dieser Kunst aus den Jahrhunderten vor 200 n. Chr. erhalten.

Nicht nur die Germanen, auch die Griechen hatten Überlieferungen von einer Schrift in frühen Zeiten im fernen Norden. So berichtet z. B. Euhemeros von Messene (um 300 v. Chr.), der sich auf ältere Autoren beruft, daß auf einer Insel im nördlichen Ozean ein altes Heiligtum steht, in dem goldene Tafeln aufbewahrt werden, auf denen die Geschichte der dortigen Könige in uralter Zeit aufgezeichnet ist[27].

Eine andere Nachricht, die aus der uralten Hyperboreerüberlieferung stammt, lautet, daß die Hyperboreer Opis und Hekaerge eherne Tafeln mit „semnà hypomnḗmata" – Zeichen der Erinnerung von den Hyperboreern nach Griechenland gebracht hätten, wo sie in Delos aufbewahrt werden[28].

Hekataios (569–526 v. Chr.) berichtet, daß auf der heiligen Insel der Hyperboreer ein berühmter Tempel steht, in dem kostbare Weihgeschenke mit griechischen Schriftzeichen stünden, auch nennt er „hellenikà anathémata", Verdammungsworte in griechischer Schrift, bei den Hyperboreern[29]. Das erinnert an die „schweren Verdammungsworte über die Ungehorsamen", die zusammen mit einer Eidesformel im obersten Heiligtum der Atlanter auf der riesigen Säule eingeritzt waren (Krit. 119e). Auch Tacitus erwähnt Schriftzeichen auf Losstäbchen bei den Germanen (Germania, Kap. 10). Wenn Tacitus schreibt, „daß Männern und Frauen heimlicher Briefwechsel in gleicher Weise unbekannt ist", dann sagt er nicht, daß die Germanen keinen Briefwechsel kannten. Tacitus sagt nur, daß Männer und Frauen keinen h e i m l i c h e n Briefwechsel kannten, wie das in Rom der Fall war. Man kann den Worten Tacitus aber entnehmen, daß normaler Briefwechsel bei den Germanen durchaus bekannt war.

Im 3. Kapitel der Germania heißt es bei Tacitus: „Einige sind der Meinung, daß sich Denkmäler und Grabinschriften in griechischer Schrift im Bereich Germaniens und Rätiens noch heute finden".

Caesar berichtet in „De bello Gallico" (I,29,1): „Im Lager der Helvetier wurden Tabellen in griechischer Schrift gefunden, die man Caesar vorlegte. Diese Tabellen enthielten eine namentliche Aufstellung der bei ihnen vorhandenen Wehrfähigen, zusammen mit einer getrennten Aufstellung der minderjährigen Knaben, der Greise und Frauen".

Alle diese Nachrichten bezeugen, daß die Germanen lange vor dem 2. Jahrhundert v. Chr. eine Schrift, die Runenschrift, kannten.

Zu den wiederholten Angaben, daß die germanischen Schriften in griechischen Buchstaben vorgeschrieben waren, sagt O. Zeller: „Daß einem Römer die Runen und deren Vorläufer als griechische Buchstaben erscheinen konnten, liegt nahe bei der Formverwandtschaft einiger Runenzeichen mit griechischen Buchstaben, wie es sie im Lateinischen nicht gab". Zeller weist dann auf folgende Schriftzeichen hin[30]. Zu diesen Hinweisen, daß die Germanen schon lange vor 200 n. Chr. eine Buchstabenschrift hatten, kommt nun folgendes:

Die Umbrer (s. oben S. 72 u. 104) waren einer der Stämme aus dem nordischen Kulturkreis, die in den Tagen der Großen Wanderung, also gegen Ende des 13. Jahrhunderts v. Chr., in Italien einwanderten und dort in Umbrien, das nach ihnen benannt ist, in der Toskana, an der ligurischen Küste und in Oberitalien sich ansiedelten. In diesen Gebieten haben sie Felszeichnungen hinterlassen, die als „umbrische Runen" bezeichnet werden und große Ähnlichkeiten mit den uns seit etwa 200 n. Chr. bekannten Runen aus dem nordeuropäischen Raum zeigen. Mit den umbrischen Runen eng verwandt sind die protothyrrenischen, etruskischen, oskischen, falliskischen, archaisch-lateinischen und lateinischen Buchstaben (Tafel bei O. Zeller, 1977, S. 51).

Fr. Altheim und E. Trautmann haben in Oberitalien in der Val Camonica viele tausend Felszeichnungen untersucht, von denen viele aus der Zeit der Großen Wanderung um 1200 v. Chr. stammen.

Die Umbrer (= Ambronen), die Teutanen (= Teutonen) und Kimmerier (= Kimbern), die um 1200 v. Chr. von den Naturkatastrophen zur Auswanderung aus ihrer nordeuropäischen Heimat gezwungen wurden, zogen über den Brenner, dann über die Hochebene des Ritten – das Eisacktal war damals unpassierbar – ins Tal der Etsch. Weil hier durch schwere Felsstürze und Aufstauungen der Etsch der Weg durch die Salurner Klause versperrt war, mußten diese Stämme über den Tonalepaß ins Ogliotal. Dort haben sie südlich von Edolo in der Val Camonica überaus zahlreiche Felszeichnungen hinterlassen, die Altheim und Trautmann als „vorrunische Schrift nordischen Ursprungs" bezeichnen. Die beiden Forscher fassen das Ergebnis ihrer Untersuchungen so zusammen: „Die Übereinstimmungen, die wir zusammengestellt haben, können nicht zufällig sein. Die Sinnbildschrift der Nordgermanen — daran besteht kein Zweifel mehr — kehrt auf den Felsen der Val Camonica wieder. Das Ergebnis kommt nicht überraschend. Wir haben von Anfang an zu zeigen versucht, daß die Felsbildkunst des Alpentals sich nur verstehen läßt, wenn man sie von der skandinavischen ableitet. Die Wiederkehr der Formen und Motive ist überraschend; sie konnten aus dem Bereich des Jahres- und Sonnenkultes in lückenloser Folge aufgezeigt werden. Hier fügen sich die Übereinstimmungen in der Sinnbildschrift aufs Schönste an. Wie die Felsbildkunst der Val Camonica als Ganzes, so ist auch die Sinnbildschrift nordischen Ursprungs"[31].

„In der Val Camonica ist uns neben dem norditalischen Alphabet in seinen zeitlich verschiedenen Formen eine ältere Sinnbildschrift begegnet. Sie weist eine weitgehende Verwandtschaft mit der vorrunischen Sinnbildschrift des germanischen Nordens auf und ist von ihr abzuleiten"[32].

Fr. Altheim und E. Trautmann haben in ihrer Arbeit „Vom Ursprung der Runen" bronzezeitliche Felszeichnungen von Bohuslän veröffentlicht, die runenähnliche Zeichen aufweisen[33].

Fr. Behn spricht von „häufigen schriftartigen Zeichen auf Gefäßen der ostdeutschen, illyrischen Bronzezeitkultur. Das älteste Beispiel bietet ein bronzenes Rasiermesser aus dem zweiten vorchristlichen Jahrtausend mit der mehrfach wiederholten Odalrune. Diese ältesten runischen Zeichen haben den Stilcharakter, der sich beim Einkerben in Holz von selbst ergeben mußte: alle gerundeten Linien werden vermieden, ebenso der Ansatz im rechten Winkel, um nicht mit der Faserungsrichtung des Holzes zusammenzufallen"[34].

Abb. 105
Vergleich der Runenschrift mit griechischer Schrift.
Aus: Zeller, Der Ursprung der Buchstabenschrift und das Runenalphabet. Osnabrück, 1977.

	phoen.	pers.	kyrill.	gotisch	griech.	lat.	kelt.	run.
n = 50	𐤍		N	N	Ν N	Ν N	𐤍	ᚾ
s = 60	𐤎 ≡T	𐎿	Ш Щ		Ξ ≡, X	X		
c = 70	o		O	Ω	O Ω	O	◇	ℓ
p = 80	𐤐		П	П	Γ Π	P	Γ	ᛈ
s = 90	𐤑				ϡ ϶ = 900			
q = 100	φ ϙ	<I	Ч Ц	Q	Φ Q	Q		
r = 200	𐤓	≡I	P	R	P R	R		ᚱ
š = 300	W Ѱ	𐎁	Ш	S	Σ ϟ	ϟ S		Σ ϟ
t = 400	† x		T	T	T	T	↑	↑
f		I<<		ᚠ	F	F	F	ᚠ
ch			X	X	X	X		X
j, g			Я	G		G		S
ng							ᛝ	◇

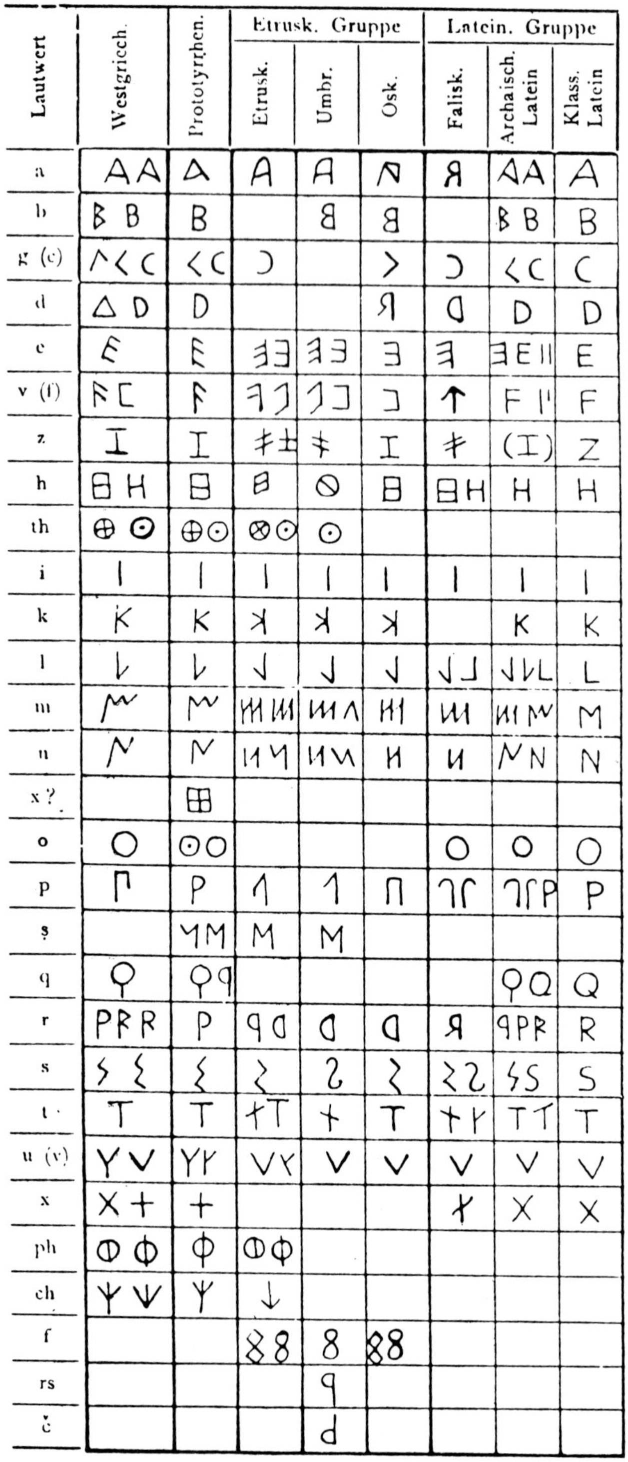

Abb. 106
Übersicht und Vergleich der altitalischen und westgriechischen Schriften. Aus: Zeller, Der Ursprung der Buchstabenschrift und das Runenalphabet. Osnabrück, 1977.

Hingewiesen sei in diesem Zusammenhang auf Runen, die in einen Stein eingeritzt sind. Dieser Stein wurde im norwegischen Horda-Land am Hardangerfjord gefunden, er wird in die Bronzezeit datiert[35].

Bemerkenswert sind in diesem Zusammenhang auch die bronzezeitlichen Runen von Tåstrupland, Jaegersborg, Hegn, Fur, Torup Mensalgard und Kyndby, alle in Dänemark, die J. Brönsted veröffentlicht hat[36].

Die Rune auf dem Stein von Fur, einer Insel im Limfjord, gleicht völlig der Philisterrune für H, die im Griechischen, Lateinischen und in germanischen Runenschriften denselben Lautwert hat[37].

In Wirklichkeit sind die runenähnlichen Zeichen noch sehr viel älter als die Bronzezeit.

Nach allgemeiner Überzeugung der Vorgeschichtler sind die Germanen aus der Vermischung zwischen Megalithikern und Einzelgrableuten hervorgegangen[38]. Die Megalithiker, also der eine Zweig der Vorfahren der Germanen, haben schon in der Jungsteinzeit, also schon im 3. Jahrtausend v. Chr., Runen in ihren Großsteingräbern angebracht. Die meisten finden sich in Südspanien, Portugal, in der Bretagne und in Westdeutschland[39].

Auch diese jungsteinzeitlichen Runen haben noch ältere Vorfahren in sehr ähnlichen oder sogar gleichen Zeichen der ausgehenden Eiszeitkultur. „Der bedeutsamste Fund von Schriftdenkmälern der ausgehenden Eiszeitkultur stammt aus der Bachgrotte von Mas d'Azil in Frankreich. Es sind mehrere hundert Kieselsteine, die in roter Farbe aufgemalte Zeichen tragen. Hier ist das Naturbild schon nicht mehr erkennbar (wenn es überhaupt ein solches gegeben hat), es sind rein konventionelle Zeichen, Striche, Punkte und eine Anzahl von Gebilden, die eine verblüffende Ähnlichkeit mit späteren griechischen und lateinischen Buchstaben zeigen. Man hat denn auch unbeschwert eine fortlaufende Entwicklungslinie von der Eiszeit bis in frühgeschichtliche Zeiten hinauf konstruiert und die Kiesel von Azil als die ältesten bekannten Ahnen unserer Schrift gefeiert. Das auffallend massenhafte Vorkommen dieser Kiesel verleitete zu der kühnen Vermutung, daß die Grotte eine Schulstube gewesen sei, in der den Kindern der Eiszeitjäger das Lesen und Schreiben beigebracht wurde"[40].

Sehr viel zahlreicher als die „griechischen Buchstaben" auf den Kieseln von Mas d'Azil sind jene, die man 1924 in Glotzel, etwa 20 km südlich von Vichy, gefunden hat. Hier fand man zahlreiche Steine, auf denen Rentiere, Bären, Panther (?), Wildpferde, Wildstiere, aber auch überaus zahlreiche Zeichen eingeritzt waren. Von diesen Zeichen gleichen viele den sogenannten „griechischen Buchstaben" von Mas d'Azil oder vom „Sinai-Alphabet" oder von der Tonscherbe von Izbet Sarta und den anderen „Philisterschriften", die wir oben erwähnt haben. Die Funde von Glotzel werden ins 9. oder 10. Jahrtausend v. Chr. datiert. Sie sind also etwa ebenso alt wie diejenigen von Mas d'Azil. Der französische Archäologe Dr. A. Morlet hat ein „Glotzel-Alphabet" aus den vielen Zeichen zusammengestellt, das erstaunliche Übereinstimmungen mit dem „Philisteralphabet" zeigt, worauf Morlet selbst hinweist.

Natürlich hat man auch die Zeichen von Glozel als Fälschungen hingestellt, da man sich nicht vorstellen konnte, daß das „Philister-Alphabet" oder „griechische Buchstaben" 8000 oder 9000 Jahre vor ihrem

Abb. 107
Stein mit Runeninschrift aus der Gegend Hardangerfjord.
Aus: Arbok for Universitetet i Bergen (Humanistik Serie, 1970, No. 2).

ersten Erscheinen in Palästina oder Griechenland in Stein geritzt worden sein können. Aber die Fundumstände, die meisterhaften Darstellungen der Tierwelt der ausgehenden Eiszeit auf vielen dieser beschrifteten Steine widerlegen den Vorwurf der Fälschung. Auch hätte der Bauer Emile Fradin, der diese Funde als 18 Jahre alter Jüngling gemacht hat, ein hervorragender Kenner der nacheiszeitlichen Tierwelt und der „Philisterschrift" oder der „Sinaischrift" sein müssen.

In diesem Zusammenhang sei bemerkt, daß die ersten Funde eiszeitlicher Skulpturen, Höhlenmalereien und Werkzeuge in schöner Regelmäßigkeit von der „Fachwissenschaft" als „lächerliche Fälschungen" bezeichnet wurden.

Die Menschen, die die zahlreichen Felszeichnungen und Schriftzeichen von Mas d'Azil und Glozel geschaffen haben, gehörten der Cro-Magnon-Rasse an. Als die Warmzeit (etwa im 10. oder 9. Jahrtausend v. Chr.) begann, und die Klimazonen mit der Tierwelt, die an sie gewöhnt war, langsam nach Norden und Nordwesten wanderten, zogen die Cro-Magnon-Menschen in breiter Front den Klimazonen und der Tierwelt, von der sie lebten, nach: „Weit bis nach Schleswig-Holstein hinein zogen die Menschen ihrem Jagdtier nach. Sie waren die ersten, die Schleswig-Holstein erreichten, nachdem das Eis im Osten geschmolzen war... Die Menschen der Höhlen aus der Kulturstufe des Magdaléniens (die Kultur von Mas d'Azil und Glozel ist eine Stufe des Magdaléniens) brachten ihre Kultur in den Norden: das Spätmagadlénien."[41]

Diese Cro-Magnon-Menschen waren nun wieder die Vorfahren der Megalithiker, die in West-, Nordwest- und Nordeuropa die oft so großartigen Megalithanlagen und -gräber schufen. Es ist daher nicht verwunderlich, daß „sich an den Wänden megalithischer Bauten mehrfach ganz ähnliche Zeichen (finden), die mit den diluvialen so starke Ähnlichkeit haben, daß sie ohne Bedenken aus ihnen abgeleitet werden können und müssen"[42].

Mit anderen Worten: von den Runen der Germanen der nachchristlichen Jahrhunderte reicht über die Runen der Bronzezeit und diejenigen aus den megalithischen Bauten der Jungsteinzeit eine Abstammungslinie bis hin zu den Zeichen von Mas d'Azil und Glozel, „die eine verblüffende Ähnlichkeit mit späteren griechischen und lateinischen Buchstaben zeigen" und, so dürfen wir hinzufügen, auch mit den Runen.

Es ist also richtig, wenn es in den Edden heißt, daß die Runen „vor der Tage Beginn", „in uralten Tagen" von Odin geritzt wurden. O. Zeller bemerkt hierzu mit Recht: „Als Erfinder der Runen gilt ein Gott, nämlich Odin oder Wotan, der dem antiken Hermes entspricht als Gott der Weisheit. Daß man die Runenfindung einem Gott und nicht einem Menschen oder fremden Volk zuschreibt, zeigt, daß sie als etwas Ehrwürdiges-Altes betrachtet wurden, das man sich nur mythisch zu erklären vermochte"[43].

Diese Ausführungen über das hohe Alter der Runen waren erforderlich, weil die Runenforscher, die von den ihnen bekannten Runendenkmälern seit der Zeit um 200 n. Chr. ausgehen, zu völlig falschen Schlüssen kommen müssen und auch gekommen sind.

Das Ergebnis dieser Ausführungen ist der Nachweis, daß es im europäischen Norden eine Runenschrift schon lange vor der Großen Wanderung gegeben hat. Das heißt aber, daß die Philister, als sie um 1200 v. Chr. in Palästina einwanderten, eine Runenschrift gehabt haben, die sich von den in Vorderasien und Ägypten bis dahin üblichen Schriften grundlegend unterschieden hat.

Wir wissen, daß die „Philisterschrift" schon im 12. Jahrhundert v. Chr. in Palästina geschrieben wurde. Macalister hat schon 1913 geschrieben: „Wer immer das Alphabet erfunden hat, hat den Grundstein der Zivilisation gelegt. Kann es sein, daß wir diese Gabe unter allen Völkern den Philistern verdanken?"[44].

Diese Vermutung Macalisters hat O. Zeller in einer umfangreichen Untersuchung erhärtet.

Zeller hat die vielen in Europa und Vorderasien verbreiteten Alphabete zusammengestellt und miteinander verglichen. Er kommt zu der Schlußfolgerung: „Vergleicht man die einzelnen Buchstaben der besprochenen Schriften, so ergibt sich, daß sie einander gleichen wie ein Ei dem anderen". Den Nachweis für diese Feststellung führt Zeller im 4. Kapitel seines Buches (S. 95–120). Sodann stellt Zeller die These auf: „Alle betrachteten Alphabete sind einer gemeinsamen Wurzel entsprungen". Auch diese These wird durch eine eingehende Untersuchung (Kapitel 5, Seite 121–145) erhärtet. Schließlich untersucht Zeller die Frage: „Welcher gemeinsamen Wurzel sind alle diese Alphabete entsprungen?" (S. 121 f.). Zeller verwirft mit Recht die Annahme, daß alle europäischen und vorderasiatischen Alphabete „in dem riesigen Raum, in dem wir sie in Gebrauch finden", unabhängig voneinander entstanden sein können.

Dann stellt Zeller die Frage: „Ob sie (die Alphabete) nicht vielmehr auf einen gemeinsamen Ursprung zurückgehen, d. h. ob sie nicht von einer bestimmten Stelle aus sich ausgebreitet haben?" Er vermutet mit Recht, „daß es einen nach Ort und Zeit gemeinsamen Ursprung gegeben haben muß". Zeller stellt dann fest: „Die Ausbreitung des von uns gesuchten ursprünglichen Alphabets ist am leichtesten vorstellbar, wenn sie mit einer Expansion seines Trägervolkes Hand in Hand ging. Gab es in frühgeschichtlicher Zeit ein solches Volk?" a. a. O. (S. 125).

Eine solche „Explosion eines Trägervolkes" hat es um 1200 v. Chr., also kurz vor der Zeit, in der in Palästina die erste Alphabetschrift, die Philisterschrift, erscheint, wirklich gegeben: es war die Große Wande-

Abb. 108
Bemalte Kiesel von Mas d'Azil (nach Piette) aus Behn, Vor- und Frühgeschichte, Wiesbaden, 1948.

rung der Nordmeervölker, bei der die Philister der führende Stamm waren.

Tatsächlich hat die Große Wanderung der Nordmeervölker den ganzen riesigen Raum von der Westküste Frankreichs und Spaniens bis ans Schwarze Meer und an den Euphrat und nach Süden bis nach Nordafrika und bis ans Rote Meer erfaßt.

Ramses III. sagt von den Nordmeervölkern: „Sie legten ihre Hände auf alle Länder bis zum Erdrand“[45]. Im Atlantisbericht, der eine Nacherzählung ägyptischer Berichte aus der Zeit Ramses III. ist, wird diese Angabe bestätigt, dort heißt es: „Sie (die zehn Könige der Atlanter) beherrschten diese Insel (Basileia), sowie viele andere Inseln und Teile des Festlandes. Außerdem beherrschten diese Könige noch von den Ländern am Binnenmeer (= Mittelmeer) Libyen bis nach Ägypten und Europa bis Tyrrhenien. Diese ganze zur Einheit zusammengeballte Macht hatte einst den Plan, euer (der Griechen) Land und unser (der

Abb. 109
Steine von Glozel. Aus: Gösta Nyblom, Skandalen i Glozel, Uppsala, 1967.

Ägypter) Land sowie überhaupt alle Länder innerhalb der Meerenge (von Gibraltar) durch einen einzigen Kriegszug in ihre Gewalt zu bringen" (Tim. 25 a–b).

Die archäologische Forschung hat auf Grund überaus zahlreicher Funde diese Angaben in jeder Hinsicht bestätigt[46].

Nachdem Zeller drei Tests aufgestellt, untersucht und beantwortet hat, welches von den vielen Alphabeten das Uralphabet oder die Urbuchstabenschrift für alle anderen Buchstabenschriften sein kann, schreibt er: „Ich hoffe, mit überzeugenden Argumenten in Form der drei Tests wahrscheinlich gemacht zu haben, daß die von uns untersuchten im europäischen-vorderasiatischen Raum gebräuchlichen phonetischen Alphabetschriften alle auf ein und dieselbe Quelle zurückgehen, und daß die Runenschrift Nordeuropas in der Epoche um 1200 v. Chr. diese Quelle darstellt".

Zusammenfassend sagt O. Zeller: „Die Philister waren also, wenn

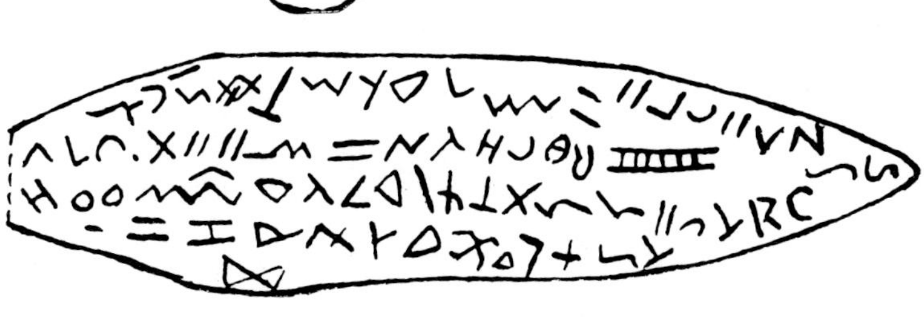

man dies alles zusammenfaßt, ein in Palästina fremdes, kriegsstarkes Seefahrervolk, das als obersten Gott einen Meeresgott verehrte, und das unter der Herrschaft eines Führungsgremiums stand, ein Volk, das zunächst Palästina eroberte und beherrschte, dann aber in einem Jahrhunderte langen Aufreibungskampf dem Ansturm der Wüstenstämme unterlag und unterging"... „Wenn das aber so ist, daß die von uns untersuchten, unter sich verwandten, im europäisch-vorderasiatischen Raum um 1200 v. Chr. gebrauchten Alphabetschriften auf die Runenschrift bzw. deren Vorläufer zurückgehen, so müßten wir tatsächlich den Siegespreis Macalisters für die Erfindung der Buchstabenschrift den nordischen Seevölkern der Atlanter, und unter ihnen auch den Philistern zuerkennen"[47].

Zeller schreibt weiter: „So ist es wohl richtig, daß die Alphabetschrift ihren Ursprung den Runen verdankt, aber diese Alphabetschrift zu höchster kultureller Bedeutung, zur „größten Errungenschaft des Denkens" gemacht zu haben, dieser Verdienst kommt doch weitgehend den Leistungen zu, die mit Hilfe dieser Alphabetschrift von den Nachfolgevölkern der atlantischen Eroberer oder von Völkern erbracht wurden, die die Schrift nur übernahmen. Wenn deshalb die Nordländer stolz auf die „Erfindung" der Buchstabenschrift sein dürften, so dürfen Perser, Griechen, Römer und Slawen wie auch die Semiten nicht weniger stolz darauf sein, was sie bei der Benutzung der Schrift aus ihr gemacht haben"[48].

Die gründliche, von allen Emotionen freie Untersuchung Zellers über die Herkunft der Buchstabenschrift aus den Runenzeichen ist eine wissenschaftliche Leistung von höchstem Rang. Sie beendet einen alten Streit über das Verhältnis zwischen den Runen und den frühen Buchstabenzeichen, sie ist das „missing link" der Runen- und Alphabetforschung. Sie beweist, daß die „Philisterschrift", die fälschlich als „phönizisches Alphabet" bezeichnet wird, aus der Runenschrift der Atlanter-Nordmeervölker hervorgegangen ist.

14. Religion und Kult der Philister

Was wir aus dem Alten Testament über die religiösen Vorstellungen und den Kult der Philister erfahren, ist nicht sehr aufschlußreich, denn wir haben es bei den dort angegebenen Namen der Gottheiten der Philister mit einer interpretatio hebraica zu tun, die mehr Rätsel aufwirft als auflöst. Die Namen, die im Alten Testament den Gottheiten der Philister zugeschrieben werden: Dagon, Astharoth und Beel-Sebub, waren mit Sicherheit nicht die Namen, mit denen die Philister selbst ihre Götter benannten. Die Annnahme, daß die Philister sehr schnell ihre eigenen Gottheiten aufgegeben und einheimische, kanaanäische Gottheiten angenommen hätten, ist nicht sehr wahrscheinlich; einerseits, weil sie als Herren im unterworfenen Palästina keinen Grund hatten, sich den religiösen Vorstellungen und Kulten der unterworfenen Kanaanäer zu beugen, andererseits, weil sie noch Jahrhunderte nach ihrer Einwanderung in Palästina die Verbindungen zu dem Heiligtum des hyperboreischen Apollon auf Delos aufrecht erhielten, wie die dort gefundenen Weiheinschriften beweisen, und auch noch lange Zeit die religiösen Symbole auf ihrer Keramik und in ihren Tempeln beibehielten.

Wir werden also versuchen müssen, die im Alten Testament genannten Gottheiten der Philister zu identifizieren. Dabei kommen uns die bildlichen Darstellungen und religiösen Symbole auf der Philisterware zu Hilfe.

Der französische Archäologe Prof. Dr. Claude F. A. Schaeffer hat in Paris einen Vortrag über seine Funde auf Zypern gehalten, der nach einem Bericht aus der Times vom 21.3.1950 u. a. folgende Feststellungen enthielt:

„In den Jahren 1948/49 wurde auf Zypern, in der Nähe von Enkomi ein Palast aufgedeckt, der die wohl älteste bekannte Kultstätte des Gottes Apollo enthielt. Die Ausgrabungen führten zur Auffindung von vier unberührten Gräbern, welche Alabastergefäße, mit edlen Steinen eingelegte Bronzen und Goldzierate enthielten. Diese Gräber gehören der Zeit kurz vor 1200 v. Chr. an. Eins davon aber ist unmittelbar nach der Zeit der „Großen Wanderung“, welche im ganzen östlichen Mittelmeer den Untergang der mykenischen Kultur besiegelte, von fremden Leuten neu belegt worden. Während die untere Schicht spätmykenische Merkmale aufwies, konnte Schaeffer die obere mit Sicherheit den Philistern zuweisen, die also vor ihrem Angriff auf Palästina und Ägypten in Zypern anwesend waren. Die hochinteressanten Philisterfunde bestehen vorwiegend aus Waffen, wie man sie auch aus dem prähistorischen Europa kennt. Siegelabdrücke lassen die typischen Philisterschiffe und den Philister-Federbusch auf dem Kopf erkennen“.

1963 fand Schaeffer bei seinen Ausgrabungen in Enkomi mehrere Statuetten, die zweifellos Götter darstellen. Schaeffer hat diesen Götterstatuen von Enkomi einen Aufsatz gewidmet: „Götter der Nord- und Inselvölker in Zypern“ (in Archiv für Orientforschung Bd. XXI, 1965, 59f.). Eine dieser Götterstatuen ist eine „massiv bronzene 35 cm hohe Statuette eines bärtigen Gottes, der einen Hörnerhelm trägt, in der erho-

Abb. 110
Gott der Nordmeervölker. Bronzestatuette aus Enkomi, Zypern. Aus: Cl. F.-A. Schaeffer, Götter der Nord- und Inselvölker in Zypern, 1966.

benen rechten Hand einen Speer wurfbereit hält und mit der linken einen kleinen, runden und handlichen Schild faßt“ (Cl. Schaeffer, 1965, 61). Eine andere Götterstatue, „deren Fundlage eine sichere Datierung in die Zeit der Seevölkerbesetzung Zyperns erlaubt“... „stammt aus einem Versteckfund, der nur fünfzig Meter von dem von uns im Jahre 1963 ausgegrabenen Heiligtum des Kupferbarren-Gottes entfernt gehoben wurde und mit diesem genau den gleichen stratigraphischen Befund aufweist. Es handelt sich auch hier um ein kleines Heiligtum, in dem zahlreiche Tieropfer, darunter mehrere Wildarten, dargebracht worden sind. Dort war die 52 cm hohe, massiv bronzene Götterstatue, wie die des Kupferbarren-Gottes, vor dem Verlassen der Stadt durch Einwohner in aufrechter Stellung sorgfältig vergraben worden, um sie in Sicherheit zu bringen und eine Entweihung zu verhindern“.

„Der junge barfüßige Gott von athletischem Körperbau, der nur mit einem kurzen Lendenschurz mit breitem Gürtel bekleidet ist, trägt eine konische, mit zwei großen Stierhörnern versehene Pelzkappe“ (Cl. F. A. Schaeffer 1965, 67).

Einer der führenden kyprischen Archäologen, P. Dikaios, hat diesen Hörnergott mit dem Apollon Kereatas identifiziert (Archäol. Anzeiger, 1962, 62f.). Das ist sehr wahrscheinlich richtig, denn dieser Apollon Kereatas war der Führer der Dorier, eines Stammes der Nordmeervölker. Er wurde später in Griechenland von den Doriern in hohen Ehren gehalten. Ihm zu Ehren wurde das große Fest der Karneen abgehalten. „Karnos“ oder „karnes“ bedeutet „Hörnerträger“. Auch Vassos Karageorghis schlägt in seinem Buch „Zypern“ (1968, 54) diese Identifizierung des Hörnergottes von Enkomi mit dem Apollon Kereatas vor.

In Enkomi auf Zypern wurde vor längerer Zeit eine Amphora gefunden, die Prof. J. Wiesner ausführlich besprochen hat (in: Neues aus Zyperns Frühzeit, 1962/63). Wiesner hat überzeugend nachgewiesen, daß hier der hyperboreische Apollo abgebildet ist, der mit seiner Schwester Artemis im Frühjahr von seinem „geliebten Nordvolk“, den Hyperboreern, nach Delos kommt, wo seine Ankunft festlich gefeiert wurde. Unter dem Wagen mit Apollo und Artemis steht der „Volutenbaum“, die Himmelsstütze, auf der die Sonne aufliegt, weswegen diese Stelle auf den Tragebalken auch „Ruheplatz der Sonne“ genannt wurde. Außerdem sind auf dieser Amphora Sternenbilder des nördlichen Himmels dargestellt, der Schwan, das heilige Tier Apollons, der Schütze (= Orion), der Waageträger und der Stier (= großer Bär oder großer Wagen).

Dieses Bild entspricht in vielen Einzelheiten einer ähnlichen Darstellung von der Ankunft des hyperboreischen Apollon auf einer Amphora von der Insel Melos, die aus dem 7. Jhdt. v. Chr. stammt. Auch auf ihr sehen wir den hyperboreischen Apollon mit seiner Leier in der Linken, der von vier geflügelten Rossen gezogen wird, vor ihm steht Artemis, die einen Hirsch in der Rechten hält, hinter Apollon stehen die Hyperboreerinnen Arge und Opis, die nach den Angaben Herodots[1] als erste von den Hyperboreern nach Delos gekommen und dort gestorben seien (siehe oben S. 156, s. Abb. 55, S. 57).

Unter dem Wagen Apollons stehen zwei „Volutenbäume“, auf denen – genau wie auf der Amphora von Enkomi – die Sonne mit einem Strahlenbündel auf der Himmelsstütze aufruht. Außerdem sind auf der melischen Amphora die Sonne, „Volutenkreuze", Henkelkreuze und Mond und Sterne abgebildet. Über dem Wagen sind zehn Schwäne zu sehen, offenbar Singschwäne, wie der gerade Hals dieser Tiere anzuzeigen scheint. Nach alter delischer Sage, die Aelian[2] und Kallimachos[3] überliefert haben, umkreisen Singschwäne das Heiligtum Apollons im Hyperboreerland „und feiern gleichsam als Chorknaben den Gott mit ihren Rufen den ganzen Tag" (Aelian).

Daß die Philister auch in späteren Zeiten den hyperboreischen Apollon auf Delos verehrt und sein Heiligtum aufgesucht haben, beweisen die Weihinschriften von Philistern vor allem aus Askalon, die im Tempel des hyperboreischen Apollon auf der Insel Delos gefunden wurden (siehe oben S. 156). Ein Hinweis dafür ist auch, daß der Tempel des Dagon in Gaza in späterer Zeit auch Tempel des „Apollo Marna Gaza" genannt wurde und daß noch zu Kaiser Hadrians Zeit Münzen mit dem Bild Apollons und der Legende „Apollo Marna Gaza", d. h. „Apollo, Herr von Gaza", geprägt wurden.

Es kann also nicht zweifelhaft sein, daß der Gott der Philister, der im Alten Testament „Dagon" genannt wird, mit dem hyperboreischen Apollon identisch ist.

Das hebräische Wort „dag" bedeutet „Fisch", „Dagon" ist also der „Fischgott". Auch das weist auf Apollon hin, denn er wurde auch in Delphingestalt dargestellt und verehrt. Schon in den „Homerischen Götterhymnen" heißt es im Loblied auf Apollon: „Aber nun eilte Phoibos Apollon ihnen (den Kretern, die er als Priester für sein Heiligtum in Delphi erwählt hatte) entgegen, / und in Delphingestalt sprang er im Meere aufs schnelle Schiff"[4]. In späteren Versen sagt Apollon zu den von ihm erwählten Priestern: „So wie ich zuerst auf nebelumdunstetem Meere / als Delphin gesprungen auf euer eilendes Fahrzeug / also nennt mich betend „Delphinier". Aber der Altar / wird der delphinische dort (in Delphi) zu steter Bewunderung bleiben". Delphi neben Delos der andere Hauptort des Apollonkultes hatte nach alter griechischer Überlieferung seinen Namen von der Delphingestalt Apollons. Als „Delphinios" war Apollon der Gott und Schutzherr der Schiffahrt. Es gab Überlieferungen, daß er Ertrinkende in Delphingestalt ans rettende Ufer gebracht habe. Es ist also verständlich, daß „Apollon Delphinios" in hebräischer Sprache als „Dagon" = „Fischgott" bezeichnet wurde.

Ein Hinweis, daß der Gott Dagon der Philister mit Apollon zu identifizieren ist, ist auch der Rat „der Priester und Weissager der Philister", daß auf den Wagen, der die Bundeslade Israels zurückbringen sollte, „fünf goldene Beulen und fünf goldene Mäuse nach der Zahl der fünf Fürsten der Philister" als Schuldopfer gelegt werden sollten (siehe oben S. 153).

Apollon galt ursprünglich auch als Heilgott, eine Funktion, die sein Sohn Asklepios seit dem 5. Jhdt. v. Chr. übernommen hat. Als Heilgott hatte Apollon auch den Beinamen „iatrós" = Arzt[5]. Nach einem alten, weitverbreiteten Brauch wurden Nachbildungen der erkankten Körperteile, bei den Philistern von Asdod und Gath „böse Beulen" aus Gold, dem Apollon dargebracht, wohl in der Hoffnung, daß er sie heilen werde. Auch die fünf goldenen Mäuse, die die fünf Philisterfürsten als Schuldopfer brachten, weisen auf Apollon hin. Denn Apollon hatte auch

Abb. 111
Münzen aus Gaza und Ashkelon.
Aus: R.A.S. Macalister,
The Philistines, Chicago, 1965.

Abb. 112
Apollon als Leierspieler.
Kalathos des 11. Jhdts. aus Kouklia (Paläpaphos).
Aus: V. Karageorghis, Zypern (Archaeologia Mundi), München, 1968.

den Beinamen „Smintheus", d. h. „Maus", „Feldmaus" (so schon Ilias I, 39). Das ist ein Beiname Apollons, den antike Autoren verschieden erklären. Aristarch (217–145 v. Chr.)[6] meint, Apollon hätte diesen Beinamen, weil die Maus wie andere unter der Erde lebenden Tiere, ein Symbol der Weissagung war. Andere Autoren, wie z. B. Apion, Strabo u. a., meinten, daß Apollon diesen Beinamen trug, weil er die schädlichen Mäuse töte und die Felder schütze.

Die Säulen im Philisterland, die das Volk Israel zerstören soll, und die z. B. auch im Philistertempel von Tell Qasile gefunden wurden (siehe oben S. 150), sind ebenfalls ein Hinweis auf Apollon, denn sie gehörten zum Apollonkult und standen auch in Delos und Delphi. In Delphi stand ein „E" auf der Spitzsäule, das wahrscheinlich „Recht" bedeutet, dort wurden die Eide geschworen[7]. Auch die Haine des Philistergottes soll Israel zerstören. In den „Homerischen Götterhymnen" heißt es wiederholt, daß Apollon Orte für geeignet hielt, „dort Tempel und heilige Haine zu gründen"[8].

Wenn bei den Philistern außer Priestern auch „Weissager" erwähnt werden (siehe oben S. 153), wenn König Ahasja von Israel einen Boten in die Philisterstadt Ekron schickt, um eine Weissagung zu holen, ob er, der König, von seiner Krankheit genesen werde, wenn König Saul heimlich zu der Wahrsagerin von Endor im Philisterland schleicht, die ihm die Zukunft weissagen soll, und wenn noch Jesaja (2,6) vor der Wahrsagerei der Philister warnt, dann sehen wir, daß zum Kult der Philister auch die Weissagung zukünftiger Dinge gehörte. Genau so war das auch in den Tempeln Apollons in Delphi und Delos. Vor allem in Delphi hat die Pythia, wie die jeweilige Priesterin des Apollon genannt wurde, ihre Weissagungen von sich gegeben.

Ebenso gehören die Symbole, die so häufig auf der Philisterkeramik wiederkehren, Schwan, Volutenbaum und Leier zum Kult des Apollon, wie er in Delos und Delphi geübt wurde.

Vom Schwan auf der Philisterkeramik war schon oben (S. 53, 128 f.) die Rede. Alkaios (7. Jhdt. v. Chr.) verherrlicht den Schwan als Begleiter Apollons[9]. Euripides erwähnt die singenden Schwäne Apollons am Eridanos, an den Quellen des Ozeans[10]. Aristophanes sagt[10], daß „Apollon mit Schwänen alljährlich zu den Hyperboreern fliegt, und wenn er dann mit dem einziehenden Frühling von dort zurückkommt, grüßt ihn der Ruf der Schwäne am Hebros“, d. i. der heutige Fluß Maritza. Auf einem Schwanenwagen fährt Apollon zu Aphrodite[11]. Sprockhoff schreibt: „An einer innigen Verbindung des Apollo mit dem Schwan als dem ihm heiligen Tier, kann also nach diesen Überlieferungen kein Zweifel sein. Wenn man nämlich den Bericht über Apollons Fahrt zu den Hyperboreern nachliest, so heißt es da, daß Apollo mit Schwänen zu den Hyperboreern fährt, und nach einem Jahr kehrt er auf einem Schwanenwagen zum heiligen Quell nach Delphi zurück, um daselbst den Hellenen Recht und Gesetz zu verkünden. Daraus geht rein überlieferungsmäßig eindeutig hervor, daß es sich um ein ursprünglich für das damalige Griechenland neues Recht und fremdes Gesetz gehandelt hat. Es wird damit bestätigt, daß Apollo selbst ehemals ein Landfremder war. Er fährt offenbar in die alte Heimat, wenn er zu den Hyperboreern reist, zum Ausgangspunkt der Bewegung, die ihn nach Griechenland gebracht hat, zu einer Art Befehlsappell, um sich ständig in der alten Zentrale auf dem laufenden zu halten und gewissermaßen immer wieder die reine Glaubenslehre zu holen, damit die Idee in der neuen Heimat nicht verfälscht wird oder versandet“[12].

Tatsächlich ist mit der Großen Wanderung und dem hyperboreischen Apollon, den sie nach Griechenland brachte, ein neues Recht und fremdes Gesetz dorthin gekommen. Dafür gibt es viele Belege. So läßt z. B. Äschylos in seiner „Orestie“[13] die Erdgöttinnen der alten Zeit endlose Klagen und schwere Vorwürfe gegen Apollon vorbringen, daß er uraltes Recht nicht achte. Orest hat nämlich seine Mutter erschlagen, weil diese zusammen mit ihrem Liebhaber Aigisthos ihren Ehemann Agamemnon, den Vater des Orest, kurz nach seiner Rückkehr von Troja ermordet hat. Dieses schwerste aller Verbrechen, den Muttermord, soll Orest nach dem alten Recht mit dem Tode büßen, Apollon will ihn aber freisprechen, weil der Ehebruch und der Gattenmord der Klytemnestra diese Strafe fordern.

Die Erdgöttinnen rufen dem Apollon zu:

„Danieder stürzest du die Mächte alter Zeit,
Du, der junge Gott, willst uns, die Greisinnen, niederrennen?“
„Ha, Götter ihr des neuen Stammes,
die Rechte alter Zeit
ihr rennt sie nieder, reißt sie fort aus unserer Hand!“

Es ist sehr wahrscheinlich, daß auch die Philister das neue Recht Apollons in Palästina eingeführt haben.

Die „Volutenbäume", wie E. Buschor diese Symbole nennt[14], mit denen Apollon auf griechischen und zyprischen Vasen dargestellt wird, erscheinen auch auf der Philisterkeramik. Manchmal ist der Stamm, griech. pólos, mit dem Tragebalken, griech. koryphe, hebr. kaphthor, germ. as, abgebildet, manchmal nur der Tragebalken allein. Da man glaubte, daß die Himmelsstütze unter dem Polarstern, dem scheinbar einzigen unbeweglichen (ápathēs) Punkt am Himmel steht, und „der gewaltige Kreislauf der Gestirne" sich um diesen Punkt dreht, war die Himmelsstütze mit dem oberen Tragebalken, der Volute, für die alten Völker ein Symbol des Nordens. Seit etwa dem 5. Jahrhundert v. Chr. wurde Atlas zur Personifikation der Himmelsstütze und daher auch im Norden lokalisiert. Die Verse, die Euripides in seinem Drama „Hippolytos" dichtet, zeigen das deutlich. Dort heißt es ja, daß Atlas dort steht, wo an des Eridanos Ufern des Helios Töchter um Phaëthon klagen und Bernsteintränen in die Fluten des Flusses träufeln[15] (s. o. S. 105 f., 202).

Hesiod dichtet: „Atlas, des Japetos Sohn, trägt an den Grenzen der Erde nahe den helltönenden Hesperiden stehend den weiten Himmel mit dem Haupt und unermüdlichen Armen"... „Vor den Wohnungen der Nacht trägt des Japetos Sohn den weiten Himmel, da wo Nacht und Tag zusammenkommen und die große eherne Schwelle überschreitend miteinander reden"[16]. Das sind Umschreibungen für den hohen Norden, die wir schon bei Homer finden.

Auch andere griechische Autoren wie Äschylos, Pherekydes und Apollodoros haben ausdrücklich festgestellt, daß Atlas bei den Hyperboreern im fernen Norden steht[17].

Wenn Apollon mit der Himmelsstütze, dem „Volutenbaum", abgebildet wird, dann soll das seine Herkunft aus dem Norden ausdrücken. Die Volutenbäume oder Voluten auf der Philisterkeramik deuten dasselbe an: die Herkunft des obersten Gottes der Philister, hebräisch „Dagon", den wir mit Apollon identifizieren, aus dem Norden.

Auch die Leier, mit der der hyperboreische Apollon so oft auf griechischen Vasen[19] oder Statuen[20] dargestellt wird, gehört zu den wesentlichen Attributen dieses Gottes.

Immer wieder haben griechische Dichter die Leier Apollons besungen. Alkaios (6. Jhdt. v. Chr.) dichtet[21]: „Als Apollon geboren wurde, rüstete sein Vater Zeus ihn mit der goldenen Strahlenkrone und der Leier aus und schenkte ihm ein Schwanengespann bei den Hyperboreern. Erst nach Ablauf eines großen Jahres (hólon étos) kommt er dann durch Päane von delphischen Jünglingen gerufen auf seinem Schwanenwagen zu den Delphiern"[22].

In den „Homerischen Götterhymnen" heißt es im „Hymnus auf den delischen Apollon", daß Apollon gesagt habe: „Mein sei die Leier!"[23] Im „Hymnus auf den pythischen (= delphischen) Apollon" steht: „Leierspielend schreitet der Sohn der gepriesenen Leto mit der geschweiften Leier gen Pythos felsige Höhen, es strömen aus seiner Leier sehnende Klänge"... „es spielt die Leier Apollon"... „und Apollon hielt die Leier und spielte lieblich"[24].

Im „Hymnus auf Asklepios" heißt es: „Asklepios, der du Apollons

Sohn, des Leierspielers, dich beginnen zu preisen die Kranken." Im „Hymnus auf Apollon" stehen die Verse: „Phoibos Apollon, dich preist der Schwan mit rauschenden Flügeln, dich preist die helle Leier im Arm der Sänger zu Beginn und Ende mit holdem Liede"[25]. Im „Hymnus auf die Musen und Apollon" sagt der Dichter: „Von den Musen und Apollon stammen doch alle Liedersänger und Leierspieler"[26]. Diese Zitate aus den Liedern oder Hymnen antiker Dichter, die Apollon mit der Leier verbinden und alle Leierspieler von Apollon abstammen lassen, kann man beliebig vermehren. Hervorzuheben ist auch, daß Diodor von Sizilien, der viele alte Mythen und Überlieferungen, die uns heute verlorengegangen sind, in sein Werk aufgenommen hat, in seinen langen Ausführungen über die Hyperboreer folgendes sagt: „Auch ein herrlicher Hain ist auf dieser Insel der Hyperboreer und ein berühmter Tempel mit vielen Weihgeschenken geschmückt, der im Schema der Sphären (spairoeidé tõ schémati) erbaut ist. Auch eine Stadt, die diesem Gott (Apollon) geweiht ist, gibt es daselbst und die Mehrzahl ihrer Bewohner sind Leierspieler und sitzen immer im Heiligtum mit Saitenspiel und Gesang, den Gott lobpreisend und seine Taten verherrlichend"[27].

Abb. 113
Harfen- oder Leierspieler aus dem Philistertempel in Ashod (Dagon-Apollon?).
Aus: Archaeologia Mundi, Syrien-Palästina, Kempinski, Arvi-Yonah, 1978, S. 80, Abb. 43

Wenn auf der Philisterkeramik neben dem Schwan und dem Volutenbaum auch die Leier abgebildet ist[28], und auf dem von J. Wiesner besprochenen Vasenbild das Sternbild der Leier zusammen mit dem Schwan und dem Volutenbaum zu sehen sind, dann sind diese Symbole, wie Wiesner ausgeführt hat, „ein bedeutsames Zeugnis für die hocharchaische Vorstellung vom hyperboreischen Zeitordner Apollon und den mit ihm verbundenen Sternbildern des nördlichen Himmels". Die Darstellungen von Schwänen, Volutenbäumen und Leiern auf der „Philisterkeramik" werden wir als Zeugnisse der Verehrung des hyperboreischen Apollon bei den Philistern auffassen dürfen, obwohl der oberste Gott der Philister im Alten Testament in der interpretatio hebraica immer „Dagon" genannt wird. Bemerkt sei in diesem Zusammenhang, daß im Tempel des „Dagon" in Asdod zusammen mit zahlreicher „Philisterware" eine Steingutfigur eines Leierspielers gefunden wurde, übrigens die älteste Darstellung eines Leierspielers in Palästina.

Wenn wir in dem Gott „Dagon der Philister" Apollon erkennen dürfen, dann werden wir in der „Astharoth der Philister" Apollons Zwillingsschwester Artemis erkennen dürfen.

Artemis gehört auch in Delos und Delphi immer zum hyperboreischen Apollon. Bisher hat man in philistäischen Tempeln Palästinas sieben Kultfiguren dieser Göttinnen gefunden[29], sie galt als Göttin der Fruchtbarkeit und „Herrin der Tiere". In Delos hatte sie neben dem Tempel des Apollon einen eigenen Tempel, auf der Amphora von Enkomi steht sie hinter dem hyperboreischen Apollon auf dem Wagen, der von den Hyperboreern kommt. Auch auf der Philisterkeramik von Paläpaphos auf Zypern, auf der Apollon mit der Leier, Schwäne, Henkelkreuze und geometrische Muster dargestellt sind, ist offenbar auch Artemis, die ein Rind treibt, abgebildet, das zu dieser „Herrin der Tiere" gehört. Daß diese „Magna Mater" und „Herrin der Tiere" unter der „Astharoth der Philister" zu verstehen ist, wird auch dadurch wahrscheinlich gemacht, daß „die Priester und Weissager der Philister" bei der Seuche durch „böse Beulen", die in Asdod, Gath und Umgebung ausbrach, den Rat gaben: „Macht einen neuen Wagen und nehmt zwei junge, säugende Kühe, auf die nie ein Joch gekommen ist und spannt sie an den Wagen und laßt ihre Kälber hinter ihnen daheim bleiben. Und nehmt die Lade des Herrn und legt sie auf den Wagen... und sendet sie und laßt sie gehen". Die Kuh war der Artemis heilig.

Aus dem bronzezeitlichen Nordeuropa, dem „Hyperboreerland" der Griechen, kennen wir diese „Terra Mater" von der Bronzestatuette von Fardal, „die fahrend dargestellt ist" und die, wie Bröndsted meint, eine „kleinere Nachbildung größerer Kultbilder der weiblichen Gottheit darstellt"[31]. Schriftliche Nachrichten haben wir von dieser Terra Mater aus dem nordeuropäischen Raum allerdings erst aus späterer Zeit. Tacitus berichtet in seiner „Germania": „Die Reudigner, sodann die Avionen, Anglier, Variner, Eudosen, Suardonen und Nuithonen sind durch Flüsse und Wälder geschützt. An den einzelnen ist nur das erwähnenswert, daß sie gemeinschaftlich (in commune) die Nerthus, das ist die Mutter Erde (Nerthum id est Terram Matrem), verehren und glauben, sie greife in die Angelegenheiten der Menschen ein und komme zu den Völkern gefahren. Auf einer Insel des Ozeans (est in insula Oceani) befindet sich ein heiliger Hain und in ihm ein geweihter und mit Tüchern verhüllter Wagen; ihn anzurühren ist allein dem Priester gestattet. Er merkt, wenn die Göttin im Innersten (penetrali) zugegen ist, und geleitet sie dann in dem von Kühen gezogenen Wagen unter vielen Ehrfurchtsbezeigungen. Dann gibt es frohe Tage, und festlich geschmückt sind alle Stätten, die die Göttin der Ehre ihres Besuches und ihres Aufenthaltes würdigt" (Germania Kap. 40).

Es ist allgemeine Meinung derjenigen Forscher, die sich mit den Religionen und Kulten der vorgeschichtlichen Zeit befaßt haben, daß der Kultumzug einer Göttin auf einem von Kühen gezogenen Wagen aus weit zurückliegenden Zeiten stammt, in der das Pferd noch nicht als Zugtier verwendet wurde.

Es ist also wahrscheinlich, daß wir in der Philistergöttin Astharoth die Göttin Artemis zu erkennen haben, die vor allem auch in Delos neben Apollon in besonderer Weise verehrt wurde.

Welchen Gott wir unter dem hebräischen Namen Baal-Sebub oder Beelzebub zu verstehen haben, ist nicht zu enträtseln. Wie wir oben (S. 158) hörten, sandte der König Ahasja von Israel einen Boten in das Philisterheiligtum in Ekron, der den „Baal-Sebub" fragen sollte, ob er, der König, von seiner Krankheit genesen werde. Wörtlich übersetzt heißt „Baal-Sebub" „Herr der Fliegen". Es ist aber nirgendwo ein Gott als „Herr der Fliegen" bekannt. „Baal-Sebub" hieß aber der oberste Teufel. Vielleicht ist damit der höchste Gott der Nordmeervölker, Poseidon, gemeint, den auch die Dorier neben Apollon als höchsten Gott verehrten.

So wurden von den Philistern wahrscheinlich dieselben Götter verehrt, die auch die Dorier verehrten: Apollon, hebr. Dagon, Artemis, hebr. Astharoth, Poseidon, vielleicht hebr. Beelsebub.

In diesem Zusammenhang ist auch hervorzuheben, daß die Philister die ältesten Tempel in Palästina erbauten. Noch zur Zeit des Königs Salomon (972–932 v. Chr.) heißt es: „Es war noch kein Haus im Namen Jahwes gebaut bis auf diese Zeit"[32]. Aber schon lange vorher hatten die

Abb. 114
Apollon mit der Harfe oder Leier von der sogenannten „Hubbard Amphora". Zypern, 9. oder 8. Jhdt. v. Chr. Aus: V. Karageorghis, 1968, Tafeln 66, 104.

Philister ihren Göttern Tempel errichtet. So hat Cl. F.-A. Schaeffer auf Zypern „die wohl älteste bekannte Kultstätte des Gottes Apollon" ausgegraben und sie „mit Sicherheit den Philistern" zugewiesen.

Älter als der salomonische Tempel in Jerusalem waren auch die Tempel des Dagon-Apollon in Tell Qasile, Asdod und Gaza und die Tempel der Astharoth-Artemis in Askalon, Gaza und Beth Sean und der von den Askaloniern gegründete Tempel dieser weiblichen Gottheit auf Zypern. Wahrscheinlich standen auch in anderen Städten der Philister Tempel dieser Gottheiten, Tempel, die im Alten Testament nicht erwähnt oder die noch nicht ausgegraben wurden. In Tyros war im Jahre 1197 v. Chr. eine neue Dynastie „von einem Nordvölkerhäuptling begründet worden"[33]. Es gab dort zwei Tempel, die Herodot noch selbst gesehen hat. In einem dieser Tempel „standen zwei Säulen, die eine aus lauterem Golde, die andere aus Smaragd, der des Nachts leuchtete" (Herodot II, 144). Das sind dieselben Säulen, die auch in anderen Philistertempeln standen und die auch in Griechenland Idole Apollons waren.

Da wir festgestellt haben, daß die Nordmeervölker, zu denen die Philister und die Sakar gehörten, aus dem nordeuropäischen Raum kamen, müssen wir die Frage erörtern, ob es auch dort in der späten Bronzezeit Tempel, Götterstatuen wie in den Philistertempeln und heilige Haine gegeben hat.

Abb. 115
Bronzestatue von Faardal.
Kopenhagen, Nationalmuseum.

Diese Frage ist zu bejahen. Schon in der jüngeren Steinzeit wurden im nordeuropäischen Raum Tempel errichtet. So wurden z. B. bei den Ausgrabungen in Tustrup, Kirchspiel Nörager, Dänemark, inmitten von vier Großsteingräbern die Fundamente eines Tempels gefunden[34], der an drei Seiten eine schwere, 1–2 m dicke, hufeisenförmige „verschalte Mauer" mit einer Füllung von Feldsteinen hatte. Zwei große Steine in der Mitte des Raumes waren das Widerlager für die beiden Säulen, die das Dach trugen. Die Verschalung der Mauern bestand aus einer Palisadenwand von senkrechten, dicht nebeneinandergestellten, gespaltenen Baumsegmenten[35]. Inzwischen wurden bisher sechs Funde fast gleicher Tempelanlagen aus der jüngeren Steinzeit gemacht. Hierzu wird berichtet: „Die Analyse dieser Funde läßt keinen Zweifel daran, daß es sich um kultische Anlagen, also um Tempel handelt. Diese Tempel sind, obwohl die bisherigen sechs Funde weit durch den Norden Jütlands verstreut liegen, im Bauplan einander sehr ähnlich und lassen, wie auch die Verbreitung der Riesenstein-Grabanlagen auf die Existenz einer weithin einheitlichen Religion schließen"... „Die Konzentration der Opfergaben auf bestimmte Plätze läßt vermuten, daß sich dort ein Götterbild oder eine andere dringliche Repräsentation der Gottheit oder mehrerer Gottheiten befand"[36].

Auch aus der Bronzezeit Nordeuropas sind Fundamente großer Gebäude bekannt, die zweifellos kultischen Zwecken dienten[37]. Erinnert sei auch an den Bericht Aelians (siehe oben S. 199), daß Singschwäne um das Heiligtum Apollons im Hyperboreerland fliegen, die den Gott gleichsam als Chorknaben mit ihren Rufen den ganzen Tag feiern, oder auch an den Bericht Diodors (siehe oben S. 203), daß die Mehrzahl der Hyperboreer den ganzen Tag im Heiligtum des Apollon sitzt und ihn mit Saitenspiel und Gesang verherrlicht.

Sicherlich kannte man im nordischen Kulturkreis der Bronzezeit auch bronzene und hölzerne Götterstatuen, wie sie auch in den Philistertempeln standen. Von den bronzenen Götterbildern des Hörnergottes und der Magna Mater, die im Norden gefunden wurden, war schon oben (S. 153) die Rede[38]. Standbilder von Gottheiten aus Holz sind in den meisten Fällen naturgemäß vergangen. Allerdings wurden in einem Moor bei Braak, Kreis Eutin, zwei Holzfiguren gefunden, die deutlich als männliche und weibliche Gottheiten zu erkennen sind. Die männliche Holzstatue ist 275 cm, die weibliche 227 cm groß. Auch in einem Moor bei Possendorf wurde vor 100 Jahren eine Figur aus Eichenholz gefunden, die ebenfalls eine Gottheit darstellte. Sie ist leider heute nicht mehr erhalten. Aber aus den Beschreibungen der Finder erfahren wir, daß in zwei seitlichen Löchern in den Schultern „zwei aufwärtsgebogene junge Espen" als Arme steckten. In der Nähe von Viborg, Dänemark, wurde in einem Moor eine 88 cm hohe, armlose Holzfigur mit sorgfältig geschnitztem Kopf und betontem Geschlechtsteil geborgen, die Beine waren durch Stöcke angedeutet[39].

Auf bronzezeitlichen Felszeichnungen Skandinaviens sind häufig große Götterfiguren eingeritzt, darunter sind Gestalten, die deutlich als männliche, andere aber als weibliche Gottheiten zu erkennen sind. Die Säulen und Menhire, die im Verbreitungsgebiet der Megalithkultur so häufig errichtet wurden, stellen in den meisten Fällen weibliche Gottheiten – offenbar die Magna Mater – in einigen Fällen aber auch männliche Gottheiten dar. Die Philister haben also mit ihren hölzernen und bronzenen Götterfiguren alte Traditionen aus ihrer nordeuropäischen Heimat fortgesetzt.

Die Sitte der Philister, ihre Götterbilder mit in den Kampf zu nehmen[40], wird uns z. B. auch von den Germanen überliefert. Tacitus berichtet: „Gewisse Bilder und Zeichen ihrer Götter, die sie aus den heiligen Hainen holen, nehmen sie in den Kampf mit“[41].

So gibt es in den Angaben des Alten Testamentes über die Philister und in den Grabungsfunden aus dem Philistergebiet nichts, was gegen ihre Herkunft aus dem nordeuropäischen Raum spricht. Alles aber, was wir über die Philister aus den Texten und Wandbildern von Medinet Habu, aus dem Alten Testament und aus den Ausgrabungsberichten erfahren, beweist, daß sie als der führende Stamm der Nordmeervölker ihre Heimat im nordeuropäischen Raum hatten, daß sie, wie Ramses III. in Medinet Habu sagt, „von den Inseln im Ozean, die im Norden liegen“, kamen und nach den Worten des Alten Testamentes „der Überrest der von der i kaphthor Gekommenen“ waren.

15. Verhältnisse im Heimatland der Philister

Über die Verhältnisse im Heimatland der Nordmeervölker, der „rätselhaften Philister", und über die Lage ihrer Königsinsel, der „ikaphthor", sind wir durch verschiedene schriftliche Quellen, die der Verfasser in seinen Werken erschlossen hat (1), gut unterrichtet. Bei diesen schriftlichen Quellen handelt es sich um folgende Überlieferungen:

1. Der Atlantisbericht, den Platon in seinen Dialogen Timaios und Kritias überliefert hat.

Platon versichert in diesen Dialogen etwa ein dutzendmal, daß der Atlantisbericht eine Nacherzählung altägyptischer Tempelinschriften und Papyrustexte sei, die der griechische Staatsmann Solon von Athen von seinem zehnjährigen Aufenthalt in Ägypten (570–560 v. Chr.) nach Griechenland mitgebracht habe. Platon beteuert: „Es handelt sich (beim Atlantisbericht) keineswegs um ein erdichtetes Märchen, sondern um eine in jeder Hinsicht durchaus wahre Geschichte" (Tim. 26e), oder „um eine zwar seltsame, aber durchaus in allem wahre Geschichte" (Tim. 20d), oder „um eine Heldentat der Athener (im erfolgreichen Abwehrkampf gegen die Atlanter), deren Kenntnis zwar nicht verbreitet ist, die sich aber wirklich so zugetragen hat" (Tim 21a). Platon versichert, daß Solon, „der Weiseste der sieben Weisen Griechenlands", die ägyptischen Tempelinschriften selbst gesehen habe, daß die ägyptischen Priester, die den Inhalt der altägyptischen Texte nacherzählten, die Papyrustexte „selbst zur Hand nahmen" (Tim. 24a), und daß alles, was sie erzählten, „in allem beglaubigt, durchaus glaubwürdig und wahr" sei (Krit. 110d). Trotz dieser Versicherungen Platons, des „großen Wahrheitssuchers", wurde er der Urkundenfälschung bezichtigt, die altägyptischen Tempelinschriften und Papyrustexte, auf die er sich beruft, habe es nie gegeben, alles, was er berichtet, sei „öde Fabelei", „ein Trugbild", „ein Werk der Phantasie", „ein Utopia-Roman ohne jeden historischen oder geographischen Hintergrund"[2].

Andere Forscher haben an einen wahren Kern des Atlantisberichtes geglaubt und haben Atlantis ohne Rücksicht auf geographische, ozeanographische und archäologische Tatsachen irgendwo in der weiten Welt lokalisiert, wieder andere haben den Atlantisbericht als „das größte Rätsel der Weltgeschichte" (J. V. Luce), oder als „eines der größten und faszinierendsten Rätsel der Weltgeschichte" (Ch. Berlitz) bezeichnet. Ja, „als vor wenigen Jahren eine Gruppe von englischen Zeitungsleuten einmal über die aufsehenerregendste Nachrichtenmeldung abstimmte, die sie sich vorstellen konnte, lag die Wiederentdeckung von Atlantis mehrere Plätze vor der Wiederkunft Christi"[3].

Das alles ist leichtfertiger Unfug. Das wahre Rätsel Atlantis besteht darin, daß die vielen Forscher, die sich mit dem Atlantisbericht beschäftigt haben, ihn nicht mit den wissenschaftlichen Methoden untersucht haben, mit denen man jeden historischen Bericht prüfen muß.

Die erste und wichtigste Forderung jeder methodischen Untersuchung ist die Datierung der Ereignisse, von denen ein historischer Bericht – und Platon versichert ja, daß der Atlantisbericht ein historischer Bericht sei – erzählt.

Hier droht allerdings eine gefährliche Klippe, an der das Forschungsschifflein vieler Atlantisforscher gescheitert ist. Platon behauptet nämlich, daß alle Ereignisse, von denen der Atlantisbericht erzählt, sich 9000 Jahre vor Solon zugetragen hätten. Das würde bedeuten, daß dieser Bericht Ereignisse aus dem 9. oder 10. Jahrtausend v. Chr. überliefert, also aus der älteren Steinzeit, in der es alle die Dinge, von denen der Atlantisbericht erzählt, mit Sicherheit nicht gegeben hat. Im 9. oder 10. Jahrtausend v. Chr. gab es noch keine Stadt Athen, keine Burg auf der Akropolis von Athen und auch keine Tempel der Athene und des Hephaistos, es gab auf der Akropolis von Athen noch keine Mauer, keine Brunnenanlage, es gab in Athen noch keine 20.000 Bürger und keine Bauern, es gab noch keine griechischen Staaten und kein griechisches Heer. In Ägypten gab es damals noch keine Tempel, keine Priester, keine Schrift und keine Papyrustexte. Weder in Griechenland noch in Ägypten, die beide wie keine anderen Länder von Archäologen eingehend durchforscht worden sind, hat man Spuren von menschlicher Besiedlung oder gar von allen Dingen, von denen der Atlantisbericht erzählt, aus dem 9. oder 10. Jahrtausend gefunden. Hier hat Platon sich geirrt, er mußte sich irren, denn in seiner Zeit gab es alle die archäologischen Untersuchungen noch nicht, die uns heute helfen, einen historischen Bericht mit Sicherheit zu datieren.

Der Atlantisbericht enthält viele Angaben, die keinen Zweifel daran lassen, daß in ihm Ereignisse aus den Jahrzehnten vor und nach 1200 v. Chr. richtig überliefert werden.

Zu diesen Angaben gehören die Berichte über die schweren Naturkatastrophen (Austrocknung, Erdbeben, Meeresüberschwemmungen), die tatsächlich unseren Planeten seit etwa 1250 v. Chr. heimgesucht haben. Hierher gehören auch die Angaben über die große Wanderung der Atlanter durch ganz Europa, über ihr Eindringen in Griechenland, über den erfolgreichen Abwehrkampf der Athener gegen diese Eindringlinge, über den Weiterzug der Atlanter durch Kleinasien bis an die ägyptische Grenze, über ihr Bündnis mit Libyern und Tyrrhenern und den gemeinsamen Angriff dieser Völkerkoalition gegen Ägypten, den die Ägypter abwehren konnten. Das alles sind historische Ereignisse, „deren Kenntnis zwar nicht verbreitet ist, die sich aber wirklich so zugetragen haben“, und zwar um 1200 v. Chr.

Die Inschriften im Palasttempel Ramses III. in Medinet Habu und die verschiedenen Papyrustexte aus jener Zeit berichten ausführlich von diesen historischen Ereignissen, die heute „die Große Wanderung der Nordmeervölker“ genannt wird.

Viele andere Angaben des Atlantisberichtes bestätigen die Datierung der Ereignisse, von denen er erzählt, in die Zeit um 1200 v. Chr. Dazu gehören z. B. die Angaben von der Erbauung der ersten Mauer auf der Akropolis von Athen, von der Anlage eines Brunnens innerhalb dieser Mauer im Nordteil der Akropolis. Beide wurden im letzten Drittel des 13. Jahrhunderts v. Chr. erstellt[4]; auch die Angaben über die „Größe und Ausbreitung der Stadt Athen in der damaligen Zeit“ (Krit. 111e) gehören hierher, denn diese Angaben entsprechen genau der Größe und Ausbreitung Athens im 13. Jahrhundert v. Chr.[5].

Für die Datierung der Angaben des Atlantisberichtes ist auch wichtig, daß in ihm erzählt wird, daß durch die schweren Naturkatastrophen der damaligen Zeit alle, die der Schrift kundig waren, ums Leben kamen und nur die der Schrift Unkundigen und Ungebildeten übrigblieben, und dann „viele Geschlechter danach der Sprache der Schrift ermangelten" (Tim. 23a–c). Das ist ein historisches Ereignis, das sich tatsächlich um 1200 v. Chr. in Griechenland zugetragen hat. Bis in die Zeit der Naturkatastrophen wurde in Griechenland und auf Kreta von vielen Schreibern – im Palast von Pylos 30–40 verschiedenen Schreibern – eine Schrift geschrieben, die man heute „Linear-B-Schrift" nennt und die J. Chadwick zusammen mit M. Ventris 1956 entziffert hat. „Am Ende des 13. Jahrhunderts v. Chr. geht diese Schreibkunst völlig verloren"[6]. Erst im 8. Jahrhundert v. Chr., also „nach vielen Geschlechtern", kommt in Griechenland die neue Buchstabenschrift auf, die mit der „Linear-B-Schrift" nichts zu tun hat[7].

A. Franke stellt fest: „Zu Solons oder gar zu Platons Zeit bestand keinerlei Erinnerung an „Linear-B" und Schriftdenkmäler waren nicht mehr zugänglich"[8].

Wichtig für die Datierung der Angaben des Atlantisberichtes ist auch die Behauptung, daß nach den furchtbaren Naturkatastrophen von der Bevölkerung Griechenlands „nur ein winziger Same übrigblieb" (Tim. 23c). Auch das ist ein Ereignis, das die archäologische Forschung für das ausgehende 13. Jahrhundert v. Chr. nachgewiesen hat. Wir haben oben (S. 88) auf die Untersuchungen der Archäologen Hope Simons und Desborough hingewiesen, die nach eingehenden Forschungen festgestellt haben, daß die zahlreiche Bevölkerung, die in Griechenland in der ersten Hälfte des 13. Jahrhunderts v. Chr. lebte, auf ein Hundertstel dezimiert wurde und daß von 320 dicht bevölkerten Siedlungen des 13. Jahrhunderts v. Chr. im 12. Jahrhundert nur noch 40 dünn besiedelte Orte existierten. Diese Zahlen „geben einen Eindruck vom Ausmaß des Unglücks", das Griechenland gegen Ende des 13. Jahrhunderts betroffen hat[9], zugleich zeigen sie, daß die Angaben des Atlantisberichtes, daß nach den furchtbaren Naturkatastrophen von der Bevölkerung Griechenlands „nur ein winziger Same übrigblieb", richtig sind und für die Zeit um 1200 v. Chr. und nur für diese Zeit zutreffen. Völlig zutreffend werden im Atlantisbericht auch die Zeiten nach den Naturkatastrophen um 1200 v. Chr. geschildert. Es heißt dort: „Viele Menschenalter hindurch litten sie (die in Griechenland die Katastrophen überlebt hatten) an dem Notdürftigsten Mangel und richteten ihren Sinn auf das ihnen Mangelnde und machten dies zum Gegenstand ihrer Gespräche, ohne sich um das, was vor ihnen und in alter Zeit einmal sich begab, zu kümmern" (Krit. 110a).

Tatsächlich begannen um 1200 v. Chr. für Griechenland – und nicht nur für Griechenland – die „dunklen Jahrhunderte", in denen Armut, Hunger und Not herrschten. Luce[10] beschreibt diese „dunklen Jahrhunderte" so: „Wichtige Kenntnisse waren abhanden gekommen. So die Fähigkeit, große, wohlbehauene Mauersteine zu verwenden und das Können auf dem Gebiet der Schmuckherstellung und Goldschmiedearbeit. Künste wie Freskenmalerei, Gemmenschneiden und Elfenbeinschnitzerei waren mit den Palästen verschwunden. Offensichtlich haben nur die Palastschreiber schreiben können. Mit ihnen verschwand daher die Schreibkunst überhaupt. Die ganz undifferenzierte submykenische Keramik bildet einen kläglichen Gegensatz zur Ware des späthelladischen III B-Typs. Es war eine Zeit der Isolation. Alle Kontakte mit dem Osten und mit Ägypten waren abgerissen. Auch die Grabbeigaben deuten auf ein klares Absinken des Lebensstandards hin. Man benutzte billigere Materialien, so Ton für Schmuckperlen und Obsidian für Messerklingen".

Alle Archäologen, die Forschungen über die Jahrhunderte vor und nach dem Untergang der mykenischen Kultur in Griechenland betrieben haben, sind zu der Feststellung gekommen, daß im 12. Jahrhundert v. Chr. in Griechenland auf eine Periode großer Errungenschaften eine „dunkle Phase des Niedergangs", die „dark ages", die „dunklen Jahrhunderte", folgen, in denen die überlebenden Bewohner Griechenlands tatsächlich, wie es im Atlantisbericht heißt, „viele Menschenalter hindurch am Notdürftigsten Mangel litten".

Historisch richtig und nur für die Zeit um 1200 v. Chr. zutreffend ist auch die Angabe des Atlantisberichtes, daß die Atlanter über eine starke Flotte, über Streitwagen und Reiterkrieger verfügten. Tatsächlich griffen die Nordmeervölker seit etwa 1200 v. Chr. mit einer starken Flotte von See her und mit Streitwagen und Reiterkriegern von Land her Ägypten an, wie uns in Wort und Bild die ägyptischen Texte und Wandbilder jener Zeit beweisen. Vor allem die Angabe über den Einsatz von Reiterkriegern durch die Atlanter ist für die Datierung der in ihm geschilderten Ereignisse wichtig, denn Reiterkrieger tauchen im Mittelmeerraum zum erstenmal mit der Invasion der Nordmeerkrieger, mit der Großen Wanderung, um 1200 v. Chr. auf, „denn vorher war das Reiten an der Ägäis überhaupt nicht bekannt", so hat der kenntnisreiche Archäologe Fr. Schachermeyr festgestellt[11].

Ebenso historisch richtig und nur für die Zeit um 1200 v. Chr. zutreffend ist die Angabe des Atlantisberichtes, daß die Atlanter schon über Eisenwaffen verfügten, die sie allerdings beim kultischen Stierfang nicht verwenden durften (Krit. 119e). Wir haben schon oben (S. 47 ff.) festgestellt, daß die ersten Eisenwaffen im Mittelmeerraum erst mit dem Eindringen der Nordmeervölker um 1200 v. Chr. erscheinen. Der beste Kenner der vorgeschichtlichen Metallurgie, Prof. Dr. W. Witter stellt fest: „Erst mit der Invasion der Nord- und Seevölker (= unsere Nordmeervölker), die wie ein Orkan gegen Ende des 13. Jahrhunderts in die Mittelmeerländer einbrachen, erscheinen dort die ersten Eisenwaffen"[12]. Die Nordmeervölker müssen hervorragende Metallurgen gewesen sein, denn die ersten Eisenwaffen, die mit ihnen während der Großen Wanderung in Griechenland und Italien auftauchen, „zeigen eine bereits hochentwickelte Technik", wie Maréchal festgestellt hat[13], ja sie müssen schon die Stahlerzeugung gekannt haben, wie W. Witter auf Grund der Funde nachgewiesen hat[14].

Daß im Atlantisbericht Libyer als Bundesgenossen der Atlanter genannt werden, ist ebenfalls ein Hinweis auf die Datierung dieses Berichtes in die Zeit um 1200 v. Chr. Denn die Libyer tauchen zum ersten Mal gegen Ende des 13. Jahrhunderts v. Chr. in Nordafrika auf, vorher werden im Westen Ägyptens nur die „Tehenu“ und „Tamahu“ oder „Tuimah“ genannt, aber nicht die Libyer, die offenbar erst mit der Großen Wanderung nach Nordafrika gekommen sind[15].

Auch die Nennung der Heroen aus mykenischer Zeit im Atlantisbericht, Kekrops, Erechtheus, Erichthonios, Erysichthon, Theseus beweist, daß in ihm keineswegs Ereignisse aus dem 9. oder 10. Jahrtausend v. Chr. überliefert werden, sondern aus dem 13. Jahrhundert v. Chr., dem diese Männer alle angehören.

So zeigen diese und andere Angaben zweifelsfrei, daß im Atlantisbericht Ereignisse aus dem 13. Jahrhundert v. Chr., insbesondere aus den Jahrzehnten vor und nach 1200 v. Chr. richtig überliefert werden.

Von den Ereignissen derselben Zeit berichten uns auch die oben (S. 2 ff.) erwähnten Inschriften und Wandbilder von Medinet Habu und die Papyrustexte aus jener Zeit.

Ein Vergleich der Angaben des Atlantisberichtes mit jenen altägyptischen Texten zeigt, daß seine Angaben mit diesen Texten dem Inhalt und häufig auch dem Wortlaut nach übereinstimmen. In beiden Überlieferungen ist von schrecklichen Naturkatastrophen, die mit einer Austrocknung begannen und von schwersten Erdbeben und Meeresüberschwemmungen begleitet wurden, von einer Dezimierung der Bevölkerung in allen betroffenen Ländern, von der großen Wanderung der Nordmeervölker-Atlanter bis an die Grenzen Ägyptens, von ihrem Bündnis mit Libyern und Tyrrhenern und dem Angriff dieser Völkerkoalition gegen Ägypten, den die Ägypter abwehren konnten, vom Plan der Nordmeervölker-Atlanter, „ihre Hände auf alle Länder bis zum Erdrand zu legen und Ägypten als ihr Land einzunehmen“, „von den zehn Königen, die sie regierten“, von dem Einsatz einer mächtigen Flotte, starker Streitwagenverbände und von Reiterkriegern, von den Waffen der Nordmeervölker-Atlanter aus Bronze und sogar schon aus Eisen die Rede. Vor allem wird von den Nordmeervölkern-Atlantern übereinstimmend berichtet, daß ihre Heimat sich „über viele Inseln und Teile des Festlandes am wahren Meer“ (Tim. 25a), „am sin-wur“-Okeanos (Medinet Habu) erstreckte, und daß ihre Königsinsel, „das Haupt ihrer Städte“ (Medinet Habu), die „i kaphthor“, vom Meer überflutet und untergegangen sei.

Diese und andere Übereinstimmungen zwischen den altägyptischen Texten aus der Zeit um 1200 v. Chr. und dem Atlantisbericht zeigen, daß dieser Bericht keine „öde Fabelei“, kein „Utopia-Roman ohne jeden historischen oder geographischen Hintergrund“ ist, „sondern“, wie Platon versichert, „beglaubigt, durchaus glaubwürdig und eine in jeder Hinsicht durchaus wahre Geschichte“ ist, die Solon von Athen als eine Nacherzählung altägyptischer Tempelinschriften und Papyrustexte von seinem zehnjährigen Aufenthalt in Ägypten (570–560 v. Chr.) mitgebracht hat. Damit erschließt sich uns im Atlantisbericht eine wertvolle und – wie wir sehen werden – zuverlässige schriftliche Quelle, die uns hilft, die Verhältnisse in der Heimat der Nordmeervölker-Atlanter und ihres führenden Stammes, der Philister, die Lage ihrer Königsinsel und viele andere Einzelheiten zu bestimmen.

2. Viele Gelehrte[16] haben die vielen erstaunlichen Übereinstimmungen, die zwischen den Angaben über die Königsinsel der Atlanter und die Königsinsel der Phäaken in Homers Odyssee (5.–13. Gesang), in der sogenannten „Phaiakie", bestehen, hervorgehoben. Der Verfasser hat diese Feststellungen mit zusätzlichen Beweisen erhärtet und gezeigt, daß die zahlreichen Übereinstimmungen zwischen den Beschreibungen dieser beiden Königsinseln nicht dadurch entstanden sind, daß der Atlantisbericht Homers Phaiakie wiederhole oder abschreibe, sondern daß beide Berichte voneinander unabhängig sind und auf ganz verschiedene Überlieferungen zurückgehen. Die vielen Übereinstimmungen sind dadurch entstanden, daß die Königsinsel der Nordmeervölker im Atlantisbericht und in der Phaiakie Homers richtig beschrieben wurden[17].

Damit erschließt sich uns für die Schilderung der Lage und der Verhältnisse dieser Königsinsel der Nordmeervölker eine zweite, wertvolle Quelle.

3. Eine dritte Quelle für diese Schilderung der Königsinsel der Nordmeervölker finden wir in den vielen Überlieferungen der Griechen vom Hyperboreerland.

Die Forschung hat längst erkannt, daß die griechischen Überlieferungen vom Hyperboreerland in die älteste Zeit der Besiedlung Griechenlands durch die Dorier zurückreichen[18]. Schon Herodot hat das hohe Alter der Hyperboreerüberlieferungen betont, denn er schreibt: „Hesiod ist es, der von den Hyperboreern berichtet, ferner auch Homer in den Epigonen, wenn dieses Werk wirklich von Homer ist" (IV, 32). Da das Werk „Die Epigonen", das Herodot dem Homer zuschreiben möchte, verlorengegangen ist, kann die Frage, ob „dieses Werk wirklich von Homer ist", nicht geklärt werden. Auf jeden Fall war schon Herodot der Ansicht, daß die Hyperboreerüberlieferung in Griechenland sehr alt sei. Das haben viele Forscher bestätigt. E. Jung bezeichnet die Sage von den Hyperboreern als „eine uralte Stammessage der Dorier, die die zutreffende geschichtliche Erinnerung an die nordeuropäische Herkunft und an die Einwanderung der herrschenden Schichten in Hellas und Rom bewahrt"[19].

O. S. Reuter spricht von einer „echten alten Erinnerung an die alte Herkunft der Griechen aus nördlichen Gegenden"[20]. G. Schwantes schreibt: „Es handelt sich hier wahrscheinlich um letzte Erinnerungen an einen Kult, der schon in frühgeschichtlicher Zeit von Norden nach Griechenland eingeführt und auf der Insel Delos heimisch geworden ist. Es ist vielleicht eine der wenigen letzten Erinnerungen an bronzezeitliche Zustände und Geschehnisse, die wir im alten Schrifttum überliefert bekommen haben"[21]. Erinnert sei auch an die Ausführungen Sprockhoffs über Apollons Fahrt zu den Hyperboreern, die wir oben (S. 131 f.) zitiert haben, und in denen der Satz steht: „Er (Apollon) fährt offenbar in seine alte Heimat, wenn er zu den Hyperboreern reist, zum Ausgangspunkt der Bewegung, die ihn nach Griechenland gebracht hat, zu einer Art Befehlsappell, um sich ständig in der Zentrale auf dem laufenden zu halten...". Auch O. Müller ist ähnlicher Meinung, er sagt von der Tatsache, daß hyperboreische Festgesandtschaften alljährlich Opfergaben nach Delos und Delphi sandten: „Ohne Zweifel liegt ein ehemals durch Opfersendungen betätigter Zusammenhang mit den Ursitzen des Kults zu Grunde"[22].

Daß die Heimat der Hyperboreer nicht „im nordwestbalkanischen Raum" oder „an der mittleren Donau" zu suchen ist, sondern „im fernsten Norden am Strande des Ozeans" (Aristeas), haben wir (s. o. S. 132 f.) mit vielen Belegstellen aus den Schriften antiker Autoren nachgewiesen. Die Heimat der Hyperboreer ist auch nicht England und der so ausführlich beschriebene Tempel Apollons auf der heiligen Insel der Hyperboreer ist auch nicht mit Stonehenge identisch, denn in England gibt es keinen Bernsteinfluß Eridanos, keine „heilige Insel Elektris", die beiden den Überlieferungen zufolge untrennbar zum Hyperboreerland gehören. Auch hat Pytheas von Massilien, der das Hyperboreerland und die heilige Insel Elektris selbst aufgesucht und ihre Breitenlage vermessen hat, erklärt: „Der neunte Parallelkreis geht durch Britannien und das Land der Hyperboreer, dort dauert der längste Tag siebzehn Stunden". Plinius beruft sich bei diesem Zitat ausdrücklich auf das Werk des Pytheas, das leider verlorengegangen ist[23]. Bei Mela Pomponius lesen wir nach seiner Beschreibung von Britannien: „Wenn man am nördlichen Ozean von hier (Britannien) nach Asien (also nach Osten) fährt, dann stößt man zuerst auf das Hyperboreerland"[24].

Die Angaben des Pytheas sind eine genaue Lagebestimmung des Hyperboreerlandes, es liegt am neunten Parallelkreis, auf dem der längste Tag siebzehn Stunden dauert. Schon Ukert hat nachgewiesen, daß der „neunte Bogen" des ägyptischen Weltbildes, der dem neunten Parallelkreis der Griechen und dem neunten „circulus"-Kreis der Römer den Gebieten zwischen dem 52. und 57. Grad nördlicher Breite entspricht[25]. In diesen Breitengraden liegen Norddeutschland, Dänemark und Südskandinavien, wo wir die Heimat der Hyperboreer zu suchen haben.

Damit haben wir eine dritte, sehr ausführliche Quelle, die uns Nachrichten aus der Heimat der Nordmeervölker-Phäaken-Hyperboreer vermittelt. Schon Apollonios von Rhodos hat erkannt, das das Hyperboreerland mit dem Phäakenland identisch ist, denn er setzt beide gleich und verwendet für die Bewohner am Bernsteinfluß Eridanos abwechselnd die Bezeichnung „Phäaken" und „Hyperboreer".

Besonders ausführlich hat Pytheas über seine Fahrt ins Bernsteinland an unserer Westküste berichtet. Da dieses Land die Alten in besonderer Weise interessierte, sind besonders viele Zitate über dieses Gebiet überliefert. J. H. Mette hat 1952 und D. Stichtenoth hat 1959 diese Zitate aus den Werken der verschiedensten antiken Autoren zusammengestellt.

S. Gutenbrunner schreibt: „Die Bruchstücke des Reiseberichtes, der im Werk des Pytheas ‚Über das Weltmeer' enthalten war, werden nach dem Norden immer zahlreicher, weil die antiken Schriftsteller, ob sie nun Pytheas vertrauten oder ihn als Lügner zu erweisen suchten, seine Entdeckungen in dem bis dahin unbekannten Norden besonders beachteten"[26].

Pytheas hat auch die Königsinsel im Bernsteingebiet, in der Mündung des Eridanos, im Wattenmeer an der Westküste der Kimbrischen Halbinsel, aufgesucht.

Hierzu muß folgendes erläutert werden. Diese Königsinsel wurde bei den ungeheuren Meeresüberflutungen gegen Ende des 13. Jahrhunderts v. Chr. überschwemmt (siehe oben S. 70 ff.). „Das Haupt ihrer Städte ist im Meer versunken", „ihre Inseln sind ausgerissen und fortgeschwemmt", so berichtet Ramses III. von den Nordmeervölkern. Im Atlantisbericht heißt es von der Königsinsel, daß sie in den schweren Naturkatastrophen durch ungeheure Meereswogen überflutet worden sei, „daher ist das Meer dort auch heute noch unpassierbar und unerforschbar geworden, wegen des sehr seicht liegenden Schlammes, den die untergehende Insel zurückließ" (Tim. 25d). In der Bibel heißt es: „Die Philister sind der Überrest von der i kaphthor" oder, wie E. Velikovsky übersetzt: „Die Philister sind Reste eines Volkes, das einem Ort im Meer entrann" (siehe oben S. 70).

Aber diese Königsinsel, die in den altägyptischen Texten auch „neteraa" = Heiliges Land und im Atlantisbericht „hiera chora" = Heiliges Land genannt wird, tauchte nach dem Ablaufen der Sturmfluten zerrissen und zerstört wieder auf. Eine Erscheinung, die gerade in dem flachen Wattenmeer an der Westküste der Kimbrischen Halbinsel häufig vorkommt. Auch die eisenzeitliche Regression der Nordsee, die den Wasserspiegel der Nordsee um mindestens 3 m absinken ließ[27], hat das Wiederauftauchen von Teilen der überfluteten Insel zur Folge gehabt.

Auch davon haben die antiken Geographen Nachricht erhalten. Der griechische Geograph Marcellus berichtet von diesem Wiederauftauchen der Königsinsel der Atlanter, indem er sich ausdrücklich auf „die ältesten Geschichtsschreiber" beruft: „Die Bewohner dieser Inseln (im äußersten Meer = Nordsee) hatten von ihren Vorfahren eine überkommene Erinnerung an Atlantis bewahrt, eine große Insel, die einstmals in dieser Gegend vorhanden gewesen sei und im Laufe vieler Jahrhunderte über die Inseln des äußersten Meeres geherrscht habe und dem Poseidon geweiht gewesen sei. Diese Insel Atlantis sei vom Meer überflutet und zerstört worden. Wo sie einst lag, befinden sich jetzt wieder sieben kleinere und drei größere Inseln, von denen die größte auch wieder dem Poseidon geweiht ist"[20].

Das heißt aber, daß in der Zeit, in der Pytheas den Norden Europas erforschte (350 v. Chr.), die Königsinsel, „Basileia", die gegen Ende des 13. Jahrhunderts v. Chr. überschwemmt wurde, wieder aufgetaucht und seit Jahrhunderten wieder bewohnt war. Darum sind die Nachrichten über diese Königsinsel, die Pytheas in seinem Werk veröffentlicht hat, und die wir wenigstens teilweise aus den Zitaten antiker Autoren kennen, wichtig.

Diese vier verschiedenen schriftlichen Quellen aus dem Altertum ermöglichen es uns, die Verhältnisse im Heimatland der Nordmeervölker = Hyperboreer = Phäaken = Atlanter, die Lage ihrer Königsinsel und viele andere Einzelheiten recht genau zu rekonstruieren.

16. Die Lage der „i kaphthor", der Königsinsel

Die Lage der Königsinsel, die im Atlantisbericht „Basileia" = die Königliche genannt wird, wird uns im Atlantisbericht sehr genau angegeben. Folgende Angaben zu ihrer Lokalisierung werden gemacht:

1. Die Basileia „lag in der Mündung großer Flüsse" (Krit. 118d).
2. Unmittelbar vor ihr „lag ein Felsen, der sehr hoch und wie mit dem Messer abgeschnitten (ápòtomos) aus dem Meere aufstieg" (Krit. 118a). Dieser Felsen hatte „rotes, weißes und schwarzes Gestein" (Krit. 116a).
3. Auf diesem Felsen „wurde mit Hilfe des Bergbaues festes und schmelzbares Metall gewonnen", das an anderer Stelle „chalkos" = Kupfererz genannt wird (116b).
4. Hinter diesem Felsen „nach dem nahen Festland hin, lag eine Ebene, wie es keine schönere und an Bodenbeschaffenheit fruchtbarere gegeben haben soll" (Krit. 113c).
5. In dieser Ebene befand sich in der Mitte der kreisrunden Insel „50 Stadien (= 9,2 km) vom Meer entfernt ein allseits niedriger Hügel" (Krit. 113c). Auf diesem Hügel standen die oberste Burg und das höchste Heiligtum der Atlanter, weswegen die Insel auch „nesos hierà" = heilige Insel und „chora hierà" = heiliges Land genannt wurde (Krit. 115b).
6. Auf dieser Insel „wurde an vielen Stellen Oreichalkos (= Bernstein) aus der Erde gegraben, ein heute nur noch dem Namen nach bekannter Stoff, der aber bei den damaligen Menschen neben dem Golde am höchsten geschätzt wurde" (Krit. 114e).
7. Nach dem Untergang der Basileia wurde das ganze Gebiet, in dem sie lag, in ein unpassierbares und unerforschbares Schlammeer verwandelt. Es wird berichtet, daß bei jenen „gewaltigsten Erdbeben und Meeresüberschwemmungen die Basileia im Meer versank und den Augen entzogen wurde. Daher ist das Meer dort auch heute noch (kai nyn) unpassierbar und unerforschbar geworden, wegen des sehr leicht liegenden Schlammes, den die untergehende Insel zurückließ" (Tim. 25d).
8. „Auch heute noch (nyn de), nachdem sie durch Erdbeben unterging, stellt sich denjenigen, die von hier (von der Basileia aus) aus die Anker lichten wollen, um nach dem jenseitigen Meer zu kommen, eine undurchdringliche, schlammige Untiefe entgegen, als Sperre (kolyten), so daß sie nicht mehr durchfahren können" (Krit. 108e).

Es gibt auf unserem Planeten kein anderes Gebiet, auf das alle diese Angaben so genau zutreffen wie das Gebiet zwischen Helgoland und dem Festland (Eiderstedt).

Zu 1. Die großen Flüsse, die bei der Basileia ins Meer mündeten, sind die Weser, die Elbe, die Eider und die Hever. Die Eider war einst ein großer Fluß, der nach den Forschungen von Andreas Buch[1] nordsüdlichen Verlauf hatte und etwa 20 km östlich von Helgoland in die damalige Eider mündete. Die Hever ist heute im Meer versunken.

Die Weser, die Elbe und die Eider mündeten damals in einen gemeinsamen Mündungstrichter unmittelbar südlich von Helgoland in die Nordsee. Diese Flüsse haben ihre Betten so tief in den Untergrund eingegraben, daß ihr ehemaliger Verlauf und ihr gemeinsamer Mündungstrichter noch heute in der Seekarte deutlich zu erkennen sind.

Zu 2. Der Felsen vor der Königsinsel, der „sehr hoch und wie mit dem Messer abgeschnitten aus dem Meere aufstieg", ist der Felsen von Helgoland. Otto Pratje, der beste Kenner der Geologie Helgolands, gibt die heutige Größe des Felsens mit 0,35 qkm und die ehemalige mit 18 qkm an. Es existiert heute also nur ein kleiner Rest des ehemaligen Felsenmassivs, dessen ehemalige größere Ausdehnung bei niedrigem Wasserstand gut zu erkennen ist, denn dann sieht man den Felssockel des ehemals größeren Felsenmassivs, der sonst von der Nordsee überdeckt wird. Die Helgoländer nennen diese heute noch bei Ebbe sichtbaren Sockel des einstigen Felsenmassivs „Görtel".

Das rote Gestein dieses Felsens ist roter Buntsandstein, der heute noch vorhanden ist. Das weiße Gestein bestand aus Gips und Kreide. Dieser weiße Felsen lag im Gebiet der heutigen „Düne" und war noch 1639 „gleich hoch mit dem hohen Lande", wie Johannes Mejer, der beste Kartograph seiner Zeit, in seiner Karte von Helgoland vermerkt. Der Name „Wittes Kliff", den die „Düne" noch heute trägt, erinnert an den weißen Felsen, dessen „strahlendes Weiß" von Autoren des 16. Jahrhunderts gerühmt wird. Die Helgoländer haben jahrhundertelang Gips und Kreide vom weißen Felsen abgebaut, zu Kalkmörtel gebrannt und ans Festland verkauft. Nach alten Berichten lagen bis zu zweihundert Lastschiffe im „Südhafen" von Helgoland, um Gips und Kreide oder Kalkmörtel ans Festland zu transportieren. In der Neujahrsnacht 1721 ist der letzte Rest des „Witten Kliffs" in einer Sturmflut eingestürzt. Heute besteht nur noch der Sockel der „Düne" aus Gips und Kreide, darüber hat der Wind Sanddünen aufgehäuft. Der schwarze Felsen steht noch heute in kilometerlangen Riffen im Norden der „Düne" an. Er besteht aus Sandstein, der sehr reich mit kohlesaurem Kupfer imprägniert ist und daher seine blauschwarze bis schwarze Färbung erhalten hat[2]. Auch er ragte einst hoch über den Meeresspiegel auf.

Zu 3. Das Kupfererz, das nach den Angaben des Atlantisberichtes „mit Hilfe des Bergbaues" auf jenem Felsen gewonnen werden konnte, befindet sich in einer kupfererzführenden Schicht zwischen dem etwas helleren oberen und dem etwas dunkleren unteren Buntsandstein. Hier kommen Kupfererze verschiedenster Art vor: gediegen Kupfer, Rotkupfererz und Malachit. Durch Veröffentlichung des Kieler Geologen Prof. Dr. H. Schulz, der zusammen mit dem Prof. für Ur- und Frühgeschichte, Prof. Dr. Hänsel an der Universität Kiel, dieses Kupfererzvorkommen von Helgoland untersucht hat, ist in jüngster Zeit (Kieler Nachrichten vom 21. 2. 1979) wieder auf das Helgoländer Kupfervorkommen hingewiesen worden, von dem der Verfasser schon 1953, 1955, 1965 und 1976 ausführlich berichtet hat. 1953 hat allerdings der damalige Geologe an der Universität Kiel, Karl Gripp, öffentlich erklärt: „Spanuth ist ein Phantast, auf Helgoland hat es niemals Kupfer

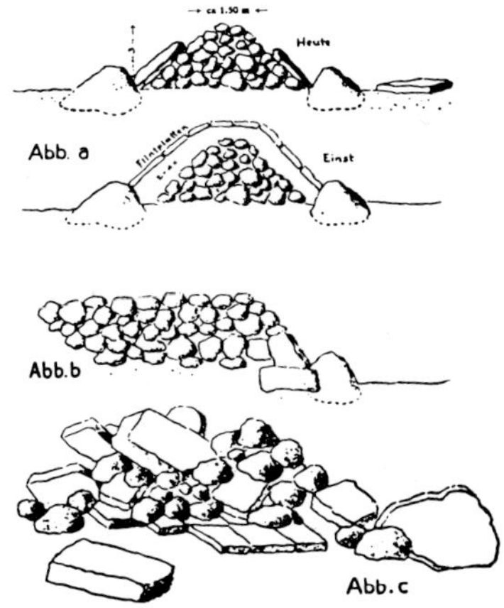

Abb. 116
Diese Skizze zeichnete der Taucher Eberhard Fries vom Steinwall und von den Ruinenresten, wie er sie auf dem „Steingrund" (siehe Abb. 117) vorgefunden hat.
a) Steinwall heute – einst (Rekonstruktion)
b) Wallanfang an der Durchfahrt (Seitenansicht)
c) Ruinenschutt über Plattenbelag.

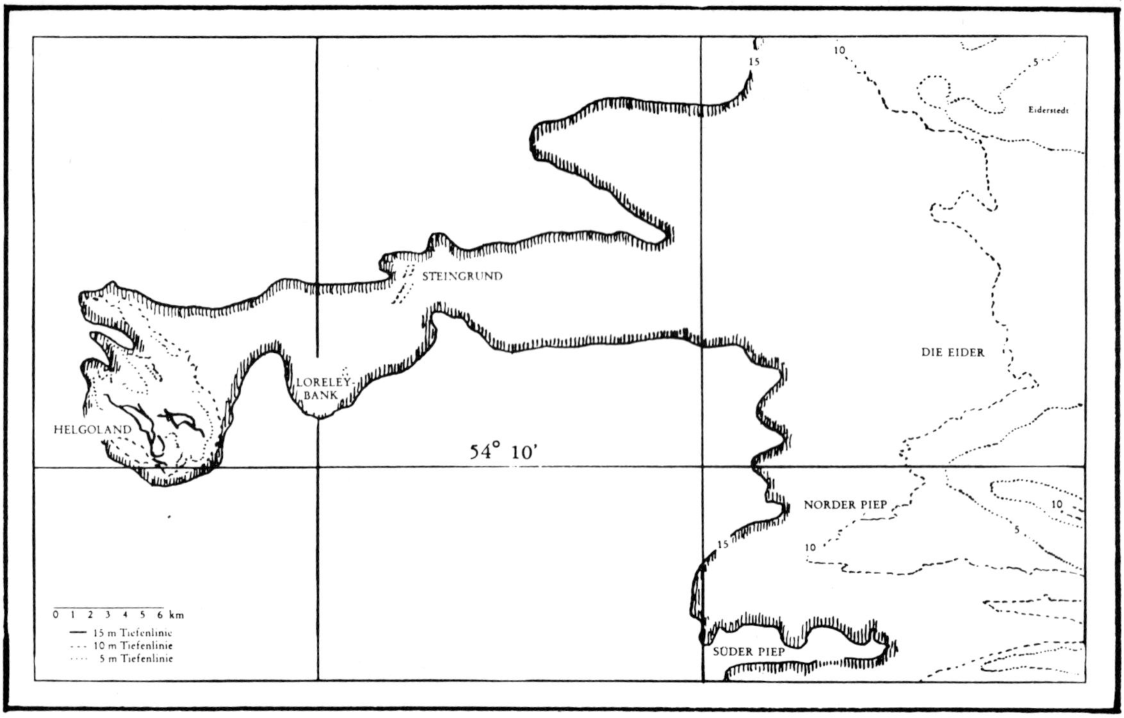

Abb. 117
Helgoland als Halbinsel Schleswig-Holsteins (15 m-Tiefenlinie). Aus: O. Pratje, Stadien der Entwicklung Helgolands, 1948.

Abb. 118
Karte der Funde von Kupfergegenständen aus helgoländer Kupfererz (Megalithzeit).

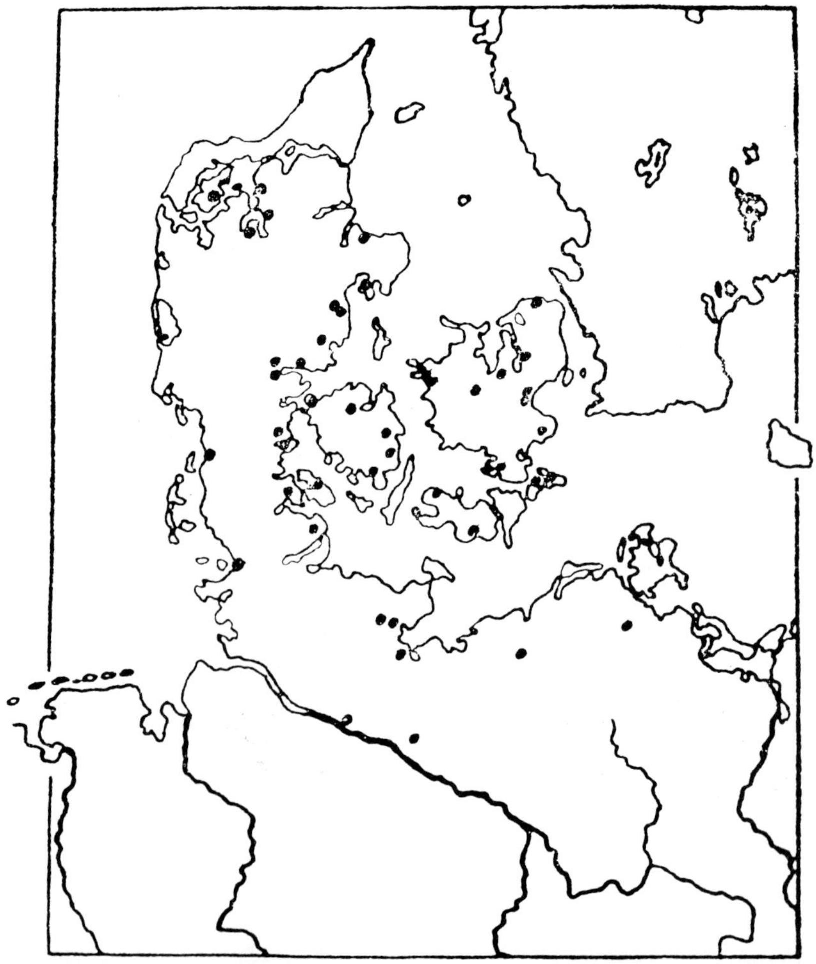

gegeben", obwohl er selbst 1933 in seinem Werk „Geologie von Hamburg und seiner näheren Umgebung" von Helgoland geschrieben hatte: „Zu erwähnen sind noch die mannigfaltigen Vorkommen von Kupfererzen, gediegen Kupfer, Rotkupfererz und Malachit, die teils in Knollen, teils in Hohlräumen auftreten . . ."[3], eine Feststellung, die er in seinem Werk „Erdgeschichte von Schleswig-Holstein", 1964, fast wörtlich wiederholte, die er aber 1953 vergessen zu haben schien. Nun hat die geologische Untersuchung viel größere Kupfererzvorkommen auf Helgoland ergeben, als der Verfasser sie bei seinen verschiedenen Exkursionen auf Helgoland fand. Damals wurden Kupfererzgänge gefunden, die bis zu 11 cm mächtig waren. Jetzt wurde festgestellt: „Noch heute ist im Untergrund der Insel ein Erzgang erkennbar, der bis einen Meter mächtig werden kann und der dort, wo das Erz noch nicht verwittert ist, sogar gediegenes metallisches Kupfer enthält" (K. N. vom 21.2.1979).

Daß das Helgoländer Kupfererz schon in der jüngeren Steinzeit und auch in der Bronzezeit abgebaut und geschmolzen wurde, haben spektralanalytische, chemische, schmelztechnische und andere Untersuchungen ergeben, die auf Ersuchen des Verfassers von Fachleuten in Deutschland, Österreich und Frankreich vorgenommen wurden.

Die spektralanalytischen Untersuchungen haben ergeben, daß im Helgoländer Kupfererz insgesamt zwölf „Spurenelemente" vorkommen (z.B. Arsen, Silber, Nickel, Gold, Blei, Antimon u.a.), die in dieser Zusammensetzung in keiner anderen Lagerstätte Europas oder Vorderasiens vorkommen. Da beim Schmelzen des Kupfererzes diese „Spurenelemente" in gleicher Relation in das Schmelzprodukt übergehen, kann man an den Kupfersachen (Beile, Dolche, Spiralen, Blättchen, Perlen usw.) des Nordens vor allem der frühesten Kupferzeit, der Dolmenzeit, zweifelsfrei erkennen, daß sie aus Helgoländer Kupfererz hergestellt wurden. Darüberhinaus hat der Kieler Archäologe Prof. Dr. O. Olshausen in einem Steinkistengrab aus der frühen Bronzezeit, im „Kleinen Berg" auf dem Helgoländer Oberland, festgestellt, daß der ganze Grabhügel „bis hinab auf den Boden" Holzkohlestückchen und Schmelzschlacken enthielt[4], ein deutlicher Beweis, daß auf dem Helgoländer Oberland in jener Zeit Kupfererz geschmolzen und verarbeitet wurde.

Die Angabe des Atlantisberichtes, daß auf dem Felsen vor der Königsinsel mit Hilfe des Bergbaues Kupfer gewonnen wurde, ist also richtig. Auch Pytheas von Massilien hat von dieser Kupfergewinnung auf dem Felsen vor der Basileia, der „heiligen Insel Elektris", berichtet, denn Apollonis von Rhodos, der Pytheas Werk benutzt hat, dichtet, daß dort Hephaistos, der Gott der Schmelz- und Schmiedekunst, „mit schweren, wuchtigen Hämmern auf ehernen Ambossen Kupfer schmiedet" (IV, 761 f.), daß dort „rußige Bälge ihr brausendes Blasen" hören lassen (IV, 775), und Hephaistos auf den Befehl des Göttervaters Zeus, die rußigen Bälge schweigen läßt und sich enthält, „die Kraft des Feuers zu fachen", damit die Argo ohne Gefahr in den Hafen der Phäaken einlaufen kann. Als das brausende Blasen der Bälge verstummt und das Schmelzfeuer nicht mehr angefacht wird, bleibt für die glückliche Ankunft der Argo auf der Heiligen Insel Elektris nur noch eine Gefahr: „Einzig zu fürchten bleiben nur noch die Felsen und mächtigen Wogen" (IV, 823). Daß auch Homer etwas von der Schmelz-

und Schmiedekunst auf der Basileia der Phäaken wußte, zeigt die große Rolle, die er den Gott dieser Künste, Hephaistos, dort spielen läßt.

Zu 4. Auch die Angabe, daß „hinter dem Felsen nach dem nahen Festland hin, eine Ebene lag, wie es keine schönere und an Bodenbeschaffenheit fruchtbarere gegeben haben soll“, entspricht den örtlichen Gegebenheiten. Das „nahe Festland“ ist natürlich die Kimbrische Halbinsel; die überaus fruchtbare Ebene ist die stein-bronzezeitliche Marsch, die sogenannte „alte Marsch“, die sich seit etwa 8000 v. Chr. an der Nordseeküste gebildet hatte und wegen ihres hohen Kalkgehaltes fruchtbarer war als die „junge Marsch“, die seit etwa tausend Jahren dort abgelagert wurde.

Die stein-bronzezeitliche Marsch ist uns bekannt, weil sie an einigen Stellen der Westküste, so z.B. hinter dem Brandungwall von Lunden, in mehreren Metern Tiefe unter dem Moor noch erhalten ist. Es lohnte sich für die Bauern noch vor zwanzig Jahren, diese „alte Marsch“ aus der Tiefe auszugraben und über die Felder zu streuen, die dadurch sehr viel höhere Erträge brachten. Daß hinter dem in der Stein-Bronzezeit sehr viel größeren Felsenmassiv von Helgoland diese „alte Marsch“ abgelagert wurde, ist leicht verständlich, denn überall, wo an der Westküste durch Sandbänke oder wie in diesem Fall durch ein kilometerlanges Felsenmassiv Schutz gegen die westlichen Winde und Wogen geboten wird, setzt sich die fruchtbare „Klei“, aus der die Marschen bestehen, ab. Voraussetzung hierfür ist, daß das Meer nicht zu tief ist. Ausdrücklich wird im Atlantisbericht gesagt, daß das Meer im Gebiet der überfluteten Insel Basileia „auch heute noch unpassierbar und unerforschbar geworden ist, wegen des sehr seicht liegenden Schlammes, den die untergehende Insel zurückließ“ (Tim. 25d). Das Meeresgebiet zwischen dem Felsen und dem Festland war also ein sehr seichtes Meer und nicht – wie das von dem Meer, das das griechische Festland umspült, gesagt wird – ein Meer „von sehr großer Tiefe“, in dem die von den Höhen Griechenlands abgeschwemmte Erde „in der Tiefe versank“ (Krit. 111a, b).

Zu 5. Die Insel Basileia selbst war kreisrund, hatte einen Halbmesser von 50 Stadien = 9,2 km, in der Mitte dieser ebenen und sehr fruchtbaren Insel lag, überall 50 Stadien gleich weit vom Meer entfernt, ein allseits niedriger Hügel, auf dem die oberste Burg und das höchste Heiligtum der Atlanter erbaut waren.

Eine Insel von 50 Stadien Halbmesser, also 100 Stadien = 18,4 km Durchmesser, paßt genau in das Gebiet zwischen Helgoland und dem heute im Meer versunkenen Flußlauf der Hever, den Andreas Busch 20 km östlich von Helgoland nachgewiesen hat. Genau 50 Stadien vom Felsenmassiv von Helgoland nach Osten entfernt liegt noch heute ein „allseits niedriger Hügel“, der sich bis 8 m über den etwa 20 m tiefen Meeresboden erhebt und „Steingrund“ genannt wird, weil er mit einem mächtigen Steinwall und mit großen Steinhaufen gekrönt ist.

Nach alter Helgoländer Sage soll auf dem „Steingrund“ einst ein Tempel und eine Burg errichtet gewesen sein[5]; ja, man soll dort sogar die Ruinen der „goldenen Stadt“ bei klarem Wasser erkennen können[6]. Der berühmte Kartograph Johannes Mejer aus Husum, der sich wiederholt längere Zeit auf Helgoland aufgehalten hat, hat bei tiefstem Wasser-

Abb. 119
Wattenkarte von Joh. Mejer
(1651).

stand „noch eine Meile (7,4 km) auf dem Sand hinausgehen" können[7] und hat entweder auf Grund eigener Beobachtungen oder aufgrund der alten Helgoländer Sage genau 50 Stadien östlich von Helgoland einen Tempel und eine Burg eingezeichnet. Der Vorwurf, daß die Karte, die Johannes Mejer 1651 veröffentlicht hat, ein reines Phantasieprodukt sei, ist unberechtigt. Eine eingehende Untersuchung der Karten Mejers durch den hervorragenden Kenner der Westküste, Dr. Chr. Delff, Husum, und die Wiederauffindung von Orten, die im 14. Jahrhundert n. Chr. untergegangen sind und die Johannes Mejer an der richtigen Stelle in seine Karte eingezeichnet hat, hat Dr. Delff zu folgendem Ergebnis geführt: „Johannes Mejer hat uns vorzügliche Karten des Standes von 1634 hinterlassen. Die Genauigkeit seiner Karten von der Geest berechtigen uns zu der Überzeugung, daß auch seine Karten von Marsch, Watten und Prielen, soweit sie seine Zeit betreffen, und von ihm mit eigenen Augen vermessen wurden, als völlig genau anzusehen sind"[8]. So hat, worauf auch Delff hinweist, Johannes Mejer den Ort Rungholt, der 1362 untergegangen ist und erst in unserem Jahrhundert wieder lokalisiert werden konnte, richtig in seine Karte eingezeichnet. Auch andere Untersuchungen haben ergeben: „Die Karten (von Joh. Mejer) sind mit einer für jene Zeit bewundernswerten Genauigkeit aufgenommen und mit großer Sorgfalt gestochen"[9].

König Christian VI. hatte dem Husumer „Mathematicus" den Auftrag gegeben, die gesamte Westküste von Ripen bis zur Elbmündung einschließlich der Nordseeinseln und Wattengebiete genau zu vermessen und zu kartographieren. Johannes Mejer unterzog sich dieser Aufgabe mit großem Fleiß. Der Husumer Bürgermeister und Dr. med. Caspar Danckwerth, ein hochgelehrter und angesehener Mann, der den Mathematicus Johannes Mejer und seine Arbeit gut kannte und schließlich die Landkarten, die Mejer erarbeitet hatte, in seine „Neue Landesbeschreibung der Herzogtümer Schleswig und Holstein" (1652) aufnahm, hat von der Arbeit Mejers im Wattenmeer berichtet: „ Mejer ist fleißig den Tiefen nachgefahren und hat alte, glaubwürdige Männer jederzeit zu Gefehrten mit sich genommen, welche ihm die Örter, wo einst die Kirchen und Dörfer belegen, ja die gantze Gegend gezeigt haben, wonach er dann die Karten formierte und in Grund gelegt hat"[10].

So entstanden Mejers Karten von der Westküste mit ihren Inseln, Watten und Prielen. Diese Karten hat Mejer dann dem König Christian überreicht. Mit Recht sagt J. K. Eggers: „König Christian am Vortage der Schlacht im Lister Tief eine Phantasiekarte zu verehren, hätte Mejer schlecht bekommen können"[11]. Sicherlich hätte auch Caspar Danckwerth Mejers Karten nicht in seine Landesbeschreibung aufgenommen, wenn er sie für „Phantasieprodukte" gehalten hätte.

So werden wir der Karte, die Johannes Mejer von dem Wattengebiet östlich von Helgoland veröffentlicht hat, Vertrauen schenken dürfen. Dieses Wattengebiet östlich von Helgoland zeigt an, wo die Basileia, die Königsinsel der Nordmeervölker, einst gelegen hat.

Auch Pytheas hat die Basileia an dieser Stelle lokalisiert. Er hat, wie wir von den verschiedenen Autoren, die aus seinem Werk zitieren, wissen, die Basileia mit der „heiligen Insel Elektris", die in der Mündung des Eridanosflusses liegt, gleichgesetzt, den Felsen vor der Insel, auf dem

Kupfer verarbeitet wird, beschrieben, vom Schlammeer im Gebiet der Basileia anschaulich berichtet (s. unten unter 7., S. 231) und dann nach einem Zitat, das Diodor von Sizilien (Ende des 1. Jahrhunderts v. Chr.) uns überliefert hat[12], geschrieben: „Gegenüber von Skythien (worunter Pytheas die nordeuropäischen Länder östlich des Rheins versteht), das jenseits von Galatien (Europa westlich des Rheines) liegt, gibt es eine pelagische Insel (pelagia nesos), die gegen den Ozean (kata ton Okeanon) liegt, sie heißt Basileia. Dort wirft die Brandung den sogenannten Bernstein (elektron) aus, der sonst nirgendwoanders auf der Welt vorkommt. Der Bernstein wird auf der genannten Insel gesammelt und von den Einwohnern auf das gegenüberliegende Festland gebracht, durch das er in unsere Gegenden befördert wird". Wichtig ist, daß Pytheas die Lage der Basileia „gegen den Ozean" und nicht „im Ozean" angibt, d.h. daß sie noch im pelagischen Meer = Wattenmeer und noch nicht im offenen Ozean lag. Bei Plinius finden wir ein Zitat aus Pytheas Werk[13], in dem es heißt: „Pytheas berichtet, daß in der Nähe der

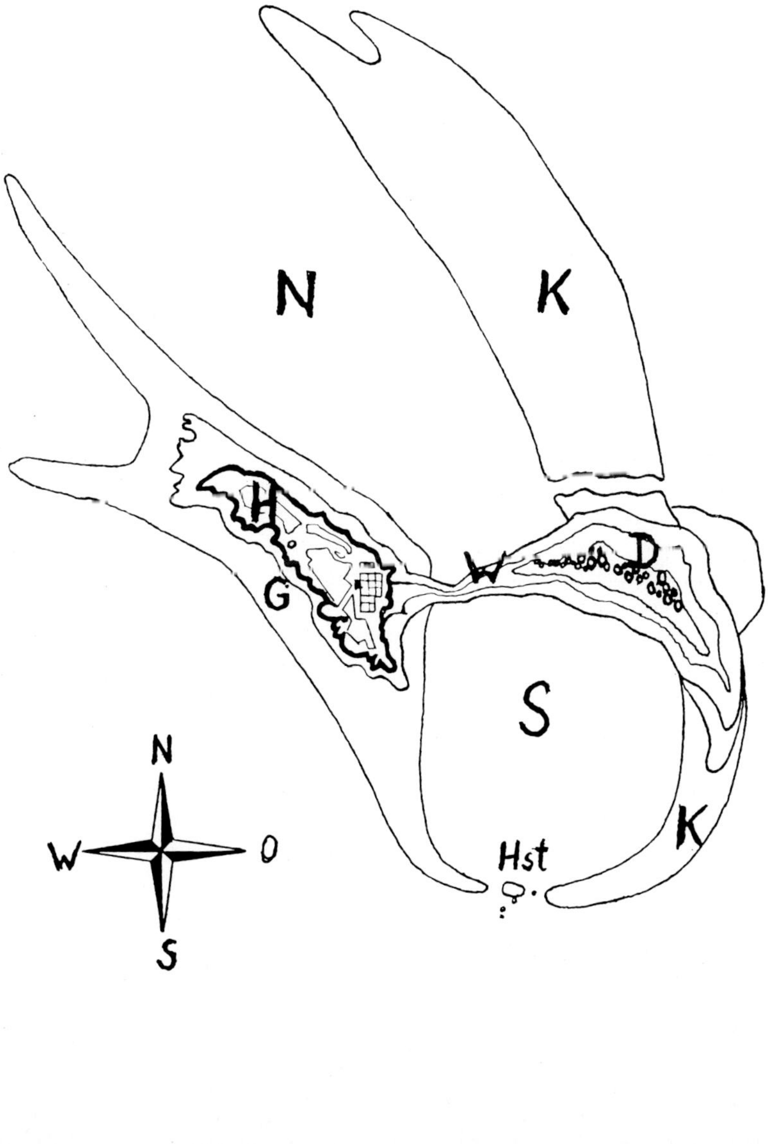

Abb. 120
Möllers Vermessungskarte von 1711 (veröffentlicht von Arend W. Lang in: „Helgoland ruft", Hamburg, 1952).
H = Helgoland,
D = Düne
W = der „Wal", Verbindung zwischen der Düne und dem Buntsandsteinfelsen, zerstört von einer Sturmflut in der Neujahrsnacht 1720/21,
G = Görtel, vom Meer zerstörtes Buntsandsteinmassiv,
K = Kreideklippen, vom Meer zerstörtes Kreidemassiv,
Hst = Hughstean,
N = Nordhafen,
S = Südhafen.

Goten (Guttonibus), eines Germanenstammes, ein aestuarium (= Wattenmeer) liege namens Metuonis. Dort liegt eine Tagesreise (von der Küste) entfernt die Insel Abalus: dort werde im Laufe des Frühjahrs der Bernstein angetrieben, er sei ein Auswurf des ‚festen Meeres' (concreti maris). Die Einwohner brauchten ihn anstatt des Holzes zum Feuer und verkauften ihn an die benachbarten Teutonen. Ihm glaubte auch Timaeus, der aber diese Insel Basileia nannte".

Die Entfernung der Basileia „eine Tagesreise" von der Küste, ist richtig angegeben, ebenso die Lage in einem aestuarium, einem Wattenmeer, und der Reichtum dieser Insel an Bernstein, der die Einwohner sogar in die Lage versetzte, Bernstein anstatt des Holzes zum Feuer zu verwenden. Interessant ist auch, daß die Bernsteininsel auch „Abalus" = Apfelinsel genannt wird, worauf wir später noch zu sprechen kommen (s. unten S. 230).

Natürlich war diese Insel, deren Einwohner Bernstein sammelten und ans Festland verkauften, zu Pytheas Zeiten wieder besiedelt, nachdem sie um 1220 v. Chr. überflutet worden war. Die Behauptung Karl Gripps, daß dieses Gebiet seit 6000 Jahren vom Meer überflutet und unbewohnbar gewesen sei, zeugt von einer vollständigen Unkenntnis der ozeanographischen Untersuchungen, die sein Vorgänger Prof. Dr. E. Wasmund, Kiel, 1937, und auch der beste Kenner der Geologie von Helgoland und seiner näheren Umgebung, Prof. Dr. O. Pratje, 1952 veröffentlicht haben[14]. Es zeugt auch von einer erstaunlichen Unkenntnis der vorgeschichtlichen Funde auf Helgoland, von denen Gripp „nur mittelsteinzeitliche Funde, die reine Jagdfunde sein dürften"[15], kennt, nicht aber die dreizehn bronzezeitlichen Grabhügel und die vielen bronzezeitlichen Funde, die Prof. Dr. P. Zylmann zu der Feststellung veranlaßten: „Somit wäre für die ausgehende frühe Bronzezeit (1800 - 1550 v. Chr.) und die erste Hälfte der älteren Bronzezeit (1550 - 1300 v. Chr.) eine ansehnliche Besiedlung Helgolands erwiesen"[16]. Der Kieler Geologe Prof. Dr. H. Schulz und der Kieler Archäologe Prof. Dr. B. Hänsel haben in ihren jüngst erfolgten Untersuchungen des Helgoländer Kupfererzvorkommens erklärt: „Ein Indiz für eine besondere Bedeutung Helgolands zur beginnenden Bronzezeit sieht Hänsel darin, daß nach den vorhandenen Unterlagen genau mit Beginn der Bronzezeit und damit der Kenntnis des Metalls Kupfer und seines Wertes die Besiedlung der Insel schnell und stark zunahm"[17].

Seit dem Ende des 13. Jahrhunderts v. Chr. bis ins 12. Jahrhundert n. Chr. fehlen Funde menschlicher Besiedlung Helgolands. Die obengenannten Gelehrten haben bei ihrer Untersuchung von Kupferbarren, die im Meeresgebiet bei Helgoland von Tauchern geborgen und zweifellos aus Helgoländer Kupfererz erschmolzen wurden, festgestellt, daß diese Kupferbarren etwa um 1100 bis 1200 n. Chr. erschmolzen wurden. Das ist die Zeit, aus der auch andere Funde eine Wiederbesiedlung Helgolands beweisen. Sicherlich war aber schon vorher das im Schutze des Helgoländer Felsens liegende „Heilige Land" besiedelt. Wir erfahren nämlich von Adam von Bremen: „Der Erzbischof (Adalbert von Bremen) ordinierte von seinen Klerikern in Schleswig den Ratolf, in Seeland Wilhelm, in Fünen Eilbert, der, wie man erzählt, ein bekehrter Seeräuber war und die Insel Farria, die in weitem Abstand vor der Mündung der Elbe liegt, als erster bekehrte; er baute dort ein Kloster und bewohnte sie. Diese Insel liegt gegenüber dem Lande Hadeln. Ihre Länge beträgt acht, ihre Breite vier Meilen; die Leute heizen dort mit Stroh und Schiffstrümmern . . . Diese Insel ist überaus fruchtbar, sehr reich an Vögeln und hat gute Weiden für das Vieh; sie besitzt einen Hügel, keine Bäume und wird von schroffsten Klippen umgeben und hat keinen Zugang außer einem einzigen; dort gibt es auch Süßwasser. Der Ort ist allen Seefahrern heilig. Daher erhielt er auch den Namen „Heiliges Land" (terra sancta). Sie wird in der Vita Willibrordi ‚Fositesland' genannt und ist an der Grenzscheide (in confinio) zwischen Friesen und Dänen gelegen"[19].

Wir erfahren also, daß diese Insel „sehr fruchtbar" war und gute Weiden für das Vieh hatte, was beides nicht auf die Felseninsel zutrifft. Die Größe wird mit acht mal vier Meilen angegeben. Da Adam von Bremen mit der römischen Meile = 1,481 km rechnet, war die Insel also 11,8 mal 6,8 km groß. Der eine Hügel, den wir schon aus dem Atlantisbericht kennen, wird erwähnt und die Quelle, die ebenfalls im Atlantisbericht genannt wird. Die Insel hat verschiedene Namen: „terra sancta" = Heiliges Land, „Farria", nach der alten Bezeichnung „Farre" für Stier, und „Fositesland" nach dem obersten friesischen Gott Fosite, der mit dem Poseidon, der im Dorischen Poside hieß, identisch ist. Daß Poseidon „aus der Urheimat des Nordens" stammt und „mit dem friesischen Fosite wesens- und namensverwandt ist", hat der schwedische Gelehrte Martin P. Nilsson nachgewiesen. Beide sind Herren des Meeres, beiden ist der Stier heilig, beiden werden Stiere geopfert. Davon ist sowohl im Atlantisbericht als auch in der Phaiakie Homers die Rede. Daher hatte Fositesland wohl auch den Namen „Farria" = Stierinsel. So wie die Dorier ihren Stammbaum auf Poseidon zurückführten, so führten die Friesen ihren Stammbaum auf Fosite zurück. Auf Fositesland hat 689 Wulfram, 690 Willibrord und von 780 – 785 Liudger das Evangelium verkündet. In den Lebensbeschreibungen dieser Missionare ist von „multa milia Fresonum", d.h. von vielen tausend Friesen und von Heiligtümern des Fosite die Rede, es heißt z.B. auch in der Vita Willibordi: „Diese Insel wurde von den Heiden in solcher Verehrung gehalten, daß auf ihr keiner von ihnen eines der dort weidenden Tiere oder der anderen dort befindlichen Dinge zu berühren wagte und aus einer Quelle, die dort entspringt, nur schweigend Wasser geschöpft werden durfte" (Kap. X). Es heißt auch: „auf dieser Reise gelangte Willibrord an der Grenze der Friesen und Dänen zu einer Insel, die nach dem heidnischen Gott ‚Fositesland' genannt wird".

Erzbischof Adalbert von Bremen hat dann später den Kleriker Eilbert von Fünen als Bischof nach Farria = Heiligland versetzt. Eilbert wird daher „Farriensis episcopus" genannt. In Papsturkunden von 1065–1158 erscheint Farria als Bischofssitz. Im Jahre 1065 wendet sich Papst Alexander an die Bischöfe des dänischen Reiches mit dem Bemerken, Erzbischof Adalbert habe sich darüber beklagt, daß der Bischof Eilbertus, „Farriensis episcopus", seit drei Jahren nicht auf der Synode erschienen sei und sich verschiedener Vergehen schuldig gemacht habe. Gleichzeitig wendet sich Adalbert an Sven Estridson, König der Dänen, er möge sich jeder Gemeinschaft mit dem Bischof Eilbert von Farria enthalten, der König möge auch dafür sorgen, daß die kirchlichen Abgaben von Farria bezahlt würden[21]. Die Insel Farria wird auch später noch wiederholt erwähnt. So bestätigt z.B. Kaiser Barbarossa in einer Urkunde vom 16. März 1158, daß die Privilegien, die dem Erzbischof von Hamburg von seinem Vorgänger erteilt worden seien, auch weiterhin gelten und Hamburg Metropolitansitz auch für Farria bleiben solle[22]. In den Urkunden aus jener Zeit wechseln die Worte „insula Farria" und „insula Fresonum" ab. Es besteht also kein Zweifel, daß die Insel Farria von Friesen besiedelt war. Wir haben das alles angeführt, weil Karl Gripp die Behauptung aufgestellt hat, daß das Gebiet, in dem die Insel Farria = Fositesland = Basileia lag, schon seit 6000 Jahren vom Meer überspült und seit dieser Zeit unbewohnbar gewesen sei.

Antonius Heimreich, der für seine „Nordfresische Chronik" alte, verlorengegangene Urkunden benützt hat, bestätigt ebenfalls, daß „Heiligland vel Farria insula" Bischofssitz gewesen sei.

Daß eine verhältnismäßig kleine Insel, „die in weitem Abstand von der Mündung der Elbe" lag, Bischofssitz wurde, muß mit Erstaunen erfüllen. Aber das entsprach einer Weisung, die schon Papst Zacharias (anno 742) dem Bonifatius gegeben hatte, „daß keine Bischöfe in Dörfern und mäßigen Städten eingesetzt werden sollten, damit der Name ‚Bischof' nicht gering geschätzt werden möge, es sei denn, daß an jenen Orten berühmte Heiligtümer der Heiden gewesen seien"[23]. Die Errichtung eines Bischofssitzes auf der kleinen Insel Heiligland = Fositesland = Farria deutet an, daß es auch dort ein berühmtes Heiligtum der Heiden gegeben haben muß. Das wird ja auch ausdrücklich in den Lebensbeschreibungen der Männer, die zuerst das Evangelium auf dieser Insel den Friesen verkündet haben, Wulfram, Willibrord und Liudger, bezeugt.

Es ist sehr wahrscheinlich, daß Heimreich recht hat, wenn er den alten Urkunden zufolge, die ihm noch zur Verfügung standen, überliefert, „daß auf Heiligland oder Farria insula anno 1030 noch neun Kirchspiele bestanden, von denen in den Sturmfluten von 1202 und 1216 nur zwei Kirchen, so nicht weit von Rotenburg auf Farria insula gestanden sein, übriggeblieben"[24]. Diese beiden Kirchen sind dann, wie Heimreich berichtet, in der „groten Mandränke" im Jahre 1362 untergegangen. Mit anderen Worten: die letzten Reste von Farria-Heiligland, die mit der Basileia der antiken Autoren identisch war, sind 1362 endgültig untergegangen. Heimreichs Mitteilung wird gestützt durch einen Ablaßbrief des Baseler Konzils aus dem Jahre 1442, in dem mitgeteilt wird, daß vor einiger Zeit an der Westküste Schleswigs nicht weniger als 60 Kirchen ausgedeicht, d.h. untergegangen sind[25]. In der „groten Mandränke" sollen nach den Angaben des Dithmarscher Chronisten Neocorus, der von 1590 – 1624 Pastor in Büsum war, „twischen de Elve und Ripen 200000 Minschen verdrenket" sein[26].

Zu 6. „Auf dieser Insel wurde an vielen Stellen Oreichalkos aus dem Boden gegraben, ein heute nur noch dem Namen nach bekannter Stoff, der aber bei den damaligen Menschen neben dem Gold am höchsten geschätzt wurde", so erzählte der ägyptische Priester dem Solon aufgrund altägyptischer Aufzeichnungen. Der ägyptische Priester wußte nicht, was das für ein „Stoff" gewesen sei, darum sagte er, es sei „ein heute nur noch dem Namen nach bekannter Stoff" gewesen, „der aber bei den damaligen Menschen neben dem Gold am höchsten geschätzt wurde", er beschrieb den unbekannten Stoff so: „er hatte einen feurigen Glanz" (Krit 116c), die Atlanter „trugen ihn in Öl auf den Mauern ihres Tempels auf", auch die heilige Säule in der Mitte des Heiligtums „war mit Oreichalkos verziert" (Krit. 119c).

Alle diese Angaben passen nur für einen Stoff: den Bernstein. Bernstein konnte und kann, wie in jüngster Zeit geschehen, in dem fraglichen Gebiet „an vielen Stellen aus dem Boden gegraben" werden, denn gerade hier liegt „das Bernsteinland des Altertums"[27]. Man weiß seit den Untersuchungen des Kieler Vorgeschichtlers Prof. Dr. O. Olshausen, „daß der Bernstein der Bronzezeit von der Westküste Jütlands kam"[28]. Auch sind durch viele Depotfunde die Bernsteinstraßen bekannt, auf denen der Bernstein von der Nordseeküste ans Mittelmeer transportiert wurde. Der beste Kenner des Bernsteins und seiner Verbreitung im Altertum, Prof. Dr. K. Andrée, früher Königsberg, schreibt: „Diese ‚Bernsteinstraßen' nahmen ihren Anfang im bernsteinreichen Dithmarschen im Eidermündungsgebiet"[29]. Der Bernstein hat „einen feurigen Glanz" und wurde „bei den damaligen (bronzezeitlichen) Menschen neben dem Gold am höchsten geschätzt". G. Schwantes spricht von den „außerordentlich großen Goldschätzen, über die die nordischen Bauern der Bronzezeit verfügten" und sagt, daß diese Goldschätze durch den Bernsteinhandel nach der Kimbrischen Halbinsel gekommen seien"[30]. N. Neitzel schreibt in seiner Arbeit: „Bernstein an der schleswig-holsteinischen Westküste" (1969): „Nicht ganz zu Unrecht ist der Bernstein ‚Vater des cimbrischen Handels' genannt worden, denn als wertvolle Gegengabe hat er den umfangreichen Fernhandel der Bronzezeit ermöglicht. Da der Nordseebernstein gegen Gold eingetauscht wurde, also Gold wert war, ist hier die zweite Wurzel für den Namen ‚Gold des Nordens" zu suchen"[31] (die erste Wurzel, meint Neitzel, sei die goldene Farbe).

Ja, man hat wegen der „extrem großen Grabhügel, die erfahrungsgemäß oft besonders reich ausgestattete Gräber, Goldfunde und Importe enthalten", einen „Goldweg" von der Westküste nach Nordosten und Süden nachgewiesen, und Cl. Ahrens kommt in seiner Dissertation „Vorgeschichte des Kreises Pinneberg und der Insel Helgoland" (1966) zu folgendem Ergebnis: „Der Gedanke an einen Anschluß an den von K. Kersten aufgezeigten „Goldweg" als Vorläufer des frühgeschichtlichen ‚Westlichen Heerweges' liegt daher sehr nahe" . . . „Das bedeutet aber, daß wir der Insel Helgoland eine bedeutende Stellung im älterbronzezeitlichen Bernsteinhandel zuweisen dürfen, obwohl, wie oben dargelegt, die Insel selbst nicht Fundplatz dieses lohnenden Handelsgutes gewesen ist. Bedenken wir aber, daß zu jener Zeit aller Wahrscheinlichkeit nach noch eine Kette von Inseln bis zum damaligen Festland in Eiderstedt bestanden hat, unter denen sich vielleicht sogar das berühmte Abalus des Pytheas befand, erscheint eine solche Vermutung meines Erachtens keineswegs abwegig, vor allem, wenn man eine den Landverkehr ergänzende intensive Seefahrt und eine gewisse

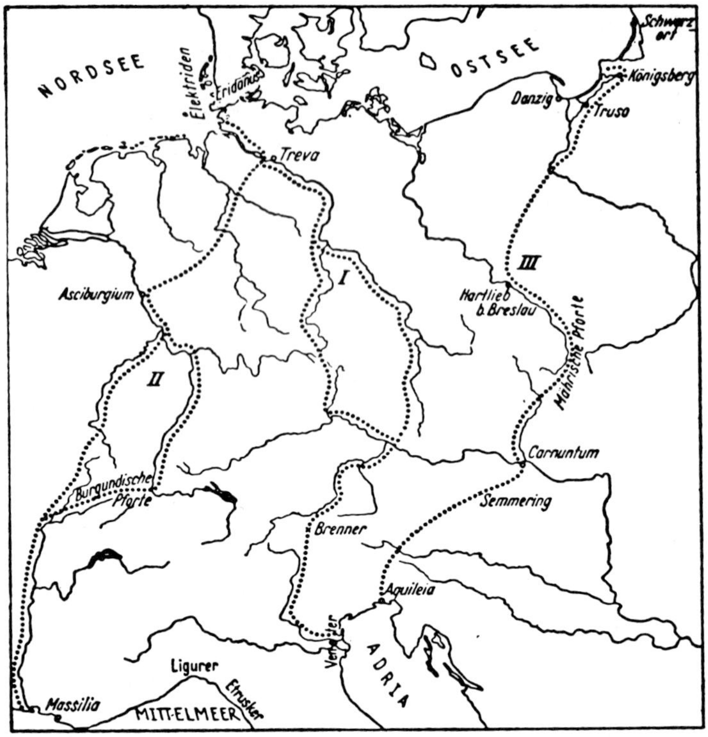

Abb. 121
Bernsteinstraße.
I schon vor der frühen Bronzezeit benutzt,
II seit der mittleren Bronzezeit benutzt,
III seit Kaiser Nero (54 – 68 n. Chr.) benutzt.
Plinius 37,11 berichtet, daß dort an der samländischen Küste der Bernstein erst „neulich erforscht“ worden sei (nuper percognitum).

kultische Bedeutung der Felseninsel berücksichtigt“[32]. Ahrens schließt seine Ausführungen über Helgoland und die anschließenden Inseln mit folgenden Worten: „Der Reisebericht des Pytheas weist auf ein bedeutendes Gewinnungs- und Exportzentrum für Bernstein hin, also eine wirtschaftliche Sonderstellung zwar nicht unbedingt der Insel Helgoland, wohl aber ihrer unmittelbaren Nachbarschaft, eine Sonderstellung, die wir bereits in der älteren Bronzezeit glauben archäologisch fassen zu können, und aus mittelalterlichen Missionsarbeiten erhellt eine ausgesprochene Sonderstellung im religiös-kultischen Bereich, verbunden mit weltlicher Macht. Wir gehen wohl nicht fehl, wenn wir das Wirtschaftliche und das Kultische viel näher zusammenrücken, als es in unserer heutigen Vorstellung zu stehen scheint. Antike Kultplätze pflegen gleichzeitig wirtschaftliche und politische Zentren zu sein und umgekehrt.

„In dieses Bild von der Stellung und Bedeutung Helgolands lassen sich die relativ zahlreichen auffallenden Züge im Archäologischen zwanglos einordnen“[33].

A. Frank, der die von Gripp aufgestellte Behauptung, das Gebiet zwischen Helgoland und Eiderstedt sei schon seit dem 4. vorchristlichen Jahrtausend untergegangen – was seine Assistenten und Freunde Wetzel, Schott und Schabedissen eilfertig bekräftigten – hat diese Frage eingehend untersucht und widerlegt. A. Frank führt auch obige Zitate aus Cl. Ahrens Dissertation an und fährt dann fort: „Ahrens’ Werk ist in den Veröffentlichungen des Landesamtes für Vor- und Frühgeschichte in Schleswig als der VII. Band der Schriftenreihe: ‚Die vor- und frühgeschichtlichen Denkmäler und Funde in Schleswig-Holstein' erschienen. Damit hat es die Absegnung der höchsten amtlichen Autorität Schleswig-Holsteins für Vor- und Frühgeschichte erfahren. Ich habe auch nicht gehört, daß von irgendeiner Stelle, auch keiner geologischen, gegen dieses Werk Einspruch erhoben worden ist."

„Wir können danach bedenkenlos feststellen: Die 1953 von Gripp, Wetzel und Schott seit dem 4. Jahrtausend v. Chr. als im Meer versunken bezeichnete Insel hat mindestens bis zur Zeit des Pytheas von Massilia, aber wahrscheinlich noch viel länger, bestanden. Spanuth kann sie somit unbesorgt als religiöses und wirtschaftliches Zentrum des nordischen Kulturkreises in Anspruch nehmen. Helgolands Bedeutung in der Bronzezeit erhöhte sich noch dadurch, daß es ein wichtiges Zentrum der Kupfergewinnung war. Den Beweis dafür haben Untersuchungen von Jürgen Spanuth und Werner Lorenzen erbracht (Werner Lorenzen: Helgoland und das früheste Kupfer des Nordens, Otterndorf/Niederelbe 1965)"[34].

Auch die andere Angabe, die der ägyptische Priester dem Solon machte, daß der Oreichalkos „ein heute nur noch dem Namen nach bekannter Stoff" sei, trifft für den Bernstein zu. Nach dem Untergang der „heiligen Insel Elektris", der Haupt-Bernsteinhandel zwischen Helgoland und Eiderstedt, bricht der bis dahin sehr rege Bernsteinhandel in die Länder am Mittelmeer plötzlich ab.

Fr. Behn stellt fest: „Dieser rege Nord-Südhandel (mit Bernstein) geht durch die ganze Bronzezeit des Nordens, um dann plötzlich abzubrechen"[35]. Der Verfasser des Artikels „Bernstein" in Pauly-Wissowas Realenzyklopädie der klassischen Altertumswissenschaft spricht von einem „jahrhundertelangen Stocken der Bernsteinzufuhr" in die Mittelmeerländer. Der ungarische Archäologe Pál Patay sagt von der Zeit zwischen 1200 und 500 v. Chr.: „. . . selbst der von der Gegend der Nordsee ausgehende und durch den westlichen Teil Ungarns verlaufende, vom geschäftlichen Standpunkt sehr wichtige Bernsteinhandel nach Griechenland wurde damals (1200 v. Chr.) unterbrochen"[36]. Immer wieder haben die Archäologen, die in Griechenland, Kleinasien oder Ägypten Ausgrabungen unternommen haben, festgestellt, daß die oft reichen Bernsteinfunde in jenen Ländern seit 1200 v. Chr. plötzlich aufhören. Andererseits wurde im Norden seit jener Zeit ein Aufhören der Goldzufuhr und anderer Importe, ja sogar „Verarmung der Germanen seit dem Übergang zur Eisenkultur"[37], festgestellt.

Der Priester in Theben, der dem Solon die altägyptischen Texte aus der Zeit um 1200 v. Chr. nacherzählte, hatte keine Ahnung mehr, was der Oreichalkos für ein Stoff gewesen sei. Seit Jahrhunderten war kein Bernstein mehr nach Ägypten gekommen.

Sicherlich richtig ist auch die Angabe des Atlantisberichtes, daß „der Oreichalkos in Öl auf die Mauern ihres Tempels aufgetragen wurde". Man kann Bernstein in Öl kochen oder auch bei Temperaturen zwischen 290 und 385 Grad Celsius schmelzen. Dann entsteht entweder „Bernsteinlack" oder „Bernsteinkolophonium"[38].

Nun werden an der Küste von Eiderstedt und Dithmarschen seit Menschengedenken große Kolophoniumstücke angetrieben. Prof. Dr. K. Andrée hat ein derartiges kindskopfgroßes Stück untersucht und aufgrund der nachgewiesenen Bernsteinsäure festgestellt: „Es handelt sich ohne Zweifel um Bernsteinkolophonium“[39], d.h. also um in Öl gekochtes Bernstein. Daß man in der Bronzezeit Bernstein so behandelte, beweist z.B. auch „ein sauber gegossener Bernsteinring“, der mit verschiedenen Bronzesachen in einer Urne, die auf der Insel Sylt ausgegraben wurde, lag[40]. Tacitus erwähnt die Bernsteinverflüssigung durch Erhitzen (Germania 45), Plinius berichtet, daß man den Bernstein in siedendem Öl gekocht und künstlich gefärbt habe[41].

Die germanische Sage überliefert, daß bei Helgoland ein Tempel mit gläsernen Wänden (von germ. ‚glas' = Bernstein, daraus lat. ‚glaesum' = Bernstein) versunken sei, oder daß auf dem „Steingrund“ eine goldene Stadt gelegen habe[42].

Zahlreich sind die Sagen, die an allen Küsten der Nordsee verbreitet sind, daß in der Nordsee eine „Glasburg“, ein „Glasturm“, ein „Glasheim“, ein „Glasberg“ versunken sei. Schon der Name zeigt, daß diese Sage aus dem germanischen Raum stammen muß, „glas“ ist ja der alte germanische Name für den Bernstein. Schon Plinius sagt: „Sicher ist, daß der Bernstein auf den Inseln des nördlichen Ozeans entsteht und von den Germanen glaesum genannt wird“ (Nat. hist. 37, 35 ff).

In der irischen Sage wird die „Glasburg“ „Glastonburry“ genannt und mit der Insel „Avallon“, auch „insula pomonum“ genannt, gleichgesetzt. Den Namen „Avallon“ hat O. Huth mit dem Namen „Abalus“, wie Plinius die Bernsteininsel Basileia auch nennt (s. oben S. 224), identifiziert[43]. Beides bedeutet „Apfelinsel“. Hier sind wir uralten Sagen aus dem Bernsteinland des Altertums auf der Spur. Diese Sagen tauchen schon sehr früh bei griechischen und später bei römischen Dichtern und Geographen auf, sie stammen aber zweifellos aus dem Nordseeraum[44].

Von den vielen Sagen, die Euripides in seinem „Hippolytos“ (S. 105) andeutet, seien die Sagen hervorgehoben, die davon erzählen, daß an den Ufern des Bernsteinflusses Eridanos Helios' Töchter und Phäethon klagen, der in die Mündung des Eridanos gestürzt sei, als er sich den Sonnenwagen seines Vaters Helios ertrotzt habe. Phäethon war nicht fähig, den Sonnenwagen auf der richtigen Bahn zu lenken, er kam der Erde zu nahe, bis Zeus ihn durch einen Blitz vom Himmel zur Erde hinabschleuderte. Weiter ist hervorzuheben, daß dort der Gebieter des Meeres, Poseidon, den Schiffern die Weiterfahrt wehrt, und daß dort im Gebiet des Eridanos Atlas steht und den weiten Himmel hält, daß Hesperos Töchter die goldenen Äpfel bewachen und daß dort auch der Palast des Königs der Götter steht, in dem er die heilige Hochzeit begangen.

Die goldenen Äpfel, die dort am Eridanos Hesperos Töchter, die Hesperiden, bewachen, haben der Königsinsel den Namen Abalus = Avallon = insula pomonum = Apfelinsel eingetragen. Diese Sage kommt wie auch die anderen im nordischen Sagengut vor. Dort wird erzählt, daß Idun in Asgard, das in Glasisvellir, den Bernsteingefilden liegt, die goldenen Äpfel bewacht, von denen es heißt: „Wenn die Asen die Äpfel verzehren, wenn sie alt werden, dann werden sie alle gesund und altern nicht mehr“[45].

Auch die anderen Sagen kommen im germanischen Sagengut in ursprünglicher Form vor. E. Krause hat diesen Sagen ein ganzes Buch gewidmet. Er kommt zu folgendem Ergebnis: „Es handelt sich um uralte einheimische Sagen des Nordens, die längst vorhanden waren, bevor sich nordische Völker nach Griechenland und Kleinasien wandten. Wir dürfen uns der reichen Gestalt freuen, welche die germanische Sage in der unübertroffenen Kunst griechischer Dichter gewonnen hat; aber wir brauchen darum nicht aufzuhören, den Kern als unser Eigentum zu betrachten“[46].

Zu 7. Die Königsinsel der Atlanter lag in einem Gebiet, das nach ihrem Untergang in ein unpassierbares und unerforschbares Schlammmeer verwandelt wurde, „wegen des sehr seicht liegenden Schlammes, den die untergehende Insel zurückließ“ (Tim. 25d).

Es ist nicht schwer, in diesem Schlammeer das Wattenmeer an der Westküste Schleswig-Holsteins zu erkennen. Das Wattenmeer wäre „auch heute noch unpassierbar und unerforschbar“, wenn nicht hunderte von Seezeichen, die immer wieder neu verlegt werden müssen, den Schiffern die Wasserstraßen anzeigen würden.

Von diesem Schlammeer ist auch in der Hyperboreerüberlieferung die Rede, denn es heißt vom Hyperboreerland, daß es „wegen des Schlammes an seiner Küste weder zu Fuß noch mit dem Schiff erreichbar“ sei[47]. Wegen dieser Schlammassen trug der Hyperboreische Ozean auch die Bezeichnung „okeanos pepegos“ oder „pepegyia thálatta“, was „verdichtetes Meer“ heißt, oder bei den Römern „mare amalchium“ oder „mare concretum“, was „zähflüssiges“ oder „schlammiges Meer“ bedeutet. Es wurde auch „mare piger“ = „träges Meer“ oder „aestuarium“ oder „limus“, d.h. „Wattenmeer“ oder „Schlammeer“ genannt. Pytheas hat es so beschrieben: „Es besteht weder aus Land noch aus Meer noch aus Luft allein, sondern aus einem Gemisch von diesem allen, es gleicht einer Meerlunge und ist weder begehbar noch befahrbar“[48].

Als Drusus Germanicus im Jahre 12 v. Chr. „die Säulen des Herkules“ in der Nordsee, von denen er Nachricht bekommen hatte, erkunden wollte, wie uns Tacitus in seiner „Germania“ (Kap. 34) berichtet, blieb seine Flotte im zähen Schlamm (sidere limo), in den „trägen Wogen“ (pigrae undae) stecken. Albinovanus, ein römischer Offizier, der diese Flottenexpedition mitgemacht hat, hat ein langes Gedicht über diese Fahrt verfaßt, in dem es in den letzten Versen heißt:

„Die Gottheit ruft: ‚Zurück! Der Erde Grenzen
zu schaun ist Menschenaugen verwehrt!‘
Was stören unsere Ruder fremde Meere
die heilige Flut, der Götter stille Sitze?“

Ebenso blieb auch Wulframs Schiff im Schlamme stecken, als er im Jahre 689 auf Fositesland, dem obersten Heiligtum und zugleich auch Königssitz der Friesen, das Evangelium verkündigen wollte. Wulframs Schiff kam erst frei, als die Flut kam.

Zu 8. Auch die Angabe des Atlantisberichtes ist richtig: „Auch heute noch, nachdem sie (die Basileia) durch Erdbeben unterging, stellt sich denjenigen, die von hier aus die Anker lichten wollen, um nach dem jenseitigen Meer zu kommen, eine undurchdringliche, schlammige Untiefe entgegen als Sperre, so daß sie nicht mehr durchfahren können" (Krit. 108e).

Das „jenseitige Meer" ist natürlich die Ostsee. In vor- und frühgeschichtlicher Zeit konnte man über die Flußläufe der Eider und der Schlei von der Nordsee in die Ostsee, „ins jenseitige Meer", gelangen. Dieser Schiffahrtsweg wurde in der Bronzezeit eifrig benutzt, wie viele Grabhügel und Funde aus der Bronzezeit an den Ufern dieser beiden Ströme beweisen.

Die Frage ist umstritten, ob zwischen den beiden Strömen eine direkte Verbindung bestand, oder ob sie damals schon durch eine schmale Landenge getrennt waren. Der Kieler Geograph P. H. v. Maack ist überzeugt, daß diese Wasserverbindung in der Bronzezeit noch bestand, „daß die Eider der Westsee mit der Schlei in der Ostsee zusammenghangen"[49], weil die schmale Landenge, über die das „Kowerk", ein tiefer Wassergraben mit Wall, führt, noch vor hundert Jahren „grundlos" genannt wurde und von Sumpfpflanzen bewachsen war. Dieses „Kowerk" oder dieser „Kograben" führte von der Niederung der Rheider Au in west-östlicher Richtung ans Selker Moor, einer Ausbuchtung der Schlei. Auch Bröndsted sagt, daß der „Kograben" „von Wiesengelände zu Wiesengelände, von Sumpf zu Sumpf" führt[50]. Es ist leicht vorstellbar, daß die sumpfigen Wiesengelände, die beide Flußläufe heute trennen, in der Bronzezeit noch nicht versumpft waren und den damaligen Schiffen, die keinen großen Tiefgang hatten, die Durchfahrt ermöglichten.

Als dann die schweren Sturmflutkatastrophen um 1220 v. Chr. die weite stein-bronzezeitliche Marsch an der Westküste überfluteten und weite Vorsprünge der alten Geest abrissen, wurde ein 25 km langer Brandungswall quer durch das alte Eidertal aufgeschüttet, der den alten Schiffahrtsweg „als Sperre" unpassierbar machte. Durch diesen mächtigen Brandungswall wurde das östlich von ihm liegende Eidertal in ein Haff verwandelt, das schließlich zu einem riesigen Sumpf- und Moorgebiet wurde[51]. Viele Jahrhunderte wurde die Eider gezwungen, sich hinter dem Brandungswall nach Norden zu wenden und erst nördlich von Sylt in die Nordsee zu münden. Der Schiffahrtsweg von der Basileia in der Nordsee ins jenseitige Meer, der Ostsee, wurde tatsächlich versperrt. Darum heißt es im „Hippolytos" auch: „Wo der Gebieter des purpurnen Meeres den Schiffern die Weiterfahrt wehret". Erst viel später – der Zeitpunkt ist ungewiß – hat die Eider den Brandungswall durchbrochen und wieder ihr altes Flußbett zu erreichen versucht[52].

Wir haben die Lage der Königsinsel der Nordmeervölker deswegen mit Hilfe der alten schriftlichen Überlieferungen bestimmt, weil sie identisch ist mit der „i kaphthor" „von der die Philister der Überrest sind", wie uns Jeremia (47,4) bezeugt.

Aber warum hieß diese Insel „i kaphthor"?

Wir haben oben (siehe Seite 90 ff.) gehört, daß das Wort „kaphthor" kein Name, sondern ein terminus technicus ist und „Firstbalken, Stützbalken, Überschwelle, Architrav, Kapitell" bedeutet, also die weitausladenden Arme oder Voluten, die den Himmel tragen, „den Ort des Aufliegens des Himmels" (s. oben S. 90, 93, 104 u.ö.). Die Griechen

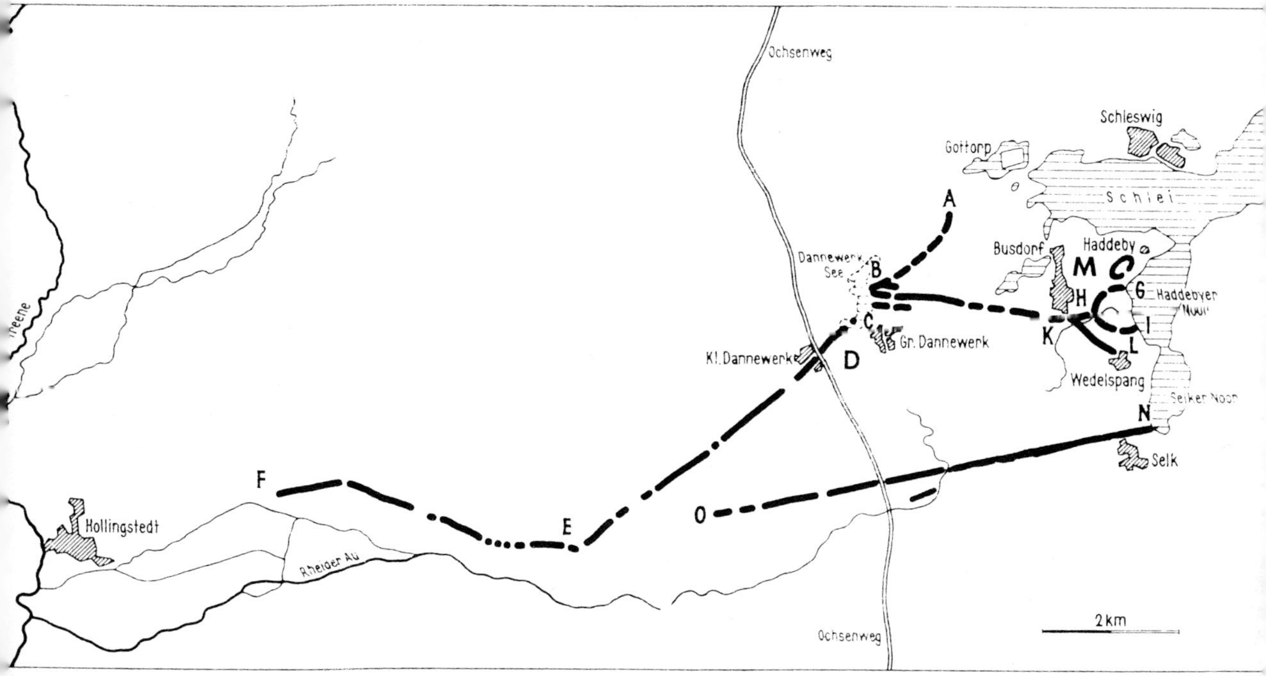

Abb. 122
Karte von „Kograben“ (O–N) Eider-Schlei.

nannten die Himmelsstütze auch „Atlas“ und Hesiod dichtet von ihm: „Atlas, des Japetos Sohn, trägt an den Grenzen der Erde, nahe bei den helltönenden Hesperiden stehend, den weiten Himmel mit dem Haupt und unermüdlichen Armen“ (Theogonia 746 f.). Mit den „unermüdlichen Armen“, mit denen Atlas den Himmel trägt, sind die weitausladenden Arme, die Voluten, die kaphthorim der Himmelsstütze gemeint, von ihnen hatte die Insel den Namen „i kaphthor“.

Wir haben oben (s. S. 90) gehört, daß „Kaptara“, der Ort des Aufliegens des Himmels“ im „oberen Meer“ liegt. Das „obere Meer“ ist das Meer, „wo der Polarstern im Zenit steht“ und „Bernstein (wörtlich: ‚Safran, der anzieht‘) aus dem Meer gefischt wird“.

Atlas, der Himmelsstützer, wird ebendort lokalisiert. Aus den Versen, die Euripides im „Hippolytos“ hinterlassen hat (s. oben S. 105, 202, 230), geht hervor, daß „Atlas den weiten Himmel hält an des Eridanos Ufern, wo Helios Töchter um Phäeton klagen und in die purpurnen Fluten des Flusses das Gold ihrer Tränen, des Bernsteins glänzenden Schimmer träufeln“. Auch Sophokles (5. Jahrhundert v. Chr.) hat Atlas, den Himmelsstützer, im Lande der Hyperboreer an den äußersten Enden der Erde, an den Quellen der Nacht, dem Schlafplatz der Sonne, lokalisiert und um sein Haupt „den Umschwung der Gestirne“[53] kreisen lassen. Auch andere griechische Autoren, z. B. Äschylos, Pherekydes und Apollodor haben ausdrücklich festgestellt, daß die Säule des Atlas nicht im Westen, sondern im Norden, im Hyperboreerland, am Eridanos, zum Himmelspol („atlanteion pólos“) aufragt[54]. Daher wurde diese Säule auch „Nordsäule“ = „stele boreios“ genannt und von ihr berichtet: „ihre Spitze ragt hoch über das Meer hinaus“, eine Angabe, die Scymnus aus dem Werk des Pytheas übernommen hat[55]. Anderswo als im Norden konnte diese Vorstellung auch nicht enstanden sein, wie O. S. Reuter überzeugend nachgewiesen hat (s. oben S. 136).

Auch Prof. Schmied-Kowarzik hat dieselbe Ansicht vertreten, er schreibt: „Entstehen konnte diese Vorstellung natürlich nur dort, wo man den Polarstern als den feststehenden Mittelpunkt aller himmlischen Kreisbewegungen erkennen konnte" . . . „In den südlichen Ländern ist der Zusammenhang der Halbkreisbahnen der Stern und vor allem von Sonne und Mond mit der Himmelsachse und dem Polarstern nicht mehr unmittelbar anschaulich" . . . „Nirgends ist (im Süden) eine Kreisbewegung um einen festen Punkt wahrzunehmen, sondern der Rhythmus kosmischer Bewegungen liegt in einem gleichmäßigen, geradlinigen Ziehen der Gestirne vom Aufgang gen Untergang . . ."[56]. Der Polarstern war für die alten Völker der einzige ruhende Punkt, sie sahen, daß die Gestirne „in gewaltigem Umschwung" um diesen „ruhenden Pol" kreisten, deswegen glaubten sie, daß die Himmelsstütze – personifiziert in Atlas – unter dem Polarstern im fernen Norden steht. Schmied-Kowarzki führt dazu aus: „Das Himmelszelt hatte (für die alten Völker) einen Drehpunkt, Stütz- und Höhepunkt. Es wäre sinnlos, wollte man den Himmel irgendwo beliebig stützen. Der Weltenbaum oder Pfahl hat nur dann einen Sinn, wenn er vom Norden aus zum Polarstern reicht"[57].

Wir haben in den bisherigen Ausführungen gesehen, daß die Angaben des Atlantisberichtes recht zuverlässig sind, sie haben uns geholfen, die Lage der Königsinsel der Nordmeervölker genau zu bestimmen. Es zeigte sich, daß auch nebensächliche Angaben, wie z. B. die Farben der Gesteine des Felsens vor der Königsinsel usw. richtig sind. Wir dürfen daher auch den Angaben über Kult und Glauben und über das Zentralheiligtum der Atlanter = Nordmeervölker auf der Königsinsel Vertrauen schenken.

Im Atlantisbericht wird darüber folgendes ausgeführt: „In der Mitte der Insel im Heiligtum des Poseidon erhob sich eine mächtige Säule, die von den Urvätern errichtet und mit Bernstein verziert war" (Krit. 119).

Diese Säule muß weitausladende Arme gehabt haben, denn es wird berichtet, daß die zehn Könige, die sich abwechselnd jedes fünfte und jedes sechste Jahr bei diesem Heiligtum zum höchsten Kultfest versammelten, zuvor einen der geweihten Stiere ohne Eisengerät, nur mit Holzknüppeln und Stricken, fangen mußten. „Denjenigen Stier aber, den sie fingen, schafften sie auf die Säule hinauf und schlachteten ihn auf dem Oberteil (koryphe) der Säule so, daß das Blut auf die Inschrift hinunterspritzte" (Krit. 119e). Im griechischen Text steht für das Wort „Oberteil" das Wort „koryphe", das genau dasselbe bedeutet wie das hebräische Wort „kaphthor" und das germanische Wort „as". Wenn zehn Könige einen Stier auf der „koryphe" schlachten konnten, dann muß diese weitausladende Arme, Voluten, Tragebalken, gehabt haben. Wie die Himmelsstütze mit den weitausladenden Armen aussah, erkennen wir an Darstellungen aus dem nordischen Raum und solchen auf Philistertöpfen (Abbildungen) (Abb. S. 136).

Von diesen weitausladenden Armen, auf denen der „geweihte Stier" geschlachtet wurde, hat die „heilige Insel", von der die Philister kamen, den Namen „i kaphthor" in der Bibel und „holmr Asgard" in den Edden erhalten. Der Indogermanist Prof. W. Hauer schreibt von dem germanischen Wort „as", von dem die Bezeichnung der Götter „die Asen" abgeleitet ist: „Merkwürdigerweise bedeutet das Wort „as" auch ‚Balken, Querbalken, Firstbalken, Stützbalken"[58], es bedeutet also genau dasselbe wie das hebräische Wort „kaphthor".

Die Philister haben, wie das Alte Testament bezeugt und die Himmelsstützen auf der Philisterkeramik beweisen, den Säulenkult auch in Palästina ausgeübt. Mehrfach wird dem Volk Israel der Befehl gegeben: „Ihre Altäre und ihre Säulen sollt ihr zerbrechen, ihre Haine sollt ihr abhauen und ihre Götter mit Feuer verbrennen" (4.M.33,52; 5.M.7,5; 12,3).

Auch im germanischen Raum wurde der Säulenkult noch lange beibehalten. Rudolf von Fulda berichtet in seinen „Fränkischen Annalen" zum Jahr 772: „Karl (der Große) eroberte die Eresburg, gelangte zur Irminsul und zerstörte das Heiligtum dortselbst", in der „Übertragung des hl. Alexander" berichtet er: „Dichtbelaubten Bäumen und Quellen erweisen sie (die Sachsen) göttliche Verehrung. Ja, einen Holzklotz von nicht geringer Größe hatten sie aufgerichtet und verehrten ihn unter freiem Himmel, sie nannten ihn ‚Irminsul', die All-Säule, die gleichsam das Weltall trägt".

E. Jung und R. Haupt haben gezeigt, daß die zahlreichen Rolandsäulen, die vor allem in Norddeutschland auf vielen Märkten stehen, aus der ‚Irmensul', der ‚All-Säule', hervorgegangen sind. Sie waren genau wie bei den Philistern und den Germanen Herrschaftszeichen, bei ihnen wurde Gericht gehalten und Eide geschworen, wie uns das ja auch von der gewaltigen Säule auf der Königsinsel der Atlanter überliefert wird.

So haben uns die schriftlichen Überlieferungen, die oben (S. 208 ff.) aufgezählt wurden, diese und viele andere Einzelheiten über die Verhältnisse im Heimatland der Nordmeervölker, deren führender Stamm die Philister waren, vermittelt. Vor allem haben uns diese schriftlichen Überlieferungen auch geholfen, die Lage der „i kaphthor", die um 1220 v. Chr. vom Meer überflutet wurde, genau zu bestimmen. Es kann nach diesen Quellen nicht zweifelhaft sein, daß die Philister keine „Vollbarbaren" waren.

Sie waren im Gegensatz zu diesem Fehlurteil ein Volk, daß in seiner Heimat ein wohlgeordnetes Staatswesen, ein straff organisiertes Heer mit zahlreichen Fußtruppen, Streitwagenverbänden und Reiterkriegern hatte und über eine große Flotte verfügte. Sie waren unübertroffene Meister in der Behandlung von Kupfer und Bronze und beherrschten schon vor der Großen Wanderung die Eisentechnik. Sie waren die erfahrensten Seeleute ihrer Zeit und verstanden es, hochseetüchtige Schiffe zu bauen. Die Nordmeervölker hatten in ihrer Heimat große Gebäude und Tempel, wie uns im Atlantisbericht überliefert wird. Sie hatten, wie die vielen Bernsteinfunde aus allen Ländern Europas, Vorderasiens und Nordafrikas beweisen, für die damalige Zeit weltweite Handelsbeziehungen. Aus dem Atlantisbericht erfahren wir, daß die Nordmeervölker Recht und Gesetz achteten. Ihre Könige standen nicht über dem Gesetz wie es in Ägypten, Vorderasien und auch im mykenischen Griechenland der damaligen Zeit üblich war, sondern unter dem Gesetz. Auch die Könige mußten sich regelmäßig vor einem Thinggericht verantworten. Die Nordmeervölker haben auf der Großen Wanderung die Völker nicht dezimiert und ausgerottet, wie man bisher allgemein angenommen hat. Das hatten die schweren weltweiten Naturkatastrophen schon vorher bewirkt. Die Nordmeervölker haben z.B. Einwohner von der verwüsteten Insel Kreta mit nach Palästina genommen und dort „im Südland der Kreter" angesiedelt. Die Philister haben der Welt die Buchstabenschrift geschenkt und diese und „viele andere Künste und Wissenschaften nach Hellas gebracht" (Herodot).

17. Die Kämpfe zwischen Philistern und Hebräern

Es konnte nicht ausbleiben, daß es zwischen den Philistern und den Hebräern, die beide nach ihrer Einwanderung in Palästina Anspruch auf dieses Land erhoben, zu schweren und oft sich wiederholenden Kämpfen kam.

Die Philister waren anfänglich den Hebräern weit überlegen. Die Bewaffnung der Philister war hervorragend, ihren Streitwagen und Reiterkriegern, ihren Schwertern aus Bronze und gestähltem Eisen hatten die Hebräer, die waffenlos aus Ägypten geflüchtet waren, nichts Gleichwertiges entgegenzusetzen. Dazu kam die überlegene Kriegskunst und die taktische Erfahrung der Philister, die sie auch bei dem geradezu generalstabsmäßig geplanten Angriff gegen Ägypten bewiesen hatten. Auch schlossen sich die fünf Fürsten der Philister mit ihren Kriegern im Krieg zu einer Einheit zusammen, die wenigstens einige Male vom Philisterkönig von Gath, der mehrfach genannt wird (1. Sam. 21,11; 27,2; 29,2 f.; 1. Kön. 2,39), angeführt wurde. Das Volk Israel hingegen war anfänglich kaum organisiert, empörte sich oft gegen seine Anführer und war in der Kriegsführung unerfahren (Ri. 3,1 f.). Die Philister hatten seit etwa 1200 v. Chr. die fruchtbare Küstenebene und das Hügelland zwischen dem Mittelmeer und dem Gebirge Juda besetzt, das Volk Israel war erst nach vierzigjähriger Wanderung durch die Halbinsel Sinai und Transjordanien auf großen Umwegen ins Land der Amoriter östlich des Jordan eingedrungen. Auf der langen Wanderung waren die Männer der älteren Generation, die noch die Gefangenschaft in Ägypten erlitten hatten, verstorben (Josua 5,4), ihre Söhne aber waren durch das rauhe Leben in der Wüste gestählt worden. Als diese junge Generation zu Männern herangewachsen war, glaubten ihre Anführer, Moses und Josua, die Zeit zum Handeln gekommen. Sie führten das Volk Israel nördlich des Toten Meeres an den Ostrand der Jordansenke. Vom Berge Nebo, der sich 1200 m über dem Toten Meer erhebt, hat man einen eindrucksvollen Blick über das grüne Jordantal und das tiefblaue Tote Meer, die hier etwa 400 m unter dem Spiegel des Mittelmeeres liegen. Westlich des Jordantales sieht man die zerfurchten und steilaufragenden Bergketten des Gebirges Juda. Von diesem Berg sah Moses das Land, in das er mit seinem Volk ziehen wollte, vor sich liegen, hier hörte er die Worte, die bis auf den heutigen Tag die Politik Israels bestimmt und es gerade in unserer Zeit veranlaßt haben, die ägyptischen Friedensvorschläge lange abzulehnen: „Und der Herr sprach zu Moses: ‚Dies ist das Land, das ich Abraham, Isaak und Jakob geschworen habe und gesagt: Ich will es deinem Samen geben. Du sollst es mit deinen Augen sehen, aber du sollst nicht hineinkommen!" (5. Mose 34,4). Moses starb auf dem Berg Nebo und wurde dort begraben, „aber niemand hat sein Grab erfahren bis auf den heutigen Tag" (5. Mose 34,6).

Nach Moses' Tod übernahm Josua, den Moses dazu bestimmt hatte, die Führung des Volkes Israel, er überschritt mit ihm den Jordan und begann den Vorstoß ins Gebirge Juda, das damals in der Hand der Amoriter und Kanaaniter war (Josua 5,1 ff.).

Die Kämpfe Israels mit diesen Ureinwohnern des Landes interessieren uns in unserem Zusammenhang nicht. Wann es zu den ersten Zusammenstößen mit den Philistern gekommen ist, kann nicht genau angegeben werden, sicherlich war das erst nach 1150 v. Chr. der Fall.

Anfänglich hatten Hebräer aus dem armen Bergland bei den Philistern im fruchtbaren Hügel- und Küstenland Arbeit gesucht und waren sogar „mit den Philistern ins Feld gezogen" (1. Sam. 14,21). Auch war es möglich, wie wir aus der Geschichte von der Heirat Simsons mit der schönen Philistertochter zu Timnath erfahren, daß Ehen zwischen beiden Völker geschlossen wurden (Ri 14,1 ff.). Es gab also anfänglich ein friedliches Nebeneinander beider Völker. Aber dann, etwa um 1100 v. Chr., kam es zu Kämpfen zwischen den Philistern und den Hebräern. Aus Rache dafür, daß Simson die Weizenfelder, Weinberge und Ölbäume der Philister in Brand gesteckt hatte, „zogen die Philister hinauf (ins Bergland) und lagerten sich in Juda und ließen sich nieder in Lehi" (Ri 15,9). Lehi liegt etwa 20 km westlich von Jerusalem. Damit begann der Vorstoß der Philister ins Bergland von Judäa. Zu der ersten größeren Schlacht zwischen den Philistern und den Hebräern kam es in jener obenerwähnten Schlacht bei Aphek, wo die Philister ihr Feldlager aufgeschlagen hatten, und Eben-Ezer, wo die Krieger des Volkes Israel lagerten (1. Sam. 4,1 ff., s. oben S. 77). Das erste Treffen verloren die Israeliten, es fielen „bei viertausend Mann" (1. Sam. 4,2). Dann holten, wie wir hörten, die Israeliten die Bundeslade in ihr Lager und „jauchzten, daß die Erde erschallte", weil sie überzeugt waren, daß die Bundeslade ihnen den Sieg sichern werde. Die Philister erschraken und sprachen: ‚Gott ist ins Lager gekommen!' Dann aber ermannten sie sich und sprachen: ‚So seid nun stark und seid Männer, ihr Philister, damit ihr nicht dienen müßt den Hebräern, wie sie euch gedient haben. Seid Männer und kämpft!' Die Philister errangen den Sieg, Israel wurde vernichtend geschlagen und verlor dreißigtausend Mann und die Bundeslade.

Nun befiel lähmende Furcht und große Verzweiflung das Volk Israel. Es gab sein Land den Philistern preis, jeder Widerstand gegen die Philister zerbrach. So konnten die Philister das ganze Bergland besetzen und, wie viele Ausgrabungen gezeigt haben, an vielen Stellen Militärposten einrichten (Luther übersetzt: „Schildwacht" 1. Sam. 10,5; 13,3f). Ein wichtiger Militärposten der Philister lag in Gibea (= „Hügel"), heute Tell el Ful („Bohnenberg"), etwa 5 km nördlich von Jerusalem. Später hat Saul, der erste König Israels, auf dem Hügel Gibea seine Residenz errichtet, nachdem sein Sohn Jonathan „die Schildwacht der Philister, die zu Gibea lag", geschlagen hatte (1. Sam. 13,3).

Das kleine Fort, das die Philister auf diesem Hügel errichtet haben, ist 1922 von einem Team der American Schools of Oriental Research unter Leitung von Prof. W. F. Albright ausgegraben worden. Nach langer Unterbrechung wurde die Ausgrabung 1933 fortgesetzt. Vier klobige Ecktürme, die durch Doppelmauern verbunden sind, wurden freigelegt. Ein offener Hofraum bildet das Innere. Die Anlage ist insgesamt 40 mal 25 Meter groß. Wahrscheinlich war auf diesem steinernen

Unterbau ein hölzerner Oberbau errichtet. Die Aschenschicht, die bei der Zerstörung dieser kleinen Festung entstand, enthält Reste von Kiefern- und Zypressenholz[1]. Auf den Ruinen dieser ersten Philisterburg in Gibea hat später Saul eine neue Burg errichtet, die in der Bibel „Gibea Sauls" genannt wird (1. Sam. 10,26; 11,4). Um die Schulter des Hügels zieht sich ein Wall aus grobgefügten unbehauenen Steinen. Ob dieser Steinwall von den Philistern oder später von Saul errichtet wurde, hat Albright nicht festgestellt. Es ist aber wahrscheinlich, daß dieser Ringwall schon von den Philistern erbaut wurde und als Schutz für den kleinen Militärposten im feindlichen Land dienen sollte.

Die Lage dieses Militärpostens, die „Schildwacht der Philister", war glänzend gewählt. Man sieht von dieser Höhe weit ins jüdische Land. Im Süden, nur 5 km entfernt, sieht man das Häusermeer von Jerusalem, zur Zeit der „Schildwacht der Philister" in Gibea eine stark befestigte Stadt der Jebusiter, eines Stammes der Kanaanäer. Erst etwa hundert Jahre später wurde Jerusalem vom zweiten König Israels, von König David und seinen Mannen, erobert (Ri 1,8). Im Osten von Gibea sieht man die violette Mauer der Gebirge jenseits des Jordans. Davor liegt, im Dunst versunken, die tiefe Senke des Jordantales. Im Westen hängt ein silbriger Schleier am Himmel: die Wiederspiegelung des Mittelmeeres. An klaren Tagen kann man im Westen die grüne Küstenebene erkennen. Nach Norden hin schwingen sich wie sanfte Wellen die Hügelketten, auf denen Michmas („Schlupfwinkel"), Mizpa („Wartburg"), Rama und andere Städte liegen, die in den Kämpfen zwischen Philistern und den Hebräern eine Rolle gespielt haben.

Die Philister drangen nach der Schlacht zwischen Aphek und Eben-Ezer auch bis Sichem, das auf halbem Weg zwischen Jerusalem und Nazareth liegt, vor und besetzten die Jesreelebene zwischen dem Karmel und dem Jordantal. Auch dort, im Jordantal, errichteten sie, wie die typischen Philisterfunde beweisen (s. oben S. 159), an mehreren Stellen Siedlungen (Tell Deir Alla und Tell el Fara-Nord), die sie befestigten.

Bei diesem Vorstoß der Philister muß es hart hergegangen sein, denn die Ausgrabungen haben gezeigt, daß damals viele Siedlungen in Flammen aufgingen. So wurde z.B. auch das Haus in Silo, heute Seilum, das zur Aufbewahrung der Bundeslade erbaut worden war, ein Opfer der Flammen. Die Trümmer von Silo müssen noch lange gestanden haben, denn vierhundert Jahre später läßt der Prophet Jeremia Jahwe folgendes sagen: „Gehet hin an meinen Ort in Silo, da vormals mein Name gewohnt hat, und schauet an, was ich daselbst getan habe um der Bosheit willen meines Volkes Israel!" (Jer. 7,12). Auch andere Orte im Bergland Judäas teilten das Schicksal Silos. Die Archäologen fanden Brandspuren in den Zerstörungsschichten von 1100 v. Chr. im Tell Beit Mirsim, 20 km südwestlich von Hebron, vielleicht das alte Kirjath-Sepher, in Beth-Zur, 6 km nördlich von Hebron und 30 km südlich von Jerusalem und an manchen anderen Ausgrabungsorten. Häufig fand sich über diesen Zerstörungsschichten Philisterkeramik oder auch Eisensachen, ein Beweis, daß um 1100 v. Chr. auch andere Siedlungen Israels im Bergland von den Philistern besetzt waren; Siedlungen, die im Alten Testament nicht genannt werden.

So schien in jener Zeit das Schicksal des Volkes Israel für immer besiegelt zu sein, die Freiheit war verloren, das Land von vielen Militärposten der Philister überwacht. Durch den Verlust der Bundeslade, in der sie Jahwe anwesend glaubten, war auch das Vertrauen zu ihrem Gott, das ihnen oft Mut gegeben hatte, zerstört.

Da trat in der Stunde größter Not ein Mann auf, der mit klarem Blick erkannte, daß die Ursachen für den Verlust der Freiheit das Fehlen einer einheitlichen Führung und eines festen Zusammenhaltes der Stämme Israels seien. Im Königtum der Philister und im geschlossenen Einsatz der Krieger der fünf Philisterstädte sah dieser Mann Einrichtungen, die er auch in seinem Volk durchsetzen wollte, um die Freiheit Israels wiederherzustellen.

Dieser Mann hieß Samuel. Geschichte und Sage lassen Samuel in allen Rollen auftreten, die für einen hervorragenden Mann der damaligen Zeit gefordert wurden: als Seher (1. Sam. 9,6,11), als Priester (1. Sam. 3,8 f.), als Richter (1. Sam. 12) und als Propheten (1. Sam. 7; 8; 10;12).

Samuel suchte einen tapferen Mann, der – und sei es auch mit Gewalt – die uneinigen Stämme Israels zur Einheit zusammenfassen und als König zum gemeinsamen Kampf gegen die Philister führen konnte. In Saul, dem Sohn des Kis aus dem Stamm Benjamin, glaubte Samuel diesen Mann gefunden zu haben.

Saul war „eines Hauptes länger als alles Volk" (1. Sam. 9,2 und 10,23), er war gewiß ein tapferer Mann, aber er war auch jähzornig, ungeduldig, zaudernd und verzagt. Nach außerordentlichen Anfangserfolgen im Kampf gegen die Philister überschätzte er schließlich seine und seines Volkes Möglichkeiten, setzte gegen einen weit überlegenen Feind alles auf eine Karte, erlebte eine vernichtende Niederlage und beging dann Selbstmord, sein geschlagenes Volk im Stiche lassend.

Diesen Mann setzte Samuel zum König über Israel ein und sprach zu ihm: „Du sollst herrschen über das Volk Israel und sollst es aus der Hand seiner Feinde befreien!" (1. Sam. 10,1, nach dem vollständigen Text in der Septuaginta).

Das Heer, das Saul anfänglich aufbieten konnte, war nur klein: 3000 Mann (1. Sam. 13,2). Saul setzte es im Partisanenkrieg ein, für den das Bergland mit seinen engen Tälern und Schluchten, seinen heimlichen Schlupfwinkeln und Höhlen besonders geeignet war, weil sich dort das Heer der Philister nicht zur Schlachtordnung entwickeln und auch nicht seine Streitwagen und Reiterei einsetzen konnte. Im Handstreich wurden viele Militärposten der Philister im Bergland überfallen und zerstört, so z.B. auch die Schildwacht der Philister auf dem Hügel Gibea (s. oben S. 238).

Ein anderer Überfall auf eine Schildwacht der Philister sei hier ausführlicher dargestellt, weil dadurch deutlich wird, wie dieser Partisanenkampf geführt wurde und wie zuverlässig die Berichte gerade auch in den Ortsangaben und Ortsbeschreibungen sind.

Im 1. Buch Samuelis im 14. Kapitel wird beschrieben, wie Jonathan, einer der drei Söhne Sauls, den Militärposten der Philister beim Dorfe Michmas, etwa 8 km nordöstlich von Gibea, überfiel. Ohne Wissen seines Vaters ging Jonathan mit seinen Waffenträgern in der Nacht „zu der Philister Wache". „Inmitten des Passes aber, den Jonathan zu überschreiten suchte, um den Posten der Philister anzugreifen, befanden sich zwei spitze Felsen, einer diesseits, der andere jenseits, der eine hieß Bozez, der andere Sene. Die eine Felszacke erhebt sich steil auf der Nordseite, Michmas gegenüber, die andere auf der Südseite, Gibea gegenüber". Jonathan und sein Waffenträger „kletterten auf Händen und Füßen empor und erschlugen bei zwanzig Mann, beinahe auf einer halben Hufe Acker, die ein Joch pflügt". Von dem Getümmel erwachten die anderen Philister, sie glaubten sich von Sauls Truppen umzingelt und flohen.

Nun erzählt der britische Major Vivian Gilbert in seinen Feldzugserinnerungen:[2] „Im Ersten Weltkrieg suchte ein britischer Brigadeadjutant von der Armee General Allenby's in Palästina einmal bei Kerzenlicht in seiner Bibel nach einem bestimmten Namen. Seine Brigade hatte den Befehl erhalten, ein Dorf einzunehmen, das jenseits eines tiefen Tales auf einem Felsberg lag und Michmas hieß. Das Wort war ihm bekannt vorgekommen. Schließlich fand er es im 14. Kapitel des 1. Buches Samuel". Dann folgt die oben zitierte Schilderung des Passes mit den beiden spitzen Felsen an beiden Seiten und dem kleinen Acker. Dann heißt es in den Feldzugserinnerungen weiter: „Der Adjutant überlegte sich, daß es auf diesem Paß die beiden Felsenspitzen und den Acker noch geben müsse. Er weckte den Kommandeur und las mit ihm die Stelle nochmals durch. Patrouillen wurden ausgeschickt; sie fanden den Paß, der nur schwach mit Türken besetzt war und zwischen zwei Felsnadeln – offenbar Bozez und Sene – hindurchführte; hoch oben bei Michmas lag im Mondlicht ein kleines Blachfeld. Der Kommandeur änderte seinen Angriffsplan. Anstatt der ganzen Brigade schickte er nur eine Kompanie in der Nacht durch den engen Paß. Die wenigen Türken, auf die sie stieß, wurden lautlos überwältigt, die steilen Hänge erklommen – und kurz vor Tagesanbruch stand die Kompanie auf der „halben Hufe Acker". Die Türken erwachten und flohen Hals über Kopf, da sie meinten, von General Allenby's Armee eingeschlossen zu sein. Sie wurden getötet oder gefangengenommen." „Und so hat nach Jahrtausenden", so schließt Major Gilbert, „eine britische Truppe die Taktik Jonathans erfolgreich nachgeahmt".

Die Erfolge der Israeliten im Partisanenkrieg gaben ihnen neuen Mut. Aber die Philister waren nicht gewillt, sich ihre Herrschaft zwischen dem Jordan und dem Mittelmeer durch heimtückische Überfälle entreißen zu lassen. Daher beschlossen sie, „nicht zu kleckern, sondern zu klotzen", um eine Parole aus dem Zweiten Weltkrieg zu gebrauchen. Es wird berichtet: „Da versammelten sich die Philister, zu streiten mit Israel, 30.000 Wagen, 6.000 Reiter und sonst Volk, so viel wie Sand am Ufer des Meeres, und zogen herauf und lagerten sich zu Michmas, gegen Morgen vor Beth-Aven. Da die Männer Israels sahen, daß sie in Nöten waren, verkrochen sie sich in die Höhlen und Klüfte und Felsen und Löcher und Gruben. Es gingen aber auch Hebräer über den Jordan ins Land Gad und Gilead. Saul aber war noch zu Gilgal und alles Volk ward verzagt" (1. Sam. 13,5–7).

Aus Angst vor dem mächtigen Heeresaufgebot der Philister flohen viele Krieger Sauls, bald waren es nur noch sechshundert Mann, die ihm folgten (1. Sam. 13,15).

Die Philister durchstreiften das Land in drei Haufen. „Einer wandte sich auf die Straße gegen Ophra (heute Ephron, eine Stadt, die 670 m über dem Meeresspiegel des Mittelmeeres gelegen ist und weite Aussicht bietet), der andere wandte sich auf die Straße nach Beth-Horon (‚Ort des Hohlweges', an der alten Straße nach Jaffa gelegen), der dritte Haufen wandte sich auf die Straße, die da reicht bis an das Tal Zeboim (‚Hyänental') am Rande der Wüste" (1. Sam. 13,17).

Das Tal Zeboim mündet in das Jordantal. Damit war für die Philister der Zugang zu diesem wichtigen Tal geöffnet.

Saul wagte nicht, mit seinen schwachen Truppen der gewaltigen Heeresmacht der Philister entgegenzutreten, er blieb vorerst bei seiner bisher so erfolgreichen Partisanentaktik. Während der winterlichen Regenzeit kehrten die Philister wieder in ihre Städte und Dörfer zurück.

In dieser Zeit erschien am Hofe des Philisterkönigs Achis in Gath ein ehemaliger Höfling und Gefolgsmann des Königs Saul und enger Freund von Sauls Sohn Jonathan: David, Sohn Isais aus Bethlehem. David war in jungen Jahren an den Hof König Sauls gekommen, nach der einen Version, weil er als Knabe im Zweikampf den Philister Goliath getötet hatte (1. Sam. 17,1 ff.), nach der anderen Version, weil er mit seinem Zitherspiel den an Depressionen leidenden König oft erfreut hatte (1. Sam. 16,14 ff.). Saul hatte dem David sogar eine seiner Töchter zur Frau gegeben (1. Sam. 18,17 ff.). Aber das gute Verhältnis zwischen Saul und David war nicht von Dauer. Es kam schließlich so weit, daß Saul seinen Schwiegersohn zu töten versuchte, was diesen zur Flucht vor Saul zwang (1. Sam. 18,8 ff.; 19,9 ff.; 22 ff.). Sauls Argwohn gegen David mag nicht unbegründet gewesen sein, denn David hatte sich schon bei Lebzeiten Sauls zum König über Israel salben lassen (1. Sam. 16,1 ff.). David war vorerst in die Wüste Juda geflohen und hatte von dortaus mit einer kleinen Truppe einen Kleinkrieg gegen die Philister geführt. Aber schließlich sah David keinen anderen Ausweg, sich vor den Verfolgungen König Sauls in Sicherheit zu bringen. Darum floh er mit seiner Schar zum Philisterkönig Achis von Gath (1. Sam. 20,1 ff.; 23–26; 27,1–4).

Obwohl dem König Achis von seinen Knechten gesagt wurde: „Das ist David, des Landes König, von dem sie sangen im Reigen und sprachen: ‚Saul schlug tausend (Philister), David aber zehntausend'" (1. Sam. 21,12), wurde David von Achis freundlich aufgenommen. Ja, David erhielt von Achis die Stadt Ziklag im Süden des Philisterlandes zugewiesen, wo er mit den sechshundert Männern, die mit ihm Partisanenkrieg geführt hatten, völlig unbehindert herrschte und Kriege gegen Nachbarstämme führte (1. Sam. 27,1 f.).

Als die winterliche Regenzeit beendet war, versammelten sich die Philister wiederum mit einer großen Heeresmacht in Aphek (1. Sam. 29,1). Saul lagerte mit seinem Heer bei Ain in der Jesreelebene. „Und die Fürsten der Philister gingen zu Hunderten und Tausenden, David aber und seine Männer gingen hintennach bei Achis. Da sprachen die anderen Fürsten der Philister: ‚Was sollen diese Hebräer?' Achis sprach zu ihnen: ‚Das ist David, der Knecht Sauls, des Königs Israels, der nun bei mir gewesen ist Jahr und Tag, und ich habe nichts an ihm gefunden, seit der Zeit, da er zu mir überging, bis heute!' Aber die Fürsten der Philister wurden zornig auf ihn und sprachen zu ihm:

‚Laß den Mann umkehren und an seinem Ort bleiben, dahin du ihn bestellt hast, daß er nicht mit uns hinabziehe zum Streit und unser Widersacher werde im Streit. Denn woran könnte er seinem Herrn (Saul) größeren Gefallen tun als an den Köpfen unserer Männer? Ist er nicht David, von dem sie sangen im Reigen: ‚Saul hat tausend geschlagen, David aber zehntausend?' Da rief Achis den David und sprach zu ihm: ‚So wahr der Herr lebt, ich halte dich für redlich, und dein Ausgang und Eingang im Heer gefällt mir wohl, und ich habe nichts Arges an dir gespürt, seit der Zeit, da du zu mir gekommen bist, bis heute. Aber du gefällst den Fürsten nicht. So kehre nun um und gehe hin mit Frieden, auf daß du nicht übel tust vor den Augen der Fürsten der Philister!'" Da machte sich David mit seinen sechshundert Mann am folgenden Tag auf und zog wieder zurück nach Ziklag."

Wir haben diesen Bericht ausführlich zitiert, weil er die große Gastfreundschaft und die vornehme Haltung des Philisterkönigs Achis zeigt, der dem Mann, von dem er wußte, daß er als Partisanenführer tausende Philister erschlagen hat, Zuflucht gewährte, als Saul ihn verfolgte, und ihn in Frieden ziehen ließ, als die anderen Fürsten der Philister zornig wurden und es für möglich hielten, daß David seinem Herrn Saul durch die Tötung von Philistern einen Gefallen tun werde. Unverständlicherweise nahm Saul in diesem Frühjahr des Jahres 1012 v. Chr. die Schlacht gegen das übermächtige Heer der Philister in der Jesreelebene an. Im Jahr zuvor hatte er sie vermieden. Wir wissen nicht, was Saul dazu veranlaßte. Aber schon vor der Schlacht war Saul der Mut entschwunden. Er begehrte ein Zeichen, eine Voraussage über den Ausgang der Schlacht zu bekommen. Darum verkleidete er sich und schlich sich aus dem Lager Israels durch das feindliche Gebiet zu einer Totenbeschwörerin und Wahrsagerin in Endor am Nord-Abhang des Tell el addschul, in dem viel Philisterkeramik aus jener Zeit gefunden wurde. Die Hexe von Endor beschwor den Geist Samuels, der vor längerer Zeit verstorben war und Saul erhielt die Auskunft: „Der Herr wird Israel mit dir in die Hände der Philister geben. Morgen wirst du und deine Söhne mit mir (im Tode) sein. Auch wird der Herr das Lager Israels in der Philister Hände geben" (1. Sam. 28,19).

Die Weissagung erfüllte sich. Am nächsten Tag kam es zur Schlacht. Die drei Söhne Sauls, unter ihnen Jonathan, Davids liebster Freund, fielen. König Saul wurde schwer verwundet. Er forderte seinen Waffenträger auf: „Zieh dein Schwert und erstich mich damit, daß nicht diese Unbeschnittenen kommen und mich erstechen und ihren Spott mit mir treiben!" Aber der Waffenträger weigerte sich. „Da nahm Saul sein Schwert und stürzte sich hinein" (1. Sam. 31,4 f.). „Als nun der Waffenträger sah, daß Saul tot war, stürzte er sich in sein Schwert und starb mit ihm. Also starb Saul und seine drei Söhne und sein Waffenträger und alle seine Männer auf diesen Tag" (1. Sam. 31,4 f.). Am darauffolgenden Tag fanden die Philister die Leichen Sauls und seiner drei Söhne auf dem Schlachtfeld. „Die Philister zogen ihm seine Waffen ab und hieben ihm das Haupt ab und sandten sie in der Philister Land umher, zu verkündigen im Hause ihrer Götzen und unter dem Volk und legten seine Rüstung in das Haus der Astharoth, aber seinen Leichnam hingen sie auf die Mauer von Beth-Sean" (1. Sam. 31,8 f.).

Nun war die Lage Israels noch hoffnungsloser als vor der Krönung Sauls. Die Blüte des Volkes war gefallen, der König hatte Selbstmord begangen, alle Stämme westlich des Jordans wurden den Philistern tributpflichtig, eine harte Zeit begann.

Wenige Tage nach dem Selbstmord Sauls auf dem Schlachtfeld „kam ein Mann aus dem Heer von Saul mit zerrissenen Kleidern und Erde auf seinem Haupt zu David nach Ziklag und behauptete folgendes: ‚Ich kam von ungefähr aufs Gebirge Gilboa, und siehe, Saul lehnte sich auf seinen Spieß, und die Wagen und Reiter der Philister jagten ihm hinterher. . . Und Saul sprach zu mir: ‚Tritt zu mir und töte mich, denn ich bin bedrängt ringsumher, aber mein Leben ist noch ganz in mir!' Da trat ich zu ihm und tötete ihn; denn ich wußte wohl, daß er nach seiner Niederlage nicht leben konnte. . ." (2. Sam. 1,6 ff.) „Da faßte David seine Kleider und zerriß sie, und alle Männer trugen Leid und weinten und fasteten bis an den Abend über Saul und Jonathan, seinen Sohn und über das Haus Israel, daß sie durchs Schwert gefallen waren" . . . und David sprach zu dem Unglücksboten: „Dein Blut sei über deinem Kopfe; denn dein Mund hat wider dich selbst gezeugt und gesprochen: ‚Ich habe den Gesalbten des Herrn getötet'". Dann gab David einem seiner Krieger den Befehl: ‚Herzu, und erschlag' ihn!' Und er erschlug ihn." (2. Sam. 115 f.). David stimmte dann ein Trauerlied auf die gefallenen Helden an, wohl das älteste Trauerlied für gefallene Helden, das wir kennen:

„Die edelsten Helden, o Israel, liegen erschlagen
auf deinen Höhen! Wie sind die Helden gefallen!
Tut es nicht kund zu Gath und sagt es nicht in Askalon,
daß sich der Philister Töchter nicht freuen,
daß nicht jubeln die Töchter der Unbeschnittenen.
Saul und Jonathan, einander lieb und hold im Leben,
sind nun auch im Tod nicht getrennt;
sie waren schneller als Adler und stärker als Löwen.
Wie sind die Helden gefallen im Kampfe –
Jonathan auf deinen Höhen erschlagen, Gilboa!
Es ist mir leid um dich, mein Bruder Jonathan!
Wie warst du mir so hold!
Deine Liebe war mir wundersamer als Frauenliebe!
Wie sind die Helden gefallen im Streit!"
(2. Sam. 1,19 ff., gekürzt).

Das Mißtrauen, daß die vier Philisterfürsten gegen David hegten, war nicht unberechtigt. Denn wie David in Wirklichkeit dachte, zeigte sich gleich nach dem Tode Sauls, als er von der reichen Beute aus der Schlacht bei Gilboa, die der Philisterfürst Achis erhielt, einen großen Anteil an die Häuptlinge der Kalebiter, Jerahmeeliter, Keniter und andere Stämme in der Nachbarschaft Israels verschenkte, um diese Stämme für sich zu gewinnen (1. Sam. 30,26 f.). Auch sein Trauerlied auf die gefallenen Helden Israels zeigt, daß sein Herz nicht für die Philister schlug, in deren Heer er „hintennach" marschierte, obwohl es auch im Heer der Philister Gefallene gab. Auch die Hinrichtung des

Mannes, der fälschlicherweise behauptete, er habe Saul den Todesstoß gegeben, zeigt, daß David die Philister täuschte, als er zu ihnen kam, und den Wahnsinnigen spielte. Es heißt: „Und David verstellte seine Gebärde vor ihnen (d. h. vor König Achis und seinen Philistern) und tobte unter ihren Händen und stieß sich an die Tür am Tor, und sein Geifer floß ihm in den Bart" (1. Sam. 21,14).

So konnte bei den anderen Philisterkönigen leicht der Verdacht aufkommen, daß David zu König Achis von Gath nur gekommen sei, um den Philistern zu schaden und – als bereits gesalbter König Israels – ihre Verhältnisse genauestens kennenzulernen. Zweifellos hat er von König Achis, in dessen Vertrauen er sich eingeschlichen hatte, viele wichtige Dinge erfahren. David lernte die Bewaffnung und Kriegskunst, den Einsatz von Streitwagen und Reiterkriegern, die von den Philistern geheimgehaltene Technik der Eisengewinnung und -verarbeitung und wohl noch anderes mehr kennen. Ausdrücklich wird später berichtet, daß „David viel Eisen bereitete und soviel Erz, daß es nicht zu wägen war" (1. Chron. 22,3), obwohl es kurz vor Davids Aufenthalt bei den Philistern, zur Zeit des Königs Saul heißt: „Es ward aber kein Schmied im ganzen Land Israel gefunden –, denn die Philister gedachten, die Hebräer möchten Schwert und Spieß machen – und ganz Israel mußte hinabziehen zu den Philistern, wenn jemand eine Pflugschar, Haue, Beil oder Sense hatte, sie zu schärfen. Und die Schneiden an den Sensen und Hauen und Gabeln und Beilen waren abgearbeitet und die Stachel stumpf" (1. Sam. 13,20 f., s. oben S. 48). So war die Zeit, ein Jahr und vier Monate (1. Sam. 27,7), die David bei den Philistern verbrachte, von großer Bedeutung für die Erfolge, die er später als König Israels in vielen Kämpfen gegen die Philister errungen hat.

Als König Saul gefallen war, wußte David, daß er, der ja schon zu Lebzeiten Sauls zum König von Israel gesalbt worden war (1. Sam. 16,1 ff.), nun seine Königsherrschaft antreten müsse. Ohne sein Verhältnis zu Achis abrupt abzubrechen und ohne den Besitz von Ziklag, das König Achis ihm zum Aufenthalt zugewiesen hatte, aufzugeben, begab er sich aus dem Philisterland ins Gebiet der Kalebiter, die er sich durch einen Anteil an der Beute aus der Schlacht von Gilboa zu Freunden gemacht hatte. Dort ließ David sich mit seinen Kriegern nieder.

Zweifellos war David ein Mann von großen Fähigkeiten und von einer außerordentlichen Intelligenz. Als Partisanenführer und Krieger, als Kundschafter und Beobachter, als Stratege und Staatsformer, als Dichter und Musiker hat er Großes geleistet. In ihm erstand dem Volk Israel in der Stunde größter Not und in einer hoffnungslosen Lage der Retter, der das Volk Israel in wenigen Jahren zu Macht, Ansehen und Größe führte.

Als armseliger Hirtenjunge hatte er einst seinen Weg begonnen, als gefürchteter Partisan und tapferer Krieger hatte er seine jungen Jahre zugebracht, als aufmerksamer Beobachter und als Vertrauter des Königs Achis von Gath hatte er sechzehn Monate im Philisterland gelebt, als erfolgreicher Feldherr, König und Staatengründer hat er dem Volk Israel aus hoffnungsloser Lage den Aufstieg zu einer Großmacht ermöglicht.

Sicherlich haben auch die Zeitumstände das Werk Davids begünstigt.

Als er im Jahre 1012 v. Chr. die Nachfolge König Sauls antrat, gab es weder in Kleinasien und Mesopotamien, in Syrien oder in Ägypten einen Staat, der einer Expansion Israels hätte Einhalt gebieten können. Die mächtigen Staaten, die noch in der ersten Hälfte des 13. Jhdts. v. Chr. in diesen Gebieten existiert hatten, waren in den schweren Naturkatastrophen (s. oben S. 60 ff.) für immer ausgelöscht, wie z. B. das Hethiterreich oder das Königreich Ugarit, oder sie waren wie Ägypten „in eine Periode stumpfer Stagnation", „in eine Periode des Hinsiechens"[3] verfallen und hatten gar nicht die Möglichkeit, sich dem Ausbreitungsdrang Davids in den Weg zu stellen. Seit etwa 1200 v. Chr. waren die „dunklen Jahrhunderte", die „dark ages", für alle Länder im Mittelmeerraum und weit darüber hinaus angebrochen. So hatte David von keiner Großmacht etwas zu fürchten. Seine gefährlichsten Gegner waren die Philister und die hatte er genauestens kennengelernt.

Als David die Nachfolge Sauls antrat, war Jerusalem eine stark befestigte Stadt der Jebusiter, eines Stammes der Kanaanäer. Es war Davids erstes Anliegen, diese wichtige Jebusiterfestung zu erobern. Aber die Jebusiter hatten die Stadt so stark befestigt, daß sie David zuriefen: „Hier wirst du nicht hereinkommen! Lahme und Blinde werden dich abwehren!" (2. Sam. 5,6). Aber nun zeigte es sich, daß David seine Aktionen durch einen ausgezeichneten Spionagedienst vorbereitet hatte. Ein rätselhafter Satz, den David am Vortage der Eroberung Jerusalems aussprach, verrät das. Dieser Satz lautete: „Wer die Jebusiter schlagen will, muß erst ‚sinner' erreichen!" (2. Sam. 5,8). Das Wort „sinner" bedeutet „Röhre" oder „Kanal" oder „Wasserzugang". Luther hat das Wort, das auch ihm in diesem Zusammenhang rätselhaft war, mit „Dachrinne" übersetzt. Mit Recht hat noch E. Kautzsch in seiner wissenschaftlich genauen Übersetzung des Alten Testamentes dieses Wort oder diesen Satz als „völlig dunkel" bezeichnet und geschrieben: „Es handelt sich wohl um ein von späteren Abschreibern nicht mehr verstandenes und daher verunstaltetes Witzwort"[4].

Aber es fand sich in jüngster Zeit eine Erklärung: Am Ostabhang von Jerusalem liegt im Kidrontal eine Quelle, die im Alten Testament „Gihon", d.h. „Hervorbruch", heute aber „Ain Sitti Maryam", d.h. „Quelle der Jungfrau Maria", genannt wird. Es ist die einzige nie versiegende Quelle, die seit eh und je die wichtigste Wasserversorgungsquelle für die Einwohner Jerusalems war.

Man muß in einem Gewölbe, das im Halbdämmer liegt, etwa 30 Stufen in die Tiefe hinabsteigen. Dann gelangt man zu einem kleinen Becken, in dem sich das klare Wasser aus dem Berginneren sammelt.

Ende des vorigen Jahrhunderts besuchte der englische Captain Warren mit einer Schar von Pilgern diese berühmte Quelle. Warren fiel in Halbdämmern des Gewölbes über dem Austritt der Quelle ein dunkles Loch auf, das offenbar noch niemand bemerkt hatte.

Am darauffolgenden Tag suchte Warren mit einer Leiter und einem Strick ausgerüstet die Marienquelle wieder auf, er wollte das Geheimnis des dunklen Loches über der Quelle lösen. Er fand über der Quelle einen dunklen Schacht, der senkrecht in die Höhe führte und ohne Leiter nur mit der Technik des Kaminkletterns zu bewältigen war. Vorsichtig stemmte Warren sich langsam nach oben. Nach etwa 13 m war der Schacht plötzlich zu Ende. In der Finsternis ertastete Warren einen schmalen Gang. Auf allen Vieren kroch er weiter. Viele Stufen waren bergan in den Felsen geschlagen. Nach einiger Zeit erblickte Warren ein diffuses Licht. Er gelangte in einen überwölbten Raum, in dem nur verstaubte Töpfe und Flaschen standen. Warren zwängte sich durch einen Spalt ins Freie und stand plötzlich zu seinem eigenen Erstaunen inmitten der alten Jebusiterfestung im Rücken der mächtigen alten Mauern. Diese Festung wurde nach der Eroberung durch David „Davidsburg" genannt.

Genauere Untersuchungen durch den englischen Archäologen Parker, der im Jahre 1910 im Auftrag der Palestine Exploration Fund[5] diese geheimnisvolle Anlage erforscht hat, ergaben, daß sie aus dem 2. Jahrtausend v. Chr. stammt. Die Jebusiter haben in mühseliger Arbeit von der Jebusiterburg einen Gang und dann einen Schacht in den Felsen getrieben, um in der Zeit einer Belagerung ungefährdet und ungesehen aus der Burg zu der lebenswichtigen Quelle zu gelangen, die außerhalb der von den Jebusitern errichteten Verteidigungsanlage im Kidrontal entspringt.

Damit war das Geheimnis der rätselhaften Worte Davids gelöst: „Wer die Jebusiter schlagen will, muß erst ‚sinner', den Wasserzugang von der Jebusiterburg zur Quelle Gihon, erreichen!"

David hat also von diesem streng geheimgehaltenen Zugang zur Quelle Gihon gewußt. Im Alten Testament wird nirgendwo von diesem Geheimzugang berichtet. Es scheint, daß Davids Spionagedienst ausgezeichnet gearbeitet hat. Man kann vermuten, daß Davids Aufenthalt beim Philisterkönig Achis in Gath ähnlichen Diensten gegolten hat.

So konnte David durch diesen Geheimgang aus dem Kidrontal mit einem Stoßtrupp in die Jebusiterfestung gelangen, während alle Krieger der Jebusiter auf den Mauern standen, um jeden Angriff abzuwehren.

Die Eroberung der für uneinnehmbar geltenden Jebusiterburg Zion durch David machte großen Eindruck auf alle israelitischen Stämme, sie sahen in David den Retter aus einer hoffnungslosen Lage. Darum wanderten die Vertreter aller israelitischen Stämme nach Hebron und salbten ihn nun öffentlich zum König von Israel (2. Sam. 5,1–3), während die erste Salbung zum König durch Samuel zu Lebzeiten Sauls nur im Geheimen erfolgt war.

David unternahm nun alles, um die verlorene Einheit der verschiedenen Stämme wiederherzustellen und zu festigen. Er legte einen heiligen Platz auf dem Berg Zion an, wo er einen Opferaltar für Gott erbaute. In einem feierlichen Zug holte er dann die Bundeslade nach Jerusalem. Sie galt nun als Sinnbild der nationalen Einheit und der Treue Israels zu seinem Gott. Er plante sogar einen Tempel für die Bundeslade zu bauen, wurde dann allerdings von diesem Plan durch den Propheten Nathan abgehalten, der die alte religiöse Tradition aus der Nomadenzeit gewahrt wissen wollte: Gott hat keinen festen Sitz, sondern er zieht mit seinem Volk in einem Zelt umher. David baute einen Palast und befestigte die ohnedies starken Verteidigungsanlagen aus der Jebusiterzeit noch stärker.

Nun merkten die Philister, wohin David, ihr bisheriger Vasall,

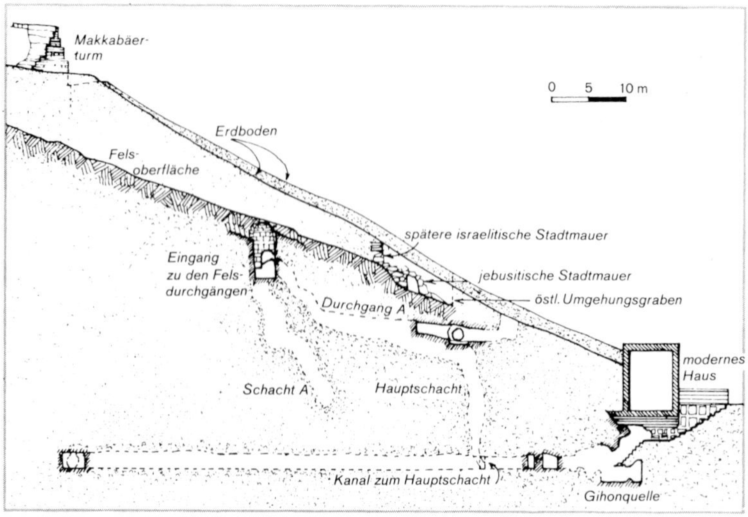

Abb. 123
Jebusiterschacht zur Quelle „Gihon".
Aus: Magnusson, Auf den Spuren der Bibel, München, 1978.

steuerte und sie versuchten sich David's zu bemächtigen (2. Sam. 5,17). Die Armee der Philister, die David fangen sollte, lagerte sich im Tal Rephaim, südwestlich von Jerusalem. Offensichtlich waren die Philister sich wegen ihrer überlegenen Heeresmacht ihres Sieges gewiß. Aber in den engen Tälern konnten sie ihre Heeresmacht nicht vorteilhaft einsetzen. Der Vorteil des Terrains fiel ausschließlich den leichtbewaffneten und berggewohnten Kriegern Davids zu. David, der ja die Kampfesweise der Philister mit ihren Stärken und Schwächen sehr genau kannte, führte seine Truppen auf Umwegen in den Rücken und in die Flanken des Philisterheeres. Als David im Rauschen der Bäume zu hören meinte, daß Gott ihm den Sieg verheißen hätte, griff er an und besiegte die Philister. Die Philister flohen „und ließen ihre Götzen daselbst. David aber und seine Männer hoben sie auf" (2. Sam. 5,21). Bei einem zweiten Vorstoß der Philister wieder ins Tal Rephaim wiederholte sich das Geschehen des ersten Vorstoßes, die Philister wurden besiegt und flüchteten bis nach Geser in die Sephela (2. Sam. 5,22 ff.). In der Folgezeit kam es zu vielen kleinen Gefechten zwischen den Philistern und den Kriegern Davids. Nach den Angaben des 2. Buches Samuel (21, 15—22; 23,9—17) gingen alle siegreich für Davids Krieger aus. Schließlich konnte David es wagen, bis nach Gath in der Sephela vorzustoßen, er eroberte Gath und wurde damit Oberherr der Philister (1. Chr. 18,1 f.).

Es ist nur schwer verständlich, warum die Philister ins Bergland vorstießen, das ihnen von Haus aus fremd war und in dessen engen Tälern sie ihre überlegenen Kampfmittel, ihre Streitwagen, Reiterei und ihre „Ordnung im Felde" nicht einsetzen konnten. Dort wurden ihnen immer wieder schwere Verluste zugefügt.

David wußte sehr wohl, daß sich die Krieger der Philister durch große Tapferkeit und Treue auszeichneten, deswegen stellte er seine Leibwache aus Philistern und Kretern zusammen (2. Sam. 8,18; 15,18; 20,7). Kreter waren ja zusammen mit den Philistern nach Palästina gekommen

Abb. 124
Jebusiterschacht zur Quelle „Gihon". Um den Brunnen ungehindert erreichen zu können, wurde dieser 50 m lange Tunnel in den Fels gehauen.
Aus: Levin Baruch, Die Israeliten. Time-Life, 1975.

und siedelten „im Mittagsland der Kreter" (1. Sam. 30,14), d.h. südlich von Gaza an der Mittelmeerküste (s. oben S. 59, 88, 240).

Daß der Hauptmann der Leibwache Davids, Itthai aus der Philisterstadt Gath, sich nicht in Sicherheit bringen, sondern bei David bleiben wollte: „es sei zum Tode oder zum Leben", haben wir oben (s. S. 158) gehört. So hielten es auch „alle seine Männer" (2. Sam. 15,22).

Mit der Besetzung des Philisterlandes durch David und seine Truppen war es mit der Selbständigkeit und Macht der Philister vorbei. Allerdings sind sie nicht ganz aus der Geschichte verschwunden. Gelegentlich haben sie vorübergehend Israels Herrschaft abgeschüttelt. So wird z.B. in 2. Kön. 18,8 berichtet: „Hiskia (719—691 v. Chr.) schlug auch die Philister bis gen Gaza und ihr Gebiet von den Wachttürmen an bis an die festen Städte". Beim Propheten Zephanja (unter König Josia 636—608 v. Chr.) steht ein Drohwort gegen die Philister, weil sie sich nicht zu Jahwe bekehren wollen: „Gaza und Askalon muß verlassen werden, Asdod soll am Mittag vertrieben und Ekron ausgewurzelt werden. Weh denen, die am Meere wohnen, dem Volk der Kreter! Des Herren Wort wird über euch kommen, du Kanaan, du Land der Philister; ich will dich umbringen, daß niemand mehr dort wohnen soll!" (Zeph. 2,4 f.). Ähnlich sind die Drohworte, die beim Propheten Sacharja (9,2 f.) über die alten Sakar- und Philisterstädte stehen: „Über Tyrus und Sidon, die sehr weise sind. Denn Tyrus baute sich eine Feste und sammelte Silber wie Sand und Gold wie Kot auf der Gasse. Aber siehe, der Herr wird sie verderben und wird ihre Macht, die sie auf dem Meere hat, zerschlagen, und sie wird mit Feuer verbrannt werden. Wenn das Askalon sehen wird, wird sie erschrecken, und Gaza wird sehr angst werden, dazu Ekron; denn ihre Zuversicht wird zu Schanden, und es wird aus sein mit dem König von Gaza, und zu Askalon wird man nicht wohnen. Zu Asdod werden Fremde wohnen; und ich will der Philister Pracht ausrotten".

Aus diesen Stellen geht doch hervor, daß die Hafenstädte der Sakar, Tyrus und Sidon, durch den Seehandel sehr reich geworden sind und daß sie „Macht auf dem Meere" hatten und daß auch „der Philister Pracht" dem Propheten ein Dorn im Auge war.

Von Judas Makkabäus, der erste Führer der Juden im Freiheitskampf gegen die Syrer (167 — 160 v. Chr.), wird noch berichtet: „Und Judas zog gen Asdod in der Philister Land und riß die Götzenaltäre ein und verbrannte die Götzen und plünderte die Städte und kam heim ins Land Juda".

Aus diesen wenigen Erwähnungen der Philister oder einzelner Städte der Philister kann man nicht wie aus den ausführlichen Berichten in den Büchern Samuelis eine fortlaufende Geschichte der Philister rekonstruieren. Immerhin geht aus diesen Stellen hervor, daß wenigstens bis ins 4. Jhdt. v. Chr. die Sakarhafenstädte Tyrus und Sidon noch „Macht auf dem Meere" und großen Reichtum hatten, und daß bis in diese Zeit „der Philister Pracht" den Juden ein Ärgernis war.

Auch geht aus diesen Stellen hervor, daß Macalister und alle, die ihm zugesprochen haben, sich irren, wenn sie meinen, daß die Namen der Gottheiten der Philister, die uns im Alten Testament überliefert sind, ein Beweis seien, daß die Philister ihre eigenen Gottheiten aufgegeben und semitische Gottheiten übernommen hätten[6]. In diesem Fall hätte Judas Makkabäus die Götzen der Philister nicht verbrannt. Die Philister haben, wie wir schon oben (s. S. 153, 197 f.) bemerkten, ihre alten Götter aus ihrer Urheimat weiter verehrt. Die Namen dieser Götter sind uns allerdings nur in hebräischer Übersetzung erhalten.

18. Die Philister als Lehrmeister der Hebräer

Hier sei nur noch einmal zusammengefaßt, was die Hebräer, d.h. das Volk Israel, den Philistern zu verdanken haben.

1. Im Hinblick auf diese Frage ist zu bedenken, daß das Volk Israel nach den Angaben des Alten Testamentes[1] vierhundertdreißig Jahre in der ägyptischen Sklaverei zubringen mußte. In dieser Zeit wurden die Hebräer „übel behandelt“[2] und zu den niedrigsten Sklavendiensten gezwungen. Als dann im letzten Drittel des 13. Jhdts. v. Chr. durch die schweren Naturkatastrophen, die uns in der Bibel als die „zehn Plagen Ägyptens“ geschildert werden, die staatliche Ordnung in Ägypten zerbrach und Anarchie im Lande herrschte, ergab sich für die Gefangenen in den Arbeitslagern Ägyptens die Möglichkeit, der Knechtschaft zu entfliehen. Was da aus Ägypten flüchtete, war noch kein einheitliches Volk, sondern Gefangene, die die Pharaonen in den vielen Feldzügen der letzten Jahrhunderte aus den verschiedensten Ländern eingebracht hatten. Immerhin gab es einen Kern in diesen flüchtenden Scharen, der sich „Hebräer“ nannte und sich in zwölf verschiedene Stämme gliederte. Aber auch im Alten Testament wird berichtet, daß mit diesem Kern „viel Pöbelvolk mitzog“[3].

Diese Scharen hatten keine Waffen, keine Wagen, keine Pferde, sie trieben nur „Schafe und Rinder“[4] mit sich, die sie den Ägyptern fortgenommen hatten. Diese Flüchtlinge konnten nun nicht auf dem alten Karawanenweg, „der der nächste gewesen wäre“[5] (s. oben S. 12), aus dem Lande Gosen (= Nildeltagebiet) nach Palästina ziehen, denn auf diesem alten, von den Ägyptern oft benutzten und „Horusweg“ genannten Weg waren die Philister bis an die Grenze „von Ägypten und Zahi“ vorgedrungen, außerdem hatte Ramses III. „die Grenze nach Zahi befestigt und vor sie die Fürsten, Kommandanten der Garnisonen und die Streitwagenkämpfer aufgestellt“ (s. oben S. 10, 144). Dort tobte zur Zeit des Auszuges aus Ägypten bereits der Streit zwischen den Philistern und den Ägyptern. Darum führte Moses „das Volk um auf die Straße durch die Wüste am Schilfmeer“ (s. oben S. 12). Wir haben oben (S. 12) gehört, daß nach übereinstimmender Ansicht vieler Historiker mit diesen Worten der Umweg über die etwa 110 km lange Nehrung, die das Mittelmeer vom Sirbonissee (heute Sebchat-berda-wil) trennt, gemeint ist.

Auf jeden Fall konnten diese Wanderscharen nur deswegen nach Palästina ziehen, weil die Philister die ägyptischen Truppen aus diesem Land vertrieben hatten. Das Volk Israel und die es begleitenden Pöbelscharen konnten nicht in die fruchtbare Küstenebene ziehen, denn die war bereits von den Philistern besetzt. Darum mußten diese Scharen „vom Schilfmeer hinaus durch die Wüste Sur“[6], d.h. in einem weiten Bogen nach Osten in die Sinaihalbinsel wandern, um von dort aus ins Gebirgsland Palästinas zu gelangen, das damals noch nicht von den Philistern besetzt war.

Man kann also feststellen: Ohne den Vormarsch der Philister bis an die Grenze Ägyptens keine Rückkehr des Volkes Israel ins Gebirgsland Palästinas.

2. Etwa hundert Jahre lang haben die Philister und die Hebräer = Israeliten friedlich nebeneinander gelebt; die Philister in der reichen Küstenebene, die Israeliten im kargen Bergland Palästinas. Die Ausgrabungen der Siedlungen der Israeliten im Gebirgsland haben ergeben, daß „ihre Kultur immer noch primitiv, ihre Niederlassungen und Dörfer, ihre Kunst unentwickelt und die Gegenstände des täglichen Gebrauchs einfach und nützlich" waren[7].

Die Ausgrabungen der Dörfer und Siedlungen der Hebräer im Gebirgsland Palästinas, z.B. in Silo, Bethel und Gibea, haben nur Überreste einer Anzahl ziemlich roher Bauten aus dem 12. Jhdt. v. Chr. zutage gefördert.

In derselben Zeit erbauten die Philister in der Küstenebene und im Hügelland der Sefela große Gebäude, reiche Tempel, Hafenanlagen und starke Befestigungswerke. „Die Hebräer, die bisher bei den Philistern waren"[8], und die, die in der Nachbarschaft der Philister sich ansiedelten, kamen so in Berührung mit einem Volk, das aus einer nordeuropäischen Heimat eine hohe Kultur, große technische Kenntnisse und Fertigkeiten mitgebracht hatte.

Man kann also feststellen: Ohne die Nachbarschaft der Philister wäre die bald erfolgende Annäherung der ehemaligen Sklaven Ägyptens an die abendländische Kultur, an die technischen Kenntnisse und Fertigkeiten und an die Baukunst, die die Philister mit nach Palästina gebracht hatten, nicht möglich gewesen. „Die neuen Anregungen, die ins Land strömten"[9], verdankte das Volk Israel den Philistern.

3. Die Hebräer waren ursprünglich mit dem Schiffbau und der Schiffahrt nicht vertraut, „sie sind niemals auf's Meer gegangen"[10]. Die Philister waren als ein Volk, das von den Inseln und Festländern am Weltmeer = sin wur = Ozean im Norden gekommen waren, seit vielen Jahrhunderten mit dem Bau hochseetüchtiger Schiffe und mit der Hochseeschiffahrt vertraut. Sie haben an der flachen, versandeten und gefährlichen Küste Palästinas zahlreiche künstliche Hafenanlagen erbaut, wie E. Schultze nachgewiesen hat. Es war ja an dieser Küste ohne Hafenanlagen „auf offener Reede zu liegen überaus bedrohlich"[11]. Wir haben oben (S. 27) gehört, daß sie den Phöniziern den Schiffbau „und jenen Fundus an nautischem und technischem Wissen, ohne den Hochseeschiffahrt nun einmal nicht möglich ist"[12], beigebracht haben. Ramses III. nennt sie in den Texten von Medinet Habu „Helden auf den Meere"[13].

A. Köster, einer der besten Kenner des antiken Seewesens, nennt sie „die erfahrensten Seeleute ihrer Zeit"[14].

Sicherlich haben die Philister den Hebräern, wie das auch bei den Phöniziern der Fall war, den Bau hochseetüchtiger Schiffe und die erforderlichen seemännischen Kenntnisse beigebracht. E. Schultze schreibt: „Die Juden beneideten die Philister um ihre Schiffahrt. So hebt Jesaja in der Schilderung der messianischen Zeit hervor, daß man dann „hinfliegen wird über die Schulter der Philister nach dem Meere zu“, d.h., daß die Seemacht der Philister an die Juden übergehen wird“[15].

Man kann also feststellen: keine Seeschiffahrt und keinen Überseehandel der Juden ohne die Schiffbaukunst, das nautische Wissen und die Hafenanlagen, die sie den Philistern verdanken.

4. Das Volk Israel hatte bei seiner Einwanderung ins Gebirgsland Palästinas keine Ahnung von der Gewinnung und Verarbeitung der Bronze und des Eisens. Darum wird uns ja im Alten Testament berichtet, daß zur Zeit Sauls (1032—1012 v. Chr.) „kein Schmied im ganzen Lande Israel gefunden ward“, und „ganz Israel zu den Philistern hinabziehen mußte, wenn jemand eine Pflugschar, Haue, Beil oder Sense zu schärfen hatte“[16].

Die Philister waren aber nicht nur „hervorragende Fachleute auf dem Gebiet der Kupfer- und Bronzetechnik“ (s. oben S. 114), sondern auch auf dem Gebiet der Eisengewinnung und Stahlherstellung. Sie haben in die von ihnen durchwanderten oder besetzten Gebiete Eisenwaffen mitgebracht. Prof. Dr. J. R. Maréchal, der hervorragende französische Fachmann auf dem Gebiet der vorgeschichtlichen Metallurgie, hat festgestellt: „Die ersten nach Italien und Griechenland gebrachten Gegenstände aus Eisen zeigen bereits eine hochentwickelte Technik“[17].

Maréchal hat aufgrund seiner metallurgischen Untersuchungen auch nachgewiesen, daß die Völkerschaften, die im Verlauf der Großen Wanderung hochwertige Bronze- und Eisensachen verbreiteten, „ihr Epizentrum in Südskandinavien und im dänischen Inselmeer und in den nebenliegenden Gebieten hatten“[18].

Noch zur Zeit des ersten Königs von Israel, des Königs Saul, hüteten die Philister ihr Monopol auf Eisengewinnung und Eisenhandel. An vielen Stellen wurden in den von den Philistern besetzten Gebieten Palästinas zusammen mit der typischen Philisterkeramik Eisensachen gefunden.

Dann hat der Nachfolger König Sauls „David viel Eisen bereitet“, unter ihm war „Eisen in Massen vorhanden“ und „soviel Erz, daß es nicht zu wägen war“ (1. Chron. 22,3; 22,14; 22,16; 29,2; 29,7). Sicherlich hat David während seines Aufenthaltes bei dem Philisterkönig Achis von Gath, der ihm Ziklag als Lehen und Aufenthaltsort zugewiesen hatte, die Technik der Eisengewinnung und -verarbeitung erlernt. In unmittelbarer Nähe von Ziklag, in Gerar, hat Flinders Petrie den ältesten Eisenschmelzofen der Welt zusammen mit landwirtschaftlichen Geräten und Waffen aus Eisen ausgegraben. Dieser Eisenschmelzofen wird in die Zeit um 1165 v. Chr. datiert (s. oben S. 48), d.h. hundertfünfzig Jahre vor dem Aufenthalt Davids in Ziklag haben die Philister hier schon Eisensachen hergestellt.

Noch viel später wußten die Juden, daß sie die Bronze- und Eisentechnik den Völkern „von Mitternacht“, also den Nordmeervölkern, verdankten, denn der Prophet Jeremia (626—580 v. Chr.) schreibt: „Eisen und Erz kommt aus Mitternacht“ (Jeremia 15,12).

Man kann also feststellen: Keine Kenntnis der Eisen- und Erzverarbeitung in Israel ohne die Philister!

5. Die Israeliten hatten aus Ägypten keine Erfahrung in der Kriegsführung mitgebracht. Sie wurden in Ägypten nur als Arbeitssklaven,

aber nicht als Krieger oder gar als Offiziere eingesetzt. So hatten sie wenig oder keine Ahnung von Strategie und Taktik, sie wußten nicht, wie man ein Heer einsatzbereit aufstellt und taktisch richtig führt. Darum haben sie bis in die Tage Davids auch alle Kämpfe gegen die gut geführten und disziplinierten Heere der Philister verloren. Die Hebräer konnten selbst die zeitweise Besetzung des Gebirgslandes Juda und des Jordantales durch die Philister nicht verhindern.

Erst König David, der die Kriegsführung der Philister bei seinem Aufenthalt bei König Achis in Gath kennengelernt hatte, lehrte Israel Strategie und Taktik. Darum heißt es im Buch der Richter (3,1): „Dies sind die Heiden, die der Herr ließ übrigbleiben, damit die Kinder Israels wüßten und lernten zu streiten, da sie zuvor nichts davon wußten: nämlich die fünf Fürsten der Philister und alle Kanaaniter und Sidonier". Kautzsch übersetzt Luthers Übertragung: „damit die Kinder Israels wüßten und lernten zu streiten", mit: „ . . . um sie die Kriegsführung zu lehren"[19].

Man kann also feststellen: Ohne die Philister hätten die Kinder Israels Strategie und Taktik, die Kriegsführung, „da sie zuvor davon nichts wußten", nicht erlernt.

6. Die Israeliten kannten bis in die Tage König Davids weder den Umgang mit Pferden, noch das Streitwagenfahren oder das Reiten. Aus der ägyptischen Gefangenschaft hatten sie nur „Schafe und Rinder" mitgenommen[20]. Mit Pferden konnten sie so wenig umgehen, daß die Rosse der Philister, die sie erbeutet hatten, „verlähmten"[21], d.h. den Rossen die Fesseln durchschnitten. Noch für die Zeit Davids schreibt Baruch A. Levine, Professor für die Geschichte Israels an der Universität in Jerusalem: „Eigenartigerweise benutzten die Israeliten, wohl als einzige größere Macht der damaligen Zeit, noch nicht Pferde und Streitwagen als Kriegswaffe. Ihre Offiziere ritten auf Eseln. Erst König Salomo, Davids Sohn, führte den Gebrauch von Pferden und Streitwagen ein und benutzte die Gespanne auch für kommerzielle Zwecke"[22].

Es ist wohl anzunehmen, daß David bei seinem Aufenthalt bei den Philistern den Umgang mit Pferden und das Streitwagenfahren und Reiten kennengelernt hat. Wenn er auch selbst nicht mehr das Streitwagenfahren und Reiten in seinem Heer eingeführt hat – wenigstens ist davon nirgendwo die Rede –, so hat doch sein Sohn beides eingeführt. Es heißt (2. Sam. 15,1): „Absalom ließ sich machen einen Wagen und Rosse für fünfzig Mann, die seine Trabanten waren".

Daß die Nordmeervölker und ihr führender Stamm, die Philister, Streitwagen und Reiterei einsetzten, haben wir oben (s. S. 18, 121 f., 211) erwähnt. Ja, die ersten Reiterkrieger erscheinen im Mittelmeerraum überhaupt erst mit der Großen Wanderung der Nordmeervölker.

Man kann also feststellen: Keine Pferdezucht, keine Reiterei und keine Streitwagen bei den Hebräern ohne die Philister.

7. Otto Eißfeldt hat die Ansicht vertreten, daß „die Bedrohung durch die Philister den eigentlichen Anstoß zur Entstehung des Königtums und zur Staatsbildung in Israel gegeben" habe[23]. Diese Ansicht haben auch andere Gelehrte vertreten[24].

Das Volk Israel kannte zwar aus seiner Knechtschaft in Ägypten ein wohlgeordnetes Staatswesen und mächtige Könige. Aber die ägyptischen

Abb. 125
Hafen von Eilat.
(Photo des Verfassers).

Könige wurden als Götter verehrt, sie gelangten durch Erbfolge auf den Königsthron und waren absolute Herrscher.

Die Könige der Philister waren keine Götter, sie herrschten nicht absolut, sie mußten sich mit ihren Fürsten und Edlen beraten und gelangten durch Wahl in ihre Stellung. So war das wenigstens auch in der Anfangszeit des Königtums in Israel der Fall. Saul und David wurden gewählt und mußten sich auf den Landtagen ihrem Volk gegenüber verantworten, sie standen unter dem Gesetz. Es ist also wahrscheinlich, daß das Königtum und die Staatsbildung in Israel durch das Vorbild des Königtums und des Staatswesens der Philister beeinflußt wurde.

Man kann mit einigem Recht sagen: ohne das Vorbild des Staatenbundes und des Königtums der Philister wären die losen Stämme Israels nicht zur Staatsbildung gezwungen worden, ebenso wäre ohne das Vorbild des Königtums bei den Philistern das Königtum Sauls und Davids nicht entstanden.

8. Auch die weltweiten Handelsbeziehungen, die die Philister schon Jahrhunderte vor der Großen Wanderung hatten, hat das Volk Israel von ihnen geerbt.

Diese weltweiten Handelsbeziehungen der Nordmeervölker bestanden schon in der jüngeren Steinzeit und erst recht in der Bronzezeit wie die Verbreitung des Bernsteins in allen Ländern Europas, in Vorderasien und in Ägypten beweist.

Von den Häfen der Philister und der Sakar fuhren „Tarsisschiffe", also große, hochseetüchtige Schiffe, nach Tarsis = Tartessos in Südspanien und in andere ferne Länder, „sie kamen alle drei Jahre einmal und brachten Gold, Silber, Elfenbein, Affen und Pfauen" (1. Kön. 10,22; 2. Chron. 9,21). König Hiram aus Tyrus baute für König Salomo in Ezeon-Geber am Golf von Akaba Schiffe „und sandte seine Knechte im Schiff, die gute Schiffsleute und auf dem Meere erfahren waren mit den Knechten Salomos; und sie kamen nach Ophir und holten daselbst vierhundertzwanzig Zentner Gold und brachtens dem König Salomo" (1. Kön. 9,27 f.). Welches Land unter „Ophir" zu verstehen ist, ist umstritten. Einige meinen, es sei ein Land an der südarabischen Küste, andere meinen, es hätte an der Küste Vorderindiens gelegen, wieder andere meinen, es sei mit dem Goldland Simbabwe in Südafrika identisch (Prof. Dr. Quiring). Für diese Hypothese spricht, daß Ramses III. einmal von einem „südlichen Goldland" spricht, daß in Simbabwe Zyklopenbauten, die sicherlich Befestigungsanlagen waren, „phönizische Schriftzeichen" und ein zyprischer Kupferbarren, wie ihn auch die Nordmeervölker auf Zypern im 12. Jhdt. v. Chr. herstellten, gefunden wurden[25].

Als später der israelitische König Josaphat (874—850 v. Chr.) ohne Hilfe der erfahrenen Schiffbauer und der „guten Schiffsleute" der Sakar und der Philister auf eigene Faust Schiffe in Ezeon Geber baute, um mit seinen eigenen Leuten Gold aus Ophir zu holen, erlebte er eine böse Katastrophe, denn „man fuhr nicht, die Schiffe scheiterten schon in Ezeon-Geber" (1. Kön. 22,49). Ohne die mit dem Schiffbau und der Hochseeschiffahrt vertrauten Philister oder Sakar konnten sich die Schiffe der Israeliten wenigstens in den ersten Jahrhunderten nicht auf das Meer hinauswagen.

Daß die Philister und Sakar, die „Phönizier" der Griechen, die ersten Seeleute waren, die auch die Weltmeere erfolgreich befuhren, zeigt der Bericht Herodots über die Umseglung Afrikas durch die „Phönizier". Herodot berichtet: „Als Nekos (Necho, 609-594 v. Chr.) nämlich den Bau jenes Kanals eingestellt hatte, der vom Nil nach dem arabischen Meerbusen (Rotes Meer) führen sollte, schickte er Phoiniker mit einer Flotte aus und gab ihnen den Auftrag, den Rückweg durch die Säulen des Herakles zu nehmen und also durch das mittelländische Meer nach Ägypten zurückzukehren. So fuhren denn die Phoiniker durch das Rote Meer nach Süden fort. Als der Herbst kam, gingen sie ans Land und bebauten das Feld, an welcher Stelle Libyens (Afrikas) sie sich nun gerade befanden, und warteten die Ernte ab. Hatten sie geerntet, so fuhren sie weiter. So trieben sie es zwei Jahre lang, und im dritten Jahr bogen sie bei den Säulen des Herakles ins nördliche Meer ein und gelangten nach Ägypten. Sie erzählten – was ich aber nicht glaube, vielleicht erscheint es anderen als glaublich –, daß sie während der Umschiffung die Sonne auf einmal zur Rechten gehabt hätten. So wurde zum ersten Mal bewiesen, daß Libyen (Afrika) ganz vom Meere umgeben ist" (V,42).

Gerade diese Angabe der phönikischen Seefahrer, „daß sie während der Umschiffung die Sonne auf einmal zur Rechten gehabt hätten", beweist, daß sie tatsächlich Afrika im Sinne des Uhrzeigers umsegelt haben. Von diesen erfahrenen Schiffbauern und Seeleuten lernte das Volk Israel, das in den Jahrhunderten der ägyptischen Gefangenschaft nur das Niltal kennengelernt hatte, die Hochseeschiffahrt und ferne Länder kennen. Sie machten es den Philistern und Sakar nach, von denen es z.B. im Hinblick auf die Sakar in Tyrus heißt: „Ihre Kaufleute sind Fürsten und ihre Handelsherren sind die Herrlichsten im Lande" (Jes. 23,8).

Man kann also sagen: kein weltweiter Überseehandel Israels ohne die Kenntnis der Schiffahrtswege und der Hochseeschiffahrt, die die Philister und die Sakar hatten.

9. Das Volk Israel kannte den Holzbau nicht, als es aus dem holzarmen Ägypten ins Bergland Palästinas einwanderte. Die Philister haben, wie die Ausgrabungen an verschiedenen Orten gezeigt haben, „eine reichliche Verwendung von Bauholz" für ihre Tempel, Häuser und Stadtmauern, die horizontale Holzeinlagen hatten[26], gekannt.

Die Häuser, die die Israeliten in den ersten Jahrhunderten nach ihrer Einwanderung im Bergland Judäas errichteten, waren aus Stein und sehr primitiv[27].

Selbst für den Bau des Tempels mußte Salomo den König Hiram zu Tyrus bitten: „Wie du meinem Vater David tatest und sandtest ihm Zedern, daß er sich ein Haus baute, darin er wohnte . . . so sende auch mir Zedern-, Tannen- und Sandelholz vom Libanon; denn ich weiß, daß deine Knechte mit Holz zu bauen wissen. Und siehe, meine Knechte sollen mit deinen sein, daß man mir viel Holz zubereite, denn das Haus, das ich bauen will, soll groß und außerordentlich sein" (2. Chron. 2,2; 7,8). Salomo bat den König zu Tyrus auch um einen Baumeister mit Namen Huram Abi, „einen kunstverständigen, einsichtigen Mann, er versteht sich darauf, in Gold, Silber, Erz, Eisen, Steinen und Holz zu arbeiten" . . . „Wir (die Tyrer) aber wollen Bäume auf dem Libanon fällen, so viel du irgend bedarfst, und wollen sie dir auf Schiffen auf dem Meere nach Japho bringen; von dort magst du es hinauf gen Jerusalem bringen" (2. Chron. 2,12 ff.).

So hat Israel den Holzbau von den Sakar, dem mit den Philistern verwandten Stamm der Nordmeervölker, erlernt.

10. Es ist wahrscheinlich, daß selbst in den Tempel Salomos, den der Baumeister des Sakarkönigs errichtet hat, kultische Einrichtungen der Sakar gelangt sind. Dazu gehören vor allem „die Rosse der Sonne mit dem Wagen der Sonne, am Eingang des Hauses des Herrn", die später König Josia (638–608 v. Chr.) bei seiner großen Reform, bei der alles Heidnische zerstört wurde, „mit Feuer verbrannte" (2. Kön. 23,11).

Solche Sonnenrosse und Sonnenwagen gab es z. Zt. der Erbauung des Tempels unter Salomo (972–932 v. Chr.) nur im nordeuropäischen Raum. Die Ägypter hatten zwar die Vorstellung, daß der Sonnengott oder die Sonne in einem Schiff über das Luftmeer fährt, sie kannten aber keine Sonnenwagen und keine Sonnenrosse. Nur im nordischen Kulturkreis der Bronzezeit war die Vorstellung verbreitet, daß die Sonne oder der Sonnengott tagsüber in einem Sonnenwagen von Sonnenrossen über den Himmel gezogen wird, um dann während der Nacht von Schwänen durch das Unterweltmeer an den Aufgangsort zurückgebracht zu werden. Auf skandinavischen Felszeichnungen ist diese Vorstellung wiederholt dargestellt (Almgren, 1934, Abb. 24 ff., 86 ff.). Berühmt ist der Sonnenwagen von Trundholm (Insel Seeland, Dänemark), der von einem Pferd gezogen wird und eine goldene „prachtvoll in der Art des großen Stils verzierte Sonnenscheibe“ (Schwantes) trägt. Der „große Stil“ gehört der Per. III der nordischen Bronzezeit an, also etwa der Zeit um 1400 v. Chr.

Der Baumeister des Sakarkönigs errichtete auch „zwei Säulen vor der Halle des Tempels, die er zur rechten Hand setzte, hieß Jachin, und die er zur linken setzte, hieß Boas“ (1. Kön. 7, 15, 21 u. ö.).

Die Namen und der Zweck dieser beiden Säulen sind nicht bekannt. Sie waren auch für den monotheistischen Kult Israels nicht erforderlich. Solche Säulen sind aber aus den Philistertempeln in Gath, Tell Qasile und Tyrus bekannt (s. oben S. 150 und 200). Hat der Baumeister aus Tyrus in den Tempel Jahwes in Jerusalem zwei heidnische Symbole einbauen lassen? Säulen gehörten ja zum „Säulenkult“ der Philister.

Dieselbe Frage stellt sich auch, wenn berichtet wird, daß der Baumeister aus Tyrus in den Tempel in Jerusalem einen ehernen Kesselwagen stellte, „ein jegliches Rad war anderthalb Ellen hoch, und es waren Räder wie Wagenräder. Und ihre Achsen, Naben, Speichen und Felgen waren alle gegossen“ (1. Kön. 7,52).

Solche Kesselwagen gab es weder bei den Ägyptern noch bei einem anderen Volk Vorderasiens vor der Einwanderung der Nordmeervölker. Die Philister aber haben in Enkomi-Alasia einen bronzenen Kesselwagen mit vier Rädern in einem Tempel aus dem frühen 12. Jahrhundert v. Chr. aufgestellt, der dort gefunden wurde.

In den vier Bildfeldern des Oberteils stehen in der Mitte je eine „Volutensäule“ = Himmelsstütze, die von zwei Sphingen flankiert wird[28].

Bronzene Kesselwagen aus älterer Zeit sind uns aus dem nordischen Kulturkreis bekannt. Dort wurde im „Trushöj“ bei Skallerup, Süd-Seeland, und in Peckatel, Kreis Schwerin, je ein bronzener Kesselwagen, außerdem Reste ähnlicher Wagen in Schonen und in Mecklenburg gefunden[29].

Auf dem Gestänge des Kesselwagens von Skallerup sitzen vier Schwäne, in dem Kessel „lagen die verbrannten Gebeine des beigesetzten Häuptlings“ . Man ist allgemein der Ansicht, daß die Kesselwagen „bei religiösen und magischen Zeremonien verwandt wurden“[30].

Der Schwan war dem hyperboreischen Apollon heilig. Man glaubte, daß Schwäne den Sonnengott – Apollon – oder den Sonnenwagen während der Nacht durch das „Unterweltmeer“ an den Aufgangsort der Sonne zurückbringen. Wenn im Kessel von Skallerup die verbrannten Gebeine eines Häuptlings lagen, und die Reste anderer Kesselwagen oder der Kesselwagen von Peckatel in Grabhügeln gefunden wurden, dann kann man vermuten, daß die Schwäne auf dem Kesselwagen und auf Grabgefäßen die Entrückung des Verstorbenen ins Land der Seligen andeuten sollen.

11. Die größte und wertvollste Gabe, die die Hebräer und darüber hinaus die ganze Welt den Philistern verdankt, ist die „Philisterschrift“, die Buchstabenschrift. Das Volk Israel konnte diese Schrift in der ägyptischen Gefangenschaft nicht erlernen, denn dort gab es damals die Buchstabenschrift noch nicht. In den hundert Jahren, in denen das

Volk Israel friedlich in der Nachbarschaft der Philister lebte, und viele Israeliten bei den Philistern arbeiteten (1. Sam. 24,21, s. oben S. 252), oder in den nachfolgenden hundert Jahren, in denen die Philister Israel beherrschten (Ri. 14,4; 15,11 u.ö.), hatten die Israeliten die Möglichkeit, diese im Vergleich zu den Hieroglyphen oder den Keilschriften leicht zu erlernende Buchstabenschrift zu erlernen. Anfänglich waren die hebräischen Buchstaben denen der Philisterschrift völlig gleich. Das zeigen die ersten in hebräischer Sprache in Ton geritzten Texte.

Die Eigenart der hebräischen wie später aller anderen semitischen Schriften, nur die Konsonanten zu schreiben, geht dabei wohl auf den Einfluß des Aufenthaltes in Ägypten zurück. Schrieben doch die Ägypter, wenn sie in ihrer Begriffsschrift etwas lautlich ausdrücken wollten, Wörter mit dem entsprechenden Konsonanten ohne Rücksicht auf die dazugehörigen Vokale und Moses war ja schließlich in allen Wissenschaften und Künsten Ägyptens erzogen worden; er, der offenbar wohl als erster auf den Gesetzestafeln des Sinai die neue Schrift verwandte. Die in Palästina gefundenen Texte in Alphabetschrift aus dem 12. und 11. Jahrhundert v. Chr. sind allerdings in einer nichtsemitischen Sprache, in einer „indoeuropäischen Sprache, wahrscheinlich der der Philister" (Z. Mayani, s. oben S. 173) geschrieben. Erst seit dem 10. Jahrhundert gibt es hebräische Texte in der Philisterschrift.

Nach einiger Zeit geschah auch hier, was Herodot von Griechenland berichtet: „Später aber veränderte sich mit der Sprache allmählich auch die Form der Buchstaben" (s. oben S. 176). Vielleicht ist auch die Reihung der Buchstaben im „Alphabet" (Aleph, Beth, Gimel, Daleth usw.), die auch von den Griechen übernommen wurde, auf hebräischen Einfluß zurückzuführen.

Auf jeden Fall war die Einführung der Buchstabenschrift „von überragender kultureller Bedeutung"[31].

Sabatino Muscati, der italienische Semitologe, schreibt: „Damit (mit der Alphabetschrift) wurde gegenüber dem komplizierten mesopotamischen System wie auch gegenüber dem ägyptischen ein großer Fortschritt erzielt. Anstelle von Hunderten und Aberhunderten von Zeichen stehen nun dreißig oder gar weniger. Das System ist wie das unsere, mit dem Unterschied, daß nur die Konsonanten geschrieben werden". „Mit dieser Entdeckung (der Alphabetschrift) gibt es eine Revolution in der Kultur des alten Orients: die Schrift, einst schwieriger Besitz weniger Eingeweihter, wird ein leicht zu handhabendes Ausdrucksmittel breiter Schichten"[32].

Bald konnten viele Menschen schreiben. Im Alten Testament, das auch dieser Schrift seine Existenz verdankt, werden viele Bücher aus der Frühzeit Israels genannt, die uns leider verlorengegangen sind. Erwähnt werden „das Buch der Frommen" (Jos. 10,13), „das Gesetzbuch Gottes" (Jos. 24,26), „ein Buch, das Samuel schrieb" (1. Sam. 10, 25), „Geschichten Samuels und Davids" (1. Chron. 29,29 u.ö.), „Chronik des Salomo" (1. Kön. 11,41), „Chronik der Könige Israels" (2. Chron. 14,19 u.ö.), „Historie des Propheten Iddo" (2. Chron. 13,22) usw. Ebenso wird auch von vielen Einzelpersonen berichtet, daß sie Briefe schrieben, so z.B. von David (2. Sam. 11,14; 11,15), von Isebel, der

Tochter des (Sakar-)Königs von Sidon (1. Kön. 21,8), von Jehu (2. Kön. 5,10 u.ö.) und vielen anderen.

Sicher ist, daß wir die Bibel und viele andere unvergängliche Werke der Weltliteratur nicht überliefert bekommen hätten ohne die „leicht zu handhabende" Alphabetschrift.

Schon Heraklit nennt die Alphabetschrift „die größte Errungenschaft des Denkens"[33]. Maitland E. Edey spricht von einem „ungeheuren Beitrag zur Entwicklung der Schrift"[34]. M. Magnusson schreibt: „Doch letztlich der bedeutsamste Beitrag, den Israel und mit ihm im Grunde die ganze Welt den Phönikern verdankt, ist die Erfindung oder wenigstens die Entwicklung und Verbreitung unserer modernen alphabetischen Schrift"[35]. Hierzu sei bemerkt, daß M. Magnusson, wenn er hier von der Schrift der Phöniker schreibt, die alphabetische Schrift meint, die er selbst an anderer Stelle „Philisterschrift" nennt.

So hat das Volk Israel den Philistern vieles zu verdanken. Das ist aber leider in Vergessenheit geraten, weil die Philister irrtümlicherweise als „Vollbarbaren" hingestellt wurden, „deren Abstand gegenüber den ostmittelmeerländischen Kulturen ein so großer war, daß sie damit nichts anzufangen wußten, als zu rauben und zu zerstören".

Wirkliche Kenner der Philister sind zu einem anderen Urteil gekommen. M. Magnusson, Rektor der Universität Edinburgh und Präsident der Yorker Archäologischen Gesellschaft, ein profunder Kenner der Archäologie Palästinas, nennt die israelitische Archäologin Frau Dr. Trude Dothan „die führende israelische Autorität auf dem Gebiet der materiellen Kultur der Philister", und schreibt: „Durch ihre langjährigen Studien gelangte Frau Dr. Dothan zu der Überzeugung, daß die Philister einen sehr hohen kulturellen Standard nach Kanaan brachten – eine hochentwickelte Kultur, die der der Israeliten und Kanaaniter überlegen war und die besonders in der kunstvollen Keramik, in den Bauwerken und in der sozialen Organisation der Philister zum Ausdruck kommt"[36]. Wir dürfen diesem Urteil hinzufügen, daß die hochentwickelte Kultur der Philister auch in der „Philisterschrift", der Alphabetschrift, die sie der Welt geschenkt haben, zum Ausdruck kommt.

Es ist an Zeit, daß dieses tapfere Volk, das durch schwerste Naturkatastrophen zur Auswanderung aus seiner Heimat gezwungen wurde, das dann nach einer langen und notvollen Wanderung durch zerstörte und verbrannte Länder bis an die Grenzen Ägyptens vorstieß, dann aber nach den verlorenen Schlachten gegen Ramses III. sich in Palästina niederließ und den mehrere Jahrzehnte nach ihnen einwandernden Israeliten viele Kenntnisse und Fähigkeiten vermittelte, gerecht und vorurteilsfrei beurteilt wird.

Die Philister waren keine „Philister", sie waren auch keine „Vollbarbaren", sie waren ein hochgemutes Volk, das abendländische, insbesondere nordeuropäische Kultur nach dem Vorderen Orient brachte.

Anmerkungen

Anmerkungen zur Einleitung

1 J. Wiesner, Italien und die Große Wanderung, 1942;
J. Wiesner, Vor- und Frühzeit Mittelmeerländer, 1943
J. Spanuth, Die Große Wanderung, 1967
2 W. Weber, 1925, 14
3 Fr. Schachermeyr, 1929, 57
4 L. Bachofer, 1937, 279
5 J. Wiesner, 1942, 207
6 J. Wiesner, 1943, 122
7 A. Lesky, 1947, 2
8 W. Kimmig, 1964, 273

Anmerkungen zu Kapitel 1:

1 Breasted, 1954, 266
2 Fr. Bilabel, 1927, 259
3 Fr. Bilabel, 1927, 231
4 A. Strobel, 1976, 7
5 J. Hempel, 1927, 52
6 Breasted, 1954, 271
7 A. Strobel, 1976, 17
8 A. Erman, Die Literatur der Ägypter, 1923, 130-148, 151-157
9 H. Greßmann, 1929, 133
10 J. Spanuth, 1965, 51 ff
11 M. Zanot, 1976, 13, 28, 65
12 M. Zanot, 1976, 20 ff;
F. Sigel, 1975, 179
13 J. Wiesner, 1943, I, 122;
G. Kehnscherper, Habilitationsschrift 1963, 149;
L. Deuel, 1963, 183 u.v.a.

Anmerkungen zu Kapitel 2:

1 Medinet Habu, Tafel 47
2 Medinet Habu, Tafel 46
3 Fr. Schachermeyr, 1929, 49
4 Medinet Habu, Tafel 46
5 W. Wreszinski, 1914–23, Tafel und Text 110; Medinet Habu, Tafel 29–31
6 Medinet Habu, Tafel 46;
Breasted 1906/07 IV, § 65
7 A. Strobel, 1976, 14
8 A. Strobel, 1976, 74, 89, 98 u.ö.
9 A. Strobel, 1976, 98
10 A. Strobel, 1976, 84
11 R. Stadelmann, 1968, 166
12 Papyrus Anastasi IV, 6,2
13 R. Stadelmann, 1968, 167
14 A. Strobel, 1976, 83
15 J. Kaplan, 1972, 66 ff.
16 A. Scharff, 1962, 169

Anmerkungen zu Kapitel 3:

1 E. Otto, bei der sog. „Diskussion", Schleswig 1953
2 Fr. Schachermeyr, 1929, 31
3 A. Strobel, 1976, 20
4 A. Strobel, 1976, 22
5 A. Strobel, 1976, 181
6 Breasted 1906/07, Bd. IV, § 66;
Medinet Habu, Tafel 46
7 Breasted 1906/07, Bd. IV, §§ 32–34
8 Medinet Habu, Tafel 27
9 Schwantes, 1939, 485, ähnlich
C. Schuchhardt 1919, 88
10 1. Samuelis 13,7
11 Joel 2,4; Nahum 3,3
12 Wreszinski, 1914–23, II, zu Tafel und Text 110
13 Medinet Habu, Tafel 42, 27–28
14 Eißfeldt, 1936, 27 ff., zu Tafel 10 und 11
15 Medinet Habu, Tafel 27
16 Medinet Habu, Tafel 27, 29 u.ö.
17 Medinet Habu, Tafel 27
18 Medinet Habu, Tafel 28
19 J. Hicks, 1974, 16
20 Breasted 1906/07, Bd. IV, § 38
21 W. Hölscher, 1937, 66
22 Breasted, 1954, 271
23 R. Stadelmann, 1968, 167
24 W. Helck, 1962, 256

Anmerkungen zu Kapitel 4:

1 R. Herbig, 1940, 61
2 A. Köster, 1923, 61
3 A. Köster, 1923, 53 ff.
4 2. Mose 23,31
5 E. Schultze, 1938, 6 ff.
6 G. Herm, 1973, 74; so auch
E. Schultze, 1938, 12 ff.
7 G. Herm, 1973, 75
8 J.G. Février, 1949, 128 ff.
9 A. Strobel, 1976, 245
10 G. Schwantes, 1939, 483, Abb. 705
11 J. Hicks, 1974, 75

12 T.B.L. Webster, 1960, 33
13 R. Herbig, 1940, 85
14 Th. Marcotti, 1958, 17; so auch P. Herrmann, 1952, 126
15 T.B.L. Webster, 1960, 227
16 Sp. Marinatos, 1939, 438 ff.
17 L. Pauwels, 1967, 77
18 M. Burchardt, 1912, 61
19 P.J. Riis, 1931-38 und 1948, 192 ff.
20 Fr. Behn, 1962, 90; G. Gadow, 1973, 101
21 J. Bouzek, 1971, 440
22 J.D. Cowen, 1961, 213; J. Bouzek, 1971, 433 ff.; H. Catling, 1956, 115 ff.
23 H. Catling, 1956, 109 ff
24 G. Schwantes, 1939, 432
25 J.D. Cowen, 1955, 52
26 J. Hicks, 1974, 75 und die Wandbilder von Medinet Habu
27 Vl. Milojčić, 1955, 166
28 W. Hülle, 1966/67
29 J. Spanuth, 1976, 186 ff.
30 W.F. Edgerton and J. Wilson, 1963, 53 zu Tafel 46, Anm. 17g
31 R. Herbig, 1940, 71
32 R. Herbig, 1940, 71
33 A. Strobel, 1976, 20 ff; 95; 104; 113; 142; 193 ff.; 245 ff.
34 A. Strobel, 1976, 250
35 1. Sam. 17,26,36; 2. Sam. 1,20 u.ö.
36 A. Fichtel, briefliche Mitteilung vom 8. 5. 1969
37 H. Vinke, zahlreiche Briefe an den Verfasser
38 A. Fichtel, wie Anm. 35
39 T. Dothan, 1957, 162
40 T. Dothan, 1967, 219
41 C.M. Bowra, 1975, 138
42 1. Samuelis 17, 8 ff.
43 Herodot, IX, 26
44 Herodot, IX, 25
45 O. Broneer, 1948, 111 ff.
46 Herodot, VII, 204
47 H.W. Stoll, 1912, 173
48 K. Kübler, 1942, 90; K. Schefold, 1949, 61
49 T.B.L. Webster, 1960, 192
50 E. Schultze, 1938, 58
51 1. Samuelis, 29,2
52 R. Lepsius, 1849 ff., 218 c; A. Strobel, 1976, 19
53 2. Samuelis 8,18; 15,18

Anmerkungen zu Kapitel 5:

1 W. Witter, 1941, 223
2 C.W. Ceram, 1955, 183
3 B. Meissner, 1918, 32 ff., 61
4 W. Witter, 1941, 225; W. Sandermann, 1978, 96 ff.
5 W. Witter, 1942, 72
6 W. Witter, 1942, 80
7 W. Witter, 1941, 225
8 Literatur über Eisenfunde in Palästina in alphabetischer Ordnung der Verfasser:
Albright, W.F., 1932
Bittel, K., und Güterbock, H.-G., 1935
Dothan, M., 1960
Eißfeldt, O., 1938
Grant, E., 1936
Hrouda, B., 1964
Kenyon, K.M., 1967
Meissner, B., 1918
Richardson, H.C., 1934
Schaeffer, Cl.F.A., 1939
Strobel, A., 1976
Wainwright, G.A., 1936
Witter, W., 1941 u. 1942
Wright, G.E., 1939
9 W. Witter, 1941, 224
10 G.E. Wright, 1939, 458 ff.
11 zitiert bei W. Witter, 1942, 29,42
12 W. Witter, 1942, 10
13 Fr. Schachermeyr, 1957, 124
14 wie Anm. 13
15 W. Witter, 1942, 55
16 Cl.F.A. Schaeffer, 1939, 46
17 G.A. Wainwright, 1936, 5 ff.
18 W. Witter, 1942, 10
19 J. Wiesner, 1943, 150
20 G.E. Wright, 1939, 458 ff.
21 G. Karo, 1927, 113 ff., 193 ff.
22 Vl. Milojčić, 1955, 167; so auch J.V. Luce, 1975, 58
23 W. Witter, 1942, 34; E. Vietta, 1952, 92; G. Herm, 1973, 83 u.a.
24 zitiert bei W. Witter, 1942, 34
25 V.R.d'A. Desborough, 1964, 203
26 J.V. Luce, 1975, 59
27 New York Times vom 10.2.1961
28 Jean-R. Maréchal, 1962, 111
29 Fr. Schachermeyr, 1929, 31
30 Fr. Schachermeyr, 1929, 54

Anmerkungen zu Kapitel 6:

1 B. Hrouda, 1964, 127
2 Fr. Schachermeyr, 1929, 36
3 B. Hrouda, 1964, 127, 131, 133 u.ö.

4 W. Helck, 1962, 240 ff., 1976, 11 ff.
B. Hrouda, 1964, 126 f.
R. Stadelmann, 1968, 157
5 Fr. Bibabel, 1927, 235
6 C. Schuchhardt, 1919, 234; Fr. Schachermeyr, 1929, 36; R. Herbig, 1940, 65; Tr. Dothan, 1957, 1958, 1967 passim; A. Jirku, 1963, 134; A. Strobel, 1976, 229; K. Kenyon, 1967, 215 ff. u.a.
7 A. Jirku, 1963, 134
8 A. Strobel, 1976, 66, 69, 99, 155, 159, 162, 193, 220, 226, 252 u.ö.
9 A. Strobel, 1976, 220
10 A. Strobel, 1976, 226
11 A. Jirku, 1963, 135, Anm. 14
12 H. Berve, 1942, 31 ff.; Vl. Milojčić, 1948/49, 36, siehe auch S. 101
13 A. Strobel, 1976, 238
14 Fr. Schachermeyr, 1950, 127
15 T.B.L. Webster, 1960, 63
16 T.B.L. Webster, 1960, 373
17 T.B.L. Webster, 1960, 63
18 Homer, Ilias V, 778
19 Homer, Ilias XI, 634
20 J. Hicks, 1974, 17; J. Lehmann, 1975, 280
21 siehe hierzu Kapitel 9, Naturkatastrophen im 13. Jhdt. v. Chr.
22 A. Strobel, 1976, 238
23 E. Buschor, 1921, 73, Abb. 53
24 J. Wiesner, 1962/63, 19 ff., Museum Nicosia
25 R. Hampe, 1956, 52; T.B.L. Webster, 1960, 67
26 E. Sprockhoff, 1954, 68; W. Hulle, Karawane-Logbuch, 1967, 104
27 Fr. Wirth, 1938, 237; Fr Behn, 1948, 30
28 O. Spengler, 1940, 48
29 Fr. Schachermeyr, 1929, 14; 1964, 109 ff.; E. Schultze, 1938, 7; A. Schulten, 1950, 2; W. Helck, 1962, 244, 254; A. Scharff, 1962, 130; A. Jirku, 1963, 134; J.V. Luce, 1969, 68, 79, 230; R. Stadelmann, 1968, 163; A. Strobel, 1976, 101, 106, 120, 193. Diese Hypothese hat bezweifelt G.A. Wainwright, 1956, der Kaphthor mit Kappadozien gleichsetzen möchte.
30 Fr. Schachermeyr, 1929, 40 ff.
31 Fr. Schachermeyr, 1929, 41
32 Fr. Wirth, 1938, 226
33 W. Kraiker, 1939, 221; H. Berve, 1942, 34; K. Schefold, 1949, 30; Fr. Matz, 1958, 6; T.B.L. Webster, 1960, 251, 266 u.v.a.

Anmerkungen zu Kapitel 7:

1 G. Childe, 1950
2 G. Kahl-Furthmann, 1976, 15
3 E. Vietta, 1952, 92
4 C.W. Ceram, 1949, 85
5 R. Nitsche, 1953, 92
6 L. Deuel, 1963, 183
7 V.R.d'Desborough, 1972, 19 ff.
8 Ilias VII, 180; XI, 46; Odyssee III, 305
9 Ilias II, 645
10 L. Cotrell, 1954, 310
11 G. Kehnscherper, 1963, 79
12 J. Wiesner, 1943, I, 122
13 G. Kehnscherper, Habilitationsschrift 1963, 149
14 T.B.L. Webster, 1960, 23; M. Brion, 1964, 257
15 Fr. Schachermeyr, 1944, 78
16 K. Bittel und R. Naumann, 1952, 27
17 A. Scharff, 1962, 164
18 E. Zehren, 1961, 87
19 Medinet Habu, Tafel 27
20 Papyrus Ipuwer, übersetzt von A. Erman, 1923, 134, 140; v. Gall, 1926, 58
21 Breasted, 1906/07, III, § 117
22 Medinet Habu, Tafeln 80—83
23 Medinet Habu, Tafel 85
24 Medinet Habu, Tafel 16
25 Medinet Habu, Tafel 17
26 Medinet Habu, Tafel 46
27 Medinet Habu, Tafel 13
28 2. Mose 9, 23 ff.
29 H. Greßmann, 1929, 133
30 A. Mozsolics, 1957, 151, 152, 156
31 W. Wilthum, 1953, 83
32 K. Müller, 1953
33 J.G. Andersson, 1914, 16
34 J.G. Andersson, 1914, 16; G. Schwantes, 1939, 448; J. Bröndsted, 1962, 15 ff.
35 J.G. Andersson, 1914, 16 ff.
36 Völuspa, Str. 58
37 Ovid, Metamorphosen, II, 210 ff.
38 M. Zanot, 1976, 14

39 M. Zanot, 1976, 14
40 Ovid, Metamorphosen, II, 20 ff. Lukian 25, 1 ff
41 Zitat bei M. Zanot, 1976, 13
42 Zitat bei M. Zanot, 1976, 19
43 Zitat bei M. Zanot, 1976, 21
44 F. Sigel, 1975, 179
45 M. Zanot, 1976, 28
46 L. Suball, 1958, 106 ff.
47 S. Thorarinsson, 1944, 1 ff.
48 briefl. Mitteilung N.O. Bergquist, Stockholm vom 13.1.1972
49 E. Vietta, 1952, 78; L.R. Palmer, 1963, 200; J.V. Luce, 1969, 129
50 P. Herrmann, 1952, 98
51 H. Reck, 1936, 1925–28
52 H. Steinert, in: Sonntagsblatt vom 8. 10. 1967
53 A. Galanopoulos, 1957, 419 ff.
54 D. Burk, in FAZ vom 19./20. XI. 1969; S. Hood, 1970, 98 ff.
55 G. Goyon, 1936, 1 ff.
56 zitiert bei M. Zanot, 1976, 18
57 Medinet Habu, Tafeln 21, 22, 27, 34, 46
58 Papyrus Ipuwer, übersetzt von A. Erman, 1923, 133
59 P. Freuchen, 1958, 112
60 G. Marinos, 1959–61, 210 ff.; A. Galanopoulos, 1963, 5
61 J.W. Mavor, 1969, 98
62 A. Galanopoulos, 1963, 3 ff.
63 W. Brandenstein, 1951, 98; G. Kehnscherper, 1973, 107
64 A. Galanopoulos, 1963, 5
65 Medinet Habu, Tafel 80
66 A. Galanopoulos, 1963, 5
67 Medinet Habu, Tafeln 37, 46, 80 102, 109
68 Medinet Habu, Tafeln ebenda
69 Medinet Habu, Tafel 102
70 Medinet Habu, Tafel 46
71 Jeremia 47,4
72 Amos 9,7, „Kaphthoriter“ 1. Mose 10,14; 5. Mose 2,23; 1. Chron. 1,12
73 I. Velikovsky, 1962, 220
74 Nahum 2,7
75 D. Wildvang, 1911, 36
76 W. Jordan, 1849, 44
77 Ammianus Marcellinus, Lib. XV, 9
78 J. Wiesner, 1942, 232, Anm. 222
79 J. Wiesner, 1943, II, 75
80 A. Mozsolics 1957, 141 ff.; 145 ff., 147–150, 153 ff.; 1967, 10, 115 ff. E. Patek, 1968, 15 f., 116 f.
81 E. Sprockhoff, 1953
82 W. Kimmig, 1964, 249
83 W. Kimmig, 1964, 252, ähnlich 262
84 B. Hrouda, 1964, 132
85 B. Hrouda, 1964, 134
86 B. Hrouda, 1964, 135
87 O. Paret, 1948, 145

Anmerkungen zu Kapitel 8:

1 J. Hempel, 1927, 52
2 A. Strobel, 1976, 87
3 A. Strobel, 1976, 87
4 E. Schultze, 1938, 6
5 G. Stähelin, 1918, 38
6 O. Eißfeldt, 1936, 27
7 1. Samuelis 4, 1–11
8 2. Samuelis, 6, 2
9 4. Mose 10, 35
10 A. Salomon, Israels erster König, 1974, 17
11 Herodot, VII, 220
12 Herodot, VII, 208
13 zuletzt auch A. Jirku, 1963, 134, vor ihm viele andere
14 A. Strobel, 1976, 163
15 Plutarch, Flum. 11,1
16 Herodot, VII, 113
17 Fr. Schachermeyr, Poseidon, 1950, 140, 156

Anmerkungen zu Kapitel 9:

1 A. Strobel, 1976, 16, 170, 184, 246, 252
2 J. Hempel, 1927, 67
3 E. Grant, 1936, 175 f.
4 O. Eißfeldt, 1936, 9
5 Herbig, 1941, 7
6 Vl. Milojčić, 1948/49
7 G.E. Wright, 1972
8 D. Baramki, Zitat bei G. Herm, 1973, 74
9 K.M. Kenyon, 1967, 213
10 Hanoch Reviv bei Avi-Yonah, 1975, 62
10b W. Witter, 1941, 223
11 J. Wiesner, 1942, 199; E. Wahle, 1952, 263
12 Spanuth, 1965, 435 f.
13 A. Strobel, 1976, 2, 9, 11, 13, 16, 22 usw.
14 A. Strobel, 1976, 2
15 Ilias, XVIII, 607 f.
16 C. Capelle, 1968, 601; E.H. Berger, 1904, 2; W. Helck, 1976, 4
17 W. Helck, 1976, 10
18 T.B.L. Webster, 1960, 175

19 V. Burr, 1961; T.W. Allen, 1921; R. Hope Simpson, und J.F. Lazenby, 1970
20 V.R.d'A. Desborough, 1964, derselbe, 1972, Kap. 1
21 A. Strobel, 1976, 8
22 J. Chadwick, 1958; Fr. Schachermeyr, 1958, 368
23 A. Strobel, 1976, 133
24 E. Kirsten, und W. Kraiker, 1956, 40
25 Dieselben 1956, Mykene 254, Tiryns 261
26 A. Strobel, 1976, 16
27 A. Strobel, 1976, 27
28 A. Strobel, 1976, 169
29 R.A. St. Macalister, 1913, 4, 5, 11, 12, 13, 27 u.ö.; Schachermeyr, 1929, 14; derselbe 1964, 10 f.; E. Schultze, 1938, 7; A. Schulten, 1950, 2; W. Helck, 1962, 244; A. Scharff, 1962, 130; A. Jirku, 1963, 134; E. Edel, 1966, 53; J.V. Luce, 1969, 68, 79, 230; R. Stadelmann, 1968, 163; A. Strobel, 1976, 101, 106, 120, 193 usw.
30 Macalister, 1913, 5, 11, 12, 13
31 A. Strobel, 1976, 106; ähnlich J.V. Luce, 1969, 80
32 J.H. Breasted, 1954, 245
33 Papyrus Ipuwer, Übersetzung bei A. Erman, 1923, 135 f.
34 J.H. Breasted, 1906/07, §§ 355, 360, 364, 366
35 Dekret von Kanopus bei D. Fimmen, 1921, 181; R. Eisler, 1928, 27
36 A. Strobel, 1976, 105
37 K. Sethe, Urkunden, IV, 1098, 14
38 A. Strobel, 1976, 105
39 J.H. Breasted, 1906/07, §§ 355-360, 364-366
40 E. Edel, 1966, 59
41 D. Fimmen, 1921, 188
42 D. Fimmen, 1921, 188
43 J.H. Breasted, 1906/07, § 588
44 O. Eisler, 1928, 27
45 1. Mose 2,23; 1. Chron. 1,12; 5. Mose 2,23
46 1. Sam. 30,14; 2. Sam. **8**,18,20, 23; **15**,18; **20**,7; 1. Kön. 1,38
47 2. Sam. **8**,18,20,23; 2. Sam. **15**,18 **20**,7; 1. Kön. 1,38
48 Herodot VII, 171; Fr. Schachermeyr, 1964, 316
49 Milojčić, 1955, 169
50 J. Chadwick, 1958, Pfeile 59, 136, 149; Bogenmacher 141
51 Sp. Marinatos, 1939, 439
52 Fr. Schachermeyr, 1929, 33; 1936, 244
53 2. Mose 23,31
54 Al. Milojčić, 1955, 169
55 Fr. Schachermeyr, 1929, 51; Vl. Milojčić, 1948/49, 12 f.
56 G. Vitalis, Inauguraldissertation, Greifswald, 1930
57 G. Vitalis, 1930, 56
58 Fr. Schachermeyr, 1944, 82
59 A. Strobel, 1976, 120
60 Amos, 9,7
61 E. Kautzsch, 1896, 650
62 R. Eisler, 1928, 28
63 K. Andrée, 1951, 84
64 W. Schmied-Kowarzik, 1974, 53
65 W. Schmied-Kowarzik, 1974, 49
66 Hesiod, Theogonia Vers 746 ff.; W. Schmied-Kowarzik, 1974, 54
67 1. Mose 9,27; Eduard Meyer, 1926 ff., II, 1, 561
68 1. Mose 9,27
69 Ilias VIII, 478
70 Ilias XIV, 201
71 Illustrated London News, Nr. 6768 vom 27. 8. 1949
72 R. Rehork, 1972, 207
73 3. Mose 26,1; 4. Mose 33,52; 5. Mose 7,5; 12,3; 16,22
74 H. Guthe, 1904, 76
75 Fr. Schachermeyr, 1929, 44; R. Herbig, 1940, 82
76 z.B. O. Eißfeldt, 1936, 9; J. Wiesner, 1943, 162; O. Paret, 1948, 141; W. Kimmig, 1964, 224, 231; H.F.K. Günther, 1956, 54 u.a.
77 W. Kimmig, 1964, 237, Anm. 61
78 Abbildung bei J. Bröndsted, 1962, II., 167; bei E. Sprockhoff, 1954, Abb. 8
79 G. Schwantes, 1939, 493 ff.
80 E. Sprockhoff, 1954, Abb. 4, 5, 6, 8, 14, 15, 16, 17, 20, 23, 26a,
81 J. Bröndsted, 1962, II, 167, 188
82 A. Mozsolics, 1957, 135, 142, 155 u.ö.
83 A. Mozsolics, 1957, 153
84 A. Mozsolics, 1957, 153
85 F. Birkner, 1936, 133 f.
85a Fr. Schachermeyr, 1929, 53
86 G. Spitzlberger, 1970, 21
87 O. Paret, 1948, 144

88 O. Paret, 1948, 144
89 L. Suball, 1958, 106 f.
90 J. D. Cowen, 1961
91 J. Wiesner, 1943, II, 75
92 Italienisches Amt für Altertümer, 1970
93 A. Mozsolics, 1975, 3 ff.
94 Fr. Schachermeyr, 1929, 50; R. Herbig, 1940, 66; O. Paret, 1948, 137, 141, 143 u.ö.
95 O. Paret, 1948, 131; ähnlich A. Jirku, 1963, 134; J. Bühler, 1947, 10; H. Schwabedissen, 1953, 46
96 R. Herbig, 1940
97 R. Herbig, 1940, 85
98 H. Berve, 1942, 31 f.
99 vl. Milojčić, 1948/49, 36 f.
100 G. Kehnscherper, 1963, 13

Anmerkungen zu Kapitel 10:

1 R. Much, 1937, 9; C. Woyte, 1925, 49, Anm. 3
2 D. Wildvang, 1911, 36 ff.
3 Dr. Windberg, Dr. Leege, zitiert bei D. Wildvang, 1938, 141 ff.
4 H.C. Rehder, 1948, 55 ff.
5 Sachsenspiegel, Lib. III, Artikel XLIV, § 2
6 Tacitus, Germania, Kap. 41
7 H.C. Rehder, 1948, 55
8 Herodot I, 94; IV, 49
9 Plinius, XIV, 112
10 J. Wiesner, 1942, 231; P. Kretschmer, 1933, 122
11 Pytheas, Zitate gesammelt bei D. Stichtenoth, Pytheas, 1959
12 S. Gutenbrunner, 1939, 102
13 Plutarch, Leben des Marius, Kapitel 9
14 F. Altheim und E. Trautmann, 1939, 66 f.
15 S. Gutenbrunner, 1939, 107 f.
16 Euripides, Hippolytos Verse 732 ff.
17 Eridanus-Oststrom, S. Gutenbrunner, 1939, 39, vor ihm schon v. Maack, 1869, 88; Pauly-Wissowa, Reallexikon, Artikel „Eridanos“
18 Hesiod, Theogonia, Vers 338
19 Herodot, III, 15
20 Peri thaumasion akousmaton („Wunderbuch“, 82. Abschn.)
21 Apollonios v. Rhodos, Argonautika IV, 596 f.
22 Pausanias 3,6
23 H. Steinert, „Goldrausch am Heverstrom“, Husumer Nachrichten 11./12. 1960; N. Neitzel, Bernstein an der schleswig-holsteinischen Westküste, in: Schleswig-Holstein, 1969, Heft Februar und April
24 K. Andrée, 1951, 89
25 Pseudo-Scymnus: „Erdbeschreibung“, V, 188
26 E. Krause, 1891, 155
27 Plato, Kritias 119 d—e
28 W. Hauer, 1940, 175
29 Zitate aus der verlorengegangenen Schrift des Pytheas u.a. bei Diodor, „Bibliothek“, V, 23; Plinius, Nat. Hist., IV, § 94; XXXVII, § 35; Strabo, IV, 104; v. Maack, 1869, 85; J. Spanuth, 1965, 343 ff.
30 Rudolf von Fulda (+ 865), Translatio sancti Alexandri 3
31 Annales regni Francorum zum Jahr 772; W. Baetke, 1938, 5; G. Müller, 1935, 108 f.
32 5. Mose 7,5; 12,3 ähnlich 4. Mose 33,52; J. Spanuth, 1976, 143
33 Clemens Alexandrinus (2. Jhdt. n. Chr.), I, 15, § 13
34 Tacitus, Germania, Kap. 34
35 Poseidonis bei A. Schulten, Fontes, 2, 180; Artemidor bei A. Schulten, Fontes, 2, 153; Plinius II, 167, 242, XIX, 4
36 Strabo III, 5,5
37 Plinius IV, 49
38 erhalten bei Seneca (+ 40 n. Chr.) in suasor. I, 15
39 Tacitus Annalen, zitiert bei W. Capelle, 1937, 134 ff.
40 A. Strobel, 1976, 247
41 A. Strobel, 1976, 246
42 Edey, M. A., 1975, 114
43 A. Strobel, 1976, 169 f.
44 A. Strobel, 1976, 184
45 J. Spanuth, 1965, Atlantis
46 N. Salaman Redcliffe, London, 1925, 37 ff.
47 F. Stähelin, 1918, 17
48 Fr. Schachermeyr, 1929, 45
49 Hanoch Reviev bei Avi-Yonah, 1975, 17
50 Fr. Höhler, 1938, 193 f.
51 A. Nordén, 1939, 365 f.
52 Chr. W. Ferguson, Tree-Ring-Bulletin 29, 1969, 3 f.

53 A.W. Brögger, Arkeologie og historie, Oslo 1937
54 A. Köster, 1923, 42
55 Medinet Habu, Tafel 88, Zeile 50
56 Erstes Eisen in Griechenland: T.B.L. Webster, 1960, 189
57 Erstes Eisen in Kleinasien-Syrien W. Witter, 1941, 225
58 Erstes Eisen in Ugarit-Ras-Schamra; Cl.F.A. Schaeffer, Ugaritica, Bd. III, Paris 1939, 45
59 Erstes Eisen in Palästina: W.F. Albright, 1932, 104; G.E. Wright, AJA, Bd. 43, 1939, 458 ff.
60 W. Witter, 1941, 223, ähnlich 1942, 72
61 W. Witter, 1942, 80
62 W. Witter, 1942, 17
63 G. Schwantes, 1939, 573
64 Fr. Behn, 1962, 58
65 Fr. Behn, 1962, 59
66 Fr. Behn, 1967, 83
67 G. Childe, 1954, 811
68 Prähistor. Zeitschrift, 1913, 5, 316
69 W. Witter, 1942, 18
70 B. Sternquist, 1961, Nr. 5, 79, 83
71 W. Kimmig, 1964, 274, 277
72 L. Pauli, FAZ v. 29. 7. 1977
73 W. Kimmig, 1964, 274, 277
74 W. Kimmig, 1964, 278 ff.
75 W. Witter, 1942, 18
76 M. Burchardt, 1912, 61
77 C. Schuchhardt, 1939, 173
78 G. Schwantes, 1939, 432
79 H.C. Broholm, 1944, 218
80 Fr. Behn, 1948, 227
81 J. Bouzek, 1971, 433, 435
82 J. Bouzek, 1971, 433, 435
83 J.D. Cowen, 1956, 52
84 E. Sprockhoff, 1931, V
85 E. Sprockhoff, 1931, IV
86 E. Sprockhoff, 1936, 257
87 J.D. Cowen, 1956, 56
88 E. Sprockhoff, 1931, 48
89 E. Sprockhoff, 1931, 48
90 J.D. Cowen, 1956, 63
91 A. Nordén, 1939, Tafel 4
92 H. Henken, AJA, Bd. 54, 1950, 300, Abb. 19
93 E. Sprockhoff, 1931, Tafel 4; Jahrbuch Röm.-Germ. Zentr. Museum Mainz 1, 1954, 74, Anm. 83, Tafel 9; H. Müller-Karpe, Germania, Jg. 40, 1962, 277
94 A. Strobel, 1976, 195
95 H.N. Savory, 1948, 155 ff. J.R. Maréchal, 1959, 263; J. Spanuth, 1965, 397 ff.; 1976, 186 ff.
96 J.R. Maréchal, 1959, 259
97 R. Grosjean, 1966, 190 ff.
98 J. Wiesner, 1942, 225 ff
99 E. Sprockhoff, 1930, 24
100 G. Schwantes, 1939, 327
101 G. Schwantes, 1939, 523
102 Herodot, VII, 209
103 O. Almgren, 1934, 344, Abb. 159
104 G. Schwantes, 1939, 556
105 J. Bröndsted, 1962, II, 275
106 J. Bröndsted, 1962, II, Tafel 543
107 A. Fichtel, 1969, 2
108 W. Barthel und C. Atzenbeck, 1936, Stichwort „Wagen", 366
109 Th. Engelbrecht, 1933, 15
110 C. Schuchhardt, Prähist. Zeitschrift II, Heft IV, 1911, 325 ff.
111 D. Wölfel, 1942, 108
112 G. Schwantes, 1939, 494, 518
113 J. Wiesner, 1942, H. 1/2, 198, 200; 1943, I, 110, 130, 142 ff.; 1943, II, 81 f., 83, 99, 101, 103, 108 f., 110, 114; O. Paret, 1948, 134; E. Wahle, 1952, 263, Anm. 131; J. Spanuth, 1965, 37; 1967, 25
114 O. Paret, 1948, 134
115 Fr. Schachermeyr, 1950, 32
116 R. Eisler, 1928, 47
117 Josua 11,9; 2. Sam. 8,4
118 Abbildung bei C.A. Althin, 1945, 78, Tafel 60, 1–6
119 M. Stenberger, Fornvännen, 1932, 186, Abb. 94
120 J. Chadwick, 1958, 136
121 J. Chadwick, 1958, 141
122 Plutarch, Leben des Marius, Kap. 9
123 R. Much, 1937, zu „Germania", Kap. 6, 89
124 Nordfries. Jahrbuch 1967, 15 ff.
125 1. Sam. 17,45
126 Tacitus, Germania, Kap. X
127 R. Much, 1937, zu Germania, Kap. X
128 G. Kleemann, 1962, 253
129 K. Kersten, Zur älteren Bronzezeit, 1935, 8
130 J. Spanuth, 1965, 405 ff.; S. Rietschel, 1907, 362, 369; Cl. v. Schwerin, 1907, H. 90, 214

131 G. Schwantes, 1939, 380;
J. Bröndsted, 1962, II, 108
132 J.M. Kemble, Archaeologia, Vol. 36, London 1855
133 Kallimachos (315—240 v. Chr.) Hymnus auf Delos 245; Aelian (etwa 170-240 n. Chr.) Historia XI
134 E.B. Thomas, 1956, 118
135 J. Bröndsted, 1962, II, 97a, 219
136 G. Schwantes, 1939, 417
137 E. Sprockhoff, 1954, 65
138 E. Sprockhoff, 1954, 104
139 Hekataios (um 550 v. Chr.), zitiert bei Diodor II, 7; auch Frg. 2
140 Aristeas von Prokonness (um 550 v. Chr.), zitiert bei Herodot IV, 13 f.
141 Damastes, zitiert bei Stephanos v. Byzanz „Ethnika", auch Frg. 96
142 Aelian, siehe Anm. 144
143 Mela Pomponius (1. Jhdt. n. Chr.) III, 36
144 Plinius, Nat. Hist., III, 5; IV, 22, 89; VI, 219
145 Plinius, Nat. Hist. III, 5; IV, 22, 89; VI, 219
146 Apollonios v. Rhodos (3. Jhdt. v. Chr.), Argonautika IV, 611 ff.
147 Vassos Karageorghis, 1968, 266
148 W. Wirth, 1966, 435
149 W. Wirth, 1966, 439
150 W. Wirth, 1966, 444
151 W. Wirth, 1966, 436, Abb. 14, 15
152 W. Wirth, 1966, 439
153 W. Wirth, 1966, 439
154 S. Reuter, 1922, I, 83, 86 f.; II, 29 f.; 1934, 234
155 W. Schmied-Kowarzik, 1974, 41, 53, 109
156 Abbildungen bei F. Seitz, 1953
157 Abbildungen bei O. Montelius, 1874-80, Bihang 6, Abb. 8; bei Sprockhoff, 1954, Abb. 11, bei J. Spanuth, 1976, S. 133; W. Wirth, 1966, 441, Abb. 51
158 W. Hauer, 1940, 175; W. Schmied-Kowarzik, 1974, 107
159 J. Spanuth, 1976, 338 ff.
160 T.B.L. Webster, 1960, 30, 251, 272
161 K. Schefold, 1949, 30
162 W. Kraiker, 1939, 221
163 W. Kraiker, 1939, 227
164 A. Conze, 1870
165 Fr. Wirth, 1938, 240 ff.
166 1. Sam. 17,5
167 Macalister, 1911, 43, 79, 87
168 1. Sam. 21,11, 12-15; 27,2, 3—6, 9,10; 28,2, 6—9; 29,2; 1. Kön. 2,39,40
169 Herodot VI, 65; Agiaden: Carl W. Weber, 1977, 167: An der Spitze des Staates in Sparta standen zwei Könige, je einer aus dem Haus der Familie der Agiaden und der Eurypontiden

Anmerkungen zu Kapitel 11:

1 Grapow, H., Ausgewählte inschriftliche Quellen zur Geschichte, Sprache und Kunst der sog. Mittelmeervölker, A. Ägyptische Quellen 52,7
2 Breasted, 1906/07, IV, § 398 Breasted, 1954, 262, Anmerkung 463
3 G. Goyon, 1936
4 Exodus 12,38
5 R. Stadelmann, 1968, 170
6 Papyrus Harris I, 76, 5—6; R. Stadelmann, 1968, 169
7 Josua 13, 2+3; Fr. Schachermeyr, 1957, 124; B. Hrouda, 1964, 127
8 Elihu Grant, 1936, 175
9 Exodus 23, 31
10 K. Kenyon, 1967, 207
11 K. Kenyon, 1967, 225
12 J. Spanuth, 1976, 211 ff.
13 M. Pfannenstiel, 1960, 18
14 F. Hitzig, 1845, 151
15 2. Chron. 2,15; Esra 3,7
16 Jona 1,3
17 siehe Strobel, 1976, 81
18 D.N. Freedmann, BA 26, 1963, 134 ff.
19 Josua 11, 21 f.
20 4. Mose 13,22 ff.
21 5. Mose 3,11
22 A. Jirku, 1963, 29
23 A. Jirku, 1963, 32
24 5. Mose 1,28; 9,1
25 5. Mose 2,23; 1. Mose 21,31; 21,34; 26,1; 26,8; 14,18; „Pheresiter": 1. Mose 10,14; 34,30
26 J. Hempel, 1927, 56
27 Tr. Dothan, The Philistenes, 1967, 173-184; R. Hestrin, The Philistenes, 1970, 13 ff.; Time-

Life, Die Israeliten, 1975, Abb. S. 16 + 17
28 Ri. 2,13; 1. Sam. 7,3, 4; 12,10; 31,10; 1. Kön. 11,5; 11,33; 2. Kön. 23,13
29 R.A. St. Macalister, 1913, 93
30 R.A. St. Macalister, 1913, 94
31 J. Bröndsted, 1962, II, 237
32 Ri. 16,23; 1. Sam. 5,2,3,7; 1. Chron. 10,10; 1. Mkk. 10,83; 11,4
33 1. Sam. 5,2
34 1. Sam. 6,1 ff.
35 1. Makk. 11,4 ff.
36 J. Garstang, 1921, 17 ff.; derselbe 1920/21; K. Kenyon, 1967, 216, 219, 288, 292
37 K. Kenyon, 1967, 228, 292
38 G. Dalmann, Palästinajahrbuch Bd. VII, 1901
39 J. Bröndsted, III, 104; Schwantes, 1939, 382
40 Clermont-Ganneau, 1909, 21 ff.
41 Vassos Karageorghis, Zypern, 1968, 93
42 Herodot IV, 33 ff
43 1. Sam. 17,4
44 1. Sam. 21,10
45 2. Sam. 15,19; 18,2
46 1. Sam. 29,2 ff.
47 2. Kön. 1,2
48 2 Kön. 1,2
49 W. Helck, 1962, 246
50 R. Stadelmann, 1968, 167
51 Ri. 3,1 ff., auch RGG unter „Gaza"
52 2. Kön. 18,5 f.
53 2. Kön. 18,8
54 J. Waldbaum, AJA, 74, 1970, 139 ff.; A. Strobel, 1976, 84 ff.
55 H.J. Franken, 1969, 1 ff.
56 A. Scharff, 1962, 166
57 Z. Mayani, 1974, 318 ff.
58 1. Sam. 17,1
59 1. Sam. 23,1
60 1. Sam. 27,6
61 2. Sam. 5,6 f.
62 W.F. Albright, 1924; derselbe 1933
63 1. Sam. 13,19 ff.

Anmerkungen zu Kapitel 12:

1 A. Erman, 1923, 225—237
2 A. Erman, 1923, 225—237
3 A. Scharff, 1962, 171

Anmerkungen zu Kapitel 13:

1 Erman, 1923, 225 ff.
2 Breasted, 1954, 275
3 Breasted, 1954, 274 f.; A. Scharff, 1962, 171
4 Clairborne, 1975, 118
5 Marcus Eliason, in: „Clus und Dolmen", 1977, H. 13, 7; M. Magnusson, 1977, 154
6 Jirku, 1963, 126
7 Strobel, 1976, 79
8 Braghine, 1946, 167
9 Edey, 1974, 96
10 Strobel, 1976, 89
11 Mayani, Zacharie, Un apport à la discussion du texte Deir 'Alla, in: VT 24, 1974, 318-323
12 G.E. Mendenhall, The „Philistine" Documents from the Hebron Area, in Annual of the Department of Antiquities of Jordan = ADAJ, 1971, 99—102
13 M. Magnusson, 1977, 110
14 Hesekiel, 28,10
15 Edey, 1974, 97
16 Fr. Schachermeyr, 1929, 29
17 Vl. Milojčić, 1955, 169; Fr. Matz, 1958, 16
18 Clairborne, 1975, 118
19 Clairborne, 1975, 115
20 Edey, 1974, 64
21 O. Knauth, 1974, 37
22 Kl. Düwel, 1968, 3
23 J. Spanuth, 1976, 324 ff.
24 Völuspa 61
25 Gylfaginning 53
26 Zeller, 1977, 77
27 Euhemeros aus Messene, um 300 v. Chr., Hierà anagraphée, zitiert auch bei O. Wide, Griech. u. Röm. Religion, 1910, 245
28 siehe Pauly-Wissowa-Kroll, IX, Art. „Hyperboreer", Spalte 264
29 Hekataios von Abdera, 569—526 v. Chr., begründete Länder- und Völkerkunde als Wissenschaft. „Períodos gees" = Reise um die Welt, nur in Bruchstücken erhalten, u.a. bei Diodor II., 47,4
30 Zeller, 1977, S. 24
31 F. Altheim und E. Trautmann: Nordische und italische Felskunst, in: Die Welt als Geschichte, 3. Jg., 1937, 83—118 dieselben: Kimbern und Runen, 1941

32 dieselben: 1941, 62
33 dieselben: 1939, 51 f.
34 Fr. Behn, 1948, 179
35 Zeller, 1977, 43, 130; Fr. Behn, 1967, 113
36 J. Bröndsted, 1962, II, Abb. 130, 133, 292
37 Zeller, 1977, 108
38 G. Schwantes, 1939, 274 ff.; W. Krause: Die Herkunft der Germanen, in: Jahrbuch der Akademie der Wissenschaften in Göttingen, 1940/41; B. v. Richthofen: Zur Herkunft der Germanen und Indogermanen, in: Mannus, 36. Jg., 1970, H. 1, 63–76
39 Fr. Behn, 1948, 173
40 Fr. Behn, 1948, 171
41 Pierre Honoré: Das Buch der Altsteinzeit, 1967, 425
42 Fr. Behn, 1948, 173
43 Zeller, 1977, 16
44 Macalister, 1913, 130
45 Medinet Habu, Tafel 46
46 J. Wiesner, 1942, 1943; J. Spanuth, 1953, 1965, 1976 u.a.
47 Zeller, 1977, 143 ff.
48 Zeller, 1977, 145

Anmerkungen zu Kapitel 14:

1 Herodot IV, 34
2 Aelian XI, 1
3 Kallimachos, Hymnus auf das heilige Delos 249
4 Homerische Götterhymnen, „An den pythischen Apollon", 221 ff.
5 H. Hunger, 1959, 40
6 Aristarch von Sminthe (Stadt in Troas), zitiert bei C. Capelle, 1968, 520 unter „Smintheus"
7 Plutarch, „Perì tou E en Delphois", zitiert auch bei Pausanias, X, 16,3
8 Homerische Götterhymnen, „Hymnus an den pythischen Apollon", 43, 67 u.ö.
9 Alkaios, zitiert bei Ap. Him. XIV
10 zitiert bei F.A. Ukert, 1838, 450
11 Ovid, Metamorphosen X, 708; Horaz IV, 1,10
12 E. Sprockhoff, 1954, 70
13 Aischylos, Orestie
14 E. Buschor, Griechische Vasenmalerei, 1921, 72
15 Euripides, Hippolytos, Verse 732 ff.
16 Hesiod, Theogonia, Verse 517 f. und 746 f.
17 siehe E. Tièche, 1945, 65 ff.
18 siehe E. Tièche, 1945
19 Abbildungen bei K.O. Pfeiff, Apollon, 1942, Tafeln 7, 9a, 9b, 10, 11, 40, 41a, 41b
20 Abbildungen bei K.O. Pfeiff, Apollon, Beilage Nr. 10, 139
21 Alkaios, Fragmente 2B
22 H. Usener, 1899, 187; W.H. Roscher, 1890 „Hyperboreer"; O. Schröder, 1905, „Hyperboreer", Pauly-Wissowa-Kroll „Hyperboreer"
23 Homerische Hymnen, „Hymnus an den delischen Apollon", 131
24 Homerische Hymnen, „Hymnus an den pythischen Apollon", 4 f. 23, 337
25 Homerische Hymnen, „Hymnus an den pythischen Apollon", 8, 90
26 Homerische Hymnen, „Hymnus an den pythischen Apollon", 94
27 Diodor von Sizilien II, 47
28 V. Karageorghis, 1968, Tafeln 66, 104
29 Baruch A. Levine, 1975, Tafeln 16–17
30 W.F. Otto, Die Götter Griechenlands, 1947, 132
31 J. Bröndsted, 1962, II, 226
32 1. Könige 3,2; 5,5,17
33 Fr. Schachermeyr, 1957, 124
34 J. Bröndsted, 1960, I, 242
35 J. Bröndsted, 1960, I, 242
36 Dr. H. Steinert, in: Die Welt vom 13. 10. 1970
37 J. Spanuth, 1965, 470
38 G. Schwantes, 1939, 522; J. Bröndsted, 1962, II, 188 ff.
39 Fr. Schlette, 1972, 187
40 2. Sam. 5,21
41 Tacitus, Germania, Kap. 7

Anmerkungen zu Kapitel 15:

1 J. Spanuth, Das enträtselte Atlantis, 1953; Atlantis, 1965; Die Atlanter, 1976
2 U. v. Wilamowitz-Möllendorff, Platon, Bd. 1, 594 f. R. Noll briefl. März 1951; Th. Moreaux, L'Atlantide, a-telle existé, Paris 1924
3 zitiert nach Chr. Berlitz, 1974,18

4 Fr. Schachermeyr, 1934, 118; Fr. Dirlmeier, 1940, 2; K. Kübler, 1942, 34; O. Broneer, 1948, 111; derselbe 1939, 422
5 A. Franke, 1972, 267 ff.; derselbe, 1978, 12
6 G. Kahl-Furthmann, 1967, 11
7 J. Wiesner, 1943, 110; A. Franke, 1978, 8
8 A. Franke, 1972, 272; ähnlich derselbe, 1978, 8
9 V.R. d'Desborough, 1972, 19 ff.
10 J.V. Luce, 1975, 39
11 Fr. Schachermeyr, 1950, 32
12 W. Witter, 1941, 223 f.; derselbe, 1942, H. 1 und 2
13 J.R. Maréchal, 1962, 111; siehe auch oben Kap. 5, Anm. 28
14 W. Witter, 1942
15 W. Hölscher, 1937, 61; auch im: Reallexikon der Vorgeschichte, Artikel: Tamahu-Temehu-Tuimah
16 O. Rudbeck, 1679; I. Donelly, 1911; A. Borchardt, 1927; A. Schulten, 1950; R. Hennig, 1934 u.a.
17 J. Spanuth, 1953, 1963, 1965, 484 ff.
18 O. Schröder, 1905, 69 ff.
19 E. Jung, 1939, 336 f.
20 O.S. Reuter, 1934, 88 ff.
21 G. Schwantes, 1939, 525
22 O. Müller, 1820–22, 274
23 Plinius, Nat. Hist. 219
24 Mela Pomponius, De chorographia, III, 36
25 F.A. Ukert, 1816–46, I, 2, 187
26 S. Gutenbrunner, 1939, 50
27 H. Schütte, 1938, bei W. Krüger, Die Küstensenkung der Jade
28 Marcellus, Aithiopika, zitiert bei Proklos Arist. de mir. ausc.

Anmerkungen zu Kapitel 16:

1 A. Busch, 1936
2 W. Bolton, 1891, 276
3 K. Gripp, 1933, 64
4 O. Olshausen, 1893, 516
5 J.M. Lappenberg, 1830, 2: F. v. d. Decken, 1826, 10 f.; B.E. Siebs und E. Wohlenberg, 1953, 234
6 B.E. Siebs und E. Wohlenberg, 1953, 234
7 C. Danckwerth, 1652, 93
8 Chr. Delff, 1934, 153 ff.
9 H. Weigelt, 1873, 15
10 C. Danckwerth, 1652, 93
11 J.K. Eggers, in: Husumer Nachrichten vom 30. 7. 1962
12 Diodor V, 23
13 Plinius, Naturalis historia XXXVII, 2, 11
14 O. Pratje, Geologischer Führer für Helgoland und die umliegenden Meeresgründe, in: Sammlung geologischer Führer 23, 9 ff, Berlin, 1923, derselbe: Aufbau und Werden der Insel Helgoland, in: Helgoland ruft! Hamburg 1952, E. Wasmund, 1937
15 Hannes Auer Interview mit Karl Gripp am 20. 9. 1953
16 Cl. Ahrens, Die Vorgeschichte des Kreises Pinneberg und der Insel Helgoland, Neumünster, 1966, 244
17 Zylmann, P., 1952, 39
18 H. Steinert, Kupfer auf Helgoland, in: Kieler Nachrichten vom 21. 2. 1979
19 Adam von Bremen, Hamburgische Kirchengeschichte, um 1075, IV, 3
20 M.P. Nilsson, Gastvorlesung an der Universität Berlin am 15. 11. 1937, abgedruckt in: Die Rasse, 1938, 294
21 Diplomatarium Danicum, 1963, Nr. 5
22 Diplomatarium Danicum, 1963, Nr. 125, Reg. Dipl. Hist. Dan. Nr. 219, Diplomatarium Suecanum II, Nr. 40, 54
23 Papst Zacharias im Jahr 742, Epistula 52. Würdtwein
24 A. Heimreich, 1666, 119
25 Nordfriesland, 1929, 582
26 Neocorus, Geschichte Dithmarschens von Karl d. Großen bis ins 15. Jhdt., herausgegeben von Dahlmann, Kiel, 1827, I, 313
27 K. Andrée, 1937, 17
28 O. Olshausen, Zur Vorgeschichte Helgolands, 1893 und 1894, 270
29 K. Andrée, 1951, 89
30 G. Schwantes, 1939, 572
31 N. Neitzel, 1969, 90
32 Cl. Ahrens, 1966, 245

33 Cl. Ahrens, 1966, 249
34 A. Franke, 1978, 66
35 Fr. Behn, 1948, 161
36 Pal Patay, zitiert bei B. Thomas, Archäologische Funde in Ungarn, Budapest 1956, 14
37 S. Gutenbrunner, 1939, 31
38 K. Andrée, 1951, 9
39 K. Andrée, Gutachten vom 19. 7. 1954
40 H. Handelmann, Die amtlichen Ausgrabungen auf Sylt, Kiel, 1872 f.
41 Plinius, Nat. Hist., XXXVII, 35–53
42 C.P. Hansen, 1865, 87
43 O. Huth, 1955, 15
44 E. Krause, Tuiskoland, 1891, 624
45 Gylfaginning 26. Skaldskap. 22
46 E. Krause, 1891, 624
47 Pindar (um 500 v. Chr.), in: Pythais 10.42
48 Zitat bei Strabo II, 4,1
49 Text bei dem älteren Seneca, suasor. I, 15 f., übersetzt von Th. Nissen, Die ältesten erhaltenen Verse über die Nordsee, in: Nordelbingen, Bd. 4, Flensburg 1925
50 Vita Wulframni, Kap. 8
51 P.H.K. v. Maack, 1869, 94
52 J. Bröndsted, 1963, III, 352
53 bei Strabo 7,2,2, vgl. auch O.S. Reuter, 1922, I, 88; W. Wirth, 1966, 438
54 E. Tièche, Atlas als Personifikation der Weltachse, 1945, 70
55 D. Stichtenoth, 1959, 67
56 W. Schmied-Kowarzik, 1974, 41 f.
57 W. Schmied-Kowarzik, 1974, 53
58 W. Hauer, 1940, 175

Anmerkungen zu Kapitel 17:

1 K. Kenyon, 1967, 228; M. Magnusson, 1977, 123
2 V. Gilbert, The Romance of the Last Crusade, Cambridge, 1921
3 J.H. Breasted, 1954, 271
4 E. Kautzsch, 1896, 322
5 K. Kenyon, Excavations in Jerusalem 1961 and 1962, in: Palestine Exploration Quarterly 1962, 72–89; 1963, 7–21; 1967, 232, 301; M. Magnusson, 1977, 132 f.
6 N.A. St. Macalister, 1913, 93; H. Guthe, 1904, 75; A. Strobel, 1976, 217

Anmerkungen zu Kapitel 18:

1 1. Mose 15,13; 2. Mose 12,40; Judith 5,8; Acta 7,61; Gal. 3,17
2 Acta 7,6
3 2. Mose 12,38; 4. Mose 11,4
4 2. Mose 12,32,38
5 2. Mose 13,17
6 2. Mose 22,15
7 K. Kenyon, 1967, 227 f.
8 1. Sam. 14,21
9 J. Wiesner, 1943, 140
10 E. Schultze, 1938, 5
11 E. Schultze, 1938, 4
12 D. Baramki, zitiert bei G. Herm, 1973, 74
13 Medinet Habu, Tafel 28, Zeile 52
14 A. Köster, 1923, 42
15 E. Schultze, 1938, 5
16 1. Sam. 13,19 f.
17 J.-R. Maréchal, 1962, 111
18 J.-R. Maréchal, 1959, 332 f.
19 Richter, 3,1 f.
20 2. Mose 10,9
21 Josua 11,9; 2. Sam. 8,4
22 Baruch A. Levine, Die Israeliten, 1975, 108
23 O. Eißfeldt, 1936, 158
24 R. Stadelmann, 1968, 171
25 Buchholz, H.G., Der Kupferhandel des 2. vorchristlichen Jahrhunderts im Spiegel der Schriftforschung, in: Minoica, 1958, 92–115, Kupferbarren von Enkomi (Zypern), Simbabwe und Falmouth (Cornwall Typ III, 12.–11. Jhdt. v. Chr.)
26 K. Kenyon, 1967, 128
27 K. Kenyon, 1967, 227
28 G. Kehnscherper, 1973, Tafel XII; J. Wiesner, 1943, 163
29 G. Schwantes, 1939, 381; J. Bröndsted, 1962, II, 113
30 J. Bröndsted, 1962, II, 112
31 O. Zeller, 1977, 145
32 S. Muscati, 1961, 92
33 zitiert bei O. Zeller, 1977, 1
34 Edey, E. M., 1974, 96
35 M. Magnusson, 1977, 154
36 M. Magnusson, 1977, 127

Literaturverzeichnis

Adam von Bremen
Hamburgische Kirchengeschichte, um 1070, übersetzt von Dr. J.C.M. Laurent, 1888

Aelian, Claudius, um 170—240 n. Chr.
Historia

Ahrens, Cl.
Die Vorgeschichte des Kreises Pinneberg und der Insel Helgoland, Neumünster 1966
Drei Kernbeile von Helgoland, in: Die Heimat, 1967

Aischylos, 525—456 v. Chr.
Tragödien, übersetzt von U. v. Wilamowitz Möllendorff, 1914

Albinovanus Pedo
zitiert bei Theodor Nissen: Die ältesten Verse über die Nordsee, in: Nordelbingen, Bd. 4, 1925

Albright, W.F.
The Archaeology of Palestine and the Bible, 1932
The Proto-Sinaitic Inscriptions and their Decipherment. Cambridge 1966

Alin, P.
Das Ende der mykenischen Fundstätten auf dem griechischen Festland, in: Studies in Mediterranean Archaeology, 1962

Alkaios, um 680 v. Chr.
Lieder, übersetzt von M. Treu, 1952

Allen, T.W.
Homeric Catalogue of Ships, 1921

Almgren, O.
Nordische Felszeichnungen als religiöse Urkunden, 1934

Altheim, F. und Trautmann, E.
Nordische und italische Felskunst, in: Die Welt als Geschichte, 3, 1937, 83 ff.
Vom Ursprung der Runen, in: Deutsches Ahnenerbe, 1939
Keltische Felsbilder der Val Camonica, in: Mitteilungen des Deutschen Archäol. Institutes, Röm. Abt., 1939

Althin, C.A.
Studien zu den bronzezeitlichen Felszeichnungen von Skane, 1945

Ammianus Marcellinus, 2. Hälfte des 4. Jhdts. n. Chr.
Historiae

Andersson, J.G.
Floran i Norrland, in S.T.V.-Jahrbuch 1914, 15 ff.

Andrée, K.
Der Bernstein und seine Bedeutung in Natur- und Geisteswelt, 1937
Miozäner Bernstein im West-Baltikum und an der Nordsee – Abalus, die Glaesarien oder Elektriden und der Eridanus der Alten, in: Petermanns geogr. Mitteilungen, 1942
Der Bernstein, das Bernsteinland und sein Leben, in: Kosmos 1951
Gedanken zu Kants geolog. Anschauungen und ihre Auswirkung

auf die heutige Geologie, in: Jahrbuch der Albertus Magnus-Universität in Königsberg, 1952, Bd. II
Apollodorus, 2. Jhdt. v. Chr.
Chronika
Apollonios von Rhodos, 3. Jhdt. v. Chr.
Argonautika, übersetzt von Thassilo v. Scheffer, 1947
Aristarchos, 217—145 v. Chr.
Fragmente seiner Werke in Kommentaren antiker Autoren zitiert
Artemidoros aus Ephesos, 2. Jhdt. n. Chr.
Text bei A. Schulten, Fontes
Auer, H.
Interview mit Prof. Karl Gripp am 20. 9. 1953
Avi-Yonah, M.
Geschichte des Heiligen Landes, 1975
Avi-Yonah, M. und A. Kempinski
Syrien-Palästina II, in: Archeologia Mundi, 1978
Bachofer, L.
Zur Frühgeschichte Chinas, in: Die Welt als Geschichte, Jg. 3, 1937
Baetke, W.
Die Religion der Germanen in Quellenzeugnissen, 1938
Baltzer, L.
Hällristningar fra Bohuslän, Göteborg 1919
Baranski, A.
Die Urgeschichte Nordeuropas nach ägyptischen Quellen, 1903
Barthel, W. und Atzenbeck, C.
Handlexikon der deutschen Vorgeschichte, 1936
Baume, W. La
Artikel „Bernstein", in: Eberts Reallexikon der Vorgeschichte, Bd. 1, 1924
Baumgärtel, W.
The Cave of Manaccora, Monte Gargano, in: Papers of the British School of Rome, XXI, 1953
Baux, C.
Papyrus Ipuwer, 1927
Behn, Fr.
Italische Altertümer in vorhellenischer Zeit, 1920
Vor- und Frühgeschichte, 1948
Kultur der Urzeit, 1950
Vorgeschichtliche Welt, 1962
Berger, F.H.
Mythische Kosmographie der Griechen, 1904
Berve, H.
Das neue Bild der Antike, Bd. I, Hellas, 1942
Griechische Geschichte, 1951
Bilabel, Fr.
Geschichte Vorderasiens und Ägyptens vom 16.—11. Jhdt. v. Chr., 1927
Biollay, E.
Die altägyptischen Texte aus der Zeit Ramses III. und ihre Beziehun-

gen zum Atlantisbericht, Vortrag in Hamburg 1960
Die Einbrüche der Nordmeervölker in Ägypten, 1961
Birkner, F.
Ur- und Vorzeit Bayerns, 1936
Bittel, K. und Naumann, R.
Boghazköi-Hattusa, Ergebnisse der Ausgrabungen des Deutschen Archäol. Inst. und der Deutschen Orientgesellschaft in den Jahren 1931—1939, Bd. 1, 1952
Grundzüge der Vor- und Frühgeschichte Kleinasiens, 1945
Bolton, W.
Über das Kupfererzvorkommen auf Helgoland, in: Dingelers naturwissenschaftlich-techn. Zeitschrift, München 1891, Jg. 2
Bonfante, G.
Who were the Philistines, in: AJA 50, 1946, 251 ff.
Borst, L.
zitiert in New York Times vom 10. 2. 1961
Bouzek, J.
Die Beziehungen der neugefundenen Griffzungenschwerter von Enkomi-Alasia, in: Premières Séries à l'occasion de la XX. Campagne de Fouilles à Enkomi-Alasia, 1959
Bowra, C. M.
Klassisches Griechenland, in: Time-Life-Bücherei, 1960
Braghine, A.
Atlantis, Stuttgart 1939
Brandenstein, W.
Atlantis, Größe und Untergang eines geheimnisvollen Reiches, Wien 1951
Breasted, J.H.
Ancient Records of Egypt, 1906/07
Earlier Historical Records of Ramses III., 1929—1954
Geschichte Ägyptens, 1954
Brion, M.
Die frühen Kulturen der Welt, Köln 1964
Brögger, A.W.
Arkeologie og historie, 1937
Broholm, H.C.
Danmarks Bronzealder, 1944
Studier over den yngre Bronzealder i Danmark, 1953
Dansk Oldsager, 1953
Bröndsted, J.
Nordische Vorzeit, Bd. I, 1960
Nordische Vorzeit, Bd. II, 1962
Nordische Vorzeit, Bd. III, 1963
Broneer, O.
A Mycenaean Fountain on the Athenian Acropolis, in: Hesperia, 8, 1939, 317—429
What happened at Athens, in: American Journal of Archaeology (AJA), 1948, 111 ff.

Bühler, J.
Die Kultur der Antike und die Grundlegung der abendländischen Kultur, 1947
Burchardt, M.
Zwei Griffzungenschwerter aus Ägypten, in: Zeitschrift für ägyptische Sprache und Altertumskunde, Bd. 50, 1912
Burk, D.
Wie wurde die minoische Kultur zerstört?, in: FAZ 19./20. 11. 1969
Burr, V.
Neon Katalogos, Untersuchungen zum homerischen Schiffskatalog, in: Klio, Neudruck 1961
Buschor, F.
Griechische Vasenmalerei, 1921
Busch, A.
Neue Gesichtspunkte zur Kartographie des mittelalterlichen Nordfrieslands, in: Jahrbuch des nordfries. Vereins 1936
Capelle, C.
Wörterbuch zu den homerischen Epen, Darmstadt 1968
Capelle, W.
Das alte Germanien, die Nachrichten der griechischen und römischen Schriftsteller, 1937
Catling, H.W.
Bronze Cut- and Thrust Swords in the Eastern Mediterranean, in: Procedings of the Prehistoric Society for 1956
Ceram, C.W.
Enge Schlucht und schwarzer Berg, 1955
Chadwick, J.
Linear B, die Entzifferung der mykenischen Schrift, 1958
Childe, G.
The Dawn of European Civilisation, 1950
Clairborne, R.
Die Erfindung der Schrift, in: Time-Life-Bücher, 1975
Clemen, C.
Altgermanische Religionsgeschichte, 1934
Clemens Alexandrinus, 2. Jhdt. n. Chr.
Text: Stähelin, O., 1936–39
Clermont-Gannea, G.
Academie des Inscriptions, 1909
Coghlan, H.H.
Notes on the Prehistoric and Early Iron in the World, 1965
Conze, J.D.
Zur Geschichte der Anfänge der griechischen Kunst, 1876
Cotrell, L.
Der Faden der Ariadne, 1954
Cowen, R.C.J.
Eine Einführung in die Geschichte der bronzenen Griffzungenschwerter in Süddeutschland und in den angrenzenden Gebieten, in: Röm.-Germ. Kommission, Bd. 36, 1955, 52–155
Cowen, J.D.
The flange-hilted cutting sword of bronze was at first developed in

Central-Europe or in the Aegaean Area? in: Intern. Kongreß für Vor- und Frühgeschichte 1958, veröffentlicht Hamburg 1961
Bronze Swords of Northern Europe, in: PPS, 1952

Curtius, L.
Die antike Kunst, 1925

Damases
zitiert bei Stephanus von Byzanz, siehe unter Stephanus

Dalman, G.H.
Arbeit und Sitte in Palästina, in: Palästina-Jahrbuch, Bd. VII

Danckwert, C.
Newe Landesbeschreibung der zwei Herzogtümer Schleswich und Holstein, Husum 1652

Decken, F. v. d.
Philosophisch-historisch-geographische Untersuchungen über die Insel Helgoland oder Heiligland und ihre Bewohner, Hannover 1826

Delff, Chr.
Nordfrieslands Werden und Vergehen, in: Nordelbingen, Bd. 10, Flensburg 1934
Wo sind die Bernstein-Nordseeinseln des Altertums geblieben? in: Jahrbuch des Heimatbundes Nordfriesland, 1936

Desborough, V.R.
The Last Mycenaeans and their Successors, Oxford 1964
The Greek Dark Ages, London 1972

Dethlefsen, D.
Die Entdeckung des germanischen Nordens im Altertum, in: Quellen und Forschungen zur alten Geschichte und Geographie, hrsg. von W. Sieglin, Berlin 1904

Deuel, L.
Das Abenteuer der Archäologie, 1963

Dikaios, F.
The Bronze Statue of a Horned God from Enkomi, 1962

Diodorus Siculus, 2. Hälfte des 1. Jhdts. v. Chr.
Bibliotheke, Text: F. Vogel – C.T. Fischer (Teubn. 1888–1906)

Diplomatarium Danicum
I. und II. Kopenhagen 1963

Dirlmeier, F.
Die Pelasgermauer der Athener Akropolis, in: Kleine Kostbarkeiten, hrsg. von J.O. Plassmann, Berlin 1940
Apollon, Gott und Erzieher des hellenischen Adels, in: Archiv für Religionswissenschaft 36, 2, 1940

Donelly, I.
Atlantis, Deutsche Übersetzung, Esslingen 1911

Drerup, E.
Die Anfänge der hellenischen Kultur, Homer, München 1903

Dothan, M.
Ashdod: A City of the Philistine Pentapolis, in: Arch. 2 1967
Ashdod – Seven Seasons of Excavation, in: Qad 5, 1972

Dothan, T.
The Philistines and their Material Culture, in: Israel Exploration Journal, 1967
Excavation at Azor, in: Israel Exploration Journal, 1960
Duhm, B.
Kommentare über Jesaja, Basel 1902
Düwel, K.
zitiert bei O. Zeller 1977, S. 41
Edda
Die Lieder des Codex Regius nebst verwandten Denkmälern, hrsg. von G. Neckel, 1914
Edel, E.
Die Ortsnamenslisten aus dem Totentempel Amenophis III., 1960
Edey, M.E.
Die Anfänge des Seehandels, Time-Life-Bücher 1974
Edgerton, W.F. und Wilson, J.
Historical Records of Ramses III., in: The Texts in Medinet Habu, Vol. I. und II., in: The Oriental Institutes of the University of Chicago, 1936
Eggers, J.K.
Über die Karten J. Mejers, in: Husumer Nachrichten vom 30. 7. 1962
Eisler, R.
Die „Seevölker“-Namen in den altorientalischen Quellen, in: Caucasica, 1928
Eißfeldt, O.
Philister und Phönizier, in: Der alte Orient, 34, 1936
Die Philister, in: Pauly-Wissowa-Kroll, Enc. d. Class. Altertumswissenschaften, 38, 1938
Baal-Zaphon, Zeus Kassios und der Durchzug Israels durchs Meer, 1962
Eliason, M.
Tonscheibe als Sensation, Jerusalem 1977
Engelbrecht, Th.
Die Urheimat der Indogermanen, 1933
Erman, A.
Die Literatur der Ägypter, 1923
Euhemeros von Messene, um 300 v. Chr.
Hierà anagraphé, in: Fragmente der griechischen Historiker, Hrsg. F. Jakoby, 1923 ff.
Euripides, um 480—406 v. Chr.
Tragödien, Hippolytos
Evans, A.
The Palace of Minos, 1921—1935
FAZ vom 15. 7. 1977
Aufsatz von L. Pauli
Ferguson, C.W., Huber, B. und Suess, E.
Determination of the age of Swiss lake dwellings as an example of dendrochronological calibrated radiocarbon-Dating, in: Zeitschrift für Naturforschung 21a, 1966, 1173 ff.

A 7104-year annual tree-ring chronology for bristleconepine, Pinus aristata, from the White-Mountains, California, in: Tree-Ring-Bulletin, 29, 1969, 3 f.

Février, J.-G.
L'ancienne marine phénicienne, in: La nouvelle Clio, Années I/II, 1949, 128 f.

Fichtel, A.
Briefl. Mitteilung an den Verfasser vom 8. 5. 1969

Fick, A.
Die Kriegszüge nördlicher Völker unter den Pharaonen Menephtah und Ramses III., in: Zeitschrift für vergleichende Sprachforschung, Bd. 47, 1915

Filip, J.
Die Urnenfelder und die Anfänge der Eisenzeit in Böhmen, Prag 1936/37

Fimmen, D.
Die kretisch-mykenische Kultur, Leipzig 1921

Flinders, Petrie, W. M.
The Formation of the Alphabet, in: BSA 1912

Forchhammer, E.
Om en stor Vandflod der har truffed Danmark i meget gammel Tid, in: Danske Folkekalender för 1844, Kjöbenhavn
Über dauernde Niveauveränderungen und Spuren von Überflutungen an der Westküste des Herzogtums Schleswig, in: Neues Staatsbürgerliches Magazin, hrsg. von Dr. N. Falck, Bd. 6, Schleswig 1837

Fouquè, F.
Santorin et ses Eruptions, Paris 1879

Fragmente der griechischen Historiker
hrsg. von F. Jacoby, 1923 f.

Franke, A.
Zum Wahrheitsgehalt der beiden platonischen Atlantisberichte, in: Mannus, 38. Jg., H. 4, 267-286, 1972
Auf den Spuren der Atlantisforscher, in: Mannus 1976
Atlantis, Wahn oder Wirklichkeit? Vier Atlantis-Theorien auf dem Prüfstand der Wissenschaft, in: Mannus Bibliothek, Bd. XI, 1978

Franken, H.J.
Excavations at Tell Deir 'Alla, 1969

Freedmann, D.N.
The Second Season at Ancient Asdod, in: BA, 26, 1963

Freuchen, P.
Knaurs Buch der sieben Meere, 1958

Fuchs, S.
Zur Frage der Indogermanisierung Griechenlands, in: Neue Jahrbücher für Antike und deutsche Bildung, Jg. 2, 1939

Furtwängler, A.
Die antiken Gemmen, 1900

Gadow, G.
Der Atlantisstreit, 1974

Galanopoulos, A.G.
Zur Bestimmung des Alters der Santorin-Caldera, in: Annales Géologiques des pays Helléniques, 9, 1957
Tsunamis Observed on the Coast of Greece from Antiquity to the Present Time, in: Annali di Geofisica, XIII, 1960
On Mapping of Seismic Activity in Greece, in: Annali di Geofisica, XVI, 1963
Die Deukalionische Flut aus geologischer Sicht, in: Das Altertum, Bd. 9, H. 1, Berlin-Ost 1963
Die ägyptischen Plagen und der Auszug Israels in geologischer Sicht, in: Das Altertum, Bd. 9, H. 1, Berlin-Ost 1963
Gall, A. Frhr. v.
Basileia tou Theou, 1926
Gardiner, A.H.
Admonitions of an Egyptian Sage, 1909
The Sinaitic Script and Origin of the Alphabet, in: Palästina Exploration Fund, 1929
Garstang, J.
The Fund's of Askalon, 1921
The Excavation of Askalon, 1920 und 1921
Gauch, H.
Die Entstehung unserer Sprache und Schrift, Heusenstamm 1970
Gilbert, V.
The Romance of the last Crusade, Cambridge 1921
Gordon, D.H.
Swords, Rapiers and Horse-riders, in: Antiquity 1953, 67 f.
Goyon, G.
Les Travaux de Chou et les Tribulations de Geb d'après Le Naos 2248 d'Ismailia, in: Kemi, Revue de Phil. et Arch. égypt., 1936
Grant, E.
The Philistines, in: Journal of Biblical Literature, Vol. 55, New Haven, 1936
Grapow, H.
Ausgewählte inschriftliche Quellen zur Geschichte, Sprache und Kunst der sog. Mittelmeervölker, A. Ägyptische Quellen, ohne Jahreszahl
Gressmann, H.
Der Messias, 1920
Griffith, F.L.
The Antiquities of Tell-el-Yahudiyeh and Miscellaneous Work in Lower Egypt, 1890
Gripp, K.
Geologie von Hamburg und seiner näheren Umgebung, Hamburg 1933
Erdgeschichte von Schleswig-Holstein, Neumünster 1964
Grosjean, R.
Recent Work in Corsica, in: Antiquity, 40, 1936
La Corse avant l'Histoire, 1959
Günther, F.K.
Lebensgeschichte des hellenischen Volkes, Pähl 1956

Gutenbrunner, S.
Germanische Frühzeit in den Berichten der Antike, in: Handbücher der Deutschkunde, Jg. 3, 1939
Guthe, H.
Geschichte Israels, Tübingen - Leipzig 1904
Hall, H.R.
The peoples of the Sea, in: Bibliothèque de l'Ecole des Hautes Etudes, ebenso in: Mélanges Champollion 1922, 297 f.
Hampe, R.
Die homerische Welt im Lichte der neuesten Ausgrabungen, in: Gymnasium, Jg. 63, 1956, H. 1/2
Hampel, J.
Altertümer der Bronzezeit in Ungarn, 1890
Hänsel, B.
Rohkupferfunde vor Helgoland, in: Der Ausschnitt, Zeitschrift für Kunst und Kultur im Bergbau, 1979, H. 4, 31. Jg.
Handelmann, H.
Die amtlichen Ausgrabungen auf Sylt 1873—1880, Kiel 1882
Hansen, C.P.
Das schleswigsche Wattenmeer und die friesischen Inseln, Glogau 1865
Hauer, W.
Urkunden und Gestalten der germanisch-deutschen Glaubensgeschichte, Stuttgart 1940
Haupt, R.
Rolande in Nordelbingen, in: Nordelbingen Bd. 8, 1930/31
Heimreich, A.
Nordfriesische Chronik, Schleswig 1666
Hekataios, um 500 v. Chr.
Periodos gees, zitiert bei Diodor II, 7
Helck, W.
Die Seevölker in den ägyptischen Quellen, in: Jahresbericht d. Inst. f. Vorgesch. d. Univ. Frankfurt, 1976
Die Beziehungen Ägyptens zu Vorderasien im 3. und 2. Jahrtausend v. Chr., 1962
Die Beziehungen Ägyptens und Vorderasiens zur Ägäis bis ins 7. Jhdt. v. Chr., Darmstadt 1979
Hempel, J.
Westliche Kultureinflüsse auf das älteste Palästina, in: Palästinajahrbuch, 23. Jg., 1927
Hennig, R.
Die Geographie des homerischen Epos, 1934
Eridanos, in: Germanien, 25. Jg. 1941, H. 2
Hencken, H.
A View of Etruscan Origins, in: Antiquity, Jg. 40, 1966
Herbig, R.
Philister und Dorier, in: Jahrbuch des Deutschen Archäolog. Institutes, Jg. 55, 1940
Philister und Dorier, in: Forschungen und Fortschritte, Jg. 17 1941, H. 1 und 2

Herm, G.
Die Phönizier, 1973
Herodot
Historien, hrsg. von H. W. Haussig, 1955
Herrmann, P.
Sieben vorbei und Acht verweht, 1952
Hesiod, um 750 v. Chr.
Ergai kai hemerai, übers. von Th. v. Scheffer, 1936
Theogonia, übers. von Th. v. Scheffer, 1940
Hestrin, R.
The Philistines and the other Sea Peoples, 1970
Hicks, J.
Die ersten Reiche, in: Time-Life International, 1974
Hitzig, H.
Urgeschichte und Mythologie der Philister, 1845
Höhler, F.
Das Brandskogenboot, in: Mannus Jg. 30, 1938
Hölscher, W.
Libyer und Ägypter, in: Beiträge zur Ethnologie und Geschichte der libyschen Völkerschaften nach altägyptischen Quellen, 1937
Homer
Ilias und Odyssee, griechischer und deutscher Text, übers. von Hans Rupé, ohne Jahreszahl, etwa 1930
Homerische Götterhymnen
übers. von Th. v. Scheffer
Honoré, P.
Das Buch der Altsteinzeit, Düsseldorf - Wien, 1967
Hood, S.
The International Scientific Congress on the Volcano of Thera, 15.-23rd Sept. 1969, in: Kadmos Jg. 9, 1970, 98 ff.
Hrouda, B.
Die Einwanderung der Philister in Palästina, in: Festschrift für Moortgat, 1964, 126 ff.
Hülle, W.
Die Megalithkultur im westlichen Mittelmeerraum, in: Die Karawane, Ludwigsburg 1966/67, H. 3
Logbuch Karawane, Ludwigsburg 1967
Hunger, H.
Griechisches Lexikon der Mythologie, 1959
Huth, O.
Der Glasberg, in: Symbolon, Bd. 2, 1955
Atlantis, Utopie oder Wirklichkeit, in: Universitas, 1953
Illustrated London News
Nr. v. 27. 8. 1949, Philisterfunde auf Zypern, Vortrag von Prof. Dr. Cl.F.A. Schaeffer in Paris
Italienisches Amt für Altertümer
Bericht über Untersuchungen eines „Pfahlbaudorfes" am Bolsenasee, 1967

Jirku, A.
Zur illyrischen Herkunft der Philister, in: Wiener Zeitschr. für Kunde des Morgenlandes, Jg. 49, 1942, H. 1/2
Die Ausgrabungen in Palästina und Syrien, 1956
Geschichte Palästinas und Syriens, 1963
Jordan, W.
Versunkene Wälder zwischen Hamburg und Bergedorf, in: Blätter für wissenschaftl. Bildung, 1849, Nr. 44
Josephos (später Flavius Jesephus), 37—95 n. Chr.
Jüdischer Krieg
Jüdische Altertümer
Judas Makkabäus, 166—160 v. Chr.
in den Apokryphen des Alten Testamentes
Jung, E.
Irminsul und Rolandssäulen, in: Mannus, Jg. 17, 1926, 1—34
Germanische Götter und Helden in christlicher Zeit, 1939
Kahl-Furthmann, G.
Wann lebte Homer?, 1967
Kallimachos, etwa 315-240 v. Chr.
Leiter der großen königl. Bibliothek in Alexandrien, erhalten 2 Bücher, 6 Hymnen
Kaplan, J.
Archaeology and History of Tell-Aviv-Jaffa, 1959
Archaeology and History of Tell-Aviv-Jaffa, 1972
Karagheorgis, V.
Zypern, 1968
Karnakinschrift
bei W. Hölscher, 1937, und W. Helck, 1962
Karo, G.
Die Schachtgräber in Mykenai, Athen 1927
Kautzsch, E.
Die Heilige Schrift des Alten Testamentes, neue Übersetzung 1896
Kehnscherper, G.
Habilitationsschrift: Santorin, Leipzig 1964
Wanderwege der Nord- und Seevölker, Vortrag in Hamburg, I. Teil, 1963, II. Teil Otterndorf 1969, in: Schriftenreihe des Vereines „Helgoland – Geschichte und Kultur der Deutschen Bucht“.
Ansiedlung der Nord- und Seevölker nach der verlorenen Schlacht im Nildelta, bisher ungedruckt vom Verfasser zur Verfügung gestellt.
. . . und die Sonne verfinsterte sich, Halle/Saale 1972
Kreta, Mykene, Santorin. Leipzig - Jena 1973
Auf der Suche nach Atlantis, Leipzig - Jena - Berlin (Ost) 1978
Kemble, J.M.
On some remarkable sepulchral objects from Mecklenburgh, Styria and Italy, in: Archaeology, Vol. 36, London 1855
Kenyon, K.M.
Archäologie im Heiligen Land, 1967
Kersten, K.
Zur älteren nordischen Bronzezeit, o. J. (etwa 1935), in: Veröffentlichungen d. Schlesw.-Holst. Universitätsges., Reihe III, Nr. 3

Maxwell-Hyslop, K.R.
Notes on some distinctive of Bronzes from Populonia, Etruria, 1956
Mayani, Z.
Un apport à la discussion du texte Deir 'Alla, in: Vetus Testamentum (VT), Zeitschrift, Jg. 24, 1974, 318 ff.
Medinet Habu
siehe Edgerton, W.F., und Wilson, J.A., 1936
Meinhold, J.
Indogermanen in Kanaan, in: Beihefte zur Zeitschrift für alttestamentliche Wissenschaften, 1918
Meissner, B.
Die Beziehungen Ägyptens zum Hattireiche nach hethitischen Quellen, in: Zeitschrift der deutschen morgenländischen Gesellschaft, Jg. 72, 1918
Mela Pomponius, Mitte des 1. Jh. n. Chr.
De chorographia, deutsche Ausgabe bei W. Capelle, Das alte Germanien, 1937
Mendenhall, G.E.
The "Philistine" Documents from the Hebron Area, in: Annual of the Department of Antiquities of Jordan, 16, 1971, 49 ff.
Mette, H.J.
Pytheas von Massalia, in: Kleine Texte für Vorlesungen und Übungen, Jg. 73, 1952
Meyer, E.
Die Israeliten und ihre Nachbarstämme, 1906
Geschichte des Altertums, II, 1,2., 2. Aufl. 1928
Milojčić, V.
Die Dorische Wanderung im Lichte der vorgeschichtlichen Funde, in: Archäol. Anzeiger, 1948/49
Einige europäische „Fremdlinge" auf Kreta, in: Jahrbuch des Röm.-Germ. Zentralmuseums in Mainz, 1955
Miltner, F.
Die Dorische Wanderung, in: Klio, Jg. 47, 1934
Möller, G.
Die Ägypter und ihre libyschen Nachbarn, in: Zeitschrift für Ethnologie, 1920/21
Montelius, O.
Bohusländska fornsakra, 1874-80, Bihang 6
Moortgat, A.
Tammuz, Der Unsterblichkeitsglaube in der orientalischen Bildkunst, 1949
Morlet, A.
Glozel, Paris 1929
Glozel, Tome 11, Macon 1962
Glozel, Corpus des Inscriptions, 1965
Moscati, S.
Geschichte und Kultur der semitischen Völker, 1961
The World of the Phoenicians, 1968
Die Phöniker, 1973

Mozsolics, A.
Archäologische Beiträge zur Geschichte der Großen Wanderung, Budapest 1957
Bronzezeitliche Schwertfunde aus Flüssen, Budapest, 1975
Much, R.
Die Germania des Tacitus, 1937
Müller, G.
Zeugnisse germanischer Religion, München 1925
Müller, H.
Das nordische Griechentum und die urgeschichtliche Bedeutung des nordwestlichen Europa, 1844
Müller, W.M.
Die Urheimat der Philister, in: Studien zur vorderasiatischen Geschichte, Hrsg. Vorderasiat. Gesellschaft, Jg. 5, 1900
Müller-Karpe, H.
Die spätbronzezeitliche Bewaffnung in Mitteleuropa und Griechenland, in: Germania, Jg. 40, 1962
Naue, J.
Die vorrömischen Schwerter aus Kupfer, Bronze und Eisen, 1903
Naville, E.
The Store City of Pithom and the Route of the Exodus, 1885
Negev, A.
Archäologisches Lexikon zur Bibel, Deutsch von J. Rehork, 1972
Neitzel, N.
Bernstein an der schlesw.-holst. Westküste, in: Schleswig-Holstein, Heft Januar-Februar 1969
Neokorus, A.
Geschichte Dithmarschens von Karl dem Großen bis ins 15. Jh., 2 Bände, hrsg. von Dahlmann, Kiel 1827
Neubert, M.
Die Dorische Wanderung, 1920
Nilsson, M.P.
Gastvorlesung an der Universität Kiel am 15. 11. 1937
Ninkovitch, D., und Heezen, B.C.
Santorini Tephra, in. Submarine Geology and Geophysics, London 1965
Nissen, Th.
Die ältesten Verse über die Nordsee, in: Nordelbingen, Bd. 4, Flensburg 1925
Nitsche, R.
Uralte Wege, ewige Fahrt, München 1953
Nordén, A.
Die Schiffbaukunst der Bronzezeit, in: Mannus, Jg. 31, Heft 3, 1939
Kiviksgraven och andra forminesplatser, 1926
Nordfriesisches Jahrbuch
Herausgeber: Der Friesenrat, Ljouwert, 1967
Nordfriesland
Heimatbuch für die Kreise Husum und Südtondern, hrsg. von L.C. Peters, 1929

Noth, M.
Geschichte Israels, 1963
Novák, P.
Die Schwerter in der Tschechoslowakei, I, 1975
Nyblom, G.
Skandalen i Glozel, 1967
Olshausen, O.
Über den Bernsteinhandel der cimbrischen Halbinsel und seine Beziehungen zu den Goldfunden, in: Verhandlungen der Berliner Gesellschaft für Anthropologie, Ethnologie und Urgeschichte, Jg. 1890
Zur Vorgeschichte Helgolands, Verh. d. Anthrop. Gesellschaft, 1893, 500 ff.
Orphische Argonautika
Text bei H. Müller, 1844
Otto, E.
Ägyptologische Bemerkungen, Kiel 1953, bei R. Weyl
Otto, W.F.
Die Götter Griechenlands, 1947
Ovid, Publius Naso, 43 v. Chr. – 17 n. Chr.
Metamorphosen, Deutsch von J. Vosseler, 1959
Palmer, L.R.
The Truth about Knossos, in: The Observer vom 3. 7. 1960
Mycenaeans and Minoans, 1962
Papyrus Golenischef
= Papyrus Wen-Amun, Deutsch von A. Erman, 1923
Papyrus Ipuwer oder Mahnworte eines Propheten,
Deutsch von A. Erman, 1923, Faksimiledruck Leiden, 1846
Papyrus Harris
engl. Übersetzung bei Breasted, J.H., 1906/07, IV, 87 ff., 200 ff. (= §§ 151 – 412)
Paret, O.
Das neue Bild der Vorgeschichte, 1948
Die Bedeutung der Pfahlbautheorie für die Vorgeschichtsforschung, Vortrag auf dem Kongreß für Vorgeschichte und Archäologie in Varese am 13. 6. 1954
Patay, P.
zitiert bei B. Thomas, 1956
Patek, E.
Lausitzer Keramik in Ungarn, in: I. Foltny, Régészeti Füzetek, IV, 1957
Die Urnenfelderkultur von Dunántolos, Dissertation, Budapest, 1956
Die Siedlung von Neszmély, in: Acta Hungarica 13, Budapest 1961
Pauli, L.
in FAZ vom 15. 7. 1977
Pauly, A.F.
Wissowa, Kroll, Realenzyklopädie der klassischen Altertumswissenschaft, 1912
Pausanias, 2. Hälfte des 2. Jhdts. n. Chr.
Verfasser einer Beschreibung Griechenlands, Text bei F. Spiro, 1903, I – III

Pauwels, L. und Bergier, J.
Aufbruch ins 3. Jahrtausend, 1967

Peroni, B.
Die Schwerter in Italien, 1970

Petrie, Flinders W.M.
The Formation of the Alphabet, London 1912

Pfannenstiel, M.
Erläuterungen zu den bathymetrischen Karten des östlichen Mittelmeeres, in: Bn. de l'Institute Oceanographique, 1192, Monaco 1960

Pfeiff, K.O.
Apollon, 1943

Pindaros, etwa 520—445 v. Chr.
Pythais, Deutsch von L. Wolde 1940

Platon
Die Dialoge Timaios und Kritias, griech. Text, Darmstadt 1972

Plinius, Gaius P. Secundus
Opfer des Vesuvausbruches im Jahre 79 n. Chr., Naturalis historia, Enzyklopädie des damaligen Wissens für Gebiete wie Geographie, Volksmedizin, Bildende Kunst usw.

Plutarchos, etwa 46—120 n. Chr.
Peri tou „E" en Delphois, zitiert bei Pausanias X, 16,3. Biographien verschiedener Feldherren und Staatsmänner, darunter „Leben des Marius".

Pomerance, L.
The Final Collapse of Santorini (Thera), in: Studies in Mediterranean Archaeology, XXVI, 1970

Poseidonios, etwa 135—50 v. Chr.
Von seinem Geschichtswerk von 52 Büchern sind nur wenige Bruchstücke erhalten, Text bei F. Jacoby, Frg. Nr. 87 (Fragmente der griech. Historiker, 1923 ff.).

Pratje, O.
Geologischer Führer für Helgoland, in: Sammlung geolog. Führer 23, Berlin 1923
Das Werden der Nordsee, in: Bremer Beiträge zur Naturwissenschaft, Bd. 4, 1937, 63—94
Die Stadien der Entwicklung der Insel Helgoland, in: Erdkunde, Archiv für wiss. Geographie, Bd. 1, Bonn 1949, 323 ff.
Helgoland, in: Universitas, Jg. 5, H. 8, 1950
Die Deutung der Steingründe in der Nordsee als Moränen, in: Deutsche Hydrogr. Zeitschrift, Bd. 4, H. 3, 1951
Aufbau und Werden der Insel Helgoland, in: Helgoland ruft!, 1952
Das veränderte Helgoland, in: Helgoland und die Helgoländer, 1953

Preller, L. und Robert, C.
Griechische Mythologie, 4. Auflage, Berlin 1881—1894

Proklos, Diadochos, 410—485
Kommentare zu Platons Schriften „Staat", „Timaios", „Kritias" u.a., Text bei Diehl I—III, Teubn. 1903—1906

Pseudo Scymnus, um 100 v. Chr.
Erdbeschreibung

Pytheas von Massilien

griechischer Astronom und Entdeckungsreisender, der den europäischen Norden erforschte. Seine Werke sind besonders wertvoll, weil er die Lage der von ihm besuchten Inseln oder Küsten mit astronomischen Methoden ermittelte. Leider sind von seinem Werk „Über den Ozean" nur zahlreiche Zitate bei verschiedenen antiken Autoren erhalten, gesammelt von H.H. Mette, 1952, und D. Stichtenoth, 1959

Rainey, F.G.

Altertumsforschung mit neuen Methoden, in: Bild der Wissenschaft, 1968, Nr. 4, 323 ff.

Referat über die Datierung des Vulkanausbruches von Thera, der die Caldera schuf, Ende des 13. Jhdts. v. Chr., beim Internationalen wissenschaftl. Kongreß über den Vulkan auf Thera am 15.—23. September 1969 in Athen, Kiffissia und auf dem Fährschiff Knossos, in: Kadmos, Jg. 9, 1970, 98, kurzer Bericht in FAZ vom 19./20. 9. 1969

Reck, H.

Der Werdegang eines Inselvulkans und sein Ausbruch 1925—28, Bd. 1—3, 1936

Die Geologie der Ringinseln und der Caldera von Santorin, 1936

Rehder, H.C.

Chauken, Friesen und Sachsen, 1948

Rehork, J.

Übersetzung von J.V. Luces' Buch The End of Atlantis, 1972

Archäologisches Lexikon zur Bibel, München - Wien - Zürich 1972

Renfrew, C.

New configurations in Old World archaeology, in: Suess, H.-E., World Archaeology, 1970, II, 199 ff.

Before Civilasation: The Radiocarbon Revolution and Prehistorie Europe, 1967

Carbon 14 and the Prehistory of Europe, in: Scientific American, Oktober 1971, 61 ff.

Reuter, O.S.

Das Rätsel der Edda, I, 1921/II, 1922

Germanische Himmelskunde, 1934

Richardson, H.C.

Iron, in: Prehistorie and Ancienne, in: American Journal of Archaeology, XXXVIII, 1934, Nr. 4

Richthofen, Bolko v.

Die Urnenfelder Norddeutschlands und Skandinaviens, in: Mitt. der Anthrop. Gesellschaft, Wien, Bd. 79, 1970, H. 1

Zur Herkunft der Germanen und Indogermanen, in: Mannus XXXVI, 1970

Ridgeway, W.

The early Age of Grece, zitiert bei W. Witter, 1942, 21 ff.

Rietschel, S.

Untersuchungen zur Geschichte der german. Hundertschaft, in: Zeitschrift der Savignystiftung für Rechtsgeschichte, 1907

Riis, P.J.

Hama, La Cimitières a Crémation, Kopenhagen, 1948

Robert, C.
Die griechischen Heldensagen, 1921
Roscher, W.H.
Lexikon der griech. und röm. Mythologie, 1884 ff.
Rothenberg, B.
Timna, das Tal der biblischen Kupferminen, Bergisch-Gladbach, 1973
Rudolf von Fulda, + 865
Translatio s. Alexandri, in: Geschichtsschreiber der Vorzeit, hrsg. von W. Wattenbach, Bd. 21, 1940
Annales regni Francorum, bei W. Wattenbach, Bd. 21, 1940
Salaman, R.N.
What has become of the Philistines? in: Palestine Exploration Fund, London 1925
Salomon, A.
Israels erster König
Berufen und verworfen, Wuppertal 1974
Sandermann, W.
Das erste Eisen fiel vom Himmel, München 1978
Savory, H.N.
The „swordbearers", a reinterpretation, in: Publications of the Palestine Section of the Museum of the University of Pensylvania, Philadelphia, 1948
Schachermeyr, F.
Etruskische Frühgeschichte, 1929
Wanderung und Ausbreitung der Indogermanen im Mittelmeergebiet, in: Festschrift für H. Hirt, 1936
Indogermanen und Orient, 1944
Dritter Bericht über die Neufunde und Neuerscheinungen der ägäischen und griechischen Frühzeit, in: Klio, Bd. 36, 1944
Poseidon und die Entstehung des griech. Götterglaubens, 1950
Forschungsbericht zur Ägäischen Frühzeit, 1957—1960, in: Archäol. Anzeiger, 1962, H. 2
Die „Seevölker" im Orient, in: Mnemes charin, Gedenkschrift für Paul Kretschmer, Bd. II, 1957, 118 ff.
Die minoische Kultur des alten Kreta, 1944
Zur Frage der Lokalisierung von Achiawa, in: Minoica, 1958
Die ägäische Frühzeit, 4. und 5. Bericht, in: Anzeiger für die Altertumswissenschaft, Bd. 14, 1961; Bd. 19, 1966
Schaeffer, Cl.F.-A.
Ugaritica, Paris 1939, Bd. III
Stratigraphie Comparée et Chronologie de l'Asie Occidentale III^{e}et II^{e}milléniaires, Oxford, 1948
Vortrag über Philisterfunde auf Zypern, gehalten in Paris, Bericht in der London Illustrated News vom 27. 8. 1949, Nr. 6768
Enkomi-Alasia, Paris, 1952
Götter der Nord- und Inselvölker in Zypern, in: Archiv für Orientforschung, Bd. XXI, 59 ff., 1966
Scharff, A. und Moortgat, A.
Ägypten und Vorderasien im Altertum, 1962

Schauer, P.
Die Schwerter in Süddeutschland, Österreich und der Schweiz; Griffplatten-, Griffangel- und Griffzungenschwerter, 1971
Scheffer, Th. v.
Übersetzungen der homerischen Hymnen, der Argonautika des Apollonios von Rhodos, 1947, der Werke Hesiods
Schefold, K.
Orient, Hellas und Rom in der archäologischen Forschung seit 1939, Bern 1949
Schlette, F.
Germanen zwischen Thorsberg und Ravenna, 1972
Schmied-Kowarzik, W.
Frühe Sinnbilder des Kosmos, hrsg. von Wolfdietrich Schmied-Kowarzik aus dem Nachlaß des Vaters, 1974
Schmidt-Petersen, J.
Sturmfluten und Landverluste in Nordfriesland, in: Nordfriesland, hrsg. von L.C. Peters, Husum 1929
Schminke, H.U.
Mineralogisches Institut der Universität Bochum, Datierungen von Holzstücken aus der Lava von Gran Canaria, 1971
Schneider, H.
Die Felszeichnungen von Bohuslän, das Grab von Kivik, die Goldhörner von Gallehus und der Silberkessel von Gundestrup als Denkmäler der vorgeschichtlichen Sonnenreligion, in: Veröffentlichungen des Provinzialmuseums zu Halle, Bd. I, H. 2, 1918
Germanische Altertumskunde mit zahlreichen Beiträgen verschiedener Gelehrter, 1938
Schneidermann, H.
Wissenschaft mißbraucht! Kritik an den sogenannten „Diskussionen", veranstaltet von Karl Gripp, Kiel, in Schleswig und Kiel im Herbst 1953
Schröder, O.
Artikel: „Hyperboreer", in: Archiv für Religionswissenschaft, VII, 1905
Schuchhardt, C.
Die Rennbahn von Stonehenge, in: Prähistorische Zeitschrift II, 1911, H. IV, Zitat auch bei W. Teudt, 1936, 187 ff.
Vorgeschichte von Deutschland, 1939
Schuldt, F.
Technik der Bronzezeit, hrsg. vom Museum für Ur- und Frühgeschichte Schwerin, 1965
Schulten, A.
Tartessos, ein Beitrag zur ältesten Geschichte des Westens, 2. Auflage, 1950
Schultze, E.
Die Seeschiffahrt der Philister, in: Internat. Archiv für Ethnographie, Bd. XXX, Leiden 1938
Schütte, H.
Krustenbewegungen an der deutschen Nordseeküste, aus: Die Heimat, Stuttgart 1927

Schwabedissen, H.
bei R. Weyl, 1953
Schwantes, G.
Die Vorgeschichte Schleswig-Holsteins, 1939
Schwerin, C. v.
Die altgermanische Hundertschaft, in: Untersuchungen zur deutschen Staats- und Rechtsgeschichte, H. 90, 1907
Scymnus
siehe auch Pseudoscymnus, um 100 v. Chr., Erdbeschreibung
Seitz, F.
Die Irminsul im Felsenrelief der Externsteine, Pähl 1953
Seneca, d.Ä. (+ 40 n. Chr.)
in: suasor. I, 15, Latein. Text bei Th. Nissen: Die ältesten erhaltenen Verse über die Nordsee, in: Nordelbingen, Bd. 4, Flensburg 1925, S. 69
Sethe, K.
Altägyptische Urkunden, 1908–1922
Siebs, B.E. und Wohlenberg, E.
Helgoland und die Helgoländer, Kiel 1953
Sigel, F.
Schuld ist die Sonne, aus dem Russischen übersetzt 1975
Simpson, R.H.
Gazetter of Mycenaean Sites, zitiert bei Luce, J.V., 1975, S. 24, 39, 88
Sophokles, 496–406 v. Chr., Tragödiendichter
zitiert bei Reuter, O.S., 1922, II, 88 ff.
Spanuth, J.
Das enträtselte Atlantis, 1953
Und doch: Atlantis enträtselt! Erwiderung auf zahlreiche Fälschungen bei den von K. Gripp veranstalteten „Diskussionen“ ohne Diskussionsmöglichkeit in Schleswig und Kiel im Oktober/November 1953
Atlantis, 1965
Der Vulkan Thera-Santorin in der Forschung der letzten Jahre, in: Deutsche Hochschullehrer-Zeitung, H. 2, 1968
Widerlegung der Fälschungen von C. Schott an seinen eigenen Veröffentlichungen, in: Erdkunde, Archiv für wissenschaftl. Geographie, Bd. XXIII, Lfg. 1, Bonn 1969
Lag Atlantis in der Ägäis? Besprechung über Bücher von J.V. Luce 1969 und J.W. Mavor jr. 1969, in: Deutsche Hochschullehrer-Zeitung, H. 1, 1970
Widerlegung der Fälschungen Prof. W. Wetzel an seinen eigenen und meinen Veröffentlichungen, in: Nordfries. Jahrbuch, 1971
Rätsel um Atlantis? Antwort auf eine Fernsehsendung von E. v. Khuon am 29. 10. 1972, in: Deutschland in Geschichte und Gegenwart, H. 2, 1973
Alles über Atlantis? Widerlegung falscher Behauptungen von O. Muck in seinem Buch: Atlantis gefunden, 1954, Neuauflage: Alles über Atlantis, 1976
Die Atlanter, 1976

Richtigstellung der Fälschungen von Ludwig Pauli in der FAZ vom 15. 7. 1977, erschienen in: Deutschland in Geschichte und Gegenwart, Jg. 25, H. 3, 27 ff., 1977

Spengler, O.
Achäerfragen, in: Die Welt als Geschichte, 1940

Spitzlberger, G.
Neue Funde aus der Zeit der Großen Wanderung, in: Verhandlg. des Historischen Vereins für Niederbayern, Bd. 96, 1970, 1 ff.

Sprockhoff, E.
Über den Rundschild in der Bronzezeit Europas, in: Sitzungsberichte der Anthropologischen Gesellschaft zu Wien, Bd. 57, 1927
Zur Handelsgeschichte der Bronzezeit, 1930
Die germanischen Griffzungenschwerter, 1931
Zur Entstehung der Germanen, in: Festschrift für H. Hirt, 1936
. . . und zeugen von einem großen Geschlecht, Hrsg. Germanische Leitstelle, Oslo, 1945
Chronologische Skizze, in: Reinecke-Festschrift, 1950
Eine mykenische Bronzetasse von Dohnsen, in: Germania, Jg. 39, H. 1/2, 1961
Nordische Bronzezeit und frühes Griechentum, in: Jahrbuch des Röm.-Germ. Zentralmuseums, Mainz, 1954
Zahlreiche Briefe an den Verfasser von 1950–1953

Stadelmann, R.
Die Abwehr der Seevölker unter Ramses III., in: Saeculum, Bd. XIX, H. 2/3, 1968

Staehelin, F.
Die Philister, Basel 1918
Die Philister, in: Reden und Vorträge, Basel 1956

Stechow, F.
Die Santorin-Katastrophe und die „Ägyptische Finsternis", in: Forschungen und Fortschritte, Jg. 26, H. 13/14, 1950

Steinert, H.
Wird am Vulkan Santorin Atlantis ausgegraben? in: Deutsches Allg. Sonntagsblatt vom 8. 10. 1967
Zweites Pompeji unter der Asche des Santorin, in: Welt am Sonntag vom 10. 12. 1967
Goldrausch an dem Heverstrom, in: Husumer Nachrichten vom 11. 12. 1968
Helgoland: Zentrum für Kupferbergbau, in: Nordfries. Nachrichten, Husum 28. 2. 1979, derselbe Aufsatz in: FAZ 14. 2. 1979
War Helgoland nun doch Atlantis? Kupferbarren aus der Nordsee stützen eine aufregende These, in: Hannov. Allg. Zeitung vom 9. 2. 1979

Stekelis, M.
Les monuments megalitiques de la Palestine, 1935

Stenberger, M.
Fornvännen, 1932

Stephanos von Byzanz, 6. Jhdt. n. Chr.
Ethnika

Sternquist, B.
Simris, II. Bronze Age Problems in the Light of the Simris Excavation, in: Acta Archäol. Lundensis. 1961, Nr. 5
Stichtenoth, D.
Pytheas von Massilien, 1959
Stoll, H.W.
Griechische Sagen und Überlieferungen, 1912
Strabo, etwa 63 v. Chr. bis 19 n. Chr.
griechischer Geograph, Geographia
Strobel, A.
Der spätbronzezeitliche Seevölkersturm, 1976
Sture Silow
Mysteriet i Glozel, in: Limnhamnia, Jg. 16, Limnham 1974
Suball
Die Neuentdeckung der Erde, 1958
Swan, D.A.
C-14 und die Vorgeschichte Europas, in: Mannus, Jg. 37, 1971, H. 4, 48 ff., siehe auch unter Ferguson, C. W.
Tacitus Cornelius, etwa 55—120 n. Chr.
Germania
Annalen
Time-Life-International
siehe auch unter Levine Baruch A., 1975
Thomas, E.B.
Archäologische Funde in Ungarn, mit zahlreichen Beiträgen anderer ungarischer Archäologen, 1956
Thorarinsson, S.
Tefrokronologiska studier pa Island, in: Geogr. Annalen, Jg. 25, 1944
Tièche, E.
Atlas als Personifikation der Weltachse, in: Museum Helveticum, Vol. 2, 1945, 65 ff.
Trogmayer, O.
Beiträge zur Spätbronzezeit des südl. Teiles der ungarischen Tiefebene, in: Acta Hungarica, Jg. 15, 1963
Ukert, F.A.
Über das Elektron und die mit demselben verknüpften Sagen, in: Zeitschrift für Altertumswissenschaft, 1838, 425 ff.
Geographie der Griechen und Römer von den frühesten Zeiten bis Ptolemäus, Bd. 1—3, 1816—1846
Usener, H.
Die Sintflutsagen, in: Religionsgeschichtl. Untersuchungen, 3. Teil, 1899
Velikovsky, I.
Welten im Zusammenstoß, 1951
Zeitalter im Chaos, 1962
Die Seevölker, Frankfurt a. M. 1978
Vergil, P.M., 70 – 19 v. Chr.
Aenaeis, übersetzt von W. Plankl, 1963
Vietta, E.
Zauberland Kreta, 1952

Vinke, H.
zahlreiche Briefe an den Verfasser
Vita Liudgeri von Bischof Altfried von Münster
Vita Willibrordi von Alkuin, beide Vitae übersetzt von W. Wattenbach, 1888
Vita Wulframni von Jonas von Bobbio, Abt in Bobbio, 7. Jhdt. n. Chr. beruft sich auf Erzählungen des Mönches Wando, eines Begleiters des Wulfram, in Monum. Germ. Hist., Passiones
Vitalis, G.
Die Entwicklung der Sage von der Rückkehr der Herakliden, Dissertation Greifswald 1930
Wahle, E.
Deutsche Vorzeit, 1952
Artikel „Wirtschaft" in Eberts Reallexikon der Vorgeschichte
Wainwright, G.A.
The Coming of Iron, in: Antiquity, Vol. X, 1936, 5 ff.
Waldbaum, J.
Philistine Tombs at Tell Fara, in: American Journal of Archaeology, Bd. 70, 1966
Wasmund, E.
Der unterseeische Rücken von Südstrand zwischen Helgoland und Eiderstedt, in: Geologie der Meere und Binnengewässer, Bd. 1, Kiel 1937
Weber, C.W.
Die Spartaner, 1977
Weber, F.
Spuren der Menschen der Bronzezeit in den Hochalpen, in: Korrespondenzblatt der deutschen Anthrop. Gesellschaft, 1905
Weber, W.
Die Staatenwelt des Mittelmeeres in der Frühzeit des Griechentums, Stuttgart 1925
Webster, T.B.L.
Von Mykene bis Homer, 1960
Weigelt, G.
Die nordfriesischen Inseln vormals und jetzt, Hamburg 1858
Wen-Amun-Papyrus
siehe oben Papyrus Golenischef, übersetzt von A. Erman, 1923
Werner, J.
Mykenae-Siebenbürgen-Skandinavien, in: Atti del I. Congresso di Preistoria Mediterranea, Florenz 1950
Wiesner, J.
Fahren und Reiten in Alteuropa und im Alten Orient, in: Der Alte Orient, Bd. 38, 1939, H. 2–4
Grab und Jenseits. Untersuchungen im ägäischen Raum zur Bronzezeit und Früheisenzeit, in: Religionsgeschichtl. Versuche und Vorarbeiten, Bd. 26, 1938
Vor- und Frühgeschichte der Mittelmeerländer I/II, in: Sammlung Göschen 1149, 1943
Italien und die Große Wanderung, in: Die Welt als Geschichte, Jg. 8, 1942

Neues aus Cyperns Frühzeit, in: Die Karawane, Ludwigsburg 1962/63, H. 4

Wildvang, D.
Eine prähistorische Katastrophe an der deutschen Nordseeküste und ihr Einfluß auf die spätere Gestaltung der Alluviallandschaft zwischen Ley und Dollart, 1911
Die Geologie Ostfrieslands, in: Abhandlungen der Preußischen Landesanstalt, 1938

Willkomm, H.
Absolute Altersbestimmung mit der C-14-Methode, in: Naturwissenschaft, Bd. 55, 1969, 415 ff.

Wilthum, W.
Glacialgeologische Untersuchungen in den Alpen, 1953

Wirth, F.
Der nordische Charakter des Griechentums, in: Mannus, 1938, H. 3

Wirth, W.
Die Volute, Symbol einer kultischen Weltordnungsidee, in: Antaios, Bd. VIII, Nr. 5, 1966

Witter, W.
Die Philister und das Eisen, in: Forschungen und Fortschritte, Jg. 1941, 223 ff.
Über die Herkunft des Eisens, in: Mannus, 1942, H. 1/2
Zahlreiche Briefe und Analysen des Helgoländer Kupfers in Briefen an den Verfasser

Woebken, C.
Das Land der Friesen und seine Geschichte, Oldenburg 1932

Wölfel, D.
Die Hauptprobleme Weißafrikas, in: Archiv für Anthropologie, Bd. XXVII, H. 3/4, 89 ff., 1942

Woyte, C.
Tacitus Germania mit Erläuterungen, 1925

Wreszinski, W.
Atlas zur altägyptischen Kulturgeschichte, 1914–23

Wright, G.E.
Iron, The Date of its Introduction into common Use in Palestine, in: American Journal of Archaeology, Vol. 43, 548 ff., 1939

Wundt, W.
Klimaänderungen in der Nacheiszeit, in: Forschungen und Fortschritte, Jg. 15, Nr. 9, 1939

Zanot, M.
Die Welt ging dreimal unter, 1976

Zehren, E.
Die biblischen Hügel, 1961
Das Testament der Sterne, Berlin-Grunewald 1957

Zeller, O.
Der Ursprung der Buchstabenschrift und das Runenalphabet, Osnabrück 1977
Namensstudien zur Atlantisfrage, Osnabrück 1978

Zylmann, P.
Helgoland in Vor- und Frühgeschichte, in: Helgoland ruft, Hamburg 1952

Verzeichnis der Abkürzungen

ADAJ	Annual of the Department of Antiquities of Jordan
AJA	American Journal of Archaeology
BA	The Biblical Archaeologist
FuF	Forschungen und Fortschritte
IEJ	Israel Exploration Journal
MdVG	Mitteilungen der Vorderasiatischen Gesellschaft
QDAP	The Quarterly of the Department of Antiquities in Palestine
RGG	Religion in Geschichte und Gegenwart
VT	Vetus Testamentum
ZDMG	Zeitschrift der Deutschen Morgenländischen Gesellschaft
ZDPV	Zeitschrift des Deutschen Palästina-Vereines